吳冬友、楊玉坤 著

基礎統計學

（第四版）

五南圖書出版公司 印行

連續型機率分配間的關係

$$\chi^2(v) \sim (v, 2v)*$$

$$Z \sim N(0,1)*$$

$$t(v) \sim (0, \frac{v}{v-2})*, v > 2$$

$$F(v_1, v_2) \sim \left(\frac{v_2}{v_2-2}, \frac{2v_2^2(v_1+v_2-2)}{v_1(v_2-2)^2(v_2-4)} \right)*$$

$$X \sim N(\mu, \sigma^2)*$$

$$Y \sim N(\Sigma a_i \mu_i, \Sigma a_i^2 \sigma_i^2)*$$

$$\chi^2(1)$$

$$\chi^2(v_1)$$

$$\chi^2(v_2)$$

$$F(1, v)$$

$$\chi^2(v) = \sum_1^v \chi_i^2(1)$$

$$\chi^2(1) = Z^2$$

$$Z = \frac{X - \mu}{\sigma}$$

$$\chi^2(1) = \left(\frac{X - \mu}{\sigma} \right)^2$$

$$Y = \Sigma a_i X_i$$

※ X_i 為獨立

※ X_i 互相獨立

$$v > 30, \chi^2(v) \frac{-v}{\sqrt{2v}} \stackrel{.}{\sim} Z$$

$$t(v) = \frac{Z}{\sqrt{\frac{\chi^2(v)}{v}}}$$

$$v > 30, t(v) \stackrel{.}{\sim} Z$$

$$v_1, v_2 > 30, \frac{1}{2} \ln F(v_1, v_2) \stackrel{.}{\sim} Z$$

$$v_2 > 30, v_1 F(v_1, v_2) \stackrel{.}{\sim} \chi^2(v_1)$$

$$v_1 < 30, \frac{v_2}{F(v_1, v_2)} \stackrel{.}{\sim} \chi^2(v_2)$$

$$\Xi v_1 = 1$$

$$F(v_1, v_2) = \frac{\chi^2(v_1)}{v_1} / \frac{\chi^2(v_2)}{v_2}$$

$$F(1, v) = t^2(v)$$

※：括弧中為該分配之期望值與變異數

間斷型機率分配間的關係

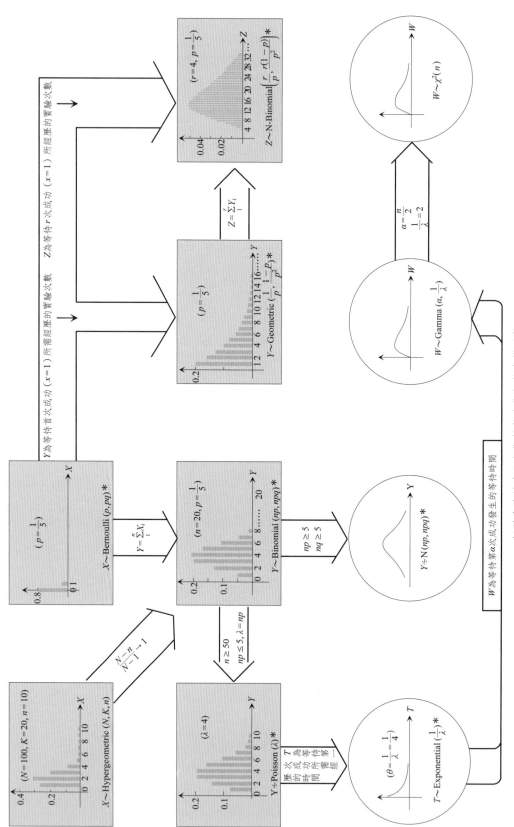

* ：括弧中為該分配之期望值或期望值與變異數

連續型機率分配

名　稱		機率密度函數	期望值	變異數
均勻分配	$X \sim U(a,b)$	$f(x)=\dfrac{1}{b-a},\ a \le x \le b$	$\dfrac{a+b}{2}$	$\dfrac{(b-a)^2}{12}$
常態分配	$X \sim N(\mu,\sigma^2)$	$f(x)=\dfrac{1}{\sqrt{2\pi}\sigma}e^{\frac{1}{2}\left(\frac{x-\mu}{\sigma}\right)^2},\ -\infty < x < \infty$	μ	σ^2
指數分配	$X \sim \text{Exponential}(\beta)$	$f(x)=\dfrac{1}{\beta}e^{-\frac{x}{\beta}},\ x>0$	β	β^2
伽馬分配	$X \sim \text{Gamma}(\alpha,\beta)$	$f(x)=\dfrac{1}{\Gamma(\alpha)\beta^\alpha}x^{\alpha-1}e^{-\frac{x}{\beta}},\ x>0$	$\alpha\beta$	$\alpha\beta^2$
卡方分配	$x^2(v)$	$f(x)=\dfrac{1}{\Gamma\left(\frac{v}{2}\right)}\left(\dfrac{1}{2}\right)^{\frac{v}{2}}x^{\frac{v}{2}-1}\,e^{-\frac{x}{2}}$	v	$2v$
t 分配	$X \sim t(n-1)$	$f(x)=\dfrac{\Gamma\left(\frac{n}{2}\right)}{\Gamma\left(\frac{n-1}{2}\right)}\dfrac{1}{\sqrt{(n-1)\pi}}\left(1+\dfrac{x^2}{n-1}\right)^{-\left(\frac{n}{2}\right)}$	0	$\dfrac{n-1}{n-3}$
F 分配	$X \sim \text{F}(v_1,v_2)$	$f(x)=\dfrac{\Gamma\left(\frac{v_1+v_2}{2}\right)}{\Gamma\left(\frac{v_1}{2}\right)\Gamma\left(\frac{v_2}{2}\right)}\left(\dfrac{v_1}{v_2}\right)^{\frac{v_1}{2}}x^{\frac{v_1}{2}-1}\left(1+\dfrac{v_1}{v_2}x\right)^{-\frac{v_1+v_2}{2}}$	$\dfrac{v_2}{v_2-2}$	$\dfrac{2v_2^2(v_1+v_2-2)}{v_1(v_2-2)^2(v_2-4)}$

間斷型機率分配

名稱		機率函數	期望值	變異數
伯努力分配	$X \sim \text{Bernoulli}(p)$	$f(x) = p^x(1-p)^{1-x}$，$x = 0, 1$	p	$p(1-p)$
二項分配	$X \sim \text{Binomial}(n, p)$	$f(x) = \binom{n}{x} p^x (1-p)^{n-x}$，$x = 0, 1, \cdots, n$	np	$np(1-p)$
卜瓦松分配	$X \sim \text{Poisson}(\lambda)$	$f(x) = \dfrac{\lambda^x e^{-\lambda}}{x!}$，$x = 0, 1, 2, \cdots$	λ	λ
幾何分配	$X \sim \text{Geometric}(p)$	$f(x) = (1-p)^{x-1} p$，$x = 1, 2, \cdots$	$\dfrac{1}{p}$	$\dfrac{(1-p)}{p^2}$
負二項分配	$X \sim \text{Negative-Binomial}(r, p)$	$f(x) = \binom{x-1}{r-1} p^r (1-p)^{x-r}$，$x = r, r+1, \cdots$	$\dfrac{r}{p}$	$\dfrac{r(1-p)}{p^2}$
超幾何分配	$X \sim \text{Hypergeometric}(N, K, n)$	$f(x) = \dfrac{\binom{K}{x}\binom{N-K}{n-x}}{\binom{N}{n}}$，$x = 0, 1, \cdots, k$	$n\left(\dfrac{K}{N}\right)$	$n\left(\dfrac{K}{N}\right)\left(1-\dfrac{K}{N}\right)\left(\dfrac{N-n}{N-1}\right)$

三版序

　　基礎統計學第三版，秉持著內容更適切，更實用的原則修訂，主要的修訂有：

(1)內容更新：

　　新版本增加了：(a)常用統計量在特徵、優缺點及使用上的比較；(b)統計工具的應用（例如箱型圖、百分位數累積圖、Q-Q圖…等的應用）；(c)統計異常值的意義及其偵測方法；(d)偏態、峰度係數與資料型態的關係；(e)契比雪夫定理及變異係數的應用。此外，在機率值及臨界值的計算方面，新版本中，部份保留了原有的查表方式與機率表，但增加了如何應用 EXCEL 功能，計算出精確度至小數第 9 位數的機率值或臨界值。以上內容，分別在課文中、案例中、習題中或附錄中陳述。

(2)應用案例更新：

　　從原有的 16 個案例擴增為 28 個案例，其中抽樣設計 3 個，敘述統計 4 個，機率分配 8 個，推論統計有 13 個。(a)在抽樣設計部分：除了原有的家庭收支調查之外，我們將原來放在第 8 章的 TIMSS 教育評鑑，更新之後移到第 2 章。(b)在敘述統計部分：除了將原有的案例予以合併之外，新增了 3 個以枝葉圖、箱型圖及百分位數累積圖…等應用為主的新案例（案例 3-2；4-1；4-2）。(c)在機率分配部分：增加了 5 個案例，其中：案例 6-1 著重在機率分配與機率函數的應用，案例 6-2 著重在機率分配圖的應用（TIMSS2007 香港、新加坡、中華民國及日本等 4 個國家的學生教育評鑑結果的差異分析），案例 8-1 與 8-2 著重在對中央極限定理的深入了解（分別從隨機試驗及統計資料兩個不同的角度來闡釋），案例 7-2 介紹一個非常有用的統計分析工具（Q-Q 圖及其應用）。(d)在推論統計部分：除了原有案例的資料更新之外，增加了 5 個新案例，其中在估計部分，增加了 2 個與百分比例相關的應用案例（案例 9-2；10-2），在檢定部分，整合成 4 個新案例，分別從不同的途徑來分析 TIMSS 2007 各國學生數學能

力的分群的問題（案例 11-1；11-2；12-1；12-2），在變異數分析部分，增加了 1 個 TIMSS 2007 教育評鑑各國學生的家庭作業量及師生比例之雙因子變異數分析的案例。

(3)習題更新：

　　將各章習題分成兩個類型：一般題型與案例題型，其中，一般題型著重於觀念、分析及計算能力的訓練。案例題型著重於組織、安排、分析、計算、解釋及研究報告…等實務方面的訓練。所有習題皆可上網取得答案或參考。

(4)附錄更新：

　　精簡原有附錄的內容，增加了使用 EXCEL 功能，計算機率與臨界值的操作說明。

(5)網路資源：

　　習題解答及補充資料（http：//tw.myblog.yahoo.com/max-2008）。

吳冬友、楊玉坤

2011

二版序

　　為加強本書的應用性，《基礎統計學》第二版最主要的修訂，是在每一章都增加了一個與課文主題搭配的案例。其中，案例 1：「統計資料」，介紹主計處所發布的社會、經濟統計數據。案例 2：「家庭收支調查的抽樣計畫」，以主計處所發布的調查方法為依據，逐步展開一個完整的抽樣計畫，清楚地詮釋第 2 章課文中與蒐集資料相關的觀念及方法。案例 3 至案例 6 的主題分別是：「自由時間」、「如何支配自由時間」、「全球人口的成長速度」及「男主外，女主內之認同度」，這四個案例皆為兼具知識性與趣味性的敘述統計應用案例。案例 7：「彈珠台的機率問題」，則是由大家耳熟能詳的遊戲所衍生出來的機率問題，它曾經是許多人兒時記憶中既緊張又刺激的夜市活動。從案例 8 到案例 16，我們以國際教育成就評鑑學會（IEA, International Association for the Evaluation of Educational Achievement）所發布的 TIMSS 2003 報告（The Trend in Mathematics and Science Study）中，各國四年級學童數學能力評鑑結果的大型次級資料庫中，搭配第 8 章至第 16 章課文的主題分別進行估計、檢定及相關性等的應用案例，從以上這些案例中，讀者可以學習到如何組織次級資料庫中的大量資訊，並運用統計方法進行各項假設之顯著性的驗證。

　　本書得以順利出版，感謝五南圖書公司副總編輯張毓芬、責任編輯吳靜芳、唐坤慧在編輯、校對及出版上的協助。

吳冬友、楊玉坤
2008 年 8 月於卡加利市

目　錄

1 緒 論

1.1 統計學

統計（statistics）一詞源自於拉丁文 status，它的原始意義是「狀態（state）」。自古以來，統計一直被視為是以資料或圖表描述一個國家的經濟、人口、社會⋯⋯等資料。時至今日，各國政府、研究機構及工商企業組織都有專責機構從事蒐集、整理的統計工作，其範圍涵蓋了經濟、教育、財務、金融、社會福利、醫療保健、警政治安、環境污染⋯⋯等統計資訊（參考案例 1）。

1.2 統計學的內容

一般而言，統計學的內容可分為三：(1)敘述統計（descriptive statistics）；(2)機率及抽樣（probability and sampling）；(3)推論統計（inferential statistics）。敘述統計指的是將資料以數據、圖、表呈現的技巧與方法；例如案例 1 的表 C1-1，其中數據都是經由許多原始資料彙整出來的敘述統計量。而推論統計指的是以現有的資訊對未來或未知的狀況加以推斷或研判的理論與方法；例如，在案例 1 表 C1-1 中的預測數據，便是對

未知狀況的推論。

　　本書在內容上的安排分為三部分，第一部分（第一、二、三、四章）為緒論及敘述統計；第二部分（第五、六、七、八章）為機率及抽樣分配；第三部分（第九章至第十六章）為推論統計。其中第一、二兩章為統計學的基本概念；第三、四章分別為以圖表及數字呈現的敘述統計方法；第五章介紹基礎的機率觀念；第六、七兩章則是隨機變數與機率分配；第八章是從抽樣的觀點探討抽樣分配；第九、十、十一、十二等四章則是介紹推論統計中的兩個基本方法——估計及檢定；第十三、十四等兩章則將推論的理論與方法應用在變異數分析及迴歸分析；第十五章介紹屬質資料並以列聯表進行統計推論；第十六章介紹不受母群體分配限制的無母數統計方法。

案例1　統計資料

　　在本案例中，我們以行政院主計處定期發布的重要經社指標速報（參考表 C1-1，資料來源 http://www.dgbas.gov.tw）說明統計資料的重要性，這份報告中涵蓋了經濟、物價、生產、消費、投資、貿易、財政、金融、勞動、治安、災害等主題。所有資訊都是長期追蹤逐月統計（或預估）發布的時間序列資料，這些資訊成為許多決策形成的重要參考依據。例如，經濟成長率或物價年增率是政府預算、企業的營運計畫不可或缺的參考。

表 C1-1　重要經社指標速報（101 年 1 月 18 日）

		民國 100 年	民國 99 年
經濟	1.經濟成長率（％）	4.51（預測）	10.72
	2. GNP（新台幣億元）	142377（預測）	140439
	3.每人 GNP（新台幣元）	614167（預測）	606885
	4. GDP（新台幣億元）	138265（預測）	136142
	5.每人 GDP（新台幣元）	596427（預測）	588317
物價	1.消費者物價年增率（％）	2.03（12 月）	0.96
	2.躉售物價年增率（％）	4.32（12 月）	5.46
生產	1.工業生產年增率（％）	−3.6（11 月）	26.9
	2.製造業生產年增率（％）	−4.2（11 月）	28.6
消費	1.民間消費成長率（％）	3.4（預測）	3.7
	2.集中市場加權股價指數：（平均）	6969（12 月）	7950
投資	1.固定投資成長率（％）	−3.4（預測）	24.0
	2.民間固定投資成長率（％）	−2.8（預測）	33.8
	3.國內投資率（固定投資及存貨變動佔 GNP）（％）	20.8（預測）	22.1
	4.資本設備進口增加率（美元計價）（％）	−12.3（12 月）	62.4
貿易	1.海關進口總值（億美元）	216.3（12 月）	2512.4
	2.海關出口總值（億美元）	239.5（12 月）	2746.0
財政	1.中央政府歲出（總預算及特別預算）總額（億元）	19917（預算數）	19701（決審數）
	2.中央政府歲出總額占 GDP（％）	14.4（預算數）	14.0（決審數）
	3.中央政府赤字總額占 GDP（％）	2.5（預算數）	3.0（決審數）
	4.全國賦稅收入年增率（％）	−24.5（12 月）	6.0
金融	1.匯率（美元兌台幣）（期底）	30.29	20.368
	2.外匯存底（億美元）（期底）	3855（12 月）	3820
	3.本國銀行逾放比率（％）	0.45（11 月）	0.61
	4.貨幣總計數 M2 年增率（％）	5.1（11 月）	4.6
勞動	1.勞參率（％）	58.32（11 月）	58.07
	2.失業率（％）	4.28（11 月）	5.21
	3.工業及服務業受雇員工每月平均薪資年增率（％）	1.52（10 月）	5.34
治安	1.刑案增加率（％）	−9.6（12 月）	−3.7
	2.刑案破獲率（％）	74.2（12 月）	79.7
災害	1.火災：件數（件）	108（11 月）	2186
	2.職災千人率（含職災及職病：％）	0.379（11 月）	4.393

資料來源：摘錄自 http://www.dgbas.gov.tw

2 蒐集資料

統計方法的運用與蒐集資料是密不可分的，本章分三節討論蒐集資料時必須具備的統計觀念及方法。

2.1 母群體與樣本

統計方法的最終目的是要解決問題，當問題陳述清楚後，便能很明確地界定該問題所涉及的主體，我們稱這些主體形成的集合為母群體。

> **定義 2-1-1：** 母群體（population）
> 統計問題中所涉及的主體（subject）或對象所形成的集合為母群體，這些主體可能是人、事或物……等。

例題 2-1-1 如果我們想要了解民眾對全民健保中某些問題的看法，則所有參加全民健保的民眾所形成的集合便是本問題的母群體。

例題 2-1-2 信用卡發卡銀行想要了解民眾以信用卡進行網路購物的交易金額，則所有在網路上以信用卡購物的交易便是本問題的母群體。

統計方法分析的對象是母群體的特徵值，而非母群中的個體，這些足以呈現母群體特質的數值，稱為參數。

定義 2-1-2： 參數（parameter）

　　母群體的特徵值稱為參數，例如母群體平均數、母群體變異數……等（參考定義 4-1-1、定義 4-2-4）。

例題 2-1-3　民眾購屋時，會以房屋售價的平均值作為決策的參考，平均房價是所有成交房價所形成的母群體的參數。

例題 2-1-4　當你預計於冬天出國旅遊，你必然會關心目的地的氣候，來決定攜帶哪些隨行衣物。此時，目的地的平均溫度是很重要的參考指標。但是除了平均溫度外，你也會注意溫度起伏變動的變異數，所以目的地氣溫的平均數及變異數（參考定義 4-2-4）這兩個參數是出外旅遊時非常重要的參考值。

　　從前面的例題中，我們可以體會母群體參數在決策過程中的重要性，但是在一般情況下，母群體參數是未知的。必須經由抽樣（sampling）取得樣本後加以研判（參數估計或檢定）。

定義 2-1-3： 樣本（sample）

　　從母群體抽樣所得到的觀測值（observation）稱為樣本。

例題 2-1-5　在例題 2-1-4 中，你所蒐集到的去年冬天目的地的氣溫資料便是氣溫的觀測值。

　　大量的資料對於決策未必有參考價值，必須將這些資料加以計算，得出具有參考價值的資訊，計算過程中所運用的公式稱為統計量。

定義 2-1-4：統計量（statistic）

　加諸於觀測值的計算公式稱為統計量。

例題 2-1-6　在例題 2-1-5 中，以 $x_1, x_2, \cdots, x_n$ 表示所蒐集到的氣溫資料，若以 $\bar{X}=\dfrac{x_1+\cdots+x_n}{n}$ 這個公式計算樣本的平均溫度，則 $\bar{X}$ 便是一個統計量。

2.2　資料型態

　　統計分析中所蒐集的資料，依問題的性質及衡量尺度的不同分為四類：(1)名目尺度資料（nominal scale）；(2)順序尺度資料（ordinal scale）；(3)區間尺度資料（interval scale）；(4)比例尺度資料（ratio scale）。

一、名目尺度資料

　　僅作為識別用途的資料稱為名目資料。例如，我們在蒐集資料時，常以 0、1 代替性別，此時 0、1 便為名目尺度資料；或以 1、2、3、4 分別代表血型 O、A、B、AB，此時 1、2、3、4 亦為名目尺度。依此類推，例如學號、帳號、身分證字號……等都是名目尺度資料。名目尺度資料可以作為分類基準，然後計算頻度表（參考第三章例題 3-1-1），但名目尺度絕不可以做其他運算（例如，加、減、乘、除），試想，你計算身分證字號的平均值有什麼意義呢？

二、順序尺度資料

　　當名目尺度具有順序性時它便成為順序尺度資料。例如，當我們以問卷蒐集消費者對產品的滿意度時，以 1、2、3、4、5 代表消費者回答的非常不滿意、不滿意、無意見、滿意及非常滿意，此時，1、2、3、4、5 具備了名目尺度的特性（分類），但同時也有順序性（數字愈大代表愈滿意），所以，衡量滿意度所蒐集到的資料便是順序尺度資料。理論上，順

序尺度只適合於大小順序的比較，不宜做其他運算。但是在實際應用上，加、減、乘、除之後，再做比較也是可以接受的方式。

三、區間尺度資料

當順序尺度資料除了順序之外，其間的差額也有意義時便成為區間尺度。例如，溫度是區間尺度資料，因為溫度除了有大小順序性（例如，23℃比22℃熱）外，同時可以計算溫差。換句話說，如果昨天的最高氣溫為28℃，最低氣溫為24℃，而今天的最高、最低氣溫為30℃、25℃，則我們可以因為 30℃－25℃＝5＞28℃－24℃＝4，而說今天的溫差大於昨天的溫差。這種差額的意義是順序尺度所不具備的，例如前面所提到消費者對產品滿意程度的順序尺度，非常滿意與無意見差2個刻度（5－3＝2），滿意與非常不滿意間差3個刻度（4－1＝3），但是我們無法確定後者的差額大於前者的差額。

四、比例尺度資料

當區間尺度資料有一個絕對的零（原始起點）時，它便成為比例尺度資料。例如體重，它有一個絕對的零表示沒有重量，體重的衡量是從這個原點開始的，因此80公斤是40公斤的兩倍（80÷40＝2）。這種比例（相除）的意義是區間尺度資料所不具備的。以前面提到的溫度為例，30℃是15℃的2倍（因為30÷15＝2）是沒有意義的，因為溫度的原點不是0℃（另外，如所得、重量、長度、體積、成本……等皆為典型的比例尺度資料。第三章例題3-2-2中之行動電話帳單費用便是比例尺度資料）。

2.3 資料來源及抽樣方式

一般而言，統計資料的來源有二：(1)原始資料（primary data）；(2)次級資料（secondary data）。而抽樣的方式則可區分為二大類：(1)機率抽樣（probability sampling）；(2)非機率抽樣（nonprobability sampling）。

一、資料來源

統計資料就其來源不同分為次級資料及原始資料。所謂次級資料是指經由其他來源所蒐集的資料，所謂其他來源是指政府機構、研究單位、產業工會……等所出版的研究調查資料。例如，進行股市分析時，其資料來源可能是證券交易所提供的交易資料。又例如企業進行市場需求預測時，資料來源可能是經建會或主計處所發布的統計資訊。

而原始資料則是針對研究主題，自行蒐集的資料，特別當所處理的問題無次級資料可供使用而必須自行蒐集資料。原始資料的來源通常又透過：(1)實驗（expriment）；(2)觀察（observation）；(3)調查（survey）三種方式來達成。（註：實驗法與觀察法，請參考第 13 章第 1 節）

二、抽樣方式

以調查法蒐集樣本時，抽樣方式有機率抽樣及非機率抽樣（圖 2-3-1）。機率抽樣中常用的方式有：(1)簡單隨機抽樣（simple random sampling）；(2)系統抽樣（systematic random sampling）；(3)分層抽樣（stratified random sampling）；(4)聚落抽樣（cluster sampling）。非機率抽樣常用的方式則有：(1)便利抽樣（convenience sampling）；(2)判斷抽樣（judgement sampling）。

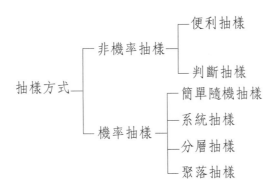

圖 2-3-1 抽樣方式

採用機率抽樣的目的在確保母群中的每個主體皆有適當的機會被選取到,以下分別就4種常用的機率抽樣加以說明。

簡單隨機抽樣:簡單隨機抽樣確保

　　(1)母群體中每個元素被選取到的機率完全相同。

　　(2)任何一個元素的抽樣過程不會影響其他元素被選的機率。

簡單隨機抽樣最簡單的方式是將所有元素予以編號,然後以抽獎的方式抽選號碼。變通的方式為使用亂數表(random number table)或以電腦產生亂數。

例題 2-3-1　(亂數表的使用)

某公司欲對 502 位員工進行意見調查,使用亂數表抽出 20 位訪談樣本。

解:首先將 502 位員工自 1~502 編號,然後從亂數表(附錄一表 A1-5)中任何一點開始皆可,如果我們決定由第 5 列第 3 行開始,找到的數字為 24127,由於員工的編號為三位數,所以我們省略前 2 位數而得到 127,這表示第 127 號員工已被抽中。接下來往下走一格(或往左右走)找到 463,依此類推找出 20 位訪談的員工編號為

| 127 | 463 | 179 | 238 | 61 | 201 | 33 | 384 | 221 | 462 |
| 73 | 181 | 245 | 489 | 116 | 128 | 314 | 91 | 288 | 473 |

值得注意的是,如果後三碼超過 502 則跳過,例如亂數表中第 11 列第 3 行為 07779。

系統抽樣：系統抽樣的進行方式如下

　　(1)將抽樣對象編號（1~N）。

　　(2)計算 $\dfrac{N}{n}$，並取小於或等於 $\dfrac{N}{n}$ 的最大整數 k，其中 n 為抽樣數。

　　(3)從 1~k 編號中隨機取一號，然後將每隔 k 個編號抽出。

例題 2-3-2　（系統抽樣）

以系統抽樣重做例題 2-3-1。

解：(1)將員工編號（1~502）

(2)$\dfrac{502}{20} = 25.1$，取小於 25.1 的最大整數 $k = 25$

(3)隨機點選亂數表中元素為起點，例如第 2 列第 5 行的 45049，從這個數字為起點往下找，最後 2 位數介於 1~25 為第一個抽樣號碼。第 5 列第 5 行元素 09723，所以 23 為第一位抽中的員工號碼。

(4)從 23 起以等差級數（公差 25）求出 20 個員工編號，即為所有訪談員工的對象，他們的編號是（例如，48 = 23+25，73 = 48+25…）

23	48	73	98	123	148	173	198	223	248
273	298	323	348	373	398	423	448	473	498

　　上述系統抽樣所進行的三個步驟乃是系統抽樣的觀念性架構。實際應用時只要是有系統的以固定間隔進行抽樣即可，例如選舉的出口民調（exit poll），不可能事先知道實際投票選民的名冊或人數（因此無從編號），如果根據投票率預估某投票所大約有 500 名選民會來投票，欲從這個投票所抽樣 40 名，則將 500 除以 40 得出抽樣間隔為 12，然後從 1～12 中用簡單隨機抽出一數字，如果是 9。則在投票所門口訪問調查第 9、21、33……位走出投票所的選民。

　　其他系統抽樣的例子如：(1)道路工程驗收抽樣以固定間隔距離取樣方式進行；(2)民意調查以當地電話號碼簿序列，每隔固定間隔取樣；(3)百貨公司專櫃消費者問卷，依顧客購買順序間隔固定人數取樣；(4)河川污染調

查，從上游到下游每隔固定距離取一瓶樣水……等皆為典型的系統抽樣方法。

> 分層抽樣法：分層抽樣法的進行方式如下
> (1)將母群體分成數個子群，稱每個子群為層（strata）。
> (2)在每個子群中進行簡單隨機抽樣或系統抽樣。

　　當母群體的元素在所欲調查的特質（或變項）上有極大的差異性時（例如案例 2-1 中的城鄉差異—城市居民與鄉村居民家庭收入有極大的差異），可按照與調查特質相關的變項將母群先分層（strata）（例如案例 2-1 中的都市型村里、城鎮型村里及鄉村型村里），使得層與層間的差異加大，同時層內元素的差異性降低。然後將總樣本數分配到各層中分別進行抽樣。

例題 2-3-3　（分層抽樣）

　　選舉時的民意調查如何用分層抽樣方式進行？

解： 選舉民意調查常用的子群為，以居住縣市為子群，或以黨籍為子群，或以族群為子群，或以年齡為子群……等分層法，然後依照各子群比例的結構分配樣本數。例如，台北市長的選舉若以行政區為子群，假設松山區選民占全體選民人數 20%，則松山區在 1,200 個抽樣中要抽出 1200 × 20% = 240 個樣本。

> 聚落抽樣：聚落抽樣的進行方式如下
> (1)將母群體分成數個子群，稱每個子群為聚落（cluster）。
> (2)隨機抽取一個子群。
> (3)在被抽中的子群中進行普查或抽樣。

　　聚落抽樣的適用情況是當聚落間的同質性（或相似性）非常高時，我

們可從眾多聚落中挑選一個進行普查即可。例如，欲探討台北市的幼教問題，用聚落抽樣法便可從全台北市的所有幼教機構中隨機抽取一間，然後深入調查，但其前提是所有幼教機構都具有同質性，才不致產生誤導。一般而言，聚落抽樣是所有機率抽樣方法中最省時、最省成本又最快速的抽樣方法，但其不準確性往往也是最高的。

最後，我們來談非機率抽樣。當實施機率抽樣有困難時，通常採用非機率抽樣來進行。

> **便利抽樣**：所謂便利抽樣是不考慮抽樣的機率，純粹以便於取得樣本的方式進行抽樣。

便利抽樣的型式很多，例如，進行街頭訪談、透過電台或電視節目的電話訪談（callin, callout）及經由網站（website）或部落格（blog）進行問卷調查……等。便利抽樣是使用非常廣泛的抽樣方式，但必須注意它可能產生的偏差，例如，電台節目訪談通常是比較積極的聽眾會打電話向主持人表達意見，網站與部落格的造訪者的代表性不足，電視座談節目中以跑馬燈方式在螢幕上呈現的意見調查，有可能是未經深思熟慮的意見表達……等。

> **判斷抽樣**：所謂判斷抽樣是經由專家研判或深入研究後採取比較適當的抽樣方式。

判斷抽樣的型式也很多，例如研究青少年吸食安非他命問題其母群體為所有吸食安非他命的青少年；在街頭進行便利抽樣是很難達成目的的，必須經由專家深入研判後才能找到適當的樣本所在地區、時間，然後進行抽樣。例如，在青少年吸食安非他命的調查中，首先經由專家介紹某些吸食者，再循著這些人的人際網路延伸出去。

案例 2-1 家庭收支調查的抽樣計畫

在本章中，我們介紹了四種常用的機率抽樣方法，簡單隨機抽樣、系統抽樣、分層抽樣及聚落抽樣。在實務上為了兼顧方便性，抽樣計畫常常採取混合方式進行。本案例中，我們以民國 95 年行政院主計處的家庭收支調查為例，說明它如何以兩階段方式混合使用分層抽樣及系統抽樣兩種方法。本案例的陳述乃是以主計處所公布的調查方法及數據為依據（www.dgbas.gov.tw/lpas? ctnode=3239&ctunit=352&basedsd=7），對於主計處的調查方法中沒有詳細說明的細節及數據，為了使同學們體會一個完整的抽樣計畫，我們以模擬方式（假設性的準則）並蒐集民國 95 年各縣市政府所公布之相關數據來完成整個抽樣計畫。接下來，我們以家庭收支調查的抽樣計畫之流程圖（圖 C2-1-1）之步驟說明如下：

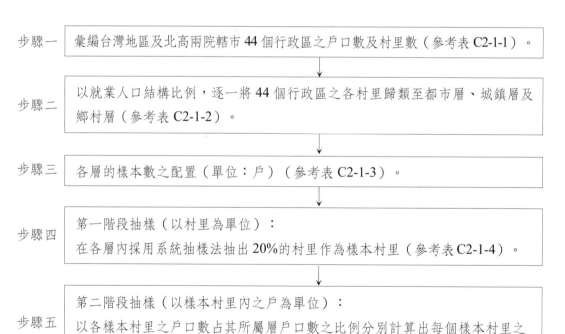

| 步驟一 | 彙編台灣地區及北高兩院轄市 44 個行政區之戶口數及村里數（參考表 C2-1-1）。 |

| 步驟二 | 以就業人口結構比例，逐一將 44 個行政區之各村里歸類至都市層、城鎮層及鄉村層（參考表 C2-1-2）。 |

| 步驟三 | 各層的樣本數之配置（單位：戶）（參考表 C2-1-3）。 |

| 步驟四 | 第一階段抽樣（以村里為單位）：
在各層內採用系統抽樣法抽出 20% 的村里作為樣本村里（參考表 C2-1-4）。 |

| 步驟五 | 第二階段抽樣（以樣本村里內之戶為單位）：
以各樣本村里之戶口數占其所屬層戶口數之比例分別計算出每個樣本村里之抽樣戶數。然後在各樣本村里內以系統抽樣法抽出受訪戶。 |

圖 C2-1-1　家庭收支調查抽樣計畫流程圖

步驟一：彙編台灣地區及北高兩院轄市 44 個行政區之戶口

彙編家庭收支調查的母群體，也就是台灣地區及北高兩院轄市 44 個行政區之戶口數及村里數，如表 C2-1-1。以台北縣為例，台北縣有 1,016 個村里，共有 1270,808 戶口數。

表 C2-1-1　44 個行政區之戶口數及村里數

			戶口數	村里數
1		台北縣	1,270,808	1,016
2		宜蘭縣	143,492	235
3		桃園縣	596,725	471
4		新竹縣	140,170	182
5		苗栗縣	158,903	271
6		台中縣	431,999	411
7		彰化縣	342,063	589
8		南投縣	161,620	261
9		雲林縣	214,393	387
10	台灣省	嘉義縣	165,691	357
11		台南縣	347,233	521
12		高雄縣	407,591	443
13		屏東縣	263,702	464
14		台東縣	77,246	147
15		花蓮縣	114,871	177
16		澎湖縣	29,851	97
17		基隆市	140,376	157
18		新竹市	126,710	120
19		台中市	350,957	214
20		嘉義市	88,624	108
21		台南市	251,911	233
合　計			5,824,936	6,861
22	台北市	松山區	75,370	33
23		信義區	84,630	41
24		大安區	113,287	53
25		中山區	86,016	42

26		中正區	59,278	31
27		大同區	45,145	25
28		萬華區	71,802	36
29		文山區	92,427	39
30		南港區	38,603	19
31		內湖區	89,265	37
32		士林區	96,233	51
33		北投區	84,516	42
合　計			936,572	449
34		鹽埕區	11,321	21
35		鼓山區	42,679	38
36		左營區	67,914	40
37		楠梓區	56,263	37
38	高雄市	三民區	125,307	87
39		新興區	22,779	32
40		前金區	12,225	20
41		苓雅區	69,668	69
42		前鎮區	71,401	59
43		旗津區	10,668	13
44		小港區	56,737	43
合　計			546,962	459
總　計			7308,470	7,769

資料來源：1.戶口數轉錄自主計處95年家庭收支調查方法
2.村里數統計自內政部95年統計年報（鄉鎮市區里鄰數）

　　步驟二：以就業人口結構比例，逐一將各村里歸類至都市層、城鎮層
　　　　　　及鄉村層

　　根據主計處所公布的家庭收支調查方法，各村里之歸屬準則如下：

(1)若村里內農、林、漁、牧、礦業之就業人口占該村里所有就業人口之比
例大於45%時（以戶籍登記資料為依據），則將該村里歸類至鄉村層。

(2)若村里內農、林、漁、牧、礦業之就業人口占該村里所有就業人口之比
例小於25%，且服務業就業人口之比例大於40%，則將該村里歸類至都
市層。

⑶不屬於鄉村層或都市層之村里則歸類至城鎮層。

⑷台北市及高雄市之歸類以區為單位，且各區皆視為都市層。

全國 7,769 個村里（參考表 C2-1-1），依各行政區戶籍事務所之戶籍登記資料逐一歸類之結果如表 C2-1-2。以台北縣為例，台北縣共有 1,016 個村里（見表 C2-1-1），其中 998 個村里屬於都市層（戶口總數有 1,250,578 戶），16 個村里屬於城鎮層（戶口總數有 20,145 戶），2 個村里屬於鄉村層（戶口總數有 85 戶）。

表 C2-1-2　44 個行政區各層之村里數及戶口數

		都市層		城鎮層		鄉村層	
		戶口數	村里數	戶口數	村里數	戶口數	村里數
1	台北縣	1250,578	998	20,145	16	85	2
2	宜蘭縣	117,655	192	24,795	40	1,042	3
3	桃園縣	542,683	428	54,042	43	0	0
4	新竹縣	99,288	129	40,411	52	471	1
5	苗栗縣	94,887	162	56,159	95	7857	14
6	台中縣	304,505	290	119,654	114	7,840	7
7	彰化縣	168,872	291	154,878	266	18,313	32
8	南投縣	99,790	161	38,883	63	22,947	37
9	雲林縣	83,816	151	107,638	194	22,939	42
10	嘉義縣	59,933	129	68,981	149	36,777	79
11	台南縣	198,877	298	129,526	194	18,830	29
12	高雄縣	297,971	324	96,053	104	13,567	15
13	屏東縣	130,518	230	110,820	195	22,364	39
14	台東縣	39,261	75	29,812	57	8173	15
15	花蓮縣	93,736	144	19,694	30	1,441	3
16	澎湖縣	14,920	48	8,496	28	6,435	21
17	基隆市	140,010	156	366	1	0	0
18	新竹市	123,856	117	2,854	3	0	0
19	台中市	347,982	212	2,975	2	0	0
20	嘉義市	86,943	106	1,681	2	0	0
21	台南市	245,725	227	6,186	6	0	0
合　計		4541,806	4,868	1,094,049	1,654	189,081	339

（註：第1至21列左側標注「台灣省」）

22		松山區	75,370	33	—	—	—	—
23		信義區	84,630	41	—	—	—	—
24		大安區	113,287	53	—	—	—	—
25		中山區	86,016	42	—	—	—	—
26		中正區	59,278	31	—	—	—	—
27	台北市	大同區	45,145	25	—	—	—	—
28		萬華區	71,802	36	—	—	—	—
29		文山區	92,427	39	—	—	—	—
30		南港區	38,603	19	—	—	—	—
31		內湖區	89,265	37	—	—	—	—
32		士林區	96,233	51	—	—	—	—
33		北投區	84,516	42	—	—	—	—
合　計			936,572	449	—	—	—	—
34		鹽埕區	11,321	21	—	—	—	—
35		鼓山區	42,679	38	—	—	—	—
36		左營區	67,914	40	—	—	—	—
37		楠梓區	56,263	37	—	—	—	—
38	高雄市	三民區	125,307	87	—	—	—	—
39		新興區	22,779	32	—	—	—	—
40		前金區	12,225	20	—	—	—	—
41		苓雅區	69,668	69	—	—	—	—
42		前鎮區	71,401	59	—	—	—	—
43		旗津區	10,668	13	—	—	—	—
44		小港區	56,737	43	—	—	—	—
合　計			546,962	459	—	—	—	—
總　計			6,025,340	5,776	1,094,049	1,654	189,081	339

資料來源：1.各層之戶口數摘錄自主計處所公布民國95年家庭收支調查法
2.各層之村里數為本案例模擬之假設性數據

步驟三：各層的樣本數之配置（單位：戶）

分層抽樣法各層的樣本數之配置，一般來說，較常用（且最簡單）的方法是按各層元素數量占全體數量之比例配置，稱之為「分層比例抽樣法」。但是，當各層間的變異相差極大時，為了達到較佳的估計效果，按比例所產生的各層樣本數需要調整，調整的原則為對變異較大的層配置較

多樣本。另外，當各層的抽樣成本相差很大時，為了節省成本，通常也會酌量減少抽樣成本較高的層之樣本數，同時酌量增加抽樣成本較低的層之樣本數。

依據主計處所公布的台灣地區家庭收支調查方法，自民國 95 年起，抽樣總戶數固定為 13,776 戶。其中：(1)台北市 2,000 戶；(2)高雄市 1,500 戶；(3)台灣省 21 個行政區共 10,276 戶。並按比例準則將總數分配至 44 個行政區（表 C2-1-3 之合計欄），然後再將各行政區的樣本數按比例分配至區內各層。以台北縣為例，台北縣所分配的樣本總數為 1,502 戶，按戶口比例將它分配到其所屬的各層中（參考表 C2-1-3）。

(1)台北縣都市層配置戶數： $1502 \times \frac{1250578}{1270808} \approx 1478$（實際配置戶數為 1,476 戶）

(2)台北縣城鎮層配置戶數： $1502 \times \frac{20145}{1270808} \approx 24$ 戶

(3)台北縣鄉村層配置戶數： $1502 \times \frac{85}{1270808} \approx 0.1$（實際配置戶數則為 2 戶）

表 C2-1-3　44 行政區各層的抽樣戶數

			都市層	城鎮層	鄉村層	合　計
1		台北縣	1,476	24	2	1,502
2		宜蘭縣	284	60	3	347
3		桃園縣	755	75	0	830
4		新竹縣	249	101	0	350
5		苗栗縣	191	113	16	320
6		台中縣	525	206	14	745
7	台灣省	彰化縣	283	259	31	573
8		南投縣	185	72	43	300
9		雲林縣	151	195	42	388
10		嘉義縣	117	134	72	323
11		台南縣	351	228	33	612
12		高雄縣	508	164	23	695
13		屏東縣	237	200	40	477
14		台東縣	142	108	30	280

15		花蓮縣	286	60	4	350
16		澎湖縣	100	57	43	200
17		基隆市	308	2	0	310
18		新竹市	293	7	0	300
19		台中市	551	5	0	556
20		嘉義市	304	6	0	310
21		台南市	496	12	0	508
合　計			7,792	2,088	396	10,276
22		松山區	160	0	0	160
23		信義區	181	0	0	181
24		大安區	242	0	0	242
25		中山區	184	0	0	184
26		中正區	126	0	0	126
27	台北市	大同區	96	0	0	96
28		萬華區	153	0	0	153
29		文山區	198	0	0	198
30		南港區	82	0	0	82
31		內湖區	191	0	0	191
32		士林區	206	0	0	206
33		北投區	181	0	0	181
合　計			2,000	0	0	2,000
34		鹽埕區	31	0	0	31
35		鼓山區	117	0	0	117
36		左營區	187	0	0	187
37		楠梓區	154	0	0	154
38		三民區	344	0	0	344
39	高雄市	新興區	62	0	0	62
40		前金區	33	0	0	33
41		苓雅區	192	0	0	192
42		前鎮區	196	0	0	196
43		旗津區	29	0	0	29
44		小港區	155	0	0	155
合　計			1,500	0	0	1,500
總　計			11,292	2,088	396	13,776

資料來源：摘錄自主計處所公布民國 95 年家庭收支調查方法

步驟四：第一階段抽樣（以村里為單位）

在各層內採用系統抽樣法抽出 20% 的村里作為樣本村里（其數量如表 C2-1-4）。

以台北縣為例，從台北縣都市層之 998 個村里、城鎮層之 16 個村里、鄉村層之 2 個村里（見表 C2-1-2）分別用系統抽樣法抽出 20% 的村里：

(1)將台北縣都市層之 998 個村里編號（1～998），以系統抽樣法抽出 200 個村里（998×20%≈200）。假設永和市中興里……等 200 個里被抽出，這 200 個里的戶口總數為 249,265 戶。

(2)如同(1)，將台北縣城鎮層之 16 個村里編號（1～16），以系統抽樣法抽出 3 個村里（16×20%≈3）。假設被抽出的 3 個村里戶口總數為 3,979 戶。

(3)如同(1)，將台北縣鄉村層之 2 個村里予以編號（1～2），以系統抽樣法抽出 1 個村里（2×20%≈0.4，進位至 1）。假設被抽出的村里戶口數為 35 戶。

從表 C2-1-4 中的總計數據顯示，第一階段抽樣後，在 44 個行政區中有 1,154 屬於都市層之村里（共 1,190,712 戶）被抽出，有 334 個屬於城鎮層之村里（共 220,321 戶）被抽出，有 68 個屬於鄉村層之村里（共 37,136 戶）被抽出。這些村里及其所包含的戶口構成第二階段抽樣之基礎。

表 C2-1-4　44 行政區各層第一階段所抽出之村里數

			都市層		城鎮層		鄉村層	
			戶口數	村里數	戶口數	村里數	戶口數	村里數
1		台北縣	249,265	200	3,979	3	35	1
2		宜蘭縣	22,631	38	4,959	8	298	1
3		桃園縣	109,436	86	11,208	9	0	0
4	台灣省	新竹縣	18,957	26	7,982	10	0	0
5		苗栗縣	19,870	32	11,231	19	1,631	3
6		台中縣	61,401	58	24,230	23	1,478	1
7		彰化縣	33,274	58	30,675	53	3,162	6
8		南投縣	19,458	32	7,976	13	3,789	7
9		雲林縣	17,263	30	21,727	39	3,987	8

10		嘉義縣	11,486	26	13,946	30	7,855	16
11		台南縣	39,775	60	26,105	39	4,066	6
12		高雄縣	60,094	65	19,310	21	2,713	3
13		屏東縣	26,603	46	22,164	39	4,873	8
14		台東縣	7,452	15	5,912	11	1,634	3
15		花蓮縣	19,247	29	3,938	6	378	1
16		澎湖縣	2,994	10	1,749	6	1,237	4
17		基隆市	28,502	31	366	1	0	0
18		新竹市	25,271	23	610	1	0	0
19		台中市	70,096	42	665	1	0	0
20		嘉義市	17,478	21	402	1	0	0
21		台南市	49,645	45	1,187	1	0	0
	合　計		910,198	973	220,321	334	37,136	68
22		松山區	15,574	7	—	—	—	—
23		信義區	16,426	8	—	—	—	—
24		大安區	23,557	11	—	—	—	—
25		中山區	16,403	8	—	—	—	—
26		中正區	11,355	6	—	—	—	—
27	台北市	大同區	9,029	5	—	—	—	—
28		萬華區	13,860	7	—	—	—	—
29		文山區	18,985	8	—	—	—	—
30		南港區	7,810	4	—	—	—	—
31		內湖區	17,353	7	—	—	—	—
32		士林區	18,746	10	—	—	—	—
33		北投區	14,103	8	—	—	—	—
	合　計		183,201	89	—	—	—	—
34		鹽珵區	2,174	4	—	—	—	—
35		鼓山區	8,635	8	—	—	—	—
36		左營區	1,358	8	—	—	—	—
37	高雄市	楠梓區	10,752	7	—	—	—	—
38		三民區	24,161	17	—	—	—	—
39		新興區	4,505	6	—	—	—	—
40		前金區	2,445	4	—	—	—	—
41		苓雅區	14,433	14	—	—	—	—

圖 2 蒐集資料 · 023

42	前鎮區	14,780	12	—	—	—	—
43	旗津區	2,223	3	—	—	—	—
44	小港區	11,847	9	—	—	—	—
合　計		97,313	92	—	—	—	—
總　計		1,190,712	1,154	220,321	334	37,136	68

資料來源：本案例依據表 C2-1-2 模擬產生之假設性數據

步驟五：第二階段抽樣（以步驟四所抽出之樣本村里內之戶口為基礎）

先以樣本村里之戶口數占該層戶口數之比例分別計算出每個樣本村里之抽樣戶數。然後在各樣本村里內以系統抽樣法抽出樣本戶構成本次家庭收支調查訪查對象。先前，在步驟四中，我們曾假設永和市中興里（屬於台灣省台北縣都市層）被抽出，於是我們便以永和市中興里為例，說明每個樣本里的第二階段抽樣是如何進行的。

⑴先以永和市中興里之戶口數占該層（台北縣都市層）樣本村里戶口總數的比例配置永和市中興里之抽樣戶數。其計算如下

$$1476 \times \frac{1277}{249265} = 7.56 \approx 8 \text{ 戶}$$

其中，1,476 為台北縣都市層所配置的抽樣戶數（見表 C2-1-3），249,265 為台北縣都市層所有第一階段所抽出之 200 個村里的戶口總數（見表C2-1-4)，1,277 則為永和市中興里當時之戶口數（數據來自永和市公所網站）。

⑵然後，將永和市中興里的 1,277 戶編號（1～1277），以系統抽樣法抽出 8 戶成為訪查對象。

案例 2-2　TIMSS 2007 教育評鑑

國際教育成就評鑑學會（IEA, International Association for the Evaluation of Educational Achievement）是一個跨國合作的研究機構，早在 1959 年便開始從事多項教育成就評鑑。TIMSS（The Trends in Mathematics and Science Study）是 IEA 所執行的專案之一，由 IEA 授權波士頓大學國際教育研究中心（TIMSS and PIRLS International Study Center）負責 TIMSS 專案規劃、督導與管理。並協同：(1) IEA 秘書處（位於荷蘭阿姆斯特丹）；(2) IEA 資料處理中心（位於德國漢堡）；(3)加拿大國家統計局（位於加拿大渥太華）；(4)教育測驗中心（位於美國紐澤西）等四個機構共同執行。TIMSS 從 1995 年開始，每隔四年（1995, 1999, 2003, 2007, …）進行數學及科學教育成就評鑑，評鑑對象為四年級及八年級學生。TIMSS 2007（TIMSS 於 2007 年的評鑑的簡稱）四年級部分共有 36 個國家或地區參與評鑑，評鑑報告於 2009 年初公布。

TIMSS 2007 四年級數學的評鑑領域有二：(1)單元領域（content domain）；(2)認知領域（cognitive domain）。單元領域包含了數（number）、幾何與衡量（geometric shapes and measures）、資料分析（data display）三方面。認知領域包含了知識（knowing）、應用（applying）及推理（reasoning）三方面的能力。其中，知識著重在現象（facts）、觀念（concepts）、工具（tools）及方法（procedures）的了解，應用著重在一般問題的解決能力，推理則著重在複雜或多層次問題的解決能力。另外，為了對數學教育的改進提供參考，TIMSS 2007 同時調查各國的教育政策、教育資源及教學環境進行比較，從校長及老師方面蒐集教學資源、設備、師資、教材教法、教學活動，從學生方面蒐集學習態度、學習經驗及家長的角色等相關資料。

TIMSS 2007 的抽樣設計採用兩階段分層聚落設計（two-stage stratified cluster design），其一般程序如圖 C2-2-1 所示，第一階段先從各個參加國

家或地區抽樣選出學校（註1），第二階段再從所有被抽出的學校的四年級
班級中抽出一或兩個班級。

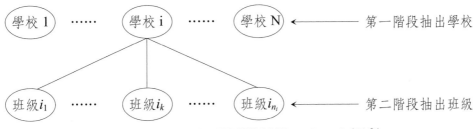

圖 C2-2-1　TIMSS 2007 抽樣設計（註2）

註1：這個階段的重點為建立抽樣架構（sampling frames）：(1)彙編各國四年級學校及班級的資訊，例如，各校四年級學生總人數、各校四年級班級數目……等做為抽樣數目及抽樣機率調整的依據；另外，根據學校的屬性（公立學校、私立學校、特教學校……等）、學校的位置（都市學校、鄉村學校……等）、學校的特色（女校、男校、男女合校……等）做為分層或聚落抽樣的參考。(2)按照學校的大小設定抽樣機率，例如，甲校的人數若是乙校的兩倍，則甲校被抽出的機率是乙校的兩倍。

註2：TIMSS 2007 參加國家有兩個例外，一為俄羅斯，因其幅員廣闊，抽樣方式調整為(1)地區(2)學校(3)班級之三階段抽樣，另一個是新加坡，抽樣方式調整為(1)學校(2)班級(3)學生之三階段抽樣。

3 敘述統計之一

（以圖、表彙整資料）

　　大量資料（data）經過彙整後成為資訊（information），才能對決策（decision making）有所幫助。敘述統計是將資料以圖、表或數字的方式加以彙整，本章介紹圖、表的製作要領及技巧，第四章則介紹以數字呈現的統計量（statistic）。我們將圖、表製作的技巧依資料的型態分類成：(1)質的資料（qualitative data）；(2)量的資料（quantitative data）；(3)二元資料或雙變數資料（binary data）。其分類架構如下圖：

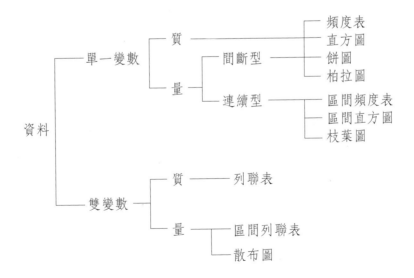

3.1 單變數——質的資料

一般而言，單變數質的資料（univariate qualitative data）可以運用的圖表、技巧有：(1)頻度表（frequency table）；(2)直方圖（histogram）；(3)餅圖（pie chart）；(4)柏拉圖（pareto）。其中，頻度表中又有頻度表、相對頻度表（relative frequency table）、累積頻度表（cumulative frequency table）及累積相對頻度表（cumulative relative frequency table）。直方圖中又有直方圖、相對直方圖（relative histogram）、累積直方圖（cumulative histogram）及累積相對直方圖（cumulative relative histogram）。

例題 3-1-1　50 名同學的血型資料記錄如下，如何以圖、表來呈現這些資料？

$$
\begin{array}{cccccccccc}
A & B & A & O & O & O & A & A & A & O \\
B & O & O & A & B & O & O & O & A & A \\
AB & A & B & A & A & A & A & O & O & A \\
A & A & A & O & O & O & A & O & O & AB \\
A & B & A & O & O & A & AB & B & A & A
\end{array}
$$

我們可以頻度表、直方圖、餅圖及柏拉圖來呈現這 50 筆資料。

(1)頻度表

這 50 筆血型資料分類計數如下：

類　別	計　數	頻　度	相對頻度
A	〼〼〼〼〼〳	23	0.46
B	〼／	6	0.12
O	〼〼〼〼〳	18	0.36
AB	／／／	3	0.06
		50	1.00

所以，這 50 筆血型資料的頻度表如表 3-1-1。

表 3-1-1　50 筆血型資料的頻度表

類　別	頻　度
A	23
B	6
O	18
AB	3

定義 3-1-1：頻度表（frequency table）

　　頻度表乃是將資料加以區分成互斥（mutually exclusive）的類別，並加以計數（count）。

　　若我們想了解這 50 筆血型資料中，各種血型間的分配比例，則我們只需要將頻度表轉成相對頻度表（如表 3-1-2）即可。

表 3-1-2　50 筆血型資料的相對頻度表

類　別	相對頻度
A	0.46
B	0.12
O	0.36
AB	0.06

定義 3-1-2：相對頻度表（relative frequency table）

　　相對頻度表乃是將頻度表中類別的頻度以總數除之，使其成為相對頻度值或百分比。

　　有時候我們用累積的方式呈現資料，此時便可將頻度表（表 3-1-1）及相對頻度表（表 3-1-2）分別轉成累積頻度表（表 3-1-3）及累積相對頻

度表（如表 3-1-4）。

表 3-1-3   50 筆血型資料的累積頻度表

類　別	累積頻度
A	23
B	$29 = 23 + 6$
O	$47 = 29 + 18$
AB	$50 = 47 + 3$

表 3-1-4   50 筆血型資料的累積相對頻度表

類　別	累積相對頻度
A	0.46
B	$0.58 = 0.46 + 0.12$
O	$0.94 = 0.58 + 0.36$
AB	$1.00 = 0.94 + 0.06$

定義 3-1-3：累積頻度表（cumulative frequency table）
累積頻度表乃是將頻度表中各類頻度，逐項累計。

定義 3-1-4：累積相對頻度表（cumulative relative frequency table）
累計相對頻度表乃是將相對頻度表中各類別的相對頻度值逐項累計。

(2)直方圖

　　除了表格之外，圖形往往使人對資料的分配有加深印象的功能，我們只需要將頻度表中的類別標示於橫軸，然後將各類別的頻度依其數值的大小劃成高度不同的條狀圖呈現。所以，四種頻度表分別可以劃出以下四種直方圖：

頻度表	直方圖
相對頻度表	相對直方圖
累積頻度表	累積直方圖
累積相對頻度表	累積相對直方圖

所以，這 50 筆血型資料可分別以四種直方圖（圖 3-1-1~圖 3-1-4）表示如下：

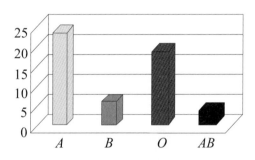

圖 3-1-1　50 筆血型資料的直方圖

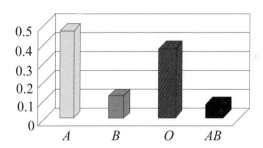

圖 3-1-2　50 筆血型資料的相對直方圖

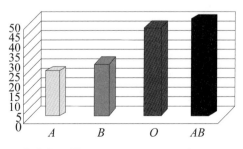

圖 3-1-3　50 筆血型資料的累積直方圖

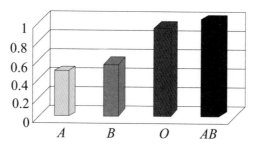

圖 3-1-4　50 筆血型資料的累積相對直方圖

(3)餅圖

　　顧名思義，所謂餅圖就是將一個圓餅以頻度表中各類別的頻度值按比例加以切割。例題 3-1-1 中 50 筆血型資料的餅圖，如圖 3-1-5 所示。

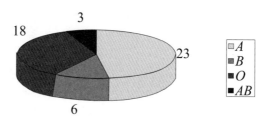

圖 3-1-5　50 筆血型資料的餅圖

(4)柏拉圖

　　柏拉圖是將直方圖中標示在橫軸的類別依其頻度大小按降冪由左至右予以重排，柏拉圖是一個總稱，依縱軸的不同而分別稱其為頻度柏拉圖及相對頻度柏拉圖。柏拉圖是一個非常有效的管理工具。本題中 50 筆血型資料的柏拉圖可表示如圖 3-1-6 及圖 3-1-7。

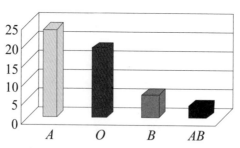

圖 3-1-6　50 筆血型資料的頻度柏拉圖

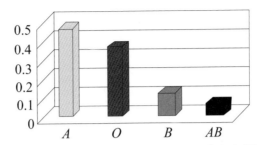

圖 3-1-7　50 筆血型資料的相對頻度柏拉圖

3.2 單變數——量的資料

　　單變數量的資料（univariate quantitative data）有兩種型態，一為間斷型（discrete data），另一為連續型（continuous data）。

一、間斷型

　　基本上，間斷型量的資料的圖表彙整技巧與第一節中所談的差不多，最大的差別在表中的類別及圖中的橫軸，舉例說明如下：

例題 3-2-1　訪問了 100 名消費者，詢問他們曾購買幾套微軟（Microsoft）所發行的遊戲軟體（game），資料記錄如下。如何以圖、表來呈現這些資料？

```
2 1 1 2 3 0 2 4 5 2    2 2 0 4 3 5 2 2 4 3
2 0 3 2 2 1 2 2 3 4    3 3 2 5 2 0 2 1 1 2
3 2 2 3 2 1 2 5 4 3    4 2 1 3 4 2 0 3 2 1
4 5 1 2 0 2 1 2 3 4    3 0 2 2 1 3 2 1 2 2
3 1 5 3 2 4 1 2 5 2    0 2 1 3 2 1 2 4 3 3
```

　　我們以 X 代表購買軟體的套數，則這 100 筆資料的計數程序如下，請特別注意這裡與第一節中質的資料的差異，在質的資料中計數是依類別為對象，而量的資料則是以數值為對象。

X 值	計　數	頻度	相對頻度
0	𝍸 ⫻	8	0.08
1	𝍸 𝍸 𝍸 ／	16	0.16
2	𝍸 𝍸 𝍸 𝍸 𝍸 𝍸 𝍸 ⫻	38	0.38
3	𝍸 𝍸 𝍸 𝍸	20	0.20
4	𝍸 𝍸 ／	11	0.11
5	𝍸 ⫻	7	0.07
		100	1.00

(1)頻度表

表 3-2-1　100 筆購買微軟遊戲軟體資料的頻度表

X：購買套數	頻　度
0	8
1	16
2	38
3	20
4	11
5	7

(2)相對頻度表

表 3-2-2　100 筆購買微軟遊戲軟體資料的相對頻度表

X：購買套數	相對頻度
0	0.08
1	0.16
2	0.38
3	0.20
4	0.11
5	0.07

(3)累積頻度表

表 3-2-3　100 筆購買微軟遊戲軟體資料的累積頻度表

X：購買套數	累積頻度
0	8
1	$24 = 8 + 16$
2	$62 = 24 + 38$
3	$82 = 62 + 20$
4	$93 = 82 + 11$
5	$100 = 93 + 7$

(4)累積相對頻度表

表 3-2-4　100 筆購買微軟遊戲軟體資料的累積相對頻度表

X：購買套數	累積相對頻度
0	0.08
1	$0.24 = 0.08 + 0.16$
2	$0.62 = 0.24 + 0.38$
3	$0.82 = 0.62 + 0.20$
4	$0.93 = 0.82 + 0.11$
5	$1.00 = 0.93 + 0.07$

(5)直方圖

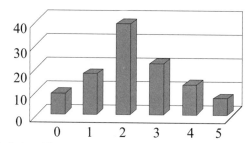

圖 3-2-1　100 筆購買微軟遊戲軟體資料的直方圖

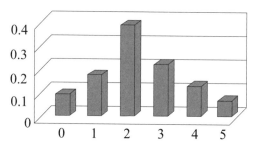

圖 3-2-2　100 筆購買微軟遊戲軟體資料的相對直方圖

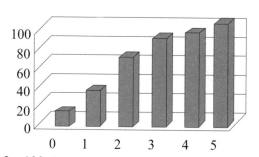

圖 3-2-3　100 筆購買微軟遊戲軟體資料的累積直方圖

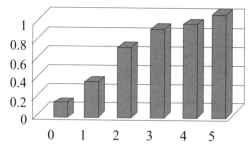

圖 3-2-4　100 筆購買微軟遊戲軟體資料的累積相對直方圖

(6)餅圖

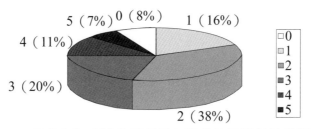

圖 3-2-5　100 筆購買微軟遊戲軟體資料的餅圖

二、連續型

　　呈現連續型資料的圖表技巧有區間頻度表（grouped frequency table）或簡稱頻度表、區間直方圖（grouped histogram）或簡稱直方圖及枝葉圖（stem-and-leaf diagram）。以例題 3-2-2 說明上述各種圖表的製作。

例題 3-2-2　抽樣調查 80 位大學生，每月行動電話帳單費用資料如下，如何以圖、表呈現這些資料。

512	1429	2150	795	806	1795	2800	1150
1204	1490	1689	1584	1820	2600	1296	1700
1548	1845	2200	1306	1110	1498	1821	1590
1935	1784	720	1199	1300	2200	840	1690
1712	1820	2193	2310	2890	2340	1920	1580
2203	1304	1695	1891	1112	1643	1888	2106
1874	2100	2695	1932	1876	1394	2235	2693
2148	1964	1876	893	1134	1896	2223	2348
2606	2396	1945	2700	2450	2363	2394	2906
1669	1896	2215	2466	1944	2108	2478	2859

(1)頻度表

　　連續型資料在製作頻度表前，必須先決定資料的分組區間，然後再計數（count）每一區間（組）的頻度。在本題中，若以 X 表示行動電話帳單費用，則這 80 筆資料中的最大值為 2906，最小值為 512，若將他們分成 10 組，則每一組的區間可設定如表 3-2-5 所示；其中，我們稱 500、

750、1000……等端點值為組界（class boundary），組界又分為左端值的組下界（class lower limit）及右端值的組上界（class upper limit）。組上界與組下界所跨的區間寬度稱為組寬（class width）。組下界與組上界的中間值稱為組中點（class midpoint）或組代表值。資料分組區間決定之後，接下來便是進行頻度計數。本題中，80 筆資料的計數結果如下。

表 3-2-5

X：分組	組下界，組上界	組　寬	組中點
$500 < x \le 750$	500, 750	250	625
$750 < x \le 1000$	750, 1000	250	875
$1000 < x \le 1250$	1000, 1250	250	1125
$1250 < x \le 1500$	1250, 1500	250	1375
$1500 < x \le 1750$	1500, 1750	250	1625
$1750 < x \le 2000$	1750, 2000	250	1875
$2000 < x \le 2250$	2000, 2250	250	2125
$2250 < x \le 2500$	2250, 2500	250	2375
$2500 < x \le 2750$	2500, 2750	250	2625
$2750 < x \le 3000$	2750, 3000	250	2875

分組區間	計　數	頻　度	相對頻度
$500 < x \le 750$	〵	2	0.025
$750 < x \le 1000$	〢	4	0.05
$1000 < x \le 1250$	〦 〵	6	0.075
$1250 < x \le 1500$	〦 〢	8	0.1
$1500 < x \le 1750$	〦 〦 〵	11	0.1375
$1750 < x \le 2000$	〦 〦 〦 〢	19	0.2375
$2000 < x \le 2250$	〦 〦 〵	12	0.15
$2250 < x \le 2500$	〦 〢	9	0.1125
$2500 < x \le 2750$	〦	5	0.0625
$2750 < x \le 3000$	〢	4	0.05

依據這個計數表，視需求而製作 4 種頻度表，如表 3-2-6、表 3-2-7、表 3-2-8 及表 3-2-9。這些頻度表與例題 3-2-1 中所呈現的頻度表，最大的差別在於後者是以原始資料分類加以計數，而前者是以分組區間進行分類計數，所以我們也稱這種頻度表為區間頻度表或分組頻度表（grouped frequency table）。區間頻度表的特色是，我們只能從區間頻度表中看到各組的頻度，但無法知道其確實數據，例如我們看到 $500 < x \le 750$ 這個區間中有 2 筆資料，但是我們無法知道他們的確實數據。

表 3-2-6　80 筆行動電話帳單資料的分組頻度表

X	頻　度
500～750　（含）	2
750～1000	4
1000～1250	6
1250～1500	8
1500～1750	11
1750～2000	19
2000～2250	12
2250～2500	9
2500～2750	5
2750～3000	4

表 3-2-7　80 筆行動電話帳單資料的分組相對頻度表

X	相對頻度
500～750　（含）	0.025
750～1000	0.05
1000～1250	0.075
1250～1500	0.1
1500～1750	0.1375
1750～2000	0.2375
2000～2250	0.15
2250～2500	0.1125
2500～2750	0.0625
2750～3000	0.05

表 3-2-8   80 筆行動電話帳單資料的分組累積頻度表

X	累積頻度
750	2
1000	$6 = 4 + 2$
1250	$12 = 6 + 6$
1500	$20 = 8 + 12$
1750	$31 = 11 + 20$
2000	$50 = 19 + 31$
2250	$62 = 12 + 50$
2500	$71 = 9 + 62$
2750	$76 = 5 + 71$
3000	$80 = 4 + 76$

表 3-2-9   80 筆行動電話帳單資料的分組相對累積頻度表

X	累積相對頻度
750	0.025
1000	$0.075 = 0.05 + 0.025$
1250	$0.15 = 0.075 + 0.075$
1500	$0.25 = 0.1 + 0.15$
1750	$0.3875 = 0.1375 + 0.25$
2000	$0.625 = 0.2375 + 0.3875$
2250	$0.775 = 0.15 + 0.625$
2500	$0.8875 = 0.1125 + 0.775$
2750	$0.95 = 0.0625 + 0.8875$
3000	$1.00 = 0.05 + 0.95$

(2)直方圖

　　將前述頻度表中的分組區間放在橫軸，頻度或相對頻度放在縱軸，便可畫出分組資料的直方圖。所以，本題中，80 筆行動電話帳單資料的分組直方圖如圖 3-2-6。

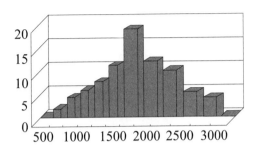

圖 3-2-6　80 筆行動電話帳單資料的分組直方圖

　　有時候,我們將連續型資料直方圖以線圖(line diagram)來呈現,它的製作方法是連接直方圖頂端的中點,然從再從左端及右端等距向外延伸與橫軸相交,使線圖形成一個封閉多邊形(如圖 3-2-7)。

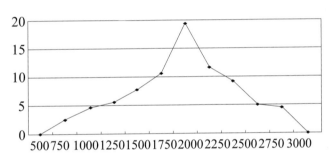

圖 3-2-7　80 筆行動電話帳單資料的分組線圖

　　此外,直方圖的縱軸可視需要而調整成相對頻度,或以累計方式來表達。以本題中的 80 筆資料為例,可以有圖 3-2-8、圖 3-2-9、圖 3-2-10、圖 3-2-11、圖 3-2-12 及圖 3-2-13 這幾種方式。其中,我們又稱如圖 3-2-11 之分組相對線圖為比例多邊圖(percentage polygon)。

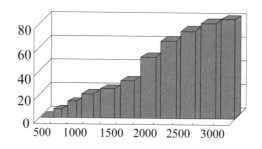

圖 3-2-8　80 筆行動電話帳單資料的分組累積直方圖

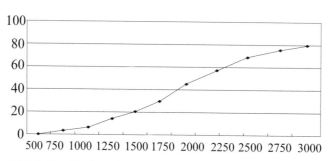

圖 3-2-9　80 筆行動電話帳單資料的分組累積線圖

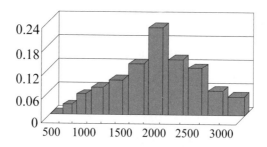

圖 3-2-10　80 筆行動電話帳單資料的分組相對直方圖

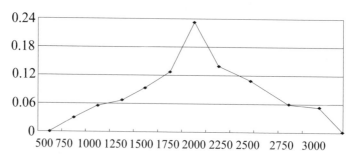

圖 3-2-11　80 筆行動電話帳單資料的分組相對線圖

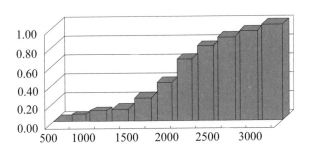

圖 3-2-12　80 筆行動電話帳單資料的分組累積相對直方圖

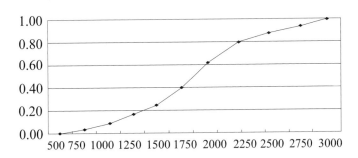

圖 3-2-13　80 筆行動電話帳單資料的分組累積相對線圖

枝葉圖是另外一種常用來呈現資料的方法。在枝葉圖中，我們將數字的首位數字或首幾位數字規劃為枝，其他位數規劃為葉。然後，將資料逐一按其所屬的枝歸類。

例題 3-2-3　某電腦公司 40 名員工的年齡分別如下，如何以枝葉圖呈現這 40 筆資料？

26	34	22	45	37	30	19	26	34	20
32	43	51	50	40	44	45	36	35	42
49	38	26	28	37	42	40	38	32	43
41	23	18	19	26	52	43	37	47	50

解： 這 40 筆員工年齡資料皆為整數，最小為 18，最大為 52，所以我們以年齡的第一位數為枝，第二位數為葉，則共有五個枝 1、2、3、4、5，並以枝為分類，形成分類架構如下：

枝	葉
1	
2	
3	
4	
5	

然後，將 40 筆年齡資料值逐一放到它所屬的枝上，便形成

枝	葉
1	9, 8, 9
2	6, 2, 6, 0, 6, 8, 3, 6
3	4, 7, 0, 4, 2, 6, 5, 8, 7, 8, 2, 7
4	5, 3, 0, 4, 5, 2, 9, 2, 0, 3, 1, 3, 7
5	1, 0, 2, 0

若將枝葉圖中每一枝上的資料依大小順序排列，則成為排序枝葉圖

枝	葉
1	8, 9, 9
2	0, 2, 3, 6, 6, 6, 6, 8
3	0, 2, 2, 4, 4, 5, 6, 7, 7, 7, 8, 8
4	0, 0, 1, 2, 2, 3, 3, 3, 4, 5, 5, 7, 9
5	0, 0, 1, 2

枝葉圖讓我們對資料的分布有一個概略的了解，諸如：最小值、最大值、有沒有異常值、平均數大約是多少……等，枝葉圖旋轉 90° 後與直方圖非常相似，但它不同於直方圖的是，枝葉圖可以看到原始資料值，而直方圖則只看到頻度。

3.3 雙變數資料

　　當資料涉及兩個屬性時便成為雙變數資料，例如同時涉及身高及體重兩個變數。雙變數資料也分為屬質雙變數資料（qualitative bivariate data）及屬量雙變數資料（quantitative bivariate data），它們的圖表呈現方式也有不同的方法。

一、屬質雙變數資料

　　所謂屬質雙變數資料，指的是所處理的兩個變數皆為屬質的資料。屬質雙變數資料，最常見的呈現方式為以兩變數交叉組合成列聯表（contingency table）。以例題 3-3-1 來說明它的製作。

例題 3-3-1　醫院抽樣調查 40 位門診病人的抽菸習慣與心臟狀況，資料記錄如表 3-3-1，如何以列聯表呈現這 40 筆資料。

　　解：這 40 筆資料涉及兩個變數，變數一為抽菸習慣，變數二為心臟狀況。抽菸習慣（變數一）分為兩種屬性：(1)有抽菸習慣；(2)無抽菸習慣。心臟狀況（變數二）也分為兩種屬性：(1)有心肌梗塞症狀；(2)無心肌梗塞症狀。兩種變項的兩個屬性組合成四個格子的列聯表，如表 3-3-2。

表 3-3-1　40 位門診病人的雙變數資料

樣本序號	是否抽菸	是否有心肌梗塞
1	1	1
2	1	1
3	0	0
4	1	0
5	1	1
6	0	1
7	1	0

8	1	1
9	0	1
10	0	0
11	0	0
12	1	1
13	0	1
14	0	0
15	1	1
16	1	1
17	0	0
18	1	1
19	0	1
20	1	1
21	0	0
22	1	1
23	1	0
24	1	0
25	1	1
26	1	1
27	0	0
28	1	0
29	1	1
30	0	0
31	1	0
32	1	1
33	0	0
34	1	0
35	1	1
36	0	0
37	0	1
38	1	1
39	1	0
40	1	1

註：0表示「否」，1表示「是」

然後將表 3-3-1 中的 40 筆資料分別歸屬到列聯計數表中並予以計數（如表 3-3-2），再將它轉換成列聯表（如表 3-3-3）。

表 3-3-2　列聯計數表

心臟狀況	抽菸習慣	
	有	無
有心肌梗塞症狀	※ ※ ※ ／	※
無心肌梗塞症狀	※ ／／	※ ※

表 3-3-3　列聯表

心臟狀況	抽菸習慣	
	有	無
有心肌梗塞症狀	17	5
無心肌梗塞症狀	8	10

從表 3-3-3 第一行數據，抽菸者有 68%（$=\dfrac{17}{25}$）有心肌梗塞症狀，不抽菸（第二行）者僅 33%（$=\dfrac{5}{15}$）。（這是條件機率的觀念，請參考第 5 章 5-5 節）

二、屬量雙變數資料

所謂屬量雙變數資料，指的是所處理的兩個變數皆為屬量的資料。屬量雙變數資料最常見的呈現方式為散布圖（scattergram）及分組列聯表（grouped contingency table）。以例題 3-3-2 來說明它的製作。

例題 3-3-2　某化妝品公司記錄 40 週的促銷支出及當週的銷售金額如表 3-3-4（單位：千元），如何以散布圖及分組列聯表來呈現這 40 筆資料。

解：(1)散布圖

這 40 筆資料所涉及的兩個變數，變數一為促銷支出，以符號 X 表示。變數二為銷售金額，以符號 Y 表示。則這 40 筆資料形成 40 個配對資料，若以集合表示為$\{(x_i, y_i) | i = 1, 2, \cdots, 40\}$，將$(x_i, y_i)$在 X-Y 座標平面上描點便成為散布圖（如圖 3-3-1）。從散布圖我們可以研判 X, Y 兩個變數有高度的線性相關。

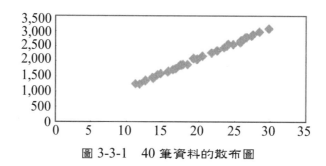

圖 3-3-1　40 筆資料的散布圖

表 3-3-4　40 週促銷支出及銷售金額資料

序　號	週促銷支出	週銷售金額
1	11.2	1,250
2	12.6	1,370
3	19.7	2,060
4	18.4	1,890
5	17.8	1,890
6	19.2	2,090
7	13.7	1,430
8	14.7	1,590
9	15.8	1,670
10	16.4	1,720
11	17.4	1,870
12	19.8	2,070
13	11.8	1,240
14	12.6	1,350
15	13.6	1,460

16	14.3	1,550
17	15.7	1,650
18	17.6	1,870
19	16.8	1,760
20	19.3	2,090
21	20.5	2,170
22	29.8	3,080
23	28.5	2,970
24	21.8	2,280
25	27.5	2,870
26	22.6	2,350
27	26.7	2,790
28	23.5	2,450
29	25.9	2,690
30	24.8	2,560
31	21.8	2,270
32	22.5	2,350
33	23.9	2,500
34	24.1	2,570
35	25.8	2,660
36	26.1	2,690
37	27.6	2,880
38	27.4	2,840
39	26.5	2,780
40	25.8	2,620

(2)分組列聯表

所謂分組列聯表是將所涉及的兩個變數分別以區間分組，並將它們組合成列聯表，然後將資料逐筆歸屬於列聯表的格子中並計數。以本題中的40筆資料為例，將 X 變數分成 5 格，將 Y 變數分成 4 格（如表 3-3-5）。

表 3-3-5

X \ Y	1,500 以下	1,500～2,100	2,100～2,700	2,700～3,300	合　計
14 以下	6				6
14～18		9			9
18～22		5	3		8
22～26			9		9
26～30			1	7	8
合　計	6	14	13	7	40

案例 3-1　自由時間

　　若將一天的時間分為必要時間、約束時間與自由時間（參考表 C3-1-1），整體來說，國人平均每日自由時間為 5 小時 54 分鐘，男、女分別為 6 小時 17 分鐘及 5 小時 30 分鐘，男性較女性多 47 分鐘。從年齡層的統計數據來看，以 65 歲以上高齡者之 9 小時 1 分鐘為最多，其次為 55~64 年齡層的 6 小時 52 分鐘，自由時間最少者為 35～44 年齡層的 4 小時 46 分鐘（參考表 C3-1-2 及圖 C3-1-1）。

表 C3-1-1　必要時間、約束時間與自由時間之定義

必要時間	生理時間，如睡覺、盥洗、沐浴、用餐……等時間。
約束時間	經營社會生活時所必需要有的工作時間、學生之上課時間以及家庭主婦之料理家務時間。
自由時間	24 小時中扣除「必要時間」與「約束時間」外之活動時間。

資料來源：行政院主計處

表 C3-1-2　　國人自由時間概況（按年齡層統計）（單位：時／分）

	每人每日自由時間		
	兩性合計	男　性	女　性
15～24 歲	6.14	6.38	5.48
25～34 歲	4.58	5.18	4.37
35～44 歲	4.46	5.08	4.23
45～54 歲	5.23	5.40	5.06
55～64 歲	6.52	7.12	6.31
65 歲以上	9.01	9.40	8.21
總　　　計	5.54	6.17	5.30

資料來源：行政院主計處，2004 年台灣地區社會發展趨勢調查報告—時間運用

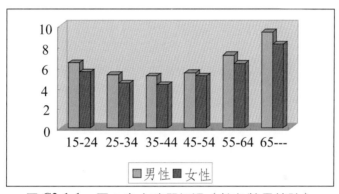

圖 C3-1-1　　國人自由時間概況（按年齡層統計）

主要國家國民的自由時間之比較

　　　　主要國家國民的自由時間以挪威為最多（6 小時 44 分鐘），其餘依序為芬蘭（6 小時 29 分鐘）、日本（6 小時 26 分鐘）、德國（6 小時 21 分鐘）、英國（5 小時 58 分鐘）、中華民國（5 小時 54 分鐘）……。另外，就年齡層比較，各國高齡者的自由時間皆高於其他年齡層，其中我國高齡者所擁有的自由時間為各國之冠（參考表 C3-1-3 及圖 C3-1-2）。

表 C3-1-3　主要國家國民的自由時間（單位：時／分）

	每人每日自由時間	高齡者每人每日自由時間
挪威	6.44	8.09
芬蘭	6.29	8.13
日本	6.26	8.03
德國	6.21	7.26
英國	5.58	7.41
中華民國	5.54	9.01
瑞典	5.52	8.01
美國	5.49	8.15
愛沙尼亞	5.49	6.51
匈牙利	5.33	7.11
比利時	5.20	7.06
澳洲	5.16	7.11
法國	4.40	6.11

資料來源：行政院主計處 2004 年台灣地區社會發展趨勢調查報告—
　　　　　時間運用，EUROSTAT, ABS, BLS 及日本總物省統計局
註：1. 我國為 2004 年資料，其餘各國為 1997～2004 年不等；2.各國
　　高齡者皆為 65 歲以上人口，唯日本為 65～74 歲。

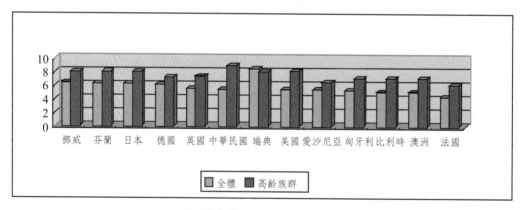

圖 C3-1-2　主要國家國民的自由時間

如何支配自由時間

　　國人自由時間所從事之活動以看電視（2 小時 15 分鐘）為最多（占
38.1%），其次為與親友相聚聊天、應酬等社交活動（37 分鐘，占

10.5%）及休息放鬆（35分鐘，占9.9%），兩者合計約2成。此外，上網（26分鐘，占7.3%）、進修及課業（22分鐘，占6.2%）及運動（21分鐘，占5.9%），三者合計約2成。其餘5項目及其他合計約2成（參考表C3-1-4及圖C3-1-3）。

表 C3-1-4　國人自由時間之分配

活動項目	平均時間（時／分）	百分比（%）
看電視	2.15	38.1
社交活動	0.37	10.5
休息放鬆	0.35	9.9
上網	0.26	7.3
進修及課業	0.22	6.2
運動	0.21	5.9
看電影、唱歌、逛街	0.17	4.8
看報紙、雜誌、休閒書籍	0.17	4.8
郊遊、戶外休閒活動	0.15	4.2
聽廣播、音樂	0.07	2.0
社會公益活動	0.02	0.6
其他	0.20	5.6

資料來源：行政院主計處2004年台灣地區社會發展趨勢調查報告—時間運用

　　另外，國人自由時間所從事之活動與年齡層的關係密切，排名前6項活動中，看電視、社交活動、休息放鬆及運動4項目，均呈現出年齡愈大，投入時間愈多現象。上網與進修及課業2項目則呈現出年齡愈輕，投入時間愈多現象。以上網為例，15～24年齡層的時間最長（1小時14分鐘），25～34年齡層次之（36分鐘），至於65歲以上高齡層者僅1分鐘。

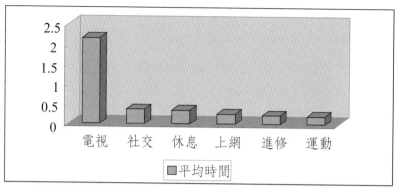

圖 C3-1-3　國人自由時間之分配

上網做什麼

　　國人上網的目的，以瀏覽資訊為首（占 75.8%），其餘依序為收發 e-mail（占 40.3%）、線上教學（10.7%）、金融交易、投資理財（占 5.8%）、網路購物（占 5.7%）、找工作（占 0.9%）。歐盟國家與我國在各項目之排序相同，但是每一項的比率均遠高於我國。美國在各項目之排序與我國呈現出較大的差異，尤其在網路購物及找工作兩項目差異極其顯著（參考表 C3-1-5 及圖 C3-1-4）。

表 C3-1-5　中華民國、歐盟國家及美國國民使用網路目的比較

使用網路的目的	中華民國（%）	歐盟國家（%）	美國（%）
瀏覽資訊	75.8	82.0	40.1
收發 e-mail	40.3	81.0	54.5
線上教學	10.7	37.0	3.9
金融交易、投資理財	5.8	28.0	4.3
網路購物	5.7	24.0	32.3
找工作	0.9	21.0	11.7

資料來源：行政院主計處 2004 年台灣地區社會發展趨勢調查報告-時間運用

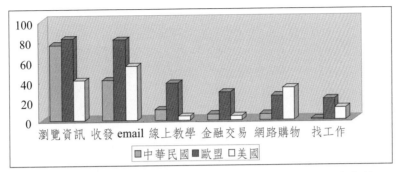

圖 C3-1-4　中華民國、歐盟國家及美國國民使用網路目的比較

案例 3-2　TIMSS 2007 四年級數學評鑑——平均成績的分布

　　TIMSS 2007 四年級數學評鑑的平均成績如表 C9-1-1（參考案例 9-1）。 其中，香港學生的平均成績為 607（606.802）排名第一，新加坡為 599（599.406）排名第二，中華民國為 576 (575.819) 排名第三，日本為 568（568.157）排名第四，哈薩克為 549（549.348）排名第五…。本案例將各國學生的平均成績，以枝葉圖（參考圖 C3-2-1）或直方圖（參考圖 C3-2-2）的呈現方式，幫助我們了解，來自五大洲各國學生平均成績的分布狀況。

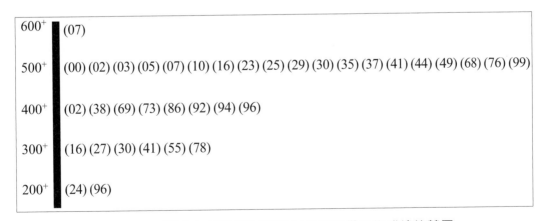

圖 C3-2-1　TIMSS 2007 四年級數學平均成績枝葉圖

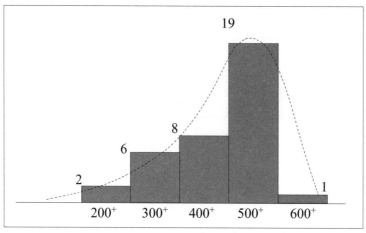

圖 C3-2-2　TIMSS 2007 四年級數學平均成績直方圖

習　題

案例題型

㈠鑑於電腦對學習的影響愈來愈大，TIMSS 2007 四年級數學，問卷調查學生使用電腦的習慣，區分為 5 類：⑴在學校及家裡都使用電腦；⑵只在學校使用電腦；⑶只在家裡使用電腦；⑷在其他地方使用電腦；⑸不使用電腦。一方面可以了解各國學生使用電腦習慣的差異，另一方面也可以探討電腦使用習慣與數學成績之間的關係，統計結果如表 E3-1。

3.1 製作一個以「使用電腦的習慣」為枝，「百分比例的分布」為葉的枝葉圖，根據這個枝葉圖，摘要描述所觀察到的資訊，並和同學討論。

3.2 製作一個以「使用電腦的習慣」為枝，「成績分布」為葉的枝葉圖，根據這個枝葉圖，摘要描述所觀察到的資訊，並和同學討論。

3.3 根據表 E3-1 所提供的資訊，製作一份 10 分鐘時間的簡報。提示：有什麼趨勢存在嗎？有什麼特別的現象，值得進一步探討？有否你想要的資訊，但是表中數據卻未提供任何相關資料，該如何改進抽樣設計？……等等。

㈡ TIMSS 2007 四年級數學，問卷調查學生家中是否有電腦，是否連上網際網路，並統計他們的數學評鑑成績（參考表 E3-2）。

3.4 製作一個以「有無電腦」為枝，「百分比例的分布」為葉的枝葉圖，根據這個枝葉圖，摘要描述所觀察到的資訊，並和同學討論。

3.5 製作一個以「有無電腦」為枝，「成績分布」為葉的枝葉圖，根據這個枝葉圖，摘要描述所觀察到的資訊，並和同學討論。

3.6 製作一個以「是否連上網路」為枝，「百分比例的分布」為葉的枝葉圖，根據這個枝葉圖，摘要描述所觀察到的資訊，並和同學討論。

3.7 製作一個以「是否連上網路」為枝，「成績分布」為葉的枝葉圖，根據這個枝葉圖，摘要描述所觀察到的資訊，並和同學討論。

3.8 根據表 E3-2 所提供的資訊，製作一份 10 分鐘時間的簡報。（提示：同 3.3）

一般題型

3.9 欲了解台北市某月份的氣溫變化狀況，記錄該月份 30 天的每日均溫（單位℃）：

$$
\begin{array}{cccccccccc}
26 & 24 & 21 & 19 & 17 & 16 & 15 & 18 & 19 & 20 \\
24 & 28 & 30 & 31 & 32 & 30 & 25 & 22 & 24 & 21 \\
21 & 19 & 18 & 15 & 14 & 15 & 21 & 25 & 26 & 28
\end{array}
$$

(1)繪製這 30 筆氣溫資料的枝葉圖。

(2)編製這 30 筆資料的區間頻度表、區間累積頻度表、區間相對頻度表（百分比表）及區間相對累積頻度表（累積百分比表）。

(3)繪製(2)中的百分比直方圖及累積百分比直方圖。

3.10 某大賣場改建，為了使空間規劃能符合需求，記錄了 80 天進入賣場的人數：

$$
\begin{array}{cccccccccc}
1550 & 1310 & 1575 & 1675 & 1585 & 1590 & 1580 & 1475 & 1300 & 1650 \\
1380 & 1730 & 1640 & 2000 & 1400 & 1325 & 1900 & 1600 & 1600 & 1555 \\
1565 & 1320 & 1750 & 1725 & 1650 & 1740 & 1650 & 1875 & 1620 & 1550 \\
1590 & 1570 & 2015 & 1620 & 1860 & 1625 & 2000 & 1850 & 1640 & 1900 \\
1700 & 1380 & 1620 & 1650 & 2000 & 1455 & 1625 & 1340 & 1530 & 1410 \\
1450 & 1815 & 1440 & 1420 & 1550 & 1550 & 1660 & 1760 & 1550 & 1650 \\
1500 & 1620 & 1600 & 1580 & 1705 & 1780 & 1400 & 1550 & 1390 & 1600 \\
1775 & 2025 & 1450 & 1425 & 1820 & 1900 & 1700 & 1900 & 1475 & 1850
\end{array}
$$

(1)編製這 80 筆資料的區間頻度表、區間累積頻度表、區間相對頻度表（百分比表）及區間相對累積頻度表（累積百分比表）。

(2)繪製(1)的百分比直方圖及累積百分比直方圖。

3.11 某手機零售據點欲了解手機銷售狀況，記錄下過去 45 天的手機銷售量：

5	3	12	26	24	19	12	24	20	8	13	24	16	12	10
17	18	2	1	15	22	13	18	2	12	9	6	4	11	10
23	14	17	16	13	19	7	5	3	14	16	19	22	25	26

(1)繪製這 45 筆資料的枝葉圖。

(2)編製這 45 筆資料的區間頻度表、區間累積頻度表、區間相對頻度表（百分比表）及區間相對累積頻度表（累積百分比表）。

(3)繪製(2)的百分比直方圖及累積百分比直方圖。

3.12 某銀行設有 24 小時客戶服務專線，管理部門想了解夜間（凌晨 0 點至早上 6 點）客戶使用該專線的狀況，記錄過去 50 天夜間使用該專線的人數：

65	23	26	45	12	45	56	35	26	45
25	56	45	32	12	56	53	23	24	45
36	35	15	45	19	5	56	53	26	53
56	54	52	25	26	34	35	36	31	23
26	25	46	45	56	52	51	53	26	64

(1)繪製這 50 筆資料的枝葉圖。

(2)編製這 50 筆資料的區間頻度表、區間累積頻度表、區間相對頻度表（百分比表）及區間相對累積頻度表（累積百分比表）。

(3) 繪製(2)的百分比直方圖及累積百分比直方圖。

3.13 某電腦公司因經濟不景氣而解僱 60 名員工，記錄這些員工的年齡資料如下：

36	27	38	37	24	49	56	61	20	39
32	51	60	52	45	44	33	25	29	27
31	35	39	19	20	30	46	47	32	24
29	22	20	37	34	29	60	55	30	41

43　34　21　26　57　64　51　30　38　60

19　26　41　47　58　50　42　32　25　18

⑴繪製這 60 筆資料的枝葉圖。

⑵編製這 60 筆資料的區間頻度表、區間累積頻度表、區間相對頻度表（百分比表）及區間相對累積頻度表（累積百分比表）。

⑶繪製⑵的百分比直方圖及累積百分比直方圖。

3.14 隨機抽樣 40 名高科技產業員工，其教育程度與年齡資料如表 E3-14（其中教育程度 1、2、3、4、5 分別表示國中、高中、大專、碩士、博士），編製列聯表：

表 E3-14

年　齡	教育程度	年　齡	教育程度
28	1	44	3
35	2	31	4
45	1	39	4
26	3	36	4
27	3	35	4
28	3	32	4
55	1	29	5
54	1	56	3
42	2	51	3
46	2	52	3
49	2	54	3
47	2	55	3
31	3	49	4
36	3	47	4
29	4	35	5
28	4	42	5
56	2	46	5
51	2	47	5
53	2	48	5
55	2	56	5

3.15 隨機抽樣 40 位民眾，其教育程度與電視節目型態偏好資料如表 E3-15（其中教育程度 1、2、3、4、5 分別表示國中、高中、大專、碩士、博士。節目型態 1、2、3、4 分別表示休閒、經濟、政治、娛樂），編製列聯表：

表 E3-15

教育程度	電視節目型態	教育程度	電視節目型態
1	1	4	3
3	1	5	2
1	4	2	4
2	1	4	3
2	3	2	4
3	1	4	3
2	3	3	3
3	1	4	3
2	3	3	3
3	1	3	4
3	2	4	2
2	2	3	4
3	2	5	3
2	2	4	2
3	2	5	3
2	2	4	4
4	1	5	1
1	3	4	4
1	3	5	4
5	2	5	4

表 E3-1　TIMSS 2007 四年級數學評鑑成績（使用電腦習慣）

	學校／家裡		家裡		學校		其他地方		不使用電腦	
	百分比	平均成績	百分比	平均成績	百分比	平均成績	百分比	平均成績	百分比	平均成績
香港 Hong Kong	78(1.1)	613(3.6)	16(0.8)	587(5.0)	4(0.4)	591(8.3)	1(0.2)	NA	2(0.3)	NA
新加坡 Singapore	67(1.1)	614(3.5)	22(0.8)	584(4.8)	7(0.5)	548(6.9)	1(0.2)	NA	2(0.2)	NA
中華民國 Republic of China	84(0.7)	582(2.0)	8(0.4)	554(4.9)	7(0.5)	544(5.7)	1(0.1)	NA	1(0.1)	NA
日本 Japan	47(1.4)	587(2.3)	19(1.2)	565(3.2)	26(1.0)	550(3.0)	2(0.3)	NA	6(0.6)	533(6.4)
哈薩克 Kazakhstan	14(1.9)	560(13.2)	22(2.0)	543(6.6)	26(2.6)	547(12.4)	12(1.4)	543(7.5)	26(3.4)	561(8.4)
俄羅斯 Russian Federation	11(1.4)	568(7.9)	45(2.2)	554(4.4)	12(1.7)	537(15.0)	14(0.9)	543(5.4)	19(2.0)	522(9.0)
英格蘭 England	78(1.0)	551(2.9)	13(0.9)	521(5.2)	7(0.6)	489(8.5)	1(0.2)	NA	1(0.2)	NA
拉脫維亞 Latvia	14(1.2)	546(6.5)	61(1.6)	546(2.4)	8(1.0)	504(8.7)	10(0.8)	524(5.2)	7(0.7)	519(6.2)
荷蘭 Netherlands	77(1.3)	540(2.2)	16(1.3)	521(4.0)	3(0.3)	517(9.3)	0(0.1)	NA	4(0.5)	515(5.8)
立陶宛 Lithuania	13(1.2)	537(5.0)	64(1.7)	538(2.4)	7(0.9)	495(8.2)	8(0.7)	522(4.8)	7(0.6)	504(7.4)
美國 United States	58(1.0)	540(2.6)	26(1.0)	524(3.2)	10(0.5)	496(3.5)	3(0.2)	502(5.5)	3(0.3)	515(5.6)
德國 Germany	30(1.5)	533(3.8)	55(1.5)	528(2.6)	3(0.3)	486(9.8)	1(0.2)	NA	11(0.6)	535(4.4)
丹麥 Denmark	75(1.4)	528(2.6)	21(1.3)	515(4.7)	3(0.4)	495(10.3)	1(0.2)	NA	1(0.2)	NA
澳洲 Australia	79(1.4)	525(3.7)	13(1.2)	493(6.2)	7(0.6)	471(8.9)	1(0.2)	NA	1(0.2)	NA
匈牙利 Hungary	33(2.0)	527(5.7)	49(2.1)	516(4.4)	7(0.8)	450(9.2)	4(0.6)	477(7.0)	7(0.5)	488(8.5)
義大利 Italy	37(1.4)	523(3.1)	24(1.3)	505(4.1)	5(0.4)	501(7.0)	1(0.1)	NA	33(1.0)	491(4.3)
奧地利 Austria	27(1.5)	515(2.7)	56(1.6)	505(2.5)	4(0.3)	478(6.5)	1(0.2)	NA	12(0.8)	503(4.0)
瑞典 Sweden	53(2.0)	508(2.6)	42(2.0)	498(3.3)	3(0.3)	493(8.9)	1(0.1)	NA	2(0.3)	NA
斯洛維尼亞 Slovenia	28(1.5)	508(2.7)	64(1.4)	503(2.0)	2(0.3)	NA	1(0.1)	NA	4(0.4)	487(5.7)
亞美尼亞 Armenia	7(0.8)	489(7.3)	44(1.9)	493(4.3)	15(1.6)	508(8.2)	12(0.9)	516(9.4)	21(1.5)	508(7.8)
斯洛伐克 Slovak Republic	30(1.7)	517(5.0)	46(1.7)	496(4.3)	13(1.0)	478(5.5)	4(0.6)	481(7.8)	7(1.0)	478(11.7)
蘇格蘭 Scotland	79(1.0)	502(2.2)	12(0.7)	474(5.7)	7(0.5)	461(6.6)	1(0.2)	NA	1(0.2)	NA
紐西蘭 New Zealand	66(1.0)	506(2.3)	20(0.9)	483(4.4)	10(0.5)	446(4.9)	2(0.2)	NA	2(0.2)	NA
捷克 Czech Republic	44(2.5)	498(3.4)	46(2.4)	483(3.0)	6(0.7)	448(8.0)	3(0.3)	460(8.7)	2(0.2)	NA
挪威 Norway	59(1.8)	482(3.2)	34(1.7)	469(3.2)	3(0.3)	437(10.9)	1(0.1)	NA	2(0.3)	NA
烏克蘭 Ukraine	6(0.7)	493(7.0)	34(1.3)	489(3.5)	8(1.2)	463(7.6)	12(0.8)	496(5.6)	40(1.4)	450(3.6)
喬治亞 Georgia	6(0.6)	404(10.0)	37(1.8)	428(4.5)	6(0.9)	427(10.9)	10(1.0)	455(5.9)	42(2.3)	459(5.6)
伊朗 Iran	2(0.5)	NA	19(1.3)	457(4.2)	1(0.2)	NA	4(0.5)	425(7.0)	75(1.7)	386(4.4)
阿爾及利亞 Algeria	8(1.1)	328(20.0)	25(1.7)	385(5.8)	4(0.5)	332(15.4)	7(1.0)	382(14.6)	55(2.5)	385(5.1)
哥倫比亞 Colombia	15(1.0)	383(10.2)	18(1.3)	369(8.4)	30(1.8)	357(6.1)	9(0.9)	362(7.6)	28(1.9)	338(6.0)
摩洛哥 Morocco	13(2.2)	346(21.1)	25(1.5)	354(4.8)	6(0.7)	310(8.2)	9(0.7)	362(6.6)	46(2.4)	339(7.0)
薩爾瓦多 El Salvador	11(1.3)	356(12.4)	20(1.2)	332(5.4)	17(1.6)	338(6.4)	12(0.9)	341(6.5)	40(2.4)	327(5.2)
突尼西亞 Tunisia	18(1.4)	336(9.2)	28(1.5)	353(6.5)	23(2.1)	323(7.2)	6(0.6)	352(7.6)	25(2.6)	317(6.9)
科威特 Kuwait	61(1.6)	330(3.8)	23(1.2)	313(6.1)	11(0.7)	291(6.9)	2(0.2)	NA	3(0.5)	327(12.3)
卡達 Qatar	44(0.6)	314(1.8)	38(0.6)	297(3.0)	11(0.3)	267(5.5)	3(0.2)	267(8.4)	4(0.2)	310(9.0)

| 葉門 Yemen | 9(0.9) | 209(9.6) | 23(1.7) | 229(7.1) | 9(0.9) | 201(11.9) | 4(0.5) | 212(14.1) | 55(3.0) | 232(8.3) |
| 國際平均 | 38(0.2) | 483(1.3) | 31(0.2) | 472(0.8) | 9(0.2) | 449(1.5) | 5(0.1) | 433(1.9) | 17(0.2) | 441(1.4) |

資料來源：TIMSS 2007 International Report (Exhibit 4.6) (Reprinted by permission of the IEA)

註：括弧內的數字為該統計量的標準差

表 E3-2　TIMSS 2007 四年級數學評鑑成績（家中有否電腦／是否連上網路）

	有電腦		無電腦		網路連線		無網路連線	
	百分比	平均成績	百分比	平均成績	百分比	平均成績	百分比	平均成績
香港 Hong Kong	94(0.5)	609(3.6)	6(0.5)	580(7.2)	86(0.8)	611(3.6)	14(0.8)	583(5.0)
新加坡 Singapore	90(0.5)	606(3.7)	10(0.5)	543(6.0)	80(0.7)	612(3.6)	20(0.7)	552(4.8)
中華民國 Republic of China	87(0.6)	583(1.7)	13(0.6)	535(3.9)	80(0.7)	582(1.8)	20(0.7)	554(3.7)
日本 Japan	82(0.9)	577(2.1)	18(0.9)	539(3.5)	70(1.2)	579(2.2)	30(1.2)	545(2.8)
哈薩克 Kazakhstan	28(1.8)	555(6.4)	72(1.8)	547(8.7)	16(1.6)	547(7.9)	84(1.6)	549(7.9)
俄羅斯 Russian Federation	51(1.8)	558(4.5)	49(1.8)	532(6.6)	26(1.4)	560(4.9)	74(1.4)	540(5.7)
英格蘭 England	95(0.4)	545(2.7)	5(0.4)	489(8.7)	86(0.7)	549(2.8)	14(0.7)	499(4.6)
拉脫維亞 Latvia	76(1.2)	547(2.4)	24(1.2)	512(4.0)	57(1.3)	548(2.5)	43(1.3)	523(3.5)
荷蘭 Netherlands	95(0.5)	537(2.2)	5(0.5)	494(6.3)	96(0.4)	537(2.2)	4(0.4)	498(6.7)
立陶宛 Lithuania	77(0.9)	538(2.4)	23(0.9)	505(4.8)	58(1.4)	545(2.4)	42(1.4)	512(3.3)
美國 United States	90(0.5)	534(2.5)	10(0.5)	489(4.0)	78(0.9)	541(2.4)	22(0.9)	492(2.9)
德國 Germany	93(0.5)	532(2.3)	7(0.5)	489(5.9)	81(0.8)	536(2.2)	19(0.8)	495(4.0)
丹麥 Denmark	95(0.4)	526(2.4)	5(0.4)	482(9.1)	93(0.4)	527(2.4)	7(0.4)	483(6.7)
澳洲 Australia	95(0.6)	521(3.3)	5(0.6)	446(11.0)	84(0.8)	527(3.3)	16(0.8)	470(6.0)
匈牙利 Hungary	81(0.7)	525(3.5)	19(0.7)	462(6.1)	54(1.3)	531(4.0)	46(1.3)	488(3.8)
義大利 Italy	88(0.8)	510(3.0)	12(0.8)	482(5.9)	54(1.0)	513(2.7)	46(1.0)	499(4.5)
奧地利 Austria	93(0.5)	509(2.0)	7(0.5)	471(4.4)	73(1.2)	516(2.0)	27(1.2)	478(2.9)
瑞典 Sweden	98(0.2)	503(2.6)	2(0.2)	NA	93(0.5)	506(2.5)	7(0.5)	468(6.1)
斯洛維尼亞 Slovenia	85(0.6)	512(2.1)	15(0.6)	463(3.8)	75(0.8)	508(1.9)	25(0.8)	486(2.9)
亞美尼亞 Armenia	38(1.6)	499(4.5)	62(1.6)	504(5.4)	21(1.3)	506(13.6)	79(1.3)	500(3.9)
斯洛伐克 Slovak Republic	77(1.2)	507(3.8)	23(1.2)	471(6.8)	43(1.1)	509(4.0)	57(1.1)	489(5.0)
蘇格蘭 Scotland	94(0.5)	498(2.2)	6(0.5)	447(8.3)	85(0.7)	502(2.3)	15(0.7)	453(4.2)
紐西蘭 New Zealand	91(0.5)	499(2.2)	9(0.5)	445(5.3)	77(0.9)	507(2.2)	23(0.9)	449(3.7)
捷克 Czech Republic	90(0.7)	491(2.5)	10(0.7)	449(6.0)	65(1.2)	498(3.0)	35(1.2)	467(3.6)

挪威 Norway	95(0.4)	478(2.4)	5(0.4)	413(7.4)	95(0.4)	477(2.6)	5(0.4)	429(7.2)
烏克蘭 Ukraine	40(1.3)	491(3.1)	60(1.3)	459(3.3)	24(1.1)	484(4.0)	76(1.1)	468(3.1)
喬治亞 Georgia	33(1.5)	439(4.8)	67(1.5)	443(5.0)	17(1.5)	432(6.1)	83(1.5)	443(4.6)
伊朗 Iran	29(1.7)	444(5.3)	71(1.7)	388(4.5)	18(1.3)	450(6.4)	82(1.3)	394(4.3)
阿爾及利亞 Algeria	32(1.5)	391(6.6)	68(1.5)	375(5.4)	13(1.0)	369(7.6)	87(1.0)	382(5.3)
哥倫比亞 Colombia	39(1.2)	379(6.8)	61(1.2)	346(4.8)	16(0.9)	382(10.1)	84(0.9)	354(4.8)
摩洛哥 Morocco	32(2.0)	370(6.9)	68(2.0)	336(5.4)	26(1.7)	361(7.9)	74(1.7)	342(4.9)
薩爾瓦多 El Salvador	26(1.3)	358(6.2)	74(1.3)	325(4.2)	14(0.9)	348(8.7)	86(0.9)	331(4.1)
突尼西亞 Tunisia	34(1.3)	358(6.6)	66(1.3)	319(4.1)	21(1.1)	323(6.8)	79(1.1)	336(4.7)
科威特 Kuwait	82(1.0)	331(3.4)	18(1.0)	281(6.0)	64(1.4)	328(4.2)	36(1.4)	310(4.8)
卡達 Qatar	80(0.5)	310(1.2)	20(0.5)	268(2.8)	58(0.6)	308(1.3)	42(0.6)	294(2.4)
葉門 Yemen	18(1.5)	225(8.5)	82(1.5)	228(6.9)	11(1.3)	216(7.0)	89(1.3)	229(6.5)
國際平均	70(0.2)	483(0.7)	30(0.2)	444(1.2)	56(0.2)	483(0.8)	44(0.2)	455(0.8)

資料來源：TIMSS 2007 International Report (Exhibit 4.5) (Reprinted by permission of the IEA)

註：括弧內的數字為該統計量的標準差

4 敘述統計之二

（統計數字呈現資料）

　　第三章介紹用圖表技巧彙整資料，看了這些圖表後，我們對為數眾多原始資料的分布有了概括的了解。要對原始資料做深入的分析或探討，圖表的呈現方式顯然是不足的。必需借助統計量，將大量資料濃縮成統計數字，並透過統計數字來呈現資料的特徵。本章中，我們所要介紹的統計數字有：(1)代表資料中心值（central tendency of data）的平均數（mean）、中位數（median）及眾數（mode）；(2)勘查資料落點位置（location）的百分位數（percentile）；(3)顯示資料分散程度（measures of dispersion）的全距（range）、內距（interquartile range）、絕對平均偏差（mean absolute deviation）、變異數（variance）及標準差（standard deviation）。

4.1 資料的中心值

　　衡量資料中心（或中央）的統計數字有平均數、中位數及眾數，其中又以平均數最常用。所謂平均數，就是將所有資料的總合除以資料的筆數所求得的數。在推論統計中，我們常用樣本平均數（sample mean）估計母群體平均數（population mean）（參考第 9, 10 章）。

定義 4-1-1：母群體平均數（population mean）

母群體全部資料的平均數稱為母群體平均數，並以符號 μ（唸成 mu）表示

$$\mu = \frac{\sum\limits_{i=1}^{N} x_i}{N}$$

其中 N 為母群體資料個數。

母群體平均數只有在普查（census）時才看得到，除非是一個很小的母群體（例如，某一個班級中的同學），否則，由於普查的困難度，通常以抽樣（sampling）取得局部資料，然後針對樣本計算平均數，我們稱它為樣本平均數。

定義 4-1-2：樣本平均數（sample mean）

經抽樣取得的樣本資料的平均數稱為樣本平均數，並以符號 $\overline{X}$（唸成 X bar）表示

$$\overline{X} = \frac{\sum\limits_{i=1}^{n} x_i}{n}$$

其中 n 為樣本數目。

例題 4-1-1　全班同學期中考的統計成績如下，計算這些資料的平均數。

46	87	69	50	64	35	37	76	84	46
53	66	90	43	27	47	86	74	45	65
36	48	76	78	79	63	47	60	50	52
49	69	82	58	46	58	67	64	35	58

解：由於這 40 筆資料為一個小母群體的全部資料，所以所求得的平均數為母

群體平均數。

$$\mu = \frac{46+\cdots+58}{40} = \frac{2365}{40} = 59.125$$

例題 4-1-2 抽樣取得某汽車公司 5 名業務員五月份的月薪為 24,250、25,870、31,290、29,140、28,870，計算這 5 筆資料的平均數。

解： 這 5 筆資料的樣本平均數 $\overline{X}$ 為

$$\overline{X} = \frac{24250+\cdots+28870}{5} = 27884$$

例題 4-1-3 學校電腦中心欲了解同學夜間使用電腦的情形，隨機記錄 50 天晚上 8 點機房中正在使用電腦的人數如下，計算這些資料的平均數。

39	28	30	38	45	47	48	45	36	48
49	45	43	42	46	48	49	52	36	45
27	34	36	38	46	52	35	6	12	25
46	37	62	52	53	36	42	28	56	43
37	39	40	50	52	42	47	49	51	36

解： 樣本平均數 $\overline{X} = \frac{39+\cdots+36}{50} = 42.16$

另一個可以用來代表資料中心的是中位數，所謂中位數就是將資料排序（由小至大，或由大至小皆可）後，居中間位置的資料稱為中位數，以符號 m 表示。當資料筆數為奇數時，中間位置毫無爭議，但若資料筆數為偶數時，我們取居中的兩個資料的平均數為中位數。為了方便起見，我們以 $x_1, x_2, \cdots, x_n$ 表示原始資料，經排序後的資料以 $x_{(1)}, x_{(2)}, x_{(3)}, \cdots, x_{(n)}$ 表示，其中 $x_{(1)}$ 為 $x_1, \cdots, x_n$ 中之最小值，$x_{(n)}$ 為 $x_1, \cdots, x_n$ 中之最大值，也就是

$$x_{(1)} \leq x_{(2)} \leq x_{(3)} \leq \cdots \leq x_{(n)}$$

定義 4-1-3： 中位數（median）

$m = x_{(\frac{n+1}{2})}$，當 n 為奇數時。

$m = \dfrac{x_{(\frac{n}{2})} + x_{(\frac{n}{2}+1)}}{2}$，當 n 為偶數時。

例題 4-1-4　計算下述 7 筆資料的中位數 93、84、70、76、67、80、71。

解：$n = 7$，所以中位數為排序第 4 筆，$m = x_{(\frac{7+1}{2})} = x_{(4)}$，將資料排序後為

$x_{(1)} = 67$　$x_{(2)} = 70$　$x_{(3)} = 71$　$x_{(4)} = 76$　$x_{(5)} = 80$　$x_{(6)} = 84$　$x_{(7)} = 93$

所以，中位數為 76

例題 4-1-5　計算下述 6 筆資料的中位數 110、74、31、55、49、98。

解：$n = 6$，所以中位數為排序第 3 筆與第 4 筆的平均值

$$m = \frac{x_{(\frac{6}{2})} + x_{(\frac{6}{2}+1)}}{2} = \frac{x_{(3)} + x_{(4)}}{2}$$

將資料排序以後為

$x_{(1)} = 31$　$x_{(2)} = 49$　$x_{(3)} = 55$　$x_{(4)} = 74$　$x_{(5)} = 98$　$x_{(6)} = 110$

所以中位數為 $\dfrac{55 + 74}{2} = 64.5$

第三種表示資料中心的數值為眾數，以符號 m_d 表示。

定義 4-1-4： 眾數（mode）

資料中出現頻度最高的資料，稱為眾數。

例題 4-1-6　計算以下 20 筆資料的眾數。

$$2, 1, 2, 3, 4, 4, 3, 2, 3, 4$$

$$1, 1, 2, 1, 3, 4, 2, 5, 2, 2$$

解： 先作頻度表如表 4-1-1。所以，$m_d = 2$

表 4-1-1

	計 數	頻 度
1	////	4
2	//// //	7
3	////	4
4	////	4
5	/	1

平均數、中位數及眾數的適用時機

平均數、中位數及眾數三者都可以作為資料分布中央的指標，其適用性可從(1)理論上的需要(2)實務上的考慮，來決定使用那一個統計量較為適當。

(1)理論上的需要：如果使用時涉及推論，需要有理論的支持，平均數是首選，其次是中位數。因為平均數有非常好的統計性質，例如中央極限定理（參考第 8 章）……等。

(2)實務上的考慮：(a)根據資料的屬性來決定：名目尺度資料只適合用眾數，順序尺度資料適合用中位數（或眾數），區間尺度資料及比例尺度資料適合用平均數（或中位數，或轉成頻度表後的眾數）；
(b) 根據陳述的著眼點來決定：著眼於量的中央時，適合用平均數；著眼於位置的中央時，適合用中位數；著眼於資料的頻度時，適合用眾數；(c)從避免扭曲的考量來決定：從平均數的計算公式 $\overline{X} = (\frac{1}{n})x_1 + (\frac{1}{n})x_2 + \cdots + (\frac{1}{n})x_n$ 得知，它是每筆資料給予相等權數的加權和，每筆資料對平均數有相同的貢獻，當資料存在異常值時，平均數將被高估（或低估）資料的中央值。例如，若以平均數代表

國民所得，前 2% 的高所得者的收入扭曲了（高估）國民所得的中央值，為避免扭曲，常以中位數來估計國民所得。

平均數、中位數及眾數的特徵、優缺點及適用時機的比較如表 4-1-2。

表 4-1-2　平均數、中位數及眾數的比較

	平均數	中位數	眾數
特徵	1.計算過程涵蓋每一筆資料的量 2.著眼於量的中央	1.計算過程涉及每一筆資料的排序位置 2.著眼於位置的中央	1.計算過程涉及每一筆資料的頻度 2.著眼於資料的頻度
優點	1.具備唯一性 2.有很好的統計性質，是推論統計中廣泛應用的統計量（註1）	1.具備唯一性 3.不容易受異常值的扭曲	 3.不容易受異常值的扭曲
缺點	1.容易受異常值的扭曲	2.統計性質不若平均數應用廣泛	2.統計性質應用不易 3.不具備唯一性
適用時機	1.適用於區間尺度資料及比例尺度資料（註2） 2.量度資料，例如身高、體重	1.適用於順序尺度資料（註3） 2.量度資料，例如國民所得、房價 3.當資料有異常值時	1.適用於名目尺度資料 2.屬質的資料，或反覆出現的計數資料，例如血型……等資料

註1：參考第8章　　註2：參考第9-12章　　註3：參考第16章

4.2　資料的分散度

資料中心值告訴我們資料的中央位置，但無法知道資料在中央附近的聚集狀況。資料的分散度（或聚集度）是非常重要的參考值。例如，在生產線上，產品品質屬性在中央位置（通常為產品規格）的聚集度代表製程的精確度。當我們分別抽樣檢驗甲、乙兩家工廠 60 個產品，甲廠的品質平均數為 $\overline{X_1}$，乙廠的品質平均數為 $\overline{X_2}$，若 $\overline{X_1} = \overline{X_2}$，且正好等於訂單合約

中的規格要求時,則兩廠品質在規格附近的聚集度便成為我們評估各廠產品品質精確度的參考值。又例如,在財務分析中,我們評估投資方案的風險程度,往往是以其投資報酬率(rate of return)的分散度來估算。資料分散度的衡量值有全距(range)、內距(interquartile range)、絕對平均偏差(mean absolute deviation)、變異數(variance)及標準差(standard deviation)。

定義 4-2-1: 全距(range)

資料的最大值與最小值差稱為資料的全距,以符號 R_n 表示。

例題 4-2-1 全班 40 位同學的統計成績如下,其全距為何?

$$66,45,78,98,87,73,46,48,49,91$$
$$83,87,78,89,84,56,78,92,47,62$$
$$74,71,70,76,59,62,93,88,77,65$$
$$56,67,78,79,81,81,64,67,78,83$$

解: 這 40 筆成績排序後的資料為

$$45,46,47,56,56,59,62,62,64,65$$
$$66,67,67,68,69,73,74,76,77,78$$
$$78,78,78,78,79,80,80,81,81,83$$
$$83,84,87,87,88,89,91,92,93,98$$

最大值為 98,最小值為 45。所以,全距 $R_n = 98 - 45 = 53$

用全距來衡量分散度的最大好處是計算簡單。但是,以全距來衡量資料分散程度,會因異常值而受到扭曲。例如,抽樣 10 位同學的統計成績如下:

$$72,70,68,74,75,65,69,71,73,74$$

全距 $R_n = 75 - 65 = 10$，顯示大家的成績相當集中，但如果這 10 人中的第一人分數由 72 變成 96，則全距變為 31($R_n = 96 - 65 = 31$)，此時，全距顯然受到異常值(96)的影響，而降低了它作為資料分散度衡量的代表性。

$$96, 70, 68, 74, 75, 65, 69, 71, 73, 74$$

此外，全距的計算也深受樣本數多少的影響。一般來說，對於同一母群體，較大樣本下求得的全距通常會大於小樣本下的全距。基於上述因素，全距常用於資料的初勘階段，精確度要求較高的統計分析通常不用全距來衡量資料的分散度。

定義 4-2-2：內距（interquartile）

丟棄資料中較小及較大的 25% 資料後，中間 50% 資料的最大值減最小值稱為內距。

事實上，內距是全距的修正，其著眼點在計算位居中央的 50% 資料的分散度。

例題 4-2-2　計算例題 4-2-1 資料的內距。

解：去掉排序資料前後 25% 資料後為

$$66, 67, 67, 68, 69, 73, 74, 76, 77, 78$$
$$78, 78, 78, 78, 79, 80, 80, 81, 81, 83$$

最大值為 83，最小值為 66，所以內距為 $83 - 66 = 17$。

內距雖然修正了全距對異常值的敏感度，但本質上，全距與內距皆是以兩筆資料（最大值與最小值）來衡量全體資料的分散度。為了將每一筆

資料皆納入分散度的計算式內，最先浮現的概念為平均偏差（mean deviation），所謂平均偏差指的是每一筆資料 $x_1, x_2, \cdots, x_n$ 與其平均數 $\overline{X}$ 偏差的平均值，也就是 $\dfrac{\sum(x_i - \overline{X})}{n}$。但是，由於 $\sum(x_i - \overline{X}) = 0$ 使它失去意義，其修正之道有二，一是絕對平均偏差，另一是變異數。

定義 4-2-3：絕對平均偏差（mean absolute deviation）

n 筆資料 $x_1, \cdots, x_n$ 的絕對平均偏差以符號 MAD 表示，其計算公式如下

$$\text{MAD} = \frac{\sum |x_i - \overline{X}|}{n}$$

例題 4-2-3　計算例題 4-1-2 中五筆資料的絕對平均偏差。

解：這五筆資料的平均數 $\overline{X} = 27{,}884$，所以它的絕對平均偏差為

$$\text{MAD} = \frac{|24250 - 27884| + \cdots + |28870 - 27884|}{5} = \frac{11296}{5} = 2259.2$$

絕對平均偏差的計算雖然充分使用了所有資料（$x_1, \cdots, x_n$）所提供的資訊，但是由於絕對平均偏差（MAD）的統計性質不易推導，致使它的使用受到許多限制，所以，我們常用另一個充分運用所有偏差值來衡量資料分散度的統計量──變異數。

定義 4-2-4：變異數（variance）

(1)母群體變異數（population variance）

對於母群體資料 $x_1, \cdots, x_n$ 而言，其變異數以符號 σ^2（唸成 sigma squared）表示，計算公式為

$$\sigma^2 = \frac{\sum(x_i - \mu)^2}{n}$$

(2)樣本變異數（sample variance）

> 對於樣本資料 $x_1, \cdots, x_n$ 而言，其變異數以符號 S^2 來表示，
> 計算公式為
>
> $$S^2 = \frac{\sum (x_i - \overline{X})^2}{n-1}$$

　　定義 4-2-4 中，母群體變異數與樣本變異數的共同之處為二者皆是從偏差平方和之平均值的角度來衡量資料的分散度。而它們的不同之處有二：(1)偏差對象的不同：母群體變異數計算偏差的對象為母群體平均數（μ），但是樣本變異數計算偏差的對象則為樣本平均數 $\overline{X}$；(2)求平均值時所用的除數不同：母群體變異數計算偏差平方和的平均數時是除以全部母群體的個數 n，但是樣本變異數在計算偏差平方和的平均數時是除以樣本數減 1 (n − 1)。

　　造成母群體變異數（σ^2）及樣本變異數（S^2）間第一項差別的原因非常簡單，當我們不知道母群體的平均數（μ）時，只好退而求其次，以樣本平均數（$\overline{X}$）代替之。至於第二項差別的原因則較為複雜，目前不易說清楚。雖然如此，我們仍試著以最簡單的方式來說明。當我們用 S^2 來估計母群體未知的參數 σ^2 時，我們總是希望 S^2 不要有高估（overestimate）或低估（underestimate）的傾向存在，但是很不幸地，如果樣本變異數計算偏差平方和的平均值時是用 n 作為分母的除數，它便產生了低估的效應，為了校正這個低估的現象，我們改以 $(n-1)$ 為其分母。樣本變異數計算公式中的 $(n-1)$ 又稱為自由度（degree of freedom）。

例題 4-2-4　計算例題 4-2-1 的變異數。

解： 由於這 40 筆資料是全班同學的成績，我們把這 40 筆資料視為一個母群體的全部資料，考試成績的母群體平均數 μ 為

$$\mu = \frac{66+45+\cdots+83}{40} = 74.125$$

所以，考試成績的母群變異數 σ^2 為

$$\sigma^2 = \frac{\Sigma(x_i - \mu)}{n} = \frac{(66 - 74.125)^2 + \cdots + (83 - 74.125)^2}{40} = 169.4595$$

例題 4-2-5 計算例題 4-1-2 的變異數。

解： 這 5 筆資料是經由抽樣得到，我們把這 5 筆資料視為一組合樣本觀測值（observations），所以，汽車業務員月薪的樣本變異數 S^2 為

$$
\begin{aligned}
S^2 &= \frac{\Sigma(x_i - \overline{X})^2}{n - 1} \\
&= \frac{(24250 - 27884)^2 + \cdots + (28870 - 27884)^2}{4} \\
&= 7{,}853{,}180
\end{aligned}
$$

以變異數衡量資料的分散度有一個缺點，那就是，由於它在計算過程中使用了平方運算，所以變異數的單位為原始單位的平方。例如，在例題 4-2-5 中樣本變異數為 7,853,180 元²，所以變異數只能作為衡量分散度的數據指標，不能有其他的作用，因為它的單位（元²）是毫無實際意義的。為了改進這個缺點，我們將變異數開平方，讓它的單位回歸到與原始資料的單位相同，並稱它為標準差。

定義 4-2-5：標準差（standard deviation）

(1) 母群體標準差（population standard deviation）：對於母群體資料 $x_1, \cdots, x_n$ 而言，其標準差以符號 σ 表示，計算公式則為母群體變異數的正平方根，也就是

$$\sigma = \sqrt{\sigma^2} = \sqrt{\frac{\Sigma(x_i - \mu)^2}{n}}$$

(2) 樣本標準差（sample standard deviation）：對於樣本資料 $x_1, \cdots, x_n$ 而言，其標準差以符號 S 表示，計算公式則為樣本變異數的正平方根，也就是

$$S = \sqrt{S^2} = \sqrt{\frac{\Sigma(x_i - \overline{X})^2}{n-1}}$$

例題 4-2-6 計算例題 4-2-1 的標準差。

解： 從例題 4-2-4 得知這個母群體的變異數 σ^2 為 169.4595，所以這 40 筆資料的母群體標準差 σ 為

$$\sigma = \sqrt{169.4595} = 13.01766$$

例題 4-2-7 計算例題 4-1-2 的標準差。

解： 從例題 4-2-5 得知這 5 筆資料的樣本變異數 S^2 為 7,853,180，所以這 5 筆汽車業務員月薪的樣本標準差 S 為

$$S = \sqrt{7853180} = 2802.353$$

全距、平均絕對偏差、變異數、標準差及內距的特徵、優缺點及適用時機的比較如表 4-2-1。

表 4-2-1　全距、平均絕對偏差、變異數、標準差及內距的比較

	全　距	平均絕對偏差	變異數	標準差	內　距
特徵	僅涉及最大值與最小值	涉及每筆資料與平均數的偏差之絕對值	涉及每筆資料與平均數的偏差之平方	變異數的正平方根	僅涉及排序位於中央的半數資料
優點	1.單位與原始資料相同	1.單位與原始資料相同	2.統計性質（註 1）	1.單位與原始資料相同 2.統計性質	1.單位與原始資料相同 3.不受異常值影響
缺點	1.易受異常值影響	1.易受異常值影響	1.易受異常值影響 2.單位與原始資料不相同	1.易受異常值影響	
使用時機	1.統計製程管制 2.箱型圖	1.預測模型之準確度評估指標	最常用的	1.契比雪夫定理 2.資料分散的經驗法則 3.偵測異常值	1.箱型圖 2.偵測異常值

註 1：參考第 9 章 9-6 節

4.3 資料的百分位數

有時候我們想知道某筆資料在全部資料中的相對位置。換言之，即是全部資料中有多少百分比的資料不大於（小於或等於）該筆資料。例如，聯考的錄取率為 85%，所以當成績公布時，考生最關心的是最低錄取成績是多少，全部考生成績中一定有 15%的成績是低於這個最低錄取成績，於是我們稱這個最低錄取成績為所有考生成績的 15 百分位數。

定義 4-3-1：百分位數（percentiles）

對於資料 $x_1, \cdots, x_n$，我們稱 x_p 為這些資料的 $100p$ 百分位，如果全部資料有 $100p\%$ 比例的資料小於或等於 x_p，同時也有 $100(1-p)\%$ 比例的資料大於或等於 x_p。

對於百位數 x_p 的計算，我們提供以下程序作為準則：

(1)首先將資料由小至大排序，並由小至大給予序號 $1, 2, \cdots, n$

(2)勘察 x_p 落點位置的參考序號 i 的計算公式為 $i = p \times n$

(3)如果 i 為整數，則 $100p$ 百分位數 x_p 為第 i 序號資料與第 $i+1$ 序號資料的平均數。

(4)如果 i 不是整數，則大於 i 的最小整數序號資料即為 $100p$ 百分位數 x_p。

例題 4-3-1 計算例題 4-1-2 的 (1) 30 百分位數（$x_{0.3}$）(2) 40 百分位數（$x_{0.4}$）。

解： 首先將這五筆汽車業務員的月薪資料由小至大排序，並給予序號

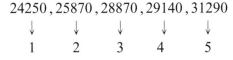

$$24250, 25870, 28870, 29140, 31290$$
$$\downarrow \qquad \downarrow \qquad \downarrow \qquad \downarrow \qquad \downarrow$$
$$1 \qquad 2 \qquad 3 \qquad 4 \qquad 5$$

(1) 30 百分位數（$x_{0.3}$）落點位置的參考序號為

$$i = 0.3 \times 5 = 1.5$$

所以，第 2 筆資料即為這 5 筆資料的 30 百分位數，也就是

$$x_{0.3} = 25,870$$

(2) 40 百分位數（$x_{0.4}$）落點位置的參考序號為

$$i = 0.4 \times 5 = 2$$

所以，第 2 筆與第 3 筆資料的平均數即為這 5 筆資料的 40 百分位數，也就是

$$x_{0.4} = \frac{25870 + 28870}{2} = 27,370$$

例題 4-3-2　計算例題 4-2-1 的 (1) 66 百分位數（$x_{0.66}$）(2) 90 百分位數（$x_{0.9}$）。

解：首先將這 40 筆資料由小至大排序（見例題 4-2-1）並給予序號 1~40

(1) 66 百分位數的計算

66 百分位數（$x_{0.66}$）落點位置的參考序號為

$$i = 0.66 \times 40 = 26.4$$

所以，第 27 筆資料即為這 40 筆資料的 66 百分位數，也就是

$$x_{0.66} = 80$$

(2) 90 百分位數的計算

90 百分位數（$x_{0.90}$）落點位置的參考序號為

$$i = 0.90 \times 40 = 36$$

所以，第 36 筆及第 37 筆資料的平均數即為這 40 筆資料的 90 百分位數，也就是

$$x_{0.9} = \frac{89 + 91}{2} = 90$$

　　統計分析中有時將資料切割成四等分，四等分的切割點我們稱它為四分位數（quartiles），其定義如下。

> ## 定義 4-3-2：四分位數（quartiles）
>
> 　　將由小至大排序的資料切割成四等分的切割點位置分別為
> (1) 25 百分位數（$x_{0.25}$），我們又稱它為第一四分位數（the first quartile）或下四分位數（the lower quartile）。
> (2) 50 百分位數（$x_{0.5}$），我們又稱它為第二四分位數（the second quartile），事實上它就是中位數（median）。
> (3) 75 百分位數（$x_{0.75}$），我們又稱它為第三四分位數（the third quartile）或上四分位數（the upper quartile）。

例題 4-3-3　計算例題 4-2-1 的(1)第一四分位數(2)中位數(3)第三四分位數。

　　解：(1)第一四分位數

　　　　第一四分位數即 25 百分位數，其落點位置的參考序號為

$$i = 0.25 \times 40 = 10$$

　　　　所以，第 10 筆與第 11 筆資料的平均數即為這 40 筆資料的第一四分位數，也就是

$$x_{0.25} = \frac{65 + 66}{2} = 65.5$$

　　(2)中位數

　　　　中位數即 50 百分位數，其落點的參考序號為

$$i = 0.50 \times 40 = 20$$

所以，第 20 筆及第 21 筆資料的平均數即為這 40 筆資料的中位數，也就是

$$x_{0.5} = \frac{78+78}{2} = 78$$

(3)第三四分位數

第三四分位數即 75 百分位數，其落點位置的參考序號為

$$i = 0.75 \times 40 = 30$$

所以，第 30 筆及第 31 筆資料的平均數即為這 40 筆資料的第三四分位數，也就是

$$x_{0.75} = \frac{83+83}{2} = 83$$

4.4 標準差的應用

標準差在統計中扮演非常重要的角色，我們從以下幾點來說明它的應用：(1)資料分布與標準差的關係；(2)契比雪夫定理；(3)資料的相對位置與標準差的關係；(4)變異係數。

(1)資料分布與標準差的關係

標準差顯示資料的變異性，平均數顯示資料的中央位置。 兩者搭配運用，掌握資料的分布狀況。尤其當資料近似鐘形分布（bell shape）（參考圖 4-4-1），以下的經驗法則可資運用：

① 大約有 68% 的資料在平均數左右一個標準差範圍內，或可表示成

$$P(|X - \overline{X}| < s) = P(\overline{X} - s < X < \overline{X} + s) \approx 0.68$$

② 大約有 95% 的資料在平均數左右兩個標準差範圍內，或可表示成

$$P(|X - \overline{X}| < 2s) = P(\overline{X} - 2s < X < \overline{X} + 2s) \approx 0.95$$

③ 大約有 99.7% 的資料在平均數左右三個標準差範圍內，或可表示成

$$P(|X - \overline{X}| < 3s) = P(\overline{X} - 3s < X < \overline{X} + 3s) \approx 0.997$$

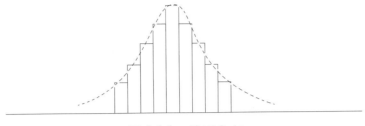

圖 4-4-1　鐘形分布

例題 4-4-1　假設統計學期中考成績呈鐘形分布，平均數為 63，標準差為 10。你的成績為 83，該如何解讀你的表現？

解：83 分在平均數兩個標準差以外，根據經驗法則，大約有 2.5%((1−0.95)/2) 的成績高於 83 分，如果全班共有 50 位學生，那麼你的排名不是第一就是第二了，因為 50×2.5% = 1.25。

(2) 契比雪夫定理

定理 4-4-1：契比雪夫定理（Chebyshev's Theorem）
資料的平均數 $\overline{X}$，標準差 S，則資料的分布具有以下的特性：
在 $(\overline{X} - kS, \overline{X} + kS)$ 區間內的資料比例最少 $\left(1 - \dfrac{1}{k^2}\right)$，$k > 0$

例題 4-4-2　有 100 筆資料，平均數為 129，標準差為 6，則

(1)資料在 $(\overline{X} - 2S, \overline{X} + 2S) = (129 - 12, 129 + 12) = (117, 141)$ 區間內的比例超過 75%（$=1 - \dfrac{1}{2^2}$）

(2)資料在 $(\overline{X} - 1.5S, \overline{X} + 1.5S) = (129 - 9, 129 + 9) = (120, 138)$ 區間內的比例超過 55%（$=1 - \dfrac{1}{(1.5)^2}$）

例題 4-4-3 研究所入學考試放榜前，公布考生平均成績為 250，標準差為 20。如果錄取率為 5%，則保守估計的最低錄取分數為何？（假設考生成績呈對稱分布）

解：因為成績呈對稱分布，錄取前 5%（參考下圖）

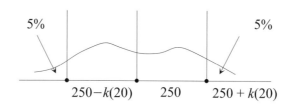

$$250 - k(20) \qquad 250 \qquad 250 + k(20)$$

所以，設定（$1 - \dfrac{1}{k^2}$）$= 90\% = 9/10$，$k = \sqrt{10}$ 代入契比雪夫定理，資料在 $(250 - \sqrt{10}\,(20),\ 250 + \sqrt{10}\,(20)) = (186.75,\ 313.25)$ 區間內的比例超過 90%，換句話說，成績高於 313.25 的比例不超過 5%，所以，保守估計的最低錄取分數為 313.25。

(3)資料的相對位置與標準差的關係

標準化值是常見的統計數據，其定義如下：

定義 4-4-1：標準化值（standardized score）

資料的平均數 $\overline{X}$，標準差 S，則資料 x 的標準化值（又稱為 z 值）的定義為

$$z = \frac{x - \overline{X}}{S}$$

標準化值所代表的意義有二：(a) 在標準化的公式中，分子分母同單位，所以 z 值是一個無名數；(b)標準化值是衡量資料相對位置的統計數據，例如，你的薪資 z 值為 1，表示你的薪資在全公司薪資分布平均數以上一個標準差的位置。

例題 4-4-4　假設經濟學期中考全班成績的平均數為 60，標準差為 10，統計學期中考全班成績的平均數為 50，標準差為 10。你的經濟學分數為 70，統計學分數為 65，相對來說，那一科成績在班上的表現較優秀呢？

解：經濟學成績的標準化值為 1 ($\frac{70-60}{10}=1$)，統計學成績的標準化值為 1.5 ($\frac{65-50}{10}=1.5$)。所以，相對來說，你的統計學在班上的表現較優秀。

(4) 變異係數

變異係數的定義如下：

定義 4-4-2：變異係數（CV, coefficient of variation）

資料的平均數與標準差分別為 $\overline{X}$ 與 S，則其變異係數為 $CV=(\frac{S}{\overline{X}})\%$

變異係數是相對變異（或相對分散度）的衡量值，而且也是一個無名數，非常適合用來比較兩組（或多組）性質不同、單位互異的資料的變異性，舉例說明如下：

例題 4-4-5　比較以下兩組資料的變異性，何者較大？一為六個月內一顆華盛頓蘋果市價波動（單位：元），另一為六個月內基金的投資報酬率（單位：%）

| 蘋果 | 25，31，28，21，35，26，33，23 |
| 基金 | 3.1，2.1，2.8，5.9，4.5，3.7 |

解：以 X, Y 分別代表一顆華盛頓蘋果市價及基金的投資報酬率，計算得到 $\overline{X}=27.75$（元），$S_X=4.92$（元），$\overline{Y}=3.683$（%），$S_Y=1.357$（%）。從變異數來看，蘋果市價的變異較基金投資報酬率的變異為大，因為

$$S_X=4.92>S_Y=1.357$$

但是，兩組資料性質、單位皆不同，這種比較沒有意義，如果，從變異係

數來看,蘋果市價的變異,反而比基金投資報酬率的變異為小,因為

$$\frac{S_X}{\overline{X}} = \frac{4.92}{27.75} = 17.73\% < \frac{S_Y}{\overline{Y}} = \frac{1.357}{3.683} = 36.85\%$$

所以,我們認為基金的投資報酬率的變異(或波動)大於蘋果市價的變異(或波動)。

案例 4-1　TIMSS 2007 四年級數學評鑑——百分位數的分布

　　TIMSS 2007 四年級數學成績百分位數的統計如表 C4-1-1,其中顯示各國學生成績的第 5 百分位數、第 10 百分位數、第 25 百分位數、中位數、第 75 百分位數、第 90 百分位數及第 95 百分位數。以香港為例說明如下:香港四年級學生中,有 5% 的成績不超過 493 分,有 10% 的成績不超過 520 分,有 25% 的成績不超過 564 分,有 50% 的成績不超過 609 分,有 75% 的成績不超過 653 分,有 90% 的成績不超過 691 分,有 95% 的成績不超過 712 分。

　　為了進一步比較各國學生成績的穩定性,箱型圖(box-and-whisker plot)是一個很好的工具(註1),若以第 5 百分位數及第 95 百分位數分別代替傳統箱型圖中的最小值與最大值,所描繪的箱型圖(參考圖 C4-1-1),也足以充分呈現出各國學生成績的穩定性。例如,在圖 C4-1-1 中,若以中間 90% 學生成績的全距 $R_{0.9}$($R_{0.9} = x_{0.95} - x_{0.05}$)來互相比較排名在前四名的香港、新加坡、中華民國、日本時(參考表 C4-1-2),我們看到香港學生的表現相當突出,不僅僅是中位數高居首位,同時在穩定性上也有最佳的表現,中華民國學童的中位數雖不及新加坡學童的表現,但是,中華民國學童的穩定性與香港相差無幾,優於新加坡與日本學童的表現。

註 1:箱型圖中的五個參考點,依序為最小值、第 25 百分位數、中位數、第 75 百分位數及最大值。

表 C4-1-1 TIMSS 2007 四年級數學成績的百分位數

國　　家	第5百分位	第10百分位	第25百分位	第50百分位	第75百分位	第90百分位	第95百分位	平均數
香港 Hong Kong	493(9.1)	520(4.0)	564(4.2)	609(4.1)	653(4.0)	691(6.0)	712(5.3)	607(3.6)
新加坡 Singapore	447(6.5)	487(7.1)	548(5.1)	606(3.5)	659(4.0)	702(4.5)	725(4.1)	599(3.7)
中華民國 Republic of China	457(4.1)	488(2.3)	532(2.1)	578(2.3)	623(2.2)	663(2.3)	686(2.1)	576(1.7)
日本 Japan	438(2.6)	471(3.0)	520(2.1)	571(2.9)	620(2.1)	663(3.3)	688(3.8)	568(2.1)
哈薩克 Kazakhstan	399(16.3)	435(9.1)	496(9.9)	555(6.4)	610(6.7)	653(7.3)	675(4.3)	549(7.1)
俄羅斯 Russian Federation	400(4.1)	436(4.7)	492(5.4)	546(4.6)	599(5.1)	647(6.9)	677(9.8)	544(4.9)
英格蘭 England	392(4.2)	429(5.2)	487(3.5)	546(2.4)	600(3.6)	647(4.9)	676(4.3)	541(2.9)
拉脫維亞 Latvia	416(2.8)	444(2.2)	490(3.9)	540(3.3)	587(2.5)	628(3.9)	650(2.5)	537(2.3)
荷蘭 Netherlands	429(7.0)	454(4.9)	495(2.9)	537(2.0)	577(2.8)	612(2.6)	632(2.3)	535(2.1)
立陶宛 Lithuania	396(3.7)	430(3.3)	482(3.5)	535(3.5)	583(2.9)	624(3.6)	645(5.6)	530(2.4)
美國 United States	401(3.8)	430(4.2)	479(2.3)	531(2.6)	581(3.0)	625(3.1)	650(5.2)	529(2.4)
德國 Germany	409(10.3)	440(3.8)	483(2.6)	529(2.5)	572(2.2)	607(3.2)	629(2.6)	525(2.3)
丹麥 Denmark	403(9.9)	431(4.2)	478(3.9)	525(3.0)	571(2.4)	611(3.6)	634(4.8)	523(2.4)
澳洲 Australia	373(8.2)	408(6.5)	463(4.1)	519(4.3)	573(4.2)	620(2.9)	647(3.9)	516(3.5)
匈牙利 Hungary	347(12.4)	389(8.4)	452(6.6)	516(3.6)	574(3.7)	620(2.9)	647(4.6)	510(3.5)
義大利 Italy	374(6.1)	406(5.6)	457(3.7)	510(4.4)	558(3.3)	601(3.8)	629(12.2)	507(3.1)
奧地利 Austria	386(3.1)	416(2.9)	462(3.6)	509(2.3)	552(3.0)	590(3.7)	612(1.5)	505(2.0)
瑞典 Sweden	388(4.5)	417(4.4)	459(3.3)	505(2.2)	548(3.0)	586(3.0)	608(2.7)	503(2.5)
斯洛維尼亞 Slovenia	376(4.0)	408(3.0)	457(2.5)	506(1.4)	550(2.3)	589(3.1)	613(2.8)	502(1.8)
亞美尼亞 Armenia	355(6.2)	385(5.1)	439(4.3)	498(3.6)	559(5.8)	617(8.2)	650(5.4)	500(4.3)
斯洛伐克 Slovak Republic	350(9.8)	389(9.7)	446(4.2)	502(2.6)	553(3.8)	597(4.5)	623(5.2)	496(4.5)
蘇格蘭 Scotland	359(6.5)	389(3.9)	442(2.9)	499(2.7)	549(3.1)	592(2.7)	618(3.6)	494(2.2)
紐西蘭 New Zealand	341(7.3)	377(4.8)	436(2.6)	498(2.5)	553(2.5)	598(2.6)	626(3.6)	492(2.3)
捷克 Czech Republic	361(6.6)	392(6.9)	440(4.9)	490(4.0)	536(2.9)	576(2.8)	597(2.9)	486(2.8)
挪威 Norway	341(7.0)	372(3.3)	424(4.6)	478(3.4)	526(2.8)	566(3.0)	591(5.6)	473(2.5)
烏克蘭 Ukraine	321(5.0)	356(4.6)	414(3.3)	475(3.3)	528(3.1)	573(2.6)	599(5.1)	469(2.9)
喬治亞 Georgia	289(6.3)	322(5.7)	378(6.8)	442(4.9)	501(5.8)	549(4.1)	582(6.4)	438(4.2)
伊朗 Iran	260(5.6)	290(4.4)	346(4.9)	406(3.2)	461(4.2)	508(2.9)	534(6.4)	402(4.1)
阿爾及利亞 Algeria	227(7.9)	261(8.0)	318(6.7)	379(4.1)	439(4.4)	493(6.2)	522(6.2)	378(5.2)
哥倫比亞 Colombia	209(10.2)	238(4.7)	295(6.4)	355(6.0)	416(4.2)	470(5.2)	503(8.5)	355(5.0)
摩洛哥 Morocco	193(3.9)	223(6.3)	273(6.4)	338(4.5)	404(6.4)	466(6.3)	508(15.1)	341(4.7)
薩爾瓦多 El Salvador	180(8.9)	212(5.7)	267(5.0)	329(4.9)	393(4.2)	448(5.0)	480(5.4)	330(4.1)
突尼西亞 Tunisia	139(8.2)	178(5.5)	249(5.6)	332(6.6)	411(5.2)	469(3.9)	501(4.7)	327(4.5)
科威特 Kuwait	148(8.7)	184(5.3)	245(3.4)	319(5.7)	387(3.1)	443(5.5)	475(5.5)	316(3.6)
卡達 Qatar	149(1.9)	179(1.8)	233(1.1)	297(1.4)	360(0.9)	413(1.6)	444(3.2)	296(1.0)
葉門 Yemen	46(7.6)	81(7.1)	145(7.3)	219(8.3)	298(6.7)	371(6.8)	414(9.3)	224(6.0)

資料來源：TIMSS 2007 International Report (Exhibit D.1) (Reprinted by permission of the IEA)

註：原始資料以國名字母排序，本表以平均數遞減排序（括弧內數字為該統計量的標準差）

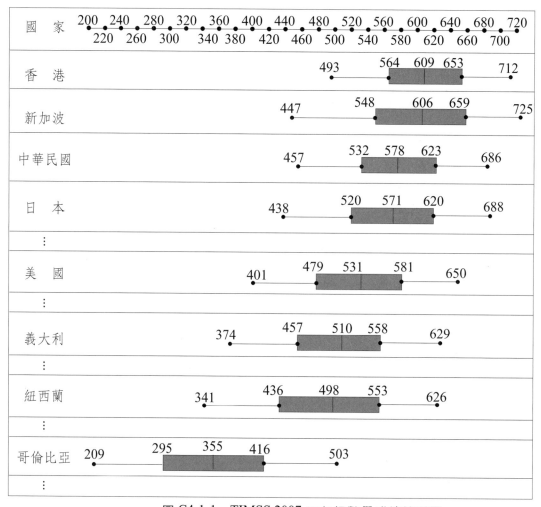

圖 C4-1-1　TIMSS 2007 四年級數學成績箱型圖

表 C4-1-2

國　　家	$R_{0.9}=x_{0.95}-x_{0.05}$
香港	89 分
新加坡	111 分
中華民國	91 分
日本	100 分

案例 4-2　TIMSS 2007 四年級數學評鑑——標竿點定位的成績分布

　　TIMSS 2007 四年級數學評鑑所選用的測驗題目，事先都經過國際學生，進行題目的難易度調整與標竿定位分析（benchmarking）（註2），所定出的四個標竿成績為（400, 475, 550, 625），除了充分反映學生的數學程度之外，並可以與 TIMSS 2003，TIMSS 1999 的評鑑報告做趨勢分析。這四個標竿點所代表的意義如下：

1. 625 分優秀標竿（advanced international benchmark）

　　表示有能力將數學知識應用於廣泛且相對複雜的情境中。具體的說，達到這個水準的學生具備以下能力：(1)開始了解分數、小數間的關係；(2)有能力解決比例應用問題；(3)有能力辨識或推敲出兩個相關變量間的公式（參考第 10 章習題，案例題型㈠）；(4)了解面積並有能力運用衡量來解決問題；(5)對於旋轉（rotation）已經有一些認識；(6)已具備透過計算（organize）、解釋（interpret）、呈現（present）等技巧來解決問題的能力。

2. 550 分高標竿（high international benchmark）

　　表示有能力將數學知識應用於解決問題。具體的說，達到這個水準的學生具備以下能力：(1)有能力解決加、減、乘、除應用問題；(2)有能力運用數字及簡單的分數來解決問題；(3)能夠辨識情境中所描述的數字；(4)已具有三度空間、形狀變換及平面中簡單的形狀轉換的觀念；(5)已學會多種衡量技巧；(6)具備運用圖、表的資料來解決問題的能力。

3. 475 分中標竿（intermediate international benchmark）

　　表示有能力將基本的數學知識應用於簡單的情境中。具體的說，達到這個水準的學生具備以下能力：(1)能了解、解釋並使用不同方式來呈現數

註2：參與 TIMSS 2007 四年級數學評鑑標竿分析的 7 個學生團體分別來自：⑴加拿大英屬哥倫比亞省（British Columbia Canada）4153 名學生；⑵加拿大亞伯達省（Alberta Canada）4037 名學生；⑶加拿大魁北克省（Quebec Canada）3885 名學生；⑷加拿大安大略省（Ontario Canada）3496 名學生；⑸阿拉伯聯合大公國杜拜（Dubai, United Arab Emirates）3064 名學生；⑹美國明尼蘇達州（Minnesota USA）1846 名學生；⑺美國麻塞諸塞州（Massachusetts USA）1747 名學生。

字；(2)能夠執行 3 到 4 位數及小數的計算；(3)能夠延伸簡單的形狀（simple pattern）；(4)熟悉兩度空間中的某些形狀（shapes）。

4. 400 分低標竿（low international benchmark）

表示僅具備某些基本的數學知識。具體的說，達到這個水準的學生具備以下能力：(1)認識整數及簡單的計算；(2)熟悉三角形及矩形的基本性質；(3)能夠辨識簡單直方圖（bar graphs）中的資訊。

TIMSS 2007 四年級數學評鑑，各國學生標竿點（代表數學程度的參考點）的成績分布如表 C9-2-1（參考案例 9-2）。以香港為例說明如下：香港四年級學生中，成績超過 625 分的比例為 40%，成績超過 550 分的比例為 81%，成績超過 475 分的比例為 97%，成績超過 400 分的比例為 100%。我們將表 C9-2-1 標竿點定位的百分比累進數據以表 C4-2-1 來呈現，同時審視數據與累進長條圖，清楚的呈現出各國學生數學程度的變動趨勢。

如果將案例 3-2、案例 4-1 及案例 4-2 做一比較，可以發覺它們的差別是：(1)案例 3-2，透過枝葉圖及直方圖，看到的是各國學生的平均分數的分布狀況，是資料中心值的分布狀況，也是評鑑結果的一個整體分析。(2)案例 4-1，透過箱型圖，看到的是各國學生成績的百分位數的分布狀況，是各國學生成績的穩定性（或分散度）。(3)本案例中，透過代表數學能力的標竿點定位，看到的是各國學生的數學程度的分布狀況。

表 C4-2-1　TIMSS 2007 四年級數學標竿點定位的百分比累進值

	百分比圖	成績高於 625分（含）	成績高於 550分（含）	成績高於 475分（含）	成績高於 400分（含）
新加坡		41(2.1)	74(1.7)	92(0.9)	98(0.3)
香港		40(2.2)	81(1.6)	97(0.5)	100(0.1)
中華民國		24(1.2)	66(1.2)	92(0.5)	99(0.2)
日本		23(1.2)	61(1.2)	89(0.8)	98(0.4)
哈薩克		19(2.1)	52(3.5)	81(2.9)	95(1.5)
英格蘭		16(1.2)	48(1.4)	79(1.2)	94(0.7)
俄羅斯		16(1.8)	48(2.3)	81(1.7)	95(0.7)
拉脫維亞		11(0.8)	44(1.5)	81(1.2)	97(0.5)
美國		10(0.8)	40(1.3)	77(1.2)	95(0.5)
立陶宛		10(0.7)	42(1.4)	77(1.4)	94(0.7)
匈牙利		9(0.8)	35(1.4)	67(1.7)	88(1.2)
澳洲		9(0.8)	35(1.9)	71(1.7)	91(1.0)
亞美尼亞		8(1.5)	28(1.8)	60(1.8)	87(1.2)
丹麥		7(0.7)	36(1.5)	76(1.2)	95(0.8)
荷蘭		7(0.7)	42(1.6)	84(1.3)	98(0.4)
德國		6(0.5)	37(1.3)	78(1.2)	96(0.5)
義大利		6(0.7)	29(1.6)	67(1.6)	91(1.0)
紐西蘭		5(0.5)	26(1.0)	61(1.1)	85(1.0)
斯洛伐克		5(0.7)	26(1.4)	63(1.8)	88(1.5)
蘇格蘭		4(0.5)	25(1.1)	62(1.4)	88(0.9)
斯洛維尼亞		3(0.4)	25(1.1)	67(0.9)	92(0.6)
奧地利		3(0.3)	26(1.0)	69(1.4)	93(0.8)
瑞典		3(0.3)	24(1.4)	68(1.4)	93(0.7)
烏克蘭		2(0.5)	17(1.1)	50(1.5)	79(1.2)
捷克		2(0.4)	19(1.4)	59(1.6)	88(1.1)
挪威		2(0.3)	15(1.0)	52(1.6)	83(1.1)
喬治亞		1(0.4)	10(1.0)	35(1.8)	67(2.0)
哥倫比亞		0(0.1)	2(0.4)	9(1.1)	31(2.0)
摩洛哥		0(0.2)	2(0.8)	9(1.1)	26(2.0)
伊朗		0(0.1)	3(0.5)	20(1.5)	53(2.0)
阿爾及利亞		0(0.1)	2(0.4)	14(1.4)	41(2.2)
突尼西亞		0(0.1)	1(0.2)	9(0.7)	28(1.6)
薩爾瓦多		0(0.0)	1(0.2)	6(0.5)	22(1.6)
科威特		0(0.0)	0(0.1)	5(0.6)	21(1.2)
卡達		0(0.0)	0(0.1)	2(0.2)	13(0.4)
葉門		0(0.0)	0(0.1)	1(0.4)	6(0.8)
國際平均		5	26	67	90

資料來源：TIMSS 2007 International Report (Exhibit 2.2) Reprinted by permission of the IEA

註：括弧中的數字為該統計量的標準差。

習 題

案例題型

㈠鑒於全球互動愈來愈頻繁，跨地區、跨文化的人口遷移愈來愈多，異國婚姻的情況也愈來愈普遍，TIMSS 2007 四年級數學，問卷調查參加評鑑學童父母親的出生地，區分為以下三種情況：(1)父母親都在當地出生；(2)父母親其中一位在當地出生；(3)父母親都不在當地出生，並將評鑑成績依此變項分組統計如表 E4-1。

4.1 針對「父母親的出生地」三種情況下的資料（百分比），分別製作箱型圖。

4.2 針對「父母親的出生地」三種情況下的資料（百分比），分別計算其平均數、中位數及標準差。

4.3 針對「父母親的出生地」三種情況下的資料（評鑑成績），分別製作箱型圖。

4.4 針對「父母親的出生地」三種情況下的資料（評鑑成績），分別計算其平均數、中位數及標準差。

4.5 從（4.1）；（4.2）；（4.3）；（4.4）計算得到的資訊，進行以下探討：

　　(1)描述「父母親的出生地」（百分比資料）的分布所透露的訊息? 那些國家的資料屬於異常值？從社會變遷角度解釋這些數據所代表的意義？

　　(2)描述「父母親的出生地」（評鑑成績）的分布所透露的訊息？那些國家的資料屬於異常值？從學習效果、社會適應、社會變遷等角度解釋這些數據所代表的意義？

　　(3)異常值（outlier）在統計上的意義為何？ 如何看待統計異常值對實際現象（統計數據背後的現象）的意義？

　　（註：有關統計異常值，請參考 http://tw.myblog.yahoo.com/max-2008→基礎統計學）

一般題型

4.6 連鎖便利商店某門市五名專職員工的月薪為 23,000、35,000、29,000、25,000、40,000；計算(1)平均數，(2)中位數，(3)全距，(4)變異數及標準差。

4.7 抽樣調查 20 個家庭，並記錄其家中的人口數量如下：

3 2 4 2 5 1 4 6 3 3

1 3 4 3 4 2 5 6 3 3

計算家庭人口數的(1)中位數，(2)眾數，(3)全距。

4.8 抽樣調查網路咖啡廳中消費者的年齡數據如下：

15 19 23 18 17 14 15 16 18 25

21 30 14 16 17 15 14 13 16 29

計算網路咖啡廳消費人口年齡的(1)中位數，(2)眾數，(3)平均數。

4.9 抽樣調查 20 名大專同學在校參加社團數目的數據如下：

0 2 3 2 0 1 1 3 4

3 2 2 1 1 1 1 0 1 2

計算大專同學在校參加社團數目的(1)中位數、(2)眾數。

4.10 抽樣記錄某人清晨體溫數據如下：36.3、35.6、36.2、36.5、35.8、36.4、36、35.8、36.1、35.8、36.3、35.9。

計算其清晨的(1)平均體溫，(2)變異數及標準差，(3)全距。

4.11 記錄某月份股市漲跌百分比數據如下：

0.05 0.03 -0.02 0.002 -0.04 -0.02 0.005 0.001 -0.005 -0.01

0.007 -0.04 0.01 -0.009 -0.01 0.03 0.001 -0.06 -0.006 0.001

0.003 0.01 -0.03 -0.006 -0.003 0.02 0.005 -0.02 -0.006 0.01

計算該月股市漲跌百分比值的(1)平均數，(2)變異數及標準差，(3)四分位數，(4)如果今日股市上漲 5%，以標準化值來表示今日股市漲跌的相對位置。

4.12 抽樣調查某次測驗 30 位考生的成績如下：

550	600	490	510	640	620	580	658	556	543
520	510	480	635	606	620	617	592	587	561
679	496	483	451	430	573	619	580	606	611

(1)計算樣本平均數、樣本變異數及標準差。

(2)計算考生成績的第 83 百分位數。

(3)(2)所計算的第 83 百分位的標準化值是多少？

(4)如果這次考試錄取 17%，你的成績為 606，請以標準化值判斷你的相對位置及是否會錄取。

4.13 台北市某月份日平均溫度記錄如下（單位：℃）：

21	20.5	26	28.7	31	32.5	35	34.3	27	26.8
25	24	22.9	29	29.7	30.9	32	33	34	31
29	27.8	26	25	26.6	28	29	30	31	29.9

(1)計算該月的平均溫度、變異數及標準差。

(2)計算該月溫度的第三四分位數。

(3)某日溫度為 28℃，則當天溫度在全月的相對位置為何？

表 E4-1　TIMSS 2007 四年級數學評鑑成績 (父母親是否在當地出生)

	兩者皆是		其中一位是		兩著皆不是	
	百分比	平均成績	百分比	平均成績	百分比	平均成績
香港 Hong Kong	48(1.8)	606(4.1)	24(0.9)	599(4.1)	28(1.4)	615(4.5)
新加坡 Singapore	63(0.8)	598(4.1)	20(0.7)	600(4.3)	16(0.6)	606(5.1)
中華民國 Republic of China	88(0.6)	582(1.6)	7(0.5)	542(5.1)	5(0.4)	523(6.3)
日本 Japan	96(0.4)	571(2.1)	3(0.3)	530(9.1)	1(0.2)	NA
哈薩克 Kazakhstan	84(1.4)	550(8.0)	8(0.6)	541(9.3)	9(1.3)	552(12.4)
俄羅斯 Russian Federation	81(1.1)	549(4.9)	10(0.6)	534(8.5)	8(0.8)	509(6.9)
英格蘭 England	74(1.5)	547(3.1)	16(0.9)	540(4.9)	11(1.0)	514(6.0)
拉脫維亞 Latvia	85(0.9)	541(2.2)	12(0.7)	523(5.4)	3(0.4)	510(11.6)
荷蘭 Netherlands	77(1.4)	544(2.2)	11(0.8)	525(4.8)	12(1.1)	496(6.7)
立陶宛 Lithuania	91(0.7)	532(2.3)	7(0.6)	510(7.8)	1(0.3)	NA
美國 United States	70(1.1)	536(2.3)	13(0.5)	513(3.8)	17(1.0)	518(4.8)
德國 Germany	70(1.4)	540(2.1)	12(0.7)	509(4.0)	17(1.0)	494(3.6)
丹麥 Denmark	82(1.3)	529(2.5)	8(0.6)	516(5.5)	10(1.2)	482(7.5)
澳洲 Australia	57(1.7)	512(2.9)	21(0.9)	513(5.2)	21(1.4)	535(6.2)
匈牙利 Hungary	91(0.6)	515(3.4)	6(0.5)	473(13.0)	3(0.3)	485(10.9)
義大利 Italy	87(0.6)	510(3.3)	8(0.5)	488(5.8)	5(0.4)	490(6.7)
奧地利 Austria	73(1.0)	515(1.9)	11(0.6)	498(3.8)	16(0.8)	470(3.5)
瑞典 Sweden	74(1.8)	509(2.9)	12(0.5)	501(3.8)	14(1.7)	475(4.8)
斯洛維尼亞 Slovenia	78(1.1)	508(2.1)	10(0.7)	488(4.5)	12(0.8)	477(4.0)
亞美尼亞 Armenia	77(1.5)	501(3.3)	19(1.3)	511(16.4)	5(0.4)	476(10.5)
斯洛伐克 Slovak Republic	87(0.9)	504(3.7)	8(0.7)	466(9.5)	6(0.5)	443(8.1)
蘇格蘭 Scotland	84(0.7)	498(2.3)	11(0.6)	486(4.3)	5(0.4)	453(10.4)
紐西蘭 New Zealand	60(1.2)	494(2.4)	20(0.7)	491(4.4)	21(1.0)	495(4.0)
捷克 Czech Republic	90(0.6)	488(2.8)	7(0.5)	481(5.5)	3(0.3)	458(10.2)
挪威 Norway	85(0.8)	480(2.5)	10(0.7)	464(6.7)	5(0.5)	445(6.7)
烏克蘭 Ukraine	76(1.1)	475(3.1)	15(0.7)	466(4.4)	8(0.9)	441(7.4)
喬治亞 Georgia	84(1.1)	449(4.1)	8(0.6)	402(8.0)	8(0.7)	401(7.7)
伊朗 Iran	92(1.0)	404(4.1)	4(0.5)	380(7.8)	4(0.8)	391(8.3)
阿爾及利亞 Algeria	67(1.9)	385(5.9)	20(1.1)	358(6.9)	13(1.1)	381(7.0)
哥倫比亞 Colombia	73(1.3)	365(4.8)	13(0.8)	333(7.9)	14(0.8)	352(5.8)

摩洛哥 Morocco	76(1.6)	349(5.7)	17(1.1)	326(6.7)	7(0.8)	338(7.1)
薩爾瓦多 El Salvador	78(0.9)	339(4.6)	14(0.7)	302(6.0)	8(0.6)	316(8.7)
突尼西亞 Tunisia	79(1.4)	339(4.6)	16(1.2)	299(7.6)	6(0.6)	326(9.9)
科威特 Kuwait	65(1.6)	325(3.7)	22(1.1)	291(4.9)	13(1.0)	348(9.6)
卡達 Qatar	49(0.6)	294(2.0)	26(0.6)	283(2.4)	25(0.5)	333(2.5)
葉門 Yemen	71(1.8)	235(6.6)	22(1.4)	212(6.7)	7(0.9)	211(14.3)
國際平均	77(0.2)	478(0.6)	13(0.1)	458(1.2)	10(0.1)	452(1.3)

資料來源：TIMSS 2007 International Report (Exhibit 4.3) (Reprinted by permission of the IEA)

註：括弧內的數字為該統計量的標準差

5 機率導論

第四章告訴我們如何用數據描述資料（樣本或母群體）的特質（char-
acteristics）。在本章中，我們假設母群體的特質或參數（parameter）是已
知的，然後以機率理論來計算從這個母群體進行某種方式的抽樣或隨機試
驗時，各種結果發生的可能性。這樣的工作，實際上是為推論統計建立理
論的基礎。因為唯有我們充分了解從母群體抽樣的各種可能性之後，我們
才有能力從樣本資料逆向對母群體做出各種推論。

5.1 機率專有名詞

為了便於分析，本節對機率中的一些專有名詞加以定義。

定義 5-1-1：試驗（或隨機試驗）（experiment or random experiment）
獲得某種結果（outcome）或衡量值（measurement）的活
動，通稱為試驗。由於這種試驗的結果是無法預知的，又稱
為隨機試驗。

*例*題 5-1-1　投擲一枚骰子的活動是一種隨機試驗，因為無法預知其結果。

例題 5-1-2 在一已知有 10 紅球 5 白球的罐子中,取出 5 球是一種隨機試驗。因為,沒有人可以預知這 5 球中有幾個紅球。

例題 5-1-3 統計期中考試成績公布之後,老師在班上隨機抽取 5 位同學,並記錄他們的「分數」。這也是一種隨機試驗,因為沒有人能預知會看到哪 5 個分數。

由以上的例子可知,隨機試驗是蒐集資料的一種過程。隨機試驗的結果雖不可預知,但是在執行隨機試驗之前,若其結果的範圍是已知的,這個已知的範圍,我們稱它為樣本空間。

定義 5-1-2:樣本空間(sample space)

隨機試驗的所有可能結果所形成的集合,我們稱它為該隨機試驗的樣本空間,以符號 S 表示之。

例題 5-1-4 在例題 5-1-1 的隨機試驗中,它的樣本空間為 $S=\{1, 2, 3, 4, 5, 6\}$

例題 5-1-5 在例題 5-1-2 的隨機試驗中,它的樣本空間為
$S=\{5\,紅,4\,紅\,1\,白,3\,紅\,2\,白,2\,紅\,3\,白,1\,紅\,4\,白,5\,白\}$
$=\{(x,y) \mid x = 0, 1, 2, 3, 4, 5,y = 0, 1, 2, 3, 4, 5,且\,x+y = 5\}$
其中 x 代表紅球球數,y 代表白球球數。

例題 5-1-6 在例題 5-1-3 的隨機試驗中,它的樣本空間為
$S=\{(X_1, X_2, X_3, X_4, X_5) \mid 0 \leq X_i \leq 100,i = 1, 2, 3, 4, 5\}$

每一次隨機試驗的結果一定是樣本空間中的單一結果,我們稱它為樣本點或單一事件。

定義 5-1-3：樣本點（sample point）或單一事件（simple event）

樣本空間中的每一個單一元素稱之為樣本點或單一事件，以符號 e 表示之。

樣本空間是所有單一事件的聯集。因此，樣本空間以集合型態表示成：

$$S = \{e_1, e_2, \cdots, e_n, \cdots\}$$

或以文氏圖（Venn diagram）表示成：

$$e_1, e_2, \cdots, e_n, \cdots$$

機率問題中所關注的焦點除了單一事件外，便是一般的事件。

定義 5-1-4：事件（event）

樣本空間中某些樣本點的特定組合，我們稱為事件。以符號 E 表示之。

就集合觀點來說，事件就是樣本空間的子集合（subset）。所以，樣本空間與事件的關係，也可以用文氏圖表示，例如 $S = \{e_1, \cdots, e_{13}\}$，事件 A 為 $E_A = \{e_1, e_2, e_5, e_6, e_9, e_{10}\}$，事件 B 為 $E_B = \{e_3, e_4, e_6, e_7, e_8\}$

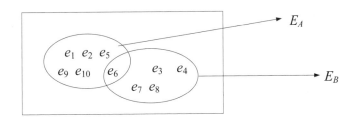

值得注意的是，在機率問題中，我們說事件 A 發生，並不是指事件 A 中每一個樣本點都發生（事實上，這是不可能的，因為隨機試驗的結果只有一個樣本點會發生），而是只要事件 A 中之某一樣本點發生即可。

5.2 事件的機率值

機率的目的在探討事件發生的可能性（likelihood），通常用[0, 1]中的數值來表示它發生的機率，0 表示該事件不會發生，1 表示該事件必然發生。隨機試驗中事件的機率是如何設定的呢？與該隨機試驗的特性有關。一般而言，我們依其特性將隨機試驗分為兩大類：(1)可重複執行的隨機試驗；(2)不可重複執行的隨機試驗。

定義 5-2-1：可重複執行的隨機試驗（repeatable random experiment）
可以在完全相同的條件下反覆執行的隨機試驗，稱為可重複執行的隨機試驗。

定義 5-2-1 中的「完全相同的條件」是非常嚴格的要求，有時遷就實務可將它稍微放鬆。雖然如此，我們仍可看到許多可以在完全相同的條件下反覆進行的隨機試驗。如例題 5-1-1、例題 5-1-2 及例題 5-1-3 皆可在完全相同的條件（或完全相同的機率結構）下反覆執行。

定義 5-2-2：不可重複執行的隨機試驗（unrepeatable random experiment）
無法在完全相同的條件下重複執行的隨機試驗，稱為不可重複的隨機試驗。

在實務上有許多問題，它只發生一次。例如，行銷經理預估新產品上市後能否為公司帶來利潤的機率。儘管過去也曾有過新產品上市，但市場

的狀況已完全改變，所以過去的經驗或資訊僅能作為參考之用。又例如，在美國次級房貸危機所引起的金融危機之後，全球經濟在 3 年內復甦的可能性有多少？雖然全球經濟過去也曾經歷金融危機……等各種經濟風暴，但畢竟許多基本條件是不一樣的。

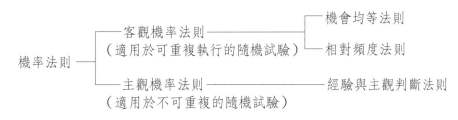

圖 5-2-1　機率的設定法則

　　機率值的設定法則，因隨機試驗的特性而不同（如圖 5-2-1），對於可重複執行的隨機試驗，事件的機率依循客觀機率（objective probability）法則；其中又分為機會均等及相對頻度兩種法則。不可重複執行的隨機試驗中，事件的機率依循主觀機率（subjective probability）法則。

一、機會均等法則

　　機會均等法則（equality likely approach）假設樣本空間中的每一個樣本點在隨機試驗中發生的機會均等。這種基本假設大家非常熟悉也非常古老，因此，機會均等法則有時也被稱為古典機率法則（classical probability approach）。許多典型的機率問題，例如，擲一個公平的骰子、銅板或抽籤……等問題，每一個樣本點發生的機會相等，以機會均等法則來設定事件的機率值非常恰當。

　　當機會均等的假設成立時，機率問題的重心在計數（count）。換句話說，我們不必實際執行隨機試驗，只須利用計數原則（counting principle）計算出樣本空間的所有可能狀況，及事件發生的所有可能狀況，然後根據兩者的比值當作事件的機率值。（5-2-1）式為機會均等法則下機率的設定公式：

$$P(E) = \frac{n(E)}{n(S)} \qquad\qquad (5\text{-}2\text{-}1)$$

其中符號 $P(E)$ 表示事件 E 發生的機率，$n(S)$ 表示樣本空間集合中各種可能的計數值，$n(E)$ 表示事件 E 各種可能的計數值。至於 $n(S)$、$n(E)$ 的計算則常用排列（permutation）或組合（combination）公式，舉一例說明機會均等法則的運用如下。

例題 5-2-1　在一副撲克牌中任意抽取 5 張，結果為 2 張 A 及 3 張 J 的機率？

解： 樣本空間的計數有 $\binom{52}{5} = \frac{52!}{5!\ 47!} = 2598960$

事件的計數有 $\binom{4}{2} \times \binom{4}{3} = \frac{4!}{2!\ 2!} \times \frac{4!}{3!\ 1!} = 24$

所以該事件發生的機率 $= \frac{24}{2598960}$

二、 相對頻度法則

在可重複執行的隨機試驗中，尤其是當機會均等法則不存在時，事件發生的機率可透過不斷的試驗，然後計算該事件發生的比例（proportion）來當作其機率值。我們稱這種機率設定法則為相對頻度法則（relative frequency approach），它的計算公式為：

$$P(E) = \frac{n}{N} \qquad\qquad (5\text{-}2\text{-}2)$$

其中，N 為試驗重複執行的次數，n 為事件 E 發生的次數。例如，一個不公平的銅板（正反兩面出現的機率不相等），如何確知丟擲這枚銅板時「正面」發生的機率呢？這是一個可重複執行的隨機試驗。如果我們重複執行 1000 次後，所觀測到的記錄如下：

正面	410
反面	590

則我們可以依相對頻度將 $\frac{410}{1000}$ 設定為「正面」發生的機率。事實上相對頻度機率值是一個序列的極限值，它會隨著試驗次數的增加而逐漸趨近某一個數值。例如，當上述丟銅板試驗的次數增為 $2000, 3000, \cdots$，其結果可能如下：

正　面	410	816	1210	2003	$\cdots$
反　面	590	1184	1790	2997	$\cdots$
次數合計	1000	2000	3000	5000	$\cdots$
「正面」發生的相對頻度機率值	$\frac{410}{1000}$	$\frac{816}{2000}$	$\frac{1210}{3000}$	$\frac{2003}{5000}$	$\cdots$

我們看到隨著試驗次數的增加，相對頻度機率值所形成的數列為：$\frac{410}{1000}, \frac{816}{2000}, \frac{1210}{3000}, \frac{2003}{5000}, \cdots$。這個數列似乎有一個趨勢值（或極限值）$\frac{2}{5}$。那麼，這個趨勢值（$\frac{2}{5}$）可當作該事件發生的機率。

三、經驗與主觀判斷法則

有些機率問題，既無機會均等現象，又無法反覆觀測，事件的機率設定，就只能靠當事人依其經驗及主觀來判斷了。我們稱這種機率設定法則為經驗與主觀判斷法（subjective approach）。

例題 5-2-2　在世界杯足球決賽中，你認為巴西勝法國的可能性為 5 比 2（odds），這就表示在你的主觀判斷下，巴西獲勝的機率為：

$$P(\text{巴西獲勝}) = \frac{5}{5+2} = \frac{5}{7}$$

5.3 複合事件——事件的運算

事件運算有補集、交集、聯集及差集，藉由事件的運算而產生新事件。以事件運算型態所呈現的事件稱為複合事件（compound events），分別定義如下。

定義 5-3-1： 補集事件（complement of an event）

E 為隨機試驗中的事件，S 為樣本空間，則 $\overline{E}$ 為 E 事件的補集事件。它所代表的意義為 E 事件之外其他所有樣本點組成的事件。

若以文氏圖表示，補集事件 $\overline{E}$ 與 E 的關係如下：

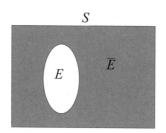

例題 5-3-1 在例題 5-1-1 中，若 E 為「偶數點」事件，則 $\overline{E}$ 為「奇數點」事件。

例題 5-3-2 在例題 5-1-2 中，若 E 為「至少有一紅球事件」，則 $\overline{E}$ 為「沒有紅球」事件。

定義 5-3-2：交集事件（intersection of two events）

E_1、E_2分別為隨機試驗中的兩事件，則$E_1 \cap E_2$為E_1與E_2的交集事件，它所代表的意義為同時在E_1及E_2兩事件集合中的樣本點所組成的事件。

若以文氏圖表示，交集事件$E_1 \cap E_2$與E_1、E_2的關係如下圖：

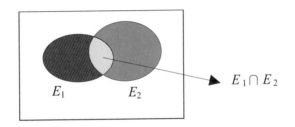

例題 5-3-3　在例題 5-1-1 中，若E_1表示「偶數」事件，E_2表示「3 的倍數」事件，$E_1 = \{2, 4, 6\}$，$E_2 = \{3, 6\}$，則$E_1 \cap E_2 = \{6\}$。

例題 5-3-4　在例題 5-1-2 中，若E_1表示為「至少有一紅球」事件，E_2表示為「紅球多於白球」事件，則：
$E_1 = \{$一紅四白，二紅三白，三紅二白，四紅一白，五紅$\}$，
$E_2 = \{$三紅二白，四紅一白，五紅$\}$，所以，
$E_1 \cap E_2 = \{$三紅二白，四紅一白，五紅$\} = E_2$

定義 5-3-3：聯集事件（union of two events）

E_1、E_2分別為隨機試驗中的兩事件，則$E_1 \cup E_2$稱為E_1與E_2的聯集事件，它所代表的意義為E_1或E_2兩事件中所有樣本點所組成的事件。

若以文氏圖表示，聯集事件$E_1 \cup E_2$與E_1、E_2的關係如下圖：

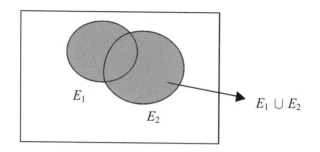

例題 5-3-5 在例題 5-1-1 中，若 E_1 表示「偶數點事件」，E_2 表示「3 的倍數點」事件，則 $E_1 = \{2, 4, 6\}$，$E_2 = \{3, 6\}$，$E_1 \cup E_2 = \{2, 3, 4, 6\}$

例題 5-3-6 在例題 5-1-2 中，若 E_1 表示「至少三紅球」，E_2 表示「紅白球數相差一球」，則：

$E_1 = \{$三紅二白，四紅一白，五紅$\}$

$E_2 = \{$三紅二白，二紅三白$\}$

$E_1 \cup E_2 = \{$二紅三白，三紅二白，四紅一白，五紅$\}$

定義 5-3-4：差集事件（difference of two events）

E_1、E_2 分別為隨機試驗中的兩事件，則 $E_1 - E_2$ 稱為 E_1、E_2 的差集事件，它所代表的意義為在 E_1 中但卻不在 E_2 中的所有樣本點所組成的事件。

若以文氏圖表示，差集事件 $E_1 - E_2$ 與 E_1、E_2 的關係如下圖：

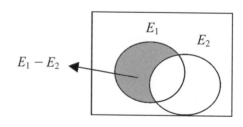

例題 5-3-7　在例題 5-1-1 中，E_1 表示「奇數點」事件，E_2 表示「3 的倍數點」事件，
則：

$$E_1 = \{1, 3, 5\}$$
$$E_2 = \{3, 6\}$$
$$E_1 - E_2 = \{1, 5\}$$
$$E_2 - E_1 = \{6\}$$

例題 5-3-8　在例題 5-1-2 中，E_1 表示「至少三個紅球」事件，E_2 表示「紅白球數相差
一球」事件，則：

$$E_1 = \{三紅二白，四紅一白，五紅\}$$
$$E_2 = \{三紅二白，二紅三白\}$$
$$E_1 - E_2 = \{四紅一白，五紅\}$$
$$E_2 - E_1 = \{二紅三白\}$$

5.4　複合事件的機率運算法則——加法法則

　　複合事件機率值的計算，基本上是運用：(1)機率的加法法則；(2)機率
的乘法法則。本節先介紹加法法則，由於乘法法則的運用必須先有獨立事
件（本章第五節）的概念，因此我們將乘法法則的介紹放在第六節。此
外，由於機率的運算有其數學演繹結構上的嚴謹性，因此，在介紹加法法
則之前，必須先了解機率運算的基本定律（或稱為機率公設）。

機率基本定律一：

　　事件 $E = \{e_1, e_2, \cdots, e_n\}$，則事件 E 發生的機率 $P(E)$ 為

$$P(E) = P(e_1) + P(e_2) + \cdots + P(e_n) = \sum_{i=1}^{n} P(e_i)$$

其中 $P(e_i)$ 為樣本點 e_i 的機率

　　機率基本定律一顯示，事件 E 發生的機率是組成該事件各樣本點事件機率的總和。

機率基本定律二：

　　若 E 為隨機試驗中之事件，S 為其樣本空間，則

(1) $0 \leqq P(E) \leqq 1$

(2) $P(\phi) = 0$

(3) $P(S) = 1$

　　機率基本定律二顯示，事件的機率值不會大於 1，也不會小於 0。同時，樣本空間事件為必然發生事件，空集合事件為必然不發生的事件。

一、加法法則

定理 5-4-1：機率加法法則（additive rules）

　　若 E_1、E_2 為隨機試驗中的兩事件，則

　　$P(E_1 \cup E_2) = P(E_1) + P(E_2) - P(E_1 \cap E_2)$

例題 5-4-1　在例題 5-3-3 中，E_1 表示「偶數點」事件，E_2 表示「3 的倍數點」事件，則 $P(E_1 \cup E_2) = ?$

解：$E_1 = \{2, 4, 6\}$，$E_2 = \{3, 6\}$，則 $E_1 \cap E_2 = \{6\}$，$E_1 \cup E_2 = \{2, 3, 4, 6\}$

根據機率基本定律一，我們得知

$$P(E_1 \cup E_2) = P(2) + P(3) + P(4) + P(6) = \frac{1}{6} + \frac{1}{6} + \frac{1}{6} + \frac{1}{6} = \frac{4}{6}$$

$$P(E_1 \cap E_2) = P(6) = \frac{1}{6}$$

$$P(E_1) = P(2) + P(4) + P(6) = \frac{1}{6} + \frac{1}{6} + \frac{1}{6} = \frac{3}{6}$$

$$P(E_2) = P(3) + P(6) = \frac{1}{6} + \frac{1}{6} = \frac{2}{6}$$

我們可以由以上數據，驗證定理 5-4-1 如下：

$$P(E_1) + P(E_2) - P(E_1 \cap E_2) = \frac{3}{6} + \frac{2}{6} - \frac{1}{6} = \frac{4}{6} = P(E_1 \cup E_2)$$

定理 5-4-2：E_1、E_2 為隨機試驗中的事件，若 $E_1 \cap E_2 = \phi$，則
$$P(E_1 \cup E_2) = P(E_1) + P(E_2)$$

由機率基本定律 $P(\phi) = 0$，可知定理 5-4-2 是定理 5-4-1 的延伸。我們稱交集為 ϕ 的兩個事件為互斥事件。

定義 5-4-1：互斥事件（mutually exclusive event）
E_1、E_2 分別為隨機試驗中的兩件事，若 $E_1 \cap E_2 = \phi$，則我們稱這兩個事件為互斥事件。

例題 5-4-2　某公司員工學歷統計資料如下：

學　歷	人　數	相對頻度
高中（含）以下	24	0.24
大　學	35	0.35
碩　士	26	0.26
博　士	15	0.15
合　計	100	1.00

若自該公司員工中隨機抽取一位，學歷為碩士（含）以上的機率？

解：M 表示碩士，則 $P(M) = 0.26$，D 表示博士，則 $P(D) = 0.15$。

碩士（含）以上事件為 $M \cup D$，因為 $M \cap D = \phi$ 所以 M 與 D 為互斥事件。

所以，$P(M) + P(D) = 0.26 + 0.15 = 0.41$

<u>定</u>理 5-4-3：若 E_1、E_2、E_3 為隨機試驗中的三個事件，則：

$$P(E_1 \cup E_2 \cup E_3) = P(E_1) + P(E_2) + P(E_3) - P(E_1 \cap E_2)$$
$$- P(E_1 \cap E_3) - P(E_2 \cap E_3) + P(E_1 \cap E_2 \cap E_3)$$

若以文氏圖表示，定理 5-4-3 中各事件間的關係如下圖：

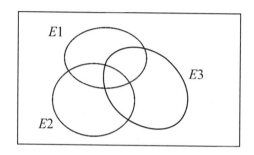

<u>例</u>題 5-4-3　某班級 50 名同學中，電子郵件地址（e-mail address）註冊統計資料如下，有 18 名同學在雅虎網站（yahoo.com），有 22 名同學在中華電信網站（hi-net.net），有 20 名同學在數位電信網站（seednet.com），5 名同學同時有雅虎及數位電信地址，7 名同學同時有中華電信及數位電信地址，6 名同學同時有雅虎及中華電信地址，2 名同學同時有雅虎、中華電信及數位電信地址。若在班上隨機抽樣一名同學，他至少在上述三個網站之一有電子郵件地址的機率為何？

解：以文氏圖來表示，至少在三個網站之一有電子郵件地址事件，如下圖套色地帶所示。

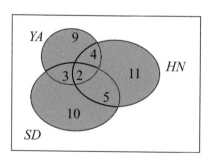

其中 *YA* 代表 Yahoo.com，*SD* 代表 Seednet.com，*HN* 代表 Hinet.net，

$P(YA) = \dfrac{18}{50}$，$P(SD) = \dfrac{20}{50}$，$P(HN) = \dfrac{22}{50}$，

$P(YA \cap SD) = \dfrac{5}{50}$，$P(YA \cap HN) = \dfrac{6}{50}$，$P(SD \cap HN) = \dfrac{7}{50}$，

$P(YA \cap SD \cap HN) = \dfrac{2}{50}$

所以，至少在上述三家網站之一有電子地址的機率為

$P(YA \cup HN \cup SD) = \dfrac{18 + 20 + 22 - 5 - 6 - 7 + 2}{50} = \dfrac{44}{50}$

定理 5-4-4：若 E_1、E_2、E_3 為隨機試驗中的三個事件，且 E_1、E_2、E_3 為互斥事件，則

$$P(E_1 \cup E_2 \cup E_3) = P(E_1) + P(E_2) + P(E_3)$$

　　上述定理中的 E_1、E_2、E_3 為互斥事件的意義為，$E_1 \cap E_2 = \phi$，$E_1 \cap E_3 = \phi$ 且 $E_2 \cap E_3 = \phi$。所以，定理 5-4-4 為定理 5-4-3 的延伸。

例題 5-4-4　在例題 5-4-3 中，只有在一個網站有電子郵件地址的機率？

解：以文氏圖表示，只有在一個網站有電子郵件地址事件如下圖套色地帶所示。

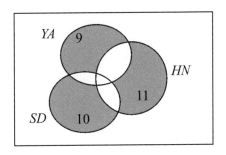

　　令 E_1 表示只有在雅虎有電子郵件地址，E_2 表示只有在中華電信有電子郵件地址，E_3 表示只有在數位電信有電子郵件地址，則由上述文氏圖可知

$$P(E_1) = \frac{9}{50}$$

$$P(E_2) = \frac{11}{50}$$

$$P(E_3) = \frac{10}{50}$$

因為 $E_1 \cap E_2 = \phi$，$E_1 \cap E_3 = \phi$，$E_2 \cap E_3 = \phi$，所以 E_1、E_2、E_3 為互斥事件，所以

$$P(\text{只有一個電子地址}) = P(E_1 \cup E_2 \cup E_3)$$
$$= P(E_1) + P(E_2) + P(E_3)$$
$$= \frac{9+11+10}{50} = \frac{3}{5}$$

定理 5-4-5：若 $\overline{E}$ 為隨機試驗中 E 事件的補集事件，則 $P(E) = 1 - P(\overline{E})$

$\overline{E}$ 與 E 互為補集事件的含意為 $\overline{E} \cap E = \phi$ 且 $\overline{E} \cup E = S$。

例題 5-4-5　在例題 5-4-3 中，沒有在這三個網站有電子郵件地址的機率？

解：若 E 表示沒有在這三個網站有電子郵件地址，則 $\overline{E} = YA \cup HN \cup SD$，所以

$$P(E) = 1 - P(\overline{E}) = 1 - P(YA \cup HN \cup SD) = 1 - \frac{44}{50} = \frac{6}{50}$$

定理 5-4-6：若 E_1、E_2 為隨機試驗中的兩個事件，則
$$P(E_1 - E_2) = P(E_1) - P(E_1 \cap E_2)$$

例題 5-4-6　在例題 5-4-3 中，在中華電信有電子郵件地址，但在雅虎沒有的機率是多少？

解：

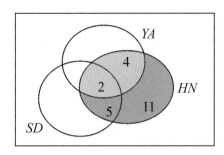

$$P(HN-YA) = P(HN) - P(HN \cap YA) = \frac{22}{50} - \frac{6}{50} = \frac{16}{50}$$

5.5 聯合機率、條件機率與獨立事件

有些隨機試驗的結果，必須用兩個（或兩個以上）的屬性來描述。例如，丟兩個銅板的隨機試驗，它的樣本空間為

S = {(正面，正面)、(正面，反面)、(反面，正面)、(反面，反面)}

其中涉及到兩個屬性〔或兩個構面（dimension）〕——第一個銅板及第二個銅板，所以(正面，正面)表示(第一個銅板出現正面，第二個銅板出現正面)；(正面，反面)表示(第一個銅板出現正面，第二個銅板出現反面)。當兩個銅板都是公平時（即正反面機會均等），則這個隨機試驗的機率可表示成

銅板一 銅板二	正　面	反　面
正面	$\frac{1}{4}$	$\frac{1}{4}$
反面	$\frac{1}{4}$	$\frac{1}{4}$

以兩個（或兩個以上）屬性構面來呈現的機率，稱為聯合機率。

> ## 定義 5-5-1：聯合機率（joint probability）
>
> 同時以兩個或多個構面來呈現隨機試驗結果的機率，稱為聯合機率。

例題 5-5-1　投擲兩枚公平骰子隨機試驗的聯合機率表。

解：我們以第一枚骰子及第二枚骰子的結果來描述這個隨機試驗；由於機會均等，每一種結果的機率皆為 $\frac{1}{36}$，其機率分布可以表 5-5-1 描述：

表 5-5-1　投擲兩枚公平骰子的聯合機率表

	1	2	3	4	5	6
1	$\frac{1}{36}$	$\frac{1}{36}$	$\frac{1}{36}$	$\frac{1}{36}$	$\frac{1}{36}$	$\frac{1}{36}$
2	$\frac{1}{36}$	$\frac{1}{36}$	$\frac{1}{36}$	$\frac{1}{36}$	$\frac{1}{36}$	$\frac{1}{36}$
3	$\frac{1}{36}$	$\frac{1}{36}$	$\frac{1}{36}$	$\frac{1}{36}$	$\frac{1}{36}$	$\frac{1}{36}$
4	$\frac{1}{36}$	$\frac{1}{36}$	$\frac{1}{36}$	$\frac{1}{36}$	$\frac{1}{36}$	$\frac{1}{36}$
5	$\frac{1}{36}$	$\frac{1}{36}$	$\frac{1}{36}$	$\frac{1}{36}$	$\frac{1}{36}$	$\frac{1}{36}$
6	$\frac{1}{36}$	$\frac{1}{36}$	$\frac{1}{36}$	$\frac{1}{36}$	$\frac{1}{36}$	$\frac{1}{36}$

例題 5-5-2　公司今年度招募新員工，在人事作業過程中，共計有 850 名男性，400 名女性提出申請，結果錄用了 380 名男性，160 名女性，則我們該如何來呈現此問題的聯合機率。

解：我們若以申請者的性別及錄用與否兩構面來呈現上述資料，便得到聯合頻度表（joint frequency table）或聯合頻度分配（joint frequency distribution）如表 5-5-2。

表 5-5-2　招募員工的聯合頻度表

	錄　用	不錄用
男　性	380	470
女　性	160	240

聯合頻度表中的頻度除以總頻度，便可得到聯合機率或聯合相對頻度表（joint relative frequency table）或聯合相對頻度分配（joint relative frequency distribution）如表 5-5-3。

表 5-5-3　招募員工的聯合機率表

	錄　用	不錄用
男　性	0.304	0.376
女　性	0.128	0.192

聯合機率所呈現的是兩個（或多個）屬性事件的機率，然而，我們也可以從聯合機率表中探討單一屬性事件的機率值。我們稱這種單一屬性事件的機率為邊際機率。

定義 5-5-2：邊際機率（marginal probability）
在聯合機率表或聯合機率分配中，經由加總（summation）而求得的單一屬性機率表或單一屬性機率分配，稱之為邊際機率。

例題 5-5-3　例題 5-5-1 的隨機試驗中的邊際機率。

解：我們將表 5-5-1 中的數字，縱向加總得到第一枚骰子的邊際機率；橫向加總便得到第二枚骰子的邊際機率：

表 5-5-4　投擲兩枚骰子的邊際機率表

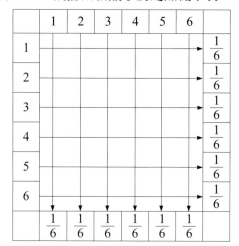

	1	2	3	4	5	6	
1							$\frac{1}{6}$
2							$\frac{1}{6}$
3							$\frac{1}{6}$
4							$\frac{1}{6}$
5							$\frac{1}{6}$
6							$\frac{1}{6}$
	$\frac{1}{6}$	$\frac{1}{6}$	$\frac{1}{6}$	$\frac{1}{6}$	$\frac{1}{6}$	$\frac{1}{6}$	

若以 E^i，$i = 1,\cdots, 6$ 表示第一枚骰子出現「點數 i」的事件

　　E_j，$j = 1,\cdots, 6$ 表示第二枚骰子出現「點數 j」的事件

則上述計算邊際機率之加總過程的機率運算公式如下（以第一枚骰子出現「點數 3」為例）：

P(第一枚骰子出現「點數 3」)

$= P(E^3)$

$= P\{$(第一枚 3，第二枚 1)、(第一枚 3，第二枚 2)……(第一枚 3，第二枚 6)$\}$

$= P\{(E^3 \cap E_1) \cup (E^3 \cap E_2) \cup \cdots\cdots \cup (E^3 \cap E_6)\}$

由於 $(E^3 \cap E_1)$、$(E^3 \cap E_2)$、……、$(E^3 \cap E_6)$ 為互斥事件，所以根據加法法則，其機率等於：

$P\{E^3 \cap E_1\} + P\{E^3 \cap E_2\} + \cdots\cdots + P\{E^3 \cap E_6\} = \dfrac{1}{36} + \dfrac{1}{36} + \cdots + \dfrac{1}{36} = \dfrac{1}{6}$

　　有時候，我們所關心的機率問題是某事件已經發生的前提下，另一事件發生的機率，我們稱這種機率為條件機率。例如，在例題 5-5-2 中，若有人抗議該公司在聘新進員工時有性別歧視，則我們便想到比較一下男、女兩性申請人的錄用（或不錄用）比例。當我們計算男性的錄用（或不錄

用）比例時，事實上我們已將原問題的樣本空間（共 1,250 名申請人）縮小並局限（reduce）為男性申請者（共 850 名申請人），然後，在這個新的樣本空間架構下計算錄用（或不錄用）的比例，這種縮小後的新架構，可把它看成在已經確知「男性」事件已經發生的前提下，看另一事件（錄用或不錄用）的機率問題。

定義 5-5-3：條件機率（conditional probability）

E_1、E_2 為隨機試驗的兩事件，在已確知事件 E_2 已發生的前提下，求事件 E_1 發生的機率稱為條件機率，以符號 $P(E_1 \mid E_2)$ 表示之。

$$P(E_1 \mid E_2) = \frac{P(E_1 \cap E_2)}{P(E_2)}$$

其中 $P(E_2) \neq 0$

上述定義中 $P(E_2) \neq 0$，表示前提事件 E_2 不可為 ϕ。此外，若 $E_1 \cap E_2 = \phi$，則 $P(E_1 \mid E_2) = 0$，這表示在已知 E_2 發生的前提下，E_1 必然不發生，因為 E_1 與 E_2 為互斥集合。

例題 5-5-4 在例題 5-5-2 中，如何以條件機率來判斷，該公司在聘用新進員工時是否有性別歧視（不利女性申請者）。

解： 設 M 表示「男性申請者」，G 表示「女性申請者」，H 表示「錄用」，則

$$P(H \mid M) = \frac{P(H \cap M)}{P(M)} = \frac{0.304}{0.68} = 0.447$$

$$P(H \mid G) = \frac{P(H \cap G)}{P(G)} = \frac{0.128}{0.32} = 0.4$$

由上述條件機率相差有限來看，似乎看不出有性別歧視的現象存在。

例題 5-5-5 某機場對轉機航班的統計資料顯示，航班準時抵達的機率為 0.80，準時再起飛的機率為 0.85，抵達與起飛皆準時的機率為 0.75，請問：

(1)已知某航班準時抵達，它會準時起飛的機率為何？

(2)已知某航班準時起飛，則它先前是誤點到達的機率為何？

解：設 A 表示航班「準時到達」，D 表示航班「準時起飛」

(1) $P(D \mid A) = \dfrac{P(D \cap A)}{P(A)} = \dfrac{0.75}{0.80} = 0.9375$

(2) $P(\overline{A} \mid D) = \dfrac{P(\overline{A} \cap D)}{P(D)} = \dfrac{P(D) - P(A \cap D)}{0.85} = \dfrac{0.85 - 0.75}{0.85} = \dfrac{0.10}{0.85} = 0.1177$

其中，因為 $\overline{A} \cap D = D - (A \cap D)$

所以，$P(\overline{A} \cap D) = P(D - (A \cap D)) = P(D) - P(A \cap D)$

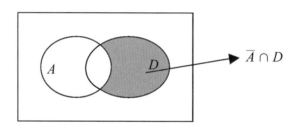

例題 5-5-6 一個罐中裝有黑白兩種色球，黑球有 10 球，白球有 8 球，每次自罐中取一球。設 B_i 表示第 i 次取到黑球，W_i 表示第 i 次取到白球，$i = 1, 2, \cdots$ 分別就：(1)每次放回（replacement）；及(2)不放回（nonreplacement）兩種方式探討 $P(W_2 \mid B_1)$ 及 $P(W_2)$。

解：(1)放回方式

$$P(W_2 \mid B_1) = \frac{P(B_1 \cap W_2)}{P(B_1)} = \frac{\dfrac{10 \times 8}{18 \times 18}}{\dfrac{10}{18}} = \frac{8}{18} = \frac{4}{9}$$

$$P(W_2) = P\{(B_1 \cap W_2) \cup (W_1 \cap W_2)\}$$

因為 $(B_1 \cap W_2)$ 及 $(W_1 \cap W_2)$ 為樣本空間中兩個相異的樣本點，所以為互斥事件，因此依據加法法則：

$$P(W_2) = P(B_1 \cap W_2) + P(W_1 \cap W_2) = \frac{10}{18} \cdot \frac{8}{18} + \frac{8}{18} \cdot \frac{8}{18} = \frac{8(10 + 8)}{18 \times 18} = \frac{4}{9}$$

⑵不放回方式

$$P\left(W_2 \mid B_1\right) = \frac{P(B_1 \cap W_2)}{P(B_1)} = \frac{\dfrac{10 \times 8}{18 \times 17}}{\dfrac{10}{18}} = \frac{8}{17}$$

$$P\left(W_2\right) = P\{(B_1 \cap W_2) \cup (W_1 \cap W_2)\} = P\left(B_1 \cap W_2\right) + P\left(W_1 \cap W_2\right)$$
$$= \frac{10 \times 8}{18 \times 17} + \frac{8 \times 7}{18 \times 17} = \frac{4}{9}$$

在例題 5-5-6 中，當隨機試驗是以放回方式執行時，我們看到 $P(W_2) = P(W_2 \mid B_1)$，這表示「第二球取到白球」事件的機率不受「第一球取到黑球」的影響。這種情況，我們稱事件 B_1 與事件 W_2 為獨立事件。可是當隨機試驗是不放回方式執行時，我們看到的是 $P(W_2) \neq P(W_2 \mid B_1)$，此時「第二次取到白球」事件的機率顯然受到「第一次取到黑球」事件的影響，這種情況，我們稱事件 B_1 與 W_2 為相依事件。

定義 5-5-4： 獨立事件（independent events）

E_1、E_2 為隨機試驗中的兩事件，若 $P(E_1 \mid E_2) = P(E_1)$ 且 $P(E_2 \mid E_1) = P(E_2)$，則稱 E_1、E_2 為獨立事件。

定義 5-5-5： 相依事件（dependent events）

兩事件 E_1、E_2 不為獨立事件，便為相依事件。

當 E_1、E_2 兩事件為獨立事件時，$P(E_1 \mid E_2) = P(E_1)$，所以，定義 5-5-3 條件機率的公式可表示成

$$P\left(E_1\right) = \frac{P(E_1 \cap E_2)}{P(E_2)}$$

由此，我們得出一個有關獨立事件非常重要的公式。

定理 5-5-1：E_1、E_2 兩事件為獨立事件，若且唯若 $P(E_1 \cap E_2) = P(E_1) \cdot P(E_2)$

這個定理有兩個用途，一是已知兩事件獨立時，便可應用此定理計算交集事件的機率。此外，我們也可用這個定理來判定兩事件是否獨立。

例題 5-5-7 胸腔科醫生根據 1400 名病患資料彙整肺癌與抽菸的列聯表資料如下：

	肺癌病患	非肺癌病患
抽　菸	600	200
不抽菸	150	450

(1)抽菸與肺癌是否為獨立事件？

(2)計算肺癌的機率及抽菸前提下肺癌的條件機率？

解：以 S 表示抽菸，$\bar{S}$ 表示不抽菸，C 表示肺癌患者，$\bar{C}$ 表示非肺癌患者，則其聯合機率表為：

	C	$\bar{C}$	
S	$\dfrac{60}{140}$	$\dfrac{20}{140}$	$\dfrac{80}{140}$
$\bar{S}$	$\dfrac{15}{140}$	$\dfrac{45}{140}$	$\dfrac{60}{140}$
	$\dfrac{75}{140}$	$\dfrac{65}{140}$	

(1) $P(S \cap C) = \dfrac{60}{140} \neq P(S) \cdot P(C) = \dfrac{80}{140} \times \dfrac{75}{140}$，所以 S、C 不是獨立事件。同理，我們可以得知，S 與 $\bar{C}$，$\bar{S}$ 與 C，$\bar{S}$ 與 $\bar{C}$ 都不是獨立事件。

(2) $P(C) = \dfrac{75}{140} \approx 0.53$

$$P(C \mid S) = \frac{P(S \cap C)}{P(S)} = \frac{\dfrac{60}{140}}{\dfrac{80}{140}} = \frac{6}{8} \approx 0.75$$

$P(C \mid S) > P(C)$告訴我們在胸腔科病患中，抽菸行為使你得肺癌的機率大幅升高，能不慎乎。

5.6　乘法法則與樹型圖

機率加法法則（本章第四節），對於複合事件機率的計算（尤其是聯集事件）非常有用。但對於交集事件的機率計算，乘法法則扮演非常重要的角色。事實上，乘法法則是條件機率的延伸與應用。因為若E_1、E_2為隨機試驗中的兩事件，則由定義 5-5-3 得知。

$$P(E_2 \mid E_1) = \frac{P(E_1 \cap E_2)}{P(E_1)}$$

或

$$P(E_1 \mid E_2) = \frac{P(E_1 \cap E_2)}{P(E_2)}$$

所以，$P(E_1 \cap E_2)$的計算便可引用乘法法則。

定理 5-6-1：機率乘法法則（multiplicative rules）

E_1、E_2為隨機試驗中的兩事件，則

$$P(E_1 \cap E_2) = P(E_1) \cdot P(E_2 \mid E_1)$$

或

$$P(E_1 \cap E_2) = P(E_2) \cdot P(E_1 \mid E_2)$$

乘法法則在觀念架構上，可以樹型圖加以描繪如下：

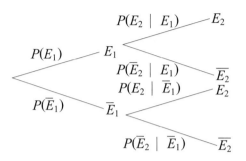

圖 5-6-1(a)　乘法法則的樹型圖表示法

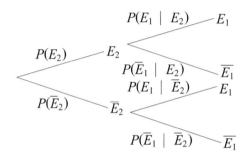

圖 5-6-1(b)　乘法法則的樹型圖表示法

上述樹型圖（圖 5-6-1）可解釋為，當計算 $E_1 \cap E_2$ 事件的機率時，我們可以把這個問題分成兩個階段處理，以圖 5-6-1(a)為例：

E_1 且 E_2 發生的機率

＝(E_1 事件發生的機率)・(E_1 事件已發生的前提下，E_2 事件發生的機率)

所以，若能活用樹型圖與乘法法則，許多艱深的機率問題皆可迎刃而解。

例題 5-6-1　用乘法法則及樹型圖重解例題 5-5-6 中的

(a)第一球白球，第二球黑球的機率。

(b)第一球黑球，第二球黑球的機率。

(c)兩球為一黑一白的機率。

解：(1)放回方式

取第一球時的機率樹型結構圖如下：

$$\frac{8}{18} = P(W_1) \quad \text{白}(W_1)$$

$$\frac{10}{18} = P(B_1) \quad \text{黑}(B_1)$$

因為是放回方式，所以取第二球時的機率樹型結構圖如下：

$$\frac{8}{18} = P(W_2 \mid W_1) \quad \text{白}(W_2)$$

$$\frac{8}{18} = P(W_1) \quad \text{白}(W_1)$$

$$\frac{10}{18} = P(B_2 \mid W_1) \quad \text{黑}(B_2)$$

$$\frac{8}{18} = P(W_2 \mid B_1) \quad \text{白}(W_2)$$

$$\frac{10}{18} = P(B_1) \quad \text{黑}(B_1)$$

$$\frac{10}{18} = P(B_2 \mid B_1) \quad \text{黑}(B_2)$$

所以，在放回方式下：

(a)$P(\text{第一球白球，第二球黑球}) = P(W_1 \cap B_2) = P(W_1) \cdot P(B_2 \mid W_1)$

$$= \frac{8}{18} \times \frac{10}{18} = \frac{20}{81}$$

(b)$P(\text{第一球黑球，第二球黑球}) = P(B_1 \cap B_2) = P(B_1) \cdot P(B_2 \mid B_1)$

$$= \frac{10}{18} \times \frac{10}{18} = \frac{25}{81}$$

(c)$P(\text{兩球為一黑一白}) = P\{(W_1 \cap B_2) \cup (B_1 \cap W_2)\}$

$$= P(W_1 \cap B_2) + P(B_1 \cap W_2)$$

$$= P(W_1) \cdot P(B_2 \mid W_1) + P(B_1) \cdot P(W_2 \mid B_1)$$

$$= \frac{8}{18} \times \frac{10}{18} + \frac{10}{18} \times \frac{8}{18} = \frac{40}{81}$$

(2)不放回方式

取第一球時的機率樹型結構如下：

$$\frac{8}{18} = P(W_1) \qquad 白(W_1)$$

$$\frac{10}{18} = P(B_1) \qquad 黑(B_1)$$

因為是不放回，所以取第二球時的機率樹型結構改變如下：

$$\frac{7}{17} = P(W_2 \mid W_1) \quad 白(W_2)$$

$$\frac{8}{18} = P(W_1) \qquad 白(W_1)$$

$$\frac{10}{17} = P(B_2 \mid W_1) \quad 黑(B_2)$$

$$\frac{8}{17} = P(W_2 \mid B_1) \quad 白(W_2)$$

$$\frac{10}{18} = P(B_1) \qquad 黑(B_1)$$

$$\frac{9}{17} = P(B_2 \mid B_1) \quad 黑(B_2)$$

(a) $P(第一球白球，第二球黑球) = P(W_1 \cap B_2) = P(W_1) \cdot P(B_2 \mid W_1)$

$$= \frac{8}{18} \times \frac{10}{17} = \frac{40}{153}$$

(b) $P(第一球黑球，第二球黑球) = P(B_1 \cap B_2) = P(B_1) \cdot P(B_2 \mid B_1)$

$$= \frac{10}{18} \times \frac{9}{17} = \frac{45}{153}$$

(c) $P(兩球為一黑一白) = P\{(W_1 \cap B_2) \cup (B_1 \cap W_2)\}$

$$= P(W_1 \cap B_2) + P(B_1 \cap W_2)$$

$$= P(W_1) \cdot P(B_2 \mid W_1) + P(B_1) \cdot P(W_2 \mid B_1)$$

$$= \frac{8}{18} \times \frac{10}{17} + \frac{10}{18} \times \frac{8}{17} = \frac{40+40}{153} = \frac{80}{153}$$

例題 5-6-2　某上市公司股價漲跌與其營運獲利展望（看好、普通、看壞）的聯合機率表如下：

營運展望	股　價	
	上　漲（I）	下　跌（D）
看　好（G）	0.30	0.04
普　通（N）	0.16	0.14
看　壞（B）	0.06	0.30

以文氏圖計算該上市公司股價漲跌的邊際機率表。

解： 以 G 表示看好，N 表示普通，B 表示看壞，I 表示上漲，D 表示下跌，則其文氏圖可表示如下圖（其中套色部分為 D，因為 $\bar{I}=D$）

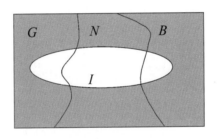

$I = (G\cap I)\cup (N\cap I)\cup (B\cap I)$，所以

$P(I) = P(G\cap I) + P(N\cap I) + P(B\cap I) = 0.30 + 0.16 + 0.06 = 0.52$

同理，$D = (G\cap D)\cup (N\cap D)\cup (B\cap D)$，所以

$P(D) = P(G\cap D) + P(N\cap D) + P(B\cap D) = 0.04 + 0.14 + 0.03 = 0.48$

（註）：本題所求的邊際機率，就數字而言，非常簡單，只需將聯合機率縱向加總即可，但透過文氏圖與集合的運算，你可以了解到列聯表與文氏圖及集合公式間的關係。

例題 5-6-3　編製例題 5-6-2 的樹型圖，並以樹型圖重新計算股價漲跌的邊際機率。

解： $P(G) = P(G\cap I) + P(G\cap D) = 0.30 + 0.04 = 0.34$

$P(N) = P(N\cap I) + P(N\cap D) = 0.16 + 0.14 = 0.30$

$P(B) = P(B\cap I) + P(B\cap D) = 0.06 + 0.30 = 0.36$

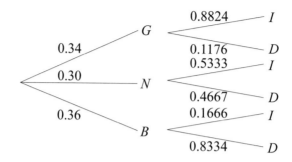

其中，$P(G)$、$P(N)$、$P(B)$為營運展望的邊際機率，接下來要計算條件機率 $P(I \mid G)$、$P(D \mid G)$、$P(I \mid N)$、$P(D \mid N)$、$P(I \mid B)$、$P(D \mid B)$：

$$P(I \mid G) = \frac{P(I \cap G)}{P(G)} = \frac{0.30}{0.34} = 0.8824$$

$$P(D \mid G) = \frac{P(D \cap G)}{P(G)} = \frac{0.04}{0.34} = 0.1176$$

$$P(I \mid N) = \frac{P(I \cap N)}{P(N)} = \frac{0.16}{0.30} = 0.5333$$

$$P(D \mid N) = \frac{P(D \cap N)}{P(N)} = \frac{0.14}{0.30} = 0.4667$$

$$P(I \mid B) = \frac{P(I \cap B)}{P(B)} = \frac{0.06}{0.36} = 0.1666$$

$$P(D \mid B) = \frac{P(D \cap B)}{P(B)} = \frac{0.30}{0.36} = 0.8334$$

以上述樹型圖重新計算 $P(I)$ 及 $P(D)$ 如下：

$P(I) = P(G \cap I) + P(N \cap I) + P(B \cap I)$

$\quad = P(G)P(I \mid G) + P(N)P(I \mid N) + P(B)P(I \mid B)$

$\quad = 0.34 \times 0.8824 + 0.30 \times 0.5333 + 0.36 \times 0.1666 = 0.52$

$P(D) = P(G \cap D) + P(N \cap D) + P(B \cap D)$

$\quad = P(G)P(D \mid G) + P(N)P(D \mid N) + P(B)P(D \mid B)$

$\quad = 0.34 \times 0.1176 + 0.30 \times 0.4667 + 0.36 \times 0.8334 = 0.48$

案例 5-1　全球人口的成長速度

聯合國以 10 億人口為里程碑的全球人口成長記錄如下：(1) 1804 年全球人口突破 10 億；(2) 1927 年全球人口達到 20 億；(3) 1960 年全球人口增長至 30 億；(4) 1974 年全球人口增長至 40 億；(5) 1987 年全球人口增長至50 億；(6) 1999 年全球人口增長至 60 億。以上數據顯示，全球人口花了1804 年突破第一個 10 億之後，接下來又過了 123 年累積至第 2 個 10 億。爾後加速成長，僅 33 年時間內完成第 3 個 10 億。累積至第 4、5、6 個 10億所經歷的時間則分別降為 14 年、13 年及 12 年。然而隨著人口增幅的趨緩，聯合國預估未來第 7、8、9 個 10 億里程碑之時距將略為拉長，分別為 13 年、13 年及 20 年（參考表 C5-1-1 及圖 C5-1-1）。

表 C5-1-1　全球人口每個 10 億里程碑的時距

人口（單位：10 億）	1	2	3	4	5	6	7	8	9
成長時距（年）	1804	123	33	14	13	12	13	13	20
時間（西元）	1804	1927	1960	1974	1987	1999	2012	2025	2045

資料來源：整理自行政院主計處社會指標統計年報 2006（人口結構變遷概況）

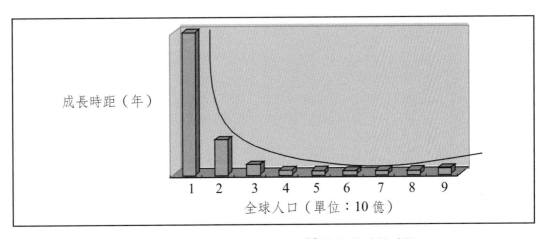

圖 C5-1-1　全球人口每個 10 億里程碑的時距

案例 5-2 「男主外，女主內」之認同度

　　2002 年國際社會調查（International Social Survey）的問項中，有一個問項是「對於男性主職責賺錢，女性照料家庭」的看法，在表 C5-2-1 的 18 個國家的統計數據中，菲律賓的認同度最高，中華民國次之（兩者的認同度皆超過 5 成），有趣的是菲律賓、中華民國及日本之間的認同度皆有 2 成的差距，日本與美國間的差距也沒有想像中來得大（參考表 C5-2-1、圖 C5-2-1 及圖 C5-2-2）。

表 C5-2-1　主要國家國民對於「男性主職責賺錢，女性照料家庭」的認同度

	(A)同意或完全同意（%）	(B)不同意或完全不同意（%）	(C)=(A)−(B)
⑴菲律賓	71.8	14.6	57.2
⑵中華民國	50.6	38.5	12.1
⑶捷克	47.1	29.9	17.2
⑷波蘭	45.7	35.0	10.7
⑸匈牙利	39.2	30.2	9.0
⑹日本	30.9	48.5	-17.6
⑺奧地利	29.5	45.9	-16.4
⑻西班牙	24.7	66.4	-41.7
⑼美國	23.6	52.5	-28.9
⑽西德	23.3	61.1	-37.8
⑾澳洲	21.6	56.4	-34.8
⑿紐西蘭	19.8	62.5	-42.7
⒀愛爾蘭	18.5	67.7	-49.2
⒁法國	17.9	68.9	-51.0
⒂東德	14.6	74.8	-60.2
⒃荷蘭	12.4	67.5	-55.1
⒄挪威	9.4	77.3	-67.9
⒅瑞典	7.6	77.7	-70.1

資料來源：行政院主計處社會指標統計年報 2005（女性就業與婚育概況）

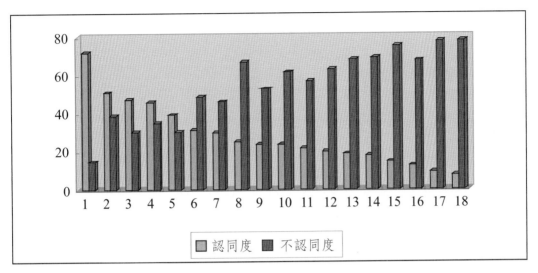

圖 C5-2-1 主要國家國民對於「男性主職責賺錢，女性照料家庭」的認同度

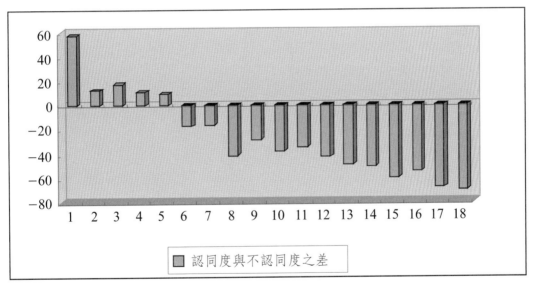

圖 C5-2-2 各國國民認同度與不認同度之差距（認同度減不認同度）

習 題

案例題型

㈠鑒於歷史因素或移民人口比例漸增，使用雙語甚至多語的現象也愈來愈普遍，TIMSS 2007 四年級數學，問卷調查參加評鑑學童在家中使用語言的狀況，區分為以下三種情況：(1)幾乎完全使用評鑑所選用的語言；(2)有時使用；(3)從不使用，並將評鑑成績依此變項分組統計如表 E5-1。

5.1 針對「在家中使用語言的狀況」三種情況下的資料（百分比），分別製作箱型圖。

5.2 針對「在家中使用語言的狀況」三種情況下的資料（百分比），分別計算其平均數、中位數及標準差。

5.3 針對「在家中使用語言的狀況」三種情況下的資料（評鑑成績），分別製作箱型圖。

5.4 針對「在家中使用語言的狀況」三種情況下的資料（評鑑成績），分別計算其平均數、中位數及標準差。

5.5 (1)整體來看，學童數學成績表現的趨勢為何？有沒有例外情況？例外情況的特徵為何？這些例外顯示出的意義或現象為何？有否引發你進一步探討的興趣的主題呢？

(2)評鑑成績表現優異的亞洲四國，香港、新加坡、中華民國與日本所顯示的特徵為何？

一般題型

5.6 盒中有 n 個球，各標記 1、2、3……n，隨機抽取兩球，則兩者連號的機率？

(1)放回，(2)不放回。

5.7 在 6 個正數、8 個負數中隨機抽取 4 數，然後將 4 數相乘，乘積為正數的機率？(1)放回，(2)不放回。

5.8 某次測驗中有 3 個選擇題，每題有 2 個答案，當你對題意完全不了解之下，請問你：(1)至少猜對一題的機率？(2)猜對兩題的機率？

5.9 公司設計部門 9 名工程師中，4 名未婚，3 名已婚，2 名離婚。從 9 名中隨機挑選 3 名出差，令 X_1 代表入選者中未婚人數、X_2 代表入選者中已婚人數、X_3 代表入選者中離婚人數：(1)編製 X_1 及 X_2 的聯合機率表，(2)編製 X_2 及 X_3 的聯合機率表。

5.10 盒中有 3 個藍色球、2 個紅色球、3 個綠色球。隨機自盒中取出兩球，若 X 代表取出 2 球中藍球的個數，Y 表示取出 2 球中紅球的個數。
(1)求 X，Y 的聯合機率表，並請用公式表示聯合機率。
(2)求機率 $P((X,Y) \in A)$，$A = \{(x,y) \mid x+y \leq 1\}$
(3)求 X，Y 的邊際機率表。
(4)計算條件機率 $P(X=0 \mid Y=1)$。
(5)在 $Y=1$ 的前提下，求 X 的條件機率分配。

5.11 某電腦專賣店門市部，對 100 位當日來店顧客進行問卷調查，其中 60 位是因為看到促銷廣告而來店選購，40 位下單購買的顧客中有 30 位看到促銷廣告，請問：
(1)在來店顧客中未看到廣告而下單購買的機率？
(2)在來店顧客中看到廣告而下單購買的機率？
(3)由(1)、(2)結果判斷促銷廣告是否有提高購買率的效應？

5.12 下述電路中共有 5 個繼電器，每一個繼電器關閉（表示電流通過）的機率為 p，各繼電器間關閉與否為獨立事件，則端點 A、B 間有電流相通的機率？

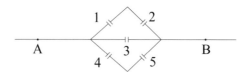

5.13 下述電路中共有 4 個繼電器,每一個繼電器關閉(表示電流通過)的機率為 p,各繼電器間關閉與否為獨立事件,請問端點 A、B 間有電流相通的機率?

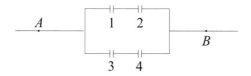

5.14 投擲公平的骰子兩次,事件 A 表示「第一次出現偶數」,事件 B 表示「第二次出現 5 或 6」,請問 A、B 是否為獨立事件?

5.15 已知有關 A、B、C 三事件的以下機率:

$P(A \cup B) = 0.75$,　　$P(A \cap B) = 0.50$,　　$P(B \mid C) = 0.50$

$P(B \cup C) = 0.75$,　　$P(A \cap C) = 0.25$,　　$P(A \mid B) = 0.75$

(1)計算以下機率(a)$P(B)$(b)$P(A)$(c)$P(B \mid A)$(d)$P(C)$(e)$P(B \cap C)$。

(2)請回答以下問題,並提出你的依據:

　　(a)B、C 是否為互斥事件?(b)B、C 是否為獨立事件?

5.16 85 位隨機樣本中有 50 名男生,35 名女生,其中 33 名贊成電視節目分級制度,23 名男生不贊成,請問:

(a)有多少女生贊成?(b)將上述資料以列聯表型態呈現。

5.17 假設一個不公平的骰子,「點數 1」出現的機率 3 倍於其他各點數出現的機率(其他各點數出現的機率相等):

(1)點數 1 的機率?(2)點數 2 的機率?

表 E5-1　TIMSS 2007 四年級數學評鑑成績

（在家中是否使用評鑑所使用的語言）

	幾乎完全使用		有時候使用		從不使用	
	百分比	平均成績	百分比	平均成績	百分比	平均成績
香港 Hong Kong	82(0.9)	614(3.4)	15(0.9)	582(4.9)	3(0.3)	542(8.6)
新加坡 Singapore	50(0.9)	623(3.9)	45(0.9)	580(4.0)	5(0.4)	539(8.2)
中華民國 Republic of China	84(0.8)	582(1.7)	15(0.8)	550(3.4)	1(0.2)	NA
日本 Japan	99(0.2)	570(2.1)	1(0.1)	NA	0(0.1)	NA
哈薩克 Kazakhstan	93(1.3)	548(7.3)	7(1.3)	561(10.1)	0(0.1)	NA
俄羅斯 Russian Federation	92(1.4)	547(5.0)	7(1.2)	524(16.7)	2(0.6)	NA
英格蘭 England	93(0.6)	545(3.0)	6(0.6)	493(7.8)	1(0.1)	NA
拉脫維亞 Latvia	88(1.5)	540(2.1)	9(1.1)	511(6.8)	3(0.6)	532(13.6)
荷蘭 Netherlands	89(1.2)	538(2.3)	8(0.8)	507(5.2)	3(0.6)	523(10.9)
立陶宛 Lithuania	98(0.4)	531(2.3)	2(0.3)	NA	0(0.1)	NA
美國 United States	87(0.8)	535(2.3)	12(0.8)	493(4.4)	2(0.1)	NA
德國 Germany	92(0.6)	532(2.3)	7(0.6)	483(4.7)	1(0.1)	NA
丹麥 Denmark	94(0.9)	527(2.3)	6(0.9)	473(11.4)	1(0.2)	NA
澳洲 Australia	90(1.0)	519(3.2)	8(1.0)	498(11.5)	1(0.2)	NA
匈牙利 Hungary	98(0.4)	512(3.4)	2(0.4)	NA	0(0.1)	NA
義大利 Italy	96(0.2)	508(3.2)	3(0.2)	477(8.2)	0(0.1)	NA
奧地利 Austria	88(0.7)	510(1.8)	10(0.6)	465(3.9)	2(0.3)	NA
瑞典 Sweden	92(1.0)	506(2.4)	8(1.0)	467(4.9)	1(0.1)	NA
斯洛維尼亞 Slovenia	90(0.8)	506(2.1)	8(0.7)	471(5.5)	2(0.4)	NA
亞美尼亞 Armenia	95(0.6)	501(4.5)	4(0.4)	470(6.9)	1(0.4)	NA
斯洛伐克 Slovak Republic	87(1.5)	505(3.2)	11(1.3)	451(11.9)	3(0.7)	438(22.2)
蘇格蘭 Scotland	91(0.8)	498(2.3)	6(0.5)	466(5.3)	3(0.6)	437(9.5)
紐西蘭 New Zealand	87(0.8)	498(2.1)	12(0.7)	458(5.9)	1(0.2)	NA
捷克 Czech Republic	97(0.3)	487(2.8)	2(0.3)	NA	0(0.1)	NA
挪威 Norway	94(0.5)	476(2.5)	5(0.4)	435(7.2)	1(0.2)	NA
烏克蘭 Ukraine	74(2.1)	466(3.3)	21(1.7)	483(5.9)	5(0.6)	476(8.6)
喬治亞 Georgia	92(0.7)	442(4.1)	8(0.6)	421(9.5)	0(0.1)	NA
伊朗 Iran	62(2.1)	421(4.6)	21(1.9)	381(5.4)	16(1.6)	365(6.1)
阿爾及利亞 Algeria	56(2.4)	382(5.4)	32(1.9)	382(8.4)	12(1.0)	368(8.4)
哥倫比亞 Colombia	89(0.9)	363(4.9)	8(0.8)	323(8.9)	3(0.3)	298(9.7)

摩洛哥 Morocco	50(2.6)	334(5.7)	29(2.1)	369(8.0)	21(2.4)	335(12.8)
薩爾瓦多 El Salvador	93(0.8)	336(3.7)	5(0.6)	287(13.4)	2(0.3)	NA
突尼西亞 Tunisia	26(1.7)	327(7.0)	49(2.0)	343(5.0)	25(1.8)	320(6.5)
科威特 Kuwait	74(1.8)	322(4.4)	18(1.3)	328(4.9)	8(1.2)	305(8.9)
卡達 Qatar	71(0.6)	307(1.5)	20(0.6)	286(3.2)	9(0.3)	264(3.4)
葉門 Yemen	85(1.7)	233(6.2)	11(1.3)	212(10.6)	4(0.9)	175(14.5)
國際平均	84(0.2)	478(0.6)	12(0.2)	445(1.4)	4(0.1)	395(2.8)

資料來源：TIMSS 2007 International Report (Exhibit 4.2) (Reprinted by permission of the IEA)

註：括弧內的數字為該統計量的標準差

6 隨機變數及機率分配

　　機率的源頭是隨機試驗，在第五章中，我們為隨機試驗的樣本空間、事件建構機率運算法則，可以用它來分析日常生活中所面對的實際問題。換句話說，第五章機率導論談的是機率的基本定理，所有的分析與公式皆建構在樣本空間之上。本章的重心是將隨機試驗的結果量化為隨機變數，然後探討隨機變數的機率分布，這樣做的目的是為了可以藉由數學分析來建構機率模型做準備。

6.1　隨機變數

　　雖然有些機率問題的樣本空間本質上就是數字，例如，投擲一粒骰子的樣本空間為$\{1, 2, 3, 4, 5, 6\}$。但是，也有許多樣本空間是屬質的，例如，投擲一枚硬幣的樣本空間為{正面，反面}。為了使這些屬質的隨機試驗可以運用數學分析，首要之務便是將它量化。

定義 6-1-1：隨機變數（random variable）

　　將隨機試驗的結果予以量化，通常我們以變數（X）表示這些量化值，並稱之為隨機變數。

從數學的角度來看，隨機變數是一個以樣本空間為定義域的實數函數值。而隨機變數中的隨機二字是在強調隨機變數(X)之數值，實際上是由隨機試驗的結果所決定的。

例題 6-1-1　投擲兩枚硬幣的樣本空間為{(正面，正面)、(正面，反面)、(反面，正面)、(反面，反面)}，如果我們將 X 定義為正面的次數，則隨機變數 X 的所有可能值便為{0, 1, 2}，其間的函數對應關係如下圖：

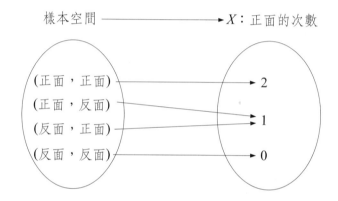

定義 6-1-2：間斷隨機變數（discrete random variable）

當隨機變數的所有可能值為有限個數（finite）或可數無限個數（countable）時，我們稱它為間斷隨機變數。

可數無限（countable）指的是這些數值可以排序，例如，{1, 2, 3, 4, …}或{1, 3, 5, …}等集合中的元素，雖然有無限多個，但是它們可形成一個數列（sequence）。例題 6-1-1、例題 6-1-2 及例題 6-1-3 中的 X 皆為間斷隨機變數。

例題 6-1-2　若以 X 表示統一發票最後一個數字，其所有可能值為{0, 1, 2, 3, 4, 5, 6, 7, 8, 9}，則 X 便是一個間斷隨機變數。

例題 6-1-3　若以 X 表示中統一發票特獎所需的購物次數，幸運者可能只有一次消費便中特獎，但對大部分的人來說，似乎消費了無限多次仍無法中特獎，所以，X 的所有可能值為{1, 2, 3, 4,…}，它的個數為可數無限，所以，這個 X 也是一個間斷隨機變數。

定義 6-1-3：連續隨機變數（continuous random variable）
　　當隨機變數的所有可能值為無限個數（infinite）時，我們稱它為連續隨機變數。

　　　　一般而言，連續隨機變數值為一區間（interval）中的數值，例如，身高、體重……等為常見的連續隨機變數。

例題 6-1-4　若 X 表示你到達捷運站至列車進站間的等待時間，不考慮誤點的情況下，X 的可能值為 0～10 分鐘，則表示隨機變數 X（以分為計算單位）可能為 [0, 10]中的任一值，所以，X 是一個連續隨機變數。

6.2 間斷隨機變數的機率分配

　　　　對於間斷型隨機變數，基本上，我們要知道每個單一值發生的機率，通常以表、圖或函數來呈現其機率，我們稱之為間斷機率分配。

定義 6-2-1：間斷機率分配（discrete probability distribution）
　　以表（table）、圖（graph）或函數（function）來呈現間斷隨機變數 X 的每個單一變數值(x)的機率 $P(X=x)$，我們稱這些表、圖或函數為這個間斷隨機變數的機率分配。

例題 6-2-1　丟擲三個公平硬幣的隨機試驗，X 表示正面的個數，則隨機變數 X 的機率

分配為何？

解：

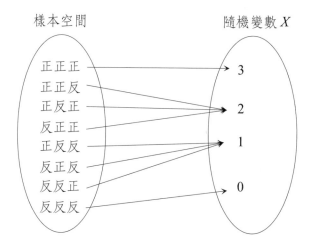

由於每一個樣本點的機會均等，所以 X 的機率分配如下表：

X	0	1	2	3
$P(X=x)$	$\frac{1}{8}$	$\frac{3}{8}$	$\frac{3}{8}$	$\frac{1}{8}$

或以圖形表示 X 的機率分配為

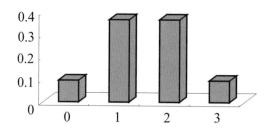

或以函數來表示 X 的機率分配為

$$f(x) = C_x^3 (\frac{1}{2})^x (\frac{1}{2})^{3-x},\ x = 0, 1, 2, 3$$

其中 $C_x^3 = \binom{3}{x} = \frac{3!}{x!(3-x)!}$

例題 6-2-2 某家經銷商的 10 台掃描器（scanner）存貨中，有 3 台為不良品，若向該經銷商購買 2 台，該經銷商隨機選取 2 台交貨，則你會收到不良品台數的機率分配為何？

解： 設 X 表示你收到 2 台掃描器中不良品台數，則 X 的所有可能值為 $0, 1, 2$，且

$$P(X=0) = f(0) = \frac{C_0^3 C_2^7}{C_2^{10}} = \frac{21}{45}$$

$$P(X=1) = f(1) = \frac{C_1^3 C_1^7}{C_2^{10}} = \frac{21}{45}$$

$$P(X=2) = f(2) = \frac{C_2^3 C_0^7}{C_2^{10}} = \frac{3}{45}$$

所以，X 的機率分配有以下三種呈現方式：

(1) 表

X	0	1	2
$P(X=x)$	$\frac{21}{45}$	$\frac{21}{45}$	$\frac{3}{45}$

(2) 圖

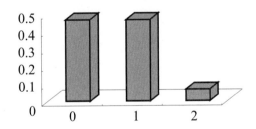

(3) 函數

$$P(X=x) = f(x) = \frac{C_x^3 C_{2-x}^7}{C_2^{10}} \quad \text{其中 } x = 0, 1, 2$$

例題 6-2-3 某大賣場為了減少顧客排隊等待結帳的時間以提升服務品質，在改善方案

推出之前，以5分鐘為一單位時間，統計出每一單位時間內到達結帳區的顧客人數分布狀況如下，則該賣場在5分鐘單位時間內，到達結帳區人數的機率分配為何？

到達人數	頻 度
0	7
1	12
2	16
3	25
4	36
5 人以上	48
合 計	144

解：設 X 表示每5分鐘到達結帳區的人數，則根據上述統計頻度表，我們以相對頻度做出隨機變數 X 的機率分配表如下：

X	0	1	2	3	4	5 以上
$P(X=x)$	$\dfrac{7}{144}$	$\dfrac{12}{144}$	$\dfrac{16}{144}$	$\dfrac{25}{144}$	$\dfrac{36}{144}$	$\dfrac{48}{144}$

或描繪其機率分配圖如下：

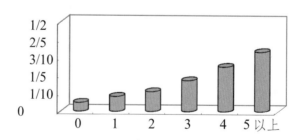

定義 6-2-2：機率函數的基本性質

$f(x)$ 為間斷隨機變數 X 的機率函數（probability function or probability mass function）﹐則它必須具備以下性質：

1. $0 \leq f(x) \leq 1$
2. $\sum_x f(x) = 1$

例題 6-2-4 隨機變數 X 之可能值為 $x = 1, 2, 3, \cdots$，則下述函數是否為 X 之機率函數？

$$P(X = x) = f(x) = (\frac{3}{4})(\frac{1}{4})^{x-1} \text{，其中 } x = 1, 2, 3, \cdots$$

解：(1) $0 < (\frac{3}{4})(\frac{1}{4})^{x-1} < 1$

(2) $\sum_{x=1}^{\infty} (\frac{3}{4})(\frac{1}{4})^{x-1}$ 是首項為 $\frac{3}{4}$ 公比為 $\frac{1}{4}$ 的無窮等比級數。它的總和為

$$\sum_{x=1}^{\infty} (\frac{3}{4})(\frac{1}{4})^{x-1} = \frac{\frac{3}{4}}{1 - (\frac{1}{4})} = 1$$

所以，由定義 6-2-2，$f(x)$ 為 X 的機率函數。

在許多機率問題中，我們需要計算隨機變數值不大於（小於或等於）某一個特定值的機率，我們稱這種機率值為累積機率。為了這種需要，我們便針對間斷隨機變數計算它的累積機率，形成了一個累積型態的機率分布，稱之為累積機率分配。

定義 6-2-3：累積機率分配（cumulative probability）

$f(x)$ 為間斷隨機變數 X 的機率函數，則隨機變數 X 的累積機率分配以 $F(x)$ 表示且

$$F(x) = P(X \leq x) = \sum_{t \leq x} f(t)$$

例題 6-2-5 例題 6-2-1 的累積分配為何？

解：

X	0	1	2	3
$f(x)$	$\frac{1}{8}$	$\frac{3}{8}$	$\frac{3}{8}$	$\frac{1}{8}$
$F(x)$	$\frac{1}{8}$	$\frac{4}{8}$	$\frac{7}{8}$	1

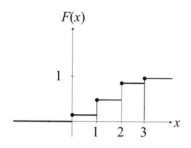

例題 6-2-6 例題 6-2-2 的累積機率分配為何？

解：

X	0	1	2
$f(x)$	$\frac{21}{45}$	$\frac{21}{45}$	$\frac{3}{45}$
$F(x)$	$\frac{21}{45}$	$\frac{42}{45}$	1

例題 6-2-7 例題 6-2-3 的累積機率分配為何？

解：

X	0	1	2	3	4	5 以上
$f(x)$	$\frac{7}{144}$	$\frac{12}{144}$	$\frac{16}{144}$	$\frac{25}{144}$	$\frac{36}{144}$	$\frac{48}{144}$
$F(x)$	$\frac{7}{144}$	$\frac{19}{144}$	$\frac{35}{144}$	$\frac{60}{144}$	$\frac{96}{144}$	$\frac{144}{144}$

定義 6-2-4： 機率函數與累積機率函數間的關係

間斷隨機變數 X 的機率函數及累積機率函數分別為 $f(x)$ 及 $F(x)$，若 X 所有可能值為 $x_1 < x_2 < \cdots < x_n$，則

(1) $f(x_i) = F(x_i) - F(x_{i-1}),\ i = 1, ..., n$

(2) $P(a \leq X \leq b) = F(b) - F(a) + f(a)$

(3) $P(a < X \leq b) = F(b) - F(a)$

(4) $P(a \leq X < b) = F(b) - F(a) - f(b) + f(a)$

(5) $P(a < X < b) = F(b) - F(a) - f(b)$

例題 6-2-8 間斷隨機變數 X 之累積機率分配為：

$$F(x) = \begin{cases} 0 & x < 0 \\ 0.04 & 0 \leq x < 1 \\ 0.36 & 1 \leq x < 2 \\ 1 & 2 \leq x \end{cases}$$

(1)描繪 $F(x)$。

(2)由 $F(x)$計算出該隨機變數的機率函數。

(3)計算 $P(1 \leq X \leq 2)$。

(4)計算 $P(1 \leq X < 2)$。

(5)計算 $P(1 < X < 2)$。

解：(1) X 之累積機率分配圖為：

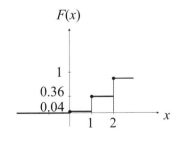

(2) $f(0) = 0.04$

$f(1) = F(1) - F(0) = 0.36 - 0.04 = 0.32$

$f(2) = F(2) - F(1) = 1 - 0.36 = 0.64$

所以隨機變數 X 之機率函數為

X	0	1	2
$f(x)$	0.04	0.32	0.64

(3) $P(1 \leq X \leq 2) = F(2) - F(1) + f(1) = 1 - 0.36 + 0.32 = 0.96$

(4) $P(1 \leq X < 2) = F(2) - F(1) + f(1) - f(2) = 1 - 0.36 + 0.32 - 0.64 = 0.32$

(5) $P(1 < X < 2) = F(2) - F(1) - f(2) = 1 - 0.36 - 0.64 = 0$

6.3 間斷隨機變數的期望值及變異數

母群體平均數（population mean）描述母群體量化資料的分布中心（見第四章）。同理，在本節中，我們要定義間斷隨機變數的期望值（expected value）及變異數（variance）來描述隨機變數的分布中心及分散度。間斷型隨機變數的期望值，是各個隨機變數值的加權平均值（weighted average）；以其發生的機率值為權數。

定義 6-3-1：間斷隨機變數的期望值

X 為一個間斷隨機變數，以符號 $E(X)$ 表示它的期望值，其定義為：

$$E(X) = \sum_{\forall x} x f(x)$$

期望值常用的符號為 $E(X)$ 或 μ_x，有時為了方便直接以 μ 表示。定義 6-3-1 中的 $\forall x$ 表示全部 x（ for all x），也就是所有的隨機變數值。

例題 6-3-1 在例題 6-2-1 中隨機變數 X 的期望值為？

解： $E(X) = \sum_{x} x \cdot f(x) = 0 \cdot \dfrac{1}{8} + 1 \cdot \dfrac{3}{8} + 2 \cdot \dfrac{3}{8} + 3 \cdot \dfrac{1}{8} = 1.5$

這表示，丟擲三個公平銅板中，正面數的分布中心在 1.5

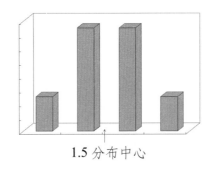

1.5 分布中心

例題 6-3-2 在例題 6-2-2 中，不良品台數 X 的期望值為？

解： $E(X) = \sum_{x} x \cdot f(x) = 0 \cdot \dfrac{21}{45} + 1 \cdot \dfrac{21}{45} + 2 \cdot \dfrac{3}{45} = 0.6$

這表示，不良品台數 X 的分布中心在 0.6

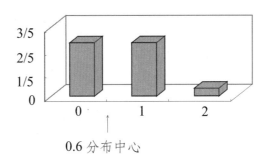

0.6 分布中心

期望值有時也稱為平均值（mean）。因為，事實上期望值可視為當隨機試驗大量重複執行後，所有試驗結果的平均值。

例題 6-3-3 在丟擲三個硬幣的賭局中，每次賭金為 10 元。若出現三個正面，則你可贏得 6 倍賭金（60 元），其他情況則皆輸掉賭金（10 元）。賭徒在這場賭局中的獲利期望值有多少呢？

解：

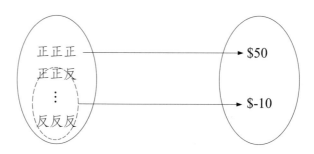

在這場賭局中，賭徒所關心的間斷型隨機變數 X，它的可能值有兩個，50 或-10，它的機率分配為：

X	50	-10
$f(x)$	$\dfrac{1}{8}$	$\dfrac{7}{8}$

所以，這場賭局的期望值為

$$E(X) = 50 \times \frac{1}{8} + (-10) \times \frac{7}{8} = -\frac{20}{8} = -2.5$$

換句話說，賭局的結果有輸（$-10）有贏（$50）（例如，一連串的賭局結果可能是 $50, -10, -10, -10, 50, -10, \cdots$），其平均數趨近 -2.5，所以從長期來看，每賭一次的期望回收為 -2.5 元。

例題 6-3-4 某保險公司出售一日旅遊平安保險，保險額度為$1,000,000$，過去統計資料顯示旅遊平安保險的理賠率為$\dfrac{1}{1000}$，則公司在期望收支平衡的準則下，應該收取多少保費？

解： 以 X 表示該公司的回收值，並假設 K 為這張保單所收取的保費。則對於每一張保單，該公司的回收值有兩種可能：

(1) $X = K$，表示這張保單投保者平安歸來。

(2) $X = -(1,000,000 - K)$，表示這張保單投保者身故。

所以，X 的機率分配為

X	K	$-(1,000,000-K)$
$f(x)$	$\dfrac{999}{1000}$	$\dfrac{1}{1000}$

$$E(X) = K\frac{999}{1000} + (-1,000,000 + K)\frac{1}{1000} = K - 1,000$$

由於該公司的保費策略為收支平衡，所以令 $E(X) = 0$ 解得 $K = 1000$ 為這張保單所應收取的保費。本題是經過簡化的一個例題，該公司還有許多其他成本，因此實際的保費應該是 1000 元加上其他成本及合理利潤。

間斷型隨機變數的變異數，是各個隨機變數值與期望值差異平方後的加權平均值。並以其發生的機率值為權數。

定義 6-3-2：間斷隨機變數的變異數

X 為一個間斷的隨機變數，以符號 $V(X)$ 表示為它的變異數，其定義如下：

$$V(X) = E\left[(X - E(X))^2\right] = \sum_{\forall x}(x - E(X))^2 \cdot f(x)$$

變異數常用的符號為 $V(X)$ 或 σ_x^2，為了方便，有時便直接以 σ^2 表示之。由定義 6-3-2 可知變異數不可能為負數（$V(X) \geq 0$），當 $V(X) = 0$ 時表示 X 為一個常數。

例題 6-3-5　在例題 6-2-1 中，隨機變數 X 的變異數為？

解：$V(X) = E\left[(X - E(X))^2\right] = \sum_{\forall x}(x - E(X))^2 \cdot f(x)$

$$= (0 - \frac{3}{2})^2 \cdot \frac{1}{8} + (1 - \frac{3}{2})^2 \cdot \frac{3}{8} + (2 - \frac{3}{2})^2 \cdot \frac{3}{8} + (3 - \frac{3}{2})^2 \cdot \frac{1}{8} = \frac{3}{4}$$

例題 6-3-6　在例題 6-2-2 中，不良品台數 X 的變異數為？

解：$V(X) = E\left[(X - E(X))^2\right] = \sum_{\forall x}(x - E(X))^2 \cdot f(x)$

$$= (0 - \frac{3}{5})^2 \cdot \frac{21}{45} + (1 - \frac{3}{5})^2 \cdot \frac{21}{45} + (2 - \frac{3}{5})^2 \cdot \frac{3}{45} = \frac{28}{75}$$

例題 6-3-7　某人欲將其 10,000 元投資於甲、乙兩投資標的，以 X、Y 兩隨機變數分別表示兩投資案的獲利狀況，其機率分布如下：

甲　案	
X	$f(x)$
700	0.4
800	0.3
1,000	0.3

乙　案	
Y	$f(y)$
600	0.1
800	0.4
880	0.5

　　評估甲乙兩案的投資風險。

解：甲乙兩案投資報酬的期望值及變異數分別計算如下：

甲　案

X	$f(x)$	$xf(x)$	$x-\mu$	$(x-\mu)^2$	$(x-\mu)^2 \cdot f(x)$
700	0.4	280	-120	14,400	5760
800	0.3	240	-20	400	120
1,000	0.3	300	180	32,400	9720
		820			15,600

乙　案

Y	f(y)	yf(y)	y−μ	(y−μ)²	(y−μ)² · f(y)
600	0.1	60	-220	48,400	4,840
800	0.4	320	-20	400	160
880	0.5	440	60	3,600	1,800
		820			6,800

從以上數據得知，甲乙兩案的期望報酬相同，但甲案的變異數較大，這表示甲案的投資風險（較大），若從規避風險的角度來看，這位投資者應該會選乙案。

6.4　連續隨機變數的機率分配

連續隨機變數的任一個單一值發生的機率為零，關於這點，乍聽之下似乎有點不可思議，試想以下這個例子，當我們探討成年人身高問題時，任何一個區間（例如，身高介於 160-165 公分間）都有很多人，但任何單一值（例如，身高為 161 公分）發生的機率無法衡量，因此我們令身高為 161 公分這事件發生的機率為零。它代表的意義為隨機抽樣身高不多也不少，正好是 161 公分的機率為零。所以，連續隨機變數的機率便不能以表（table）來呈現，而是以函數的方式來呈現，我們稱它為機率密度函數（或簡稱機率函數）。

定義 6-4-1：機率密度函數（probability density function）

$f(x)$為連續隨機變數 X 的機率密度函數，必須具備以下性質：

(1) $f(x) \geq 0$

(2) $\int_{-\infty}^{\infty} f(x)dx = 1$

(3) $P(a < X < b) = \int_{a}^{b} f(x)dx$

　　由定義 6-4-1 可知，機率密度函數為一個非負函數($f(x) \geq 0$)，X 軸與機率密度函數之間的面積為 1，X 介於 a、b 之間的機率值為該函數在 (a, b) 區間的積分值（面積）。

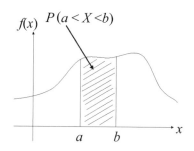

　　此外，由於單點的機率為零，所以，$P(a \leq X \leq b) = P(a < X \leq b) = P(a \leq X < b) = P(a < X < b)$。接下來，我們定義連續隨機變數的累積機率分配如下。

定義 6-4-2：連續隨機變數的累積機率分配

　　$f(x)$ 為連續隨機變數 X 的機率密度函數，則 X 的累積機率分配 $F(x)$ 為

$$F(x) = P(X \leq x) = \int_{-\infty}^{x} f(t)dt \text{，} -\infty < t < \infty$$

例題 6-4-1　某實驗中，溫度 X 之機率密度函數為

$$f(x) = \begin{cases} \dfrac{x^2}{3} & -1 \leq x \leq 2 \quad （單位℃） \\ 0 & 其他 \end{cases}$$

(1)驗證 $f(x)$ 符合作為機率密度函數的條件。

(2)計算溫度介於 $-\dfrac{1}{2}$ ℃與 $\dfrac{1}{2}$ ℃的機率。

(3)計算 X 的累積機率分配 $F(x)$。

(4)以(3)之結果求(2)。

解： (1) $f(x) = \dfrac{x^2}{3} \geq 0$ ，又 $\displaystyle\int_{-1}^{2} f(x)dx = \int_{-1}^{2} \dfrac{x^2}{3}dx = \dfrac{x^3}{9}\bigg|_{-1}^{2} = \dfrac{8}{9} + \dfrac{1}{9} = 1$

所以，$f(x)$符合作為一個機率密度函數的條件。

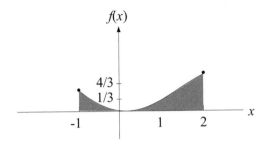

特別值得注意的是，對於間斷隨機變數，每一點的機率值皆須符合 $0 \leq f(x) \leq 1$（定義 6-2-2），但對於機率密度函數則只須 $f(x) \geq 0$ ，所以在本例中即使 $f(2) = \dfrac{4}{3} > 1$ 也無妨。

(2) $P\left(-\dfrac{1}{2} \leq X \leq \dfrac{1}{2}\right) = \displaystyle\int_{-\frac{1}{2}}^{\frac{1}{2}} \dfrac{x^2}{3}dx = \dfrac{x^3}{9}\bigg|_{-\frac{1}{2}}^{\frac{1}{2}} = \dfrac{1}{72} + \dfrac{1}{72} = \dfrac{1}{36}$

(3) $F(x) = \displaystyle\int_{-\infty}^{x} f(t)dt = \int_{-1}^{x} \dfrac{t^2}{3}dt = \dfrac{t^3}{9}\bigg|_{-1}^{x} = \dfrac{x^3 + 1}{9}$

所以

$$F(x) = \begin{cases} 0 & x < -1 \\ \dfrac{x^3 + 1}{9} & -1 \leq x < 2 \\ 1 & x \geq 2 \end{cases}$$

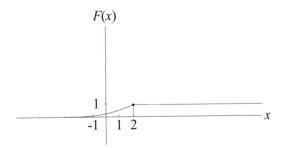

$$(4)\ P\left(-\frac{1}{2} \le X \le \frac{1}{2}\right) = F\left(\frac{1}{2}\right) - F\left(-\frac{1}{2}\right) = \frac{9}{72} - \frac{7}{72} = \frac{1}{36}$$

例題 6-4-2 連續隨機變數 X 的機率密度函數 $f(x)$ 為

$$f(x) = \begin{cases} x^2 + kx + 1 & 0 \le x \le 2 \\ 0 & \text{其他} \end{cases}$$

(1) $k = ?$

(2) $P(0 \le X \le 1) = ?$

解：(1)(a) $f(x)$ 必須符合

$$\int_0^2 (x^2 + kx + 1)dx = \left(\frac{x^3}{3} + \frac{k}{2}x^2 + x\right)\Big|_0^2 = \frac{8}{3} + 2k + 2 = 1$$

所以，$k = -\frac{11}{6}$

(b)當 $k = -\frac{11}{6}$ 時，我們進一步確認 $f(x) \ge 0$

$$x^2 - \frac{11}{6}x + 1 \ge 0 \ , \ 0 \le x \le 2$$

$$(2)\ P(0 \le X \le 1) = \int_0^1 \left(x^2 - \frac{11}{6}x + 1\right)dx = \left(\frac{x^3}{3} - \frac{11}{12}x^2 + x\right)\Big|_0^1 = \frac{5}{12}$$

6.5 連續隨機變數的期望值及變異數

定義 6-5-1： 連續隨機變數的期望值

$f(x)$ 為連續隨機變數 X 之機率密度函數，則 X 之期望值（或平均數）為

$$E(X) = \int_{-\infty}^{\infty} x \cdot f(x)dx$$

例題 6-5-1 計算例題 6-4-1 中的平均溫度。

解： $E(X) = \int_{-\infty}^{\infty} x \cdot f(x)dx = \int_{-1}^{2} x \cdot \frac{x^2}{3}dx = \frac{1}{12}x^4\Big|_{-1}^{2} = \frac{5}{4}$

所以，實驗中的平均溫度為 1.25℃。

定義 6-5-2：連續隨機變數的變異數

$f(x)$ 為連續隨機變數 X 之機率密度函數，則 X 之變異數為

$$V(X) = E((X - E(X))^2) = \int_{-\infty}^{\infty} (x - E(x))^2 \cdot f(x)dx$$

例題 6-5-2　計算 6-4-1 實驗中溫度的變異數。

解：
$$V(X) = E((X - E(X))^2) = E((X - \frac{5}{4})^2)$$
$$= \int_{-\infty}^{\infty} (x - \frac{5}{4})^2 \cdot \frac{x^2}{3} dx$$
$$= \int_{-1}^{2} (\frac{1}{3}x^4 - \frac{5}{6}x^3 + \frac{25}{48}x^2)dx$$
$$= \left(\frac{1}{15}x^5 - \frac{5}{24}x^4 + \frac{25}{144}x^3 \right) \Big|_{-1}^{2}$$
$$= 0.6375$$

6.6　期望值與變異數的計算公式

定理 6-6-1：變異數的另一種算法：$V(X) = E(X^2) - [E(X)]^2$

例題 6-6-1　以定理 6-6-1，重新計算例題 6-3-5。

解：$E(X^2) = \sum x^2 \cdot f(x) = 0^2 \cdot \frac{1}{8} + 1^2 \cdot \frac{3}{8} + 2^2 \cdot \frac{3}{8} + 3^2 \cdot \frac{1}{8} = 3$

所以，$V(X) = E(X^2) - [E(X)]^2 = 3 - (\frac{3}{2})^2 = \frac{3}{4}$

例題 6-6-2　以定理 6-6-1，重做例題 6-3-6。

解：$E(X^2) = \sum x^2 \cdot f(x) = 0^2 \cdot \frac{21}{45} + 1^2 \cdot \frac{21}{45} + 2^2 \cdot \frac{3}{45} = \frac{33}{45}$

所以，$V(X) = E(X^2) - [E(X)]^2 = \frac{33}{45} - (\frac{3}{5})^2 = \frac{165 - 81}{225} = \frac{28}{75}$

定理 6-6-2：(1) $E(aX + b) = aE(X) + b$

(2) $V(aX + b) = a^2 V(X)$

例題 6-6-3 期中考統計學，全班之平均分數為 42，變異數為 64。若 X 表示每位同學之分數，老師將每位同學的成績以 $Y = 1.5X + 5$ 為其調整後的成績，則：

(1)調整後成績的平均數（或期望值）是多少？

(2)調整後成績的變異數是多少？

解：(1)調整後的期望值（或平均數）$E(Y)$ 為

$$E(Y) = E(1.5X + 5) = 1.5E(X) + 5 = 1.5 \times 42 + 5 = 68$$

(2)調整後的變異數 $V(Y)$ 為

$$V(Y) = V(1.5X + 5) = (1.5)^2 V(X) = 2.25 \times 64 = 144$$

案例 6-1　TIMSS 2007 四年級數學評鑑──機率分配

TIMSS 2007 四年級數學評鑑標竿點定位的成績分布如表 C4-2-1（參考案例 4-2），表 C4-2-1 所呈現的是從高標竿到低標竿的累積百分比值，若將它調整成從低標竿到高標竿的累積百分比值（如表 C6-1-1 所示），一個相同基準的累積百分比（或累積機率函數）因而產生。

在表 C6-1-1 中，第一欄（400 分以下）的數據是 100 減去表 C4-2-1 第四欄數據所得到，第二欄（475 分以下）的數據是 100 減去表 C4-2-1 第三欄數據所得到，第三欄（550 分以下）的數據是 100 減去表 C4-2-1 第二欄數據所得到，第四欄（625 分以下）的數據由 100 減去表 C4-2-1 第一欄數據所得到，最後一欄（滿分以下）則皆為 100。接下來，我們可以從累積機率函數的階差產生機率函數（如表 C6-1-2 所示）。

在表 C6-1-2 中，第一欄（400 分以下）的數據與表 C6-1-1 第一欄數據相同，第二欄（400, 475）的數據是由表 C6-1-1 第二欄減去第一欄數據

所得到，第三欄（475, 550）的數據是由表 C6-1-1 中第三欄減去第二欄數據所得到，其餘各欄依此類推。

　　將表 C6-1-1 及表 C6-1-2 的數據，對照其直方圖，能更清楚地掌握各國的差異。以表現在前四名的新加坡、香港、中華民國、日本及落後的喬治亞的對比為例說明如下（參考圖 C6-1-1），圖 C6-1-1 顯示，新加坡與香港的機率分布左偏（skew to the left），換句話說，新加坡與香港的學生表現優異，其機率分布向右聚集（向高分區域）擠壓，形成長尾在左邊（低分區域）的左偏現象。隨後的中華民國與日本的機率分布，左偏現象逐漸緩和，一直到了表現排名在第 12 的澳洲（澳洲的數據為（9, 20, 36, 26, 9）；參考表 C6-1-2），其機率分布在整個範圍內呈現出近似常態的鐘形分布（bell shape），接下來的國家，其機率分布曲線開始愈來愈向右偏（skew to the right），在圖 C6-1-1 中，排名在第 27 的喬治亞的機率分布已然呈現出高度聚集在低分區域。

表 C6-1-1　TIMSS 2007 四年級數學評鑑的累積機率函數

國　　　家	400 分以下(%)	475 分以下(%)	550 分以下(%)	625 分以下(%)	滿分以下(%)
新加坡 Singapore	2	8	26	59	100
香港 Hong Kong	0	3	19	60	100
中華民國 Republic of China	1	8	34	76	100
日本 Japan	2	11	39	77	100
哈薩克 Kazakhstan	5	19	48	81	100
英格蘭 England	6	21	52	84	100
俄羅斯 Russian Federation	5	19	52	84	100
拉脫維亞 Latvia	3	19	56	89	100
美國 United States	5	23	60	90	100
立陶宛 Lithuania	6	23	58	90	100
匈牙利 Hungary	12	33	65	91	100
澳洲 Australia	9	29	65	91	100
亞美尼亞 Armenia	13	40	72	92	100
丹麥 Denmark	5	24	64	93	100
荷蘭 Netherlands	2	16	58	93	100
德國 Germany	4	22	63	94	100
義大利 Italy	9	33	71	94	100
紐西蘭 New Zealand	15	39	74	95	100
斯洛伐克 Slovak Republic	12	37	74	95	100
蘇格蘭 Scotland	12	38	75	96	100
斯洛維尼亞 Slovenia	8	33	75	97	100
奧地利 Austria	7	31	74	97	100
瑞典 Sweden	7	32	76	97	100
烏克蘭 Ukraine	21	50	83	98	100
捷克 Czech Republic	12	41	81	98	100
挪威 Norway	17	48	85	98	100
喬治亞 Georgia	33	65	90	99	100
哥倫比亞 Colombia	69	91	98	100	100
摩洛哥 Morocco	74	91	98	100	100
伊朗 Iran	47	80	97	100	100
阿爾及利亞 Algeria	59	86	98	100	100
突尼西亞 Tunisia	72	91	99	100	100
薩爾瓦多 El Salvador	78	94	99	100	100
科威特 Kuwait	79	95	100	100	100
卡達 Qatar	87	98	100	100	100
葉門 Yemen	94	99	100	100	100

資料來源：整理自 TIMSS 2007 International Report (Exhibit 2.2) (Reprinted by permisson of the IEA)

表 C6-1-2　TIMSS 2007 四年級數學評鑑的機率面數

國　家	(0,400)(%)	(400,475)(%)	(475,550)(%)	(550,625)(%)	(625,滿分)(%)
新加坡 Singapore	2	6	18	33	41
香港 Hong Kong	0	3	16	41	40
中華民國 Republic of China	1	7	26	42	24
日本 Japan	2	9	28	38	23
哈薩克 Kazakhstan	5	14	29	33	19
英格蘭 England	6	15	31	32	16
俄羅斯 RussianFederation	5	14	33	32	16
拉脫維亞 Latvia	3	16	37	33	11
美國 United States	5	18	37	30	10
立陶宛 Lithuania	6	17	35	32	10
匈牙利 Hungary	12	21	32	26	9
澳洲 Australia	9	20	36	26	9
亞美尼亞 Armenia	13	27	32	20	8
丹麥 Denmark	5	19	40	29	7
荷蘭 Netherlands	2	14	42	35	7
德國 Germany	4	18	41	31	6
義大利 Italy	9	24	38	23	6
紐西蘭 New Zealand	15	24	35	21	5
斯洛伐克 Slovak Republic	12	25	37	21	5
蘇格蘭 Scotland	12	26	37	21	4
斯洛維尼亞 Slovenia	8	25	42	22	3
奧地利 Austria	7	24	43	23	3
瑞典 Sweden	7	25	44	21	3
烏克蘭 Ukraine	21	29	33	15	2
捷克 Czech Republic	12	29	40	17	2
挪威 Norway	17	31	37	13	2
喬治亞 Georgia	33	32	25	9	1
哥倫比亞 Colombia	69	22	7	2	0
摩洛哥 Morocco	74	17	7	2	0
伊朗 Iran	47	33	17	3	0
阿爾及利亞 Algeria	59	27	12	2	0
突尼西亞 Tunisia	72	19	8	1	0
薩爾瓦多 El Salvador	78	16	5	1	0
科威特 Kuwait	79	16	5	0	0
卡達 Qatar	87	11	2	0	0
葉門 Yemen	94	5	1	0	0

資料來源：整理自 TIMSS 2007 International Report (Exhibit 2.2) (Reprinted by Permission of the IEA)

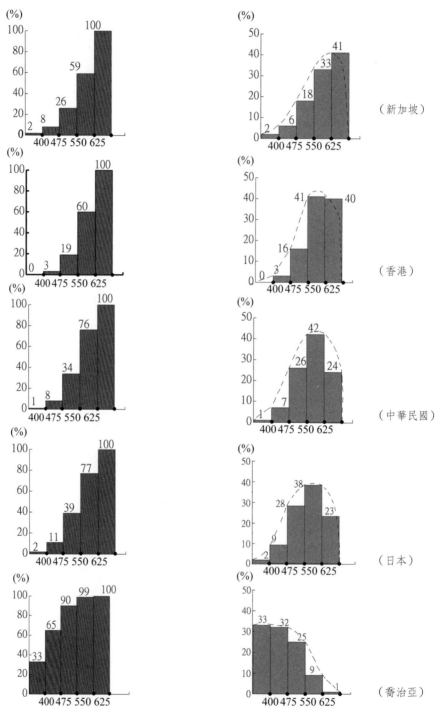

圖 C6-1-1　TIMSS 2007 四年級數學評鑑成績的累積機率分配（左）及機率函數（右）

案例 6-2　TIMSS 2007 四年級數學評鑑——香港—新加坡—中華民國—日本的比較

　　香港、新加坡、中華民國及日本的學生在 TIMSS 2007 四年級數學評鑑中表現優異，平均成績的排名順序為香港（607）；新加坡（599）；中華民國（576）；日本（568）（參考案例 9-1；表 C9-1-1）。中位數排名的順序為香港（609）；新加坡（606）；中華民國（578）；日本（571）（參考案例 4-1；表 C4-1-1）[註1]。然而，若是以成績達到優秀標竿（625 分）的百分比例為排名依據，新加坡則勇奪冠軍，排名順序成為新加坡（41%）；香港（40%）；中華民國（24%）；日本（23%）（參考案例 4-2；表 C4-2-1）。這些數據顯示，香港與新加坡的表現在伯仲之間，中華民國與日本的表現相去不遠，在本案例中，我們希望透過對百分位數的進一步分析，發覺其中的差異。

表 C6-2-1　TIMSS 2007 香港—新加坡—中華民國—日本四年級數學成績的百分位數

國　　家	第 5 百分位	第 10 百分位	第 25 百分位	第 50 百分位	第 75 百分位	第 90 百分位	第 95 百分位	平均數
香港 Hong Kong	493(9.1)	520(4.0)	564(4.2)	609(4.1)	653(4.0)	691(6.0)	712(5.3)	607(3.6)
新加坡 Singapore	447(6.5)	487(7.1)	548(5.1)	606(3.5)	659(4.0)	702(4.5)	725(4.1)	599(3.7)
中華民國 Republic of China	457(4.1)	488(2.3)	532(2.1)	578(2.3)	623(2.2)	663(2.3)	686(2.1)	576(1.7)
日本 Japan	438(2.6)	471(3.0)	520(2.1)	571(2.9)	620(2.1)	663(3.3)	688(3.8)	568(2.1)

資料來源：TIMSS 2007 International Report (Exhibit D.1) (Reprinted by permission of the IEA)
註：括弧內數字為該統計量的標準差

　　表 C6-2-1 是香港、新加坡、中華民國及日本的學生評鑑成績的百分位數。以百分位數（成績）為 X 軸，百分比例為 Y 軸，將新加坡與香港

註 1：當中位數大於平均數時，資料的分布為左偏（skew to the left）。香港、新加坡、中華民國及日本的成績的中位數都大於平均數，所以這四個國家的成績分布都是左偏的分布（對照案例 6-1；圖 C6-1-1）。

的數據分別描點，並以平滑曲線將點與點連成如圖 C6-2-1 所示的百分位數對百分比的曲線（可視為累積機率函數的近似圖形）。其中黑色曲線代表香港，藍色曲線代表新加坡。

圖 C6-2-1 中，兩曲線大約在（620, 57.5%）交叉，620 分成為兩國學生表現的分水嶺，在 620 分以下區域，新加坡的曲線在香港曲線的上方，過了 620 分情況反轉，香港的曲線扭到上方，我們從縱軸上百分比例的消長來說明如下：

(1)圖 C6-2-1 顯示，當後段 5%香港學生的表現已挺升到 493 分，同樣情況下的新加坡學生最高成績只到達 447 分。當 10%香港學生的成績挺進到 520 分時，新加坡則只到達 487 分；當 25%香港學生攻克 564 分時，新加坡則在 548 分，但是新加坡學生一路追趕，到 50%時兩者的表現已十分接近，這種現象一直持續到 57.5%時，兩軍平分秋色同時抵達 620 分。

(2) 620 分成為新加坡的轉捩點，此後新加坡的表現開始超前，75%時香港在 653 分，新加坡學生後來居上攻占 659 分，這種情況一直持續下去到 100%。

所以，從圖 C6-2-1 得到得結論是，620 分以前香港學生的表現優於新加坡學生的表現，620 分以後則情勢反轉。

在圖 C6-2-2 中，中華民國與日本的比較如下，中華民國的曲線一直在日本曲線的下方，顯示我國學生的表現一路都優於日本學生的表現，直到（623, 90%）曲線交叉後情況反轉，也就是說，前 90%我國學生的表現優於日本學生的表現，但是在最後的 10%被日本追過。

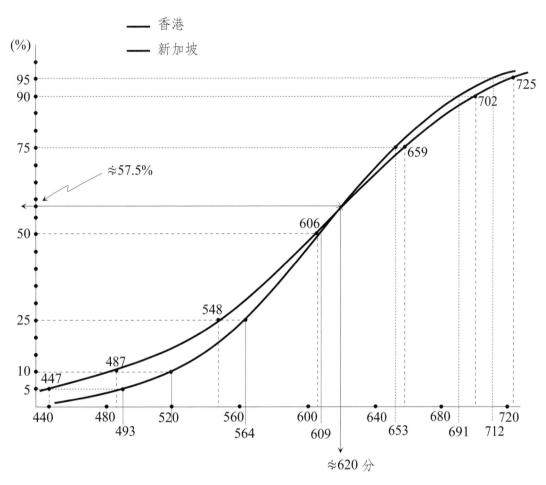

圖 C6-2-1　香港與新加坡的百分位數（成績）對百分比的曲線圖（註2）

註2：最理想的方式，是以完整的累積機率函數（cumulative distribution function）來比較兩個國家（或多個國家）的情況，可以得到最完整的分析結果，本案例中，受限於 TIMSS 2007 僅僅發布 7 個百分位數，我們只能在連接完成的曲線上進行研判。

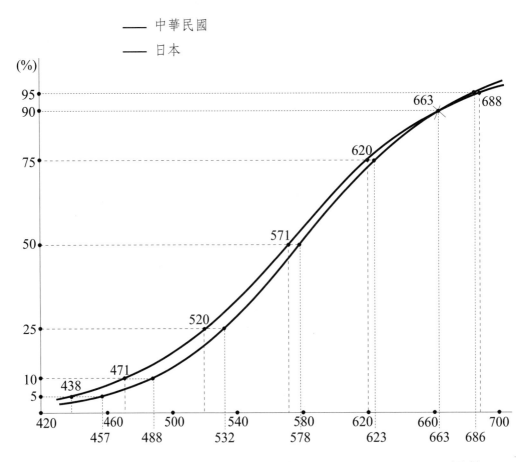

圖 C6-2-2　中華民國與日本的百分位數（成績）對百分比的曲線圖（註2）

習　題

案例題型

㈠在案例 4-1 中，我們用箱型圖比較各國學生成績的變異性，另外一種比較兩組資料分布的相對變異性的方法是透過變異係數（CV; coefficient variation），資料分布的變異係數的定義是

$$CV = \frac{標準差}{平均數}$$

（註：有關變異係數，請參考第 4 章定義 4-4-2）

6.1 TIMSS 2007 四年級數學各國學生的平均成績（$\overline{X}$）及標準差（SD）如表 C9-1-1（參考案例 9-1），計算香港、新加坡、中華民國及日本的變異係數，用來比較這四個國家學生成績的變異性，並將結果與案例 4-1 的結果相比較。

㈡在案例 6-1 中，我們從累積百分比（或累積機率函數）推算出成績的機率分布，並從機率分布的圖示（圖 C6-1-1）來研判各國學生成績分布呈左偏（skew to the left）、右偏（skew to the right）或是對稱（symmetric）。另外一種評估方法為計算資料分布的偏態係數（SK, coefficient of skewness），資料分布的偏態係數的定義是

$$SK = \frac{3(\overline{X} - m)}{SD}$$

其中 $\overline{X}$，m，SD 分別為資料分布的平均數、中位數及標準差。偏態係數為正數時，表示資料分布為右偏，偏態係數為負數時，表示資料分布為左偏，偏態係數為零，表示資料分布為對稱分布。

（註：有關偏態係數，請參考 http://tw.myblog.yahoo.com/max-2008→基礎統計學）

6.2 計算香港、新加坡、中華民國及日本的偏態係數，用來比較這四個國家學生成績分布的偏態性，並將結果與案例 6-1 的結果相比較。

一般題型

6.3 某硬幣正面的機率是反面的 3 倍，投擲這枚硬幣 3 次，令 X 表示正面的次數：(1)X 的機率函數？(2)X 的累積分配？(3)X 的期望值與變異數？

6.4 某對新婚夫婦在購買冰箱時，不知是否要加買 5 年免費維修保險費 1,250 元，根據維修統計資料顯示，過去 5 年內這型電冰箱維修次數的機率分配如下：

維修次數	機 率
0	$\dfrac{10}{50}$
1	$\dfrac{22}{50}$
2	$\dfrac{13}{50}$
3	$\dfrac{5}{50}$

每次維修的成本為 500 元，請問這對夫婦是否該買這個額外的 5 年保險呢？

6.5 袋中有 4 球（3 黑球 1 白球），從袋中隨機抽取一球，若抽到白球則停止該隨機試驗，若抽到黑球則丟棄該黑球後再從袋中隨機抽取另一球，上述過程反覆進行直到抽到白球為止。若 X 表示抽到白球所需的抽球次數：
(1)X 之機率函數？(2)X 之累積分配？

6.6 某生產線上的品質資料顯示，不良品的比例有 $\dfrac{1}{10}$，若品檢人員從生產線上隨機抽取 3 個樣本，以 X 代表這組樣本中不良品的個數：
(1)樣本空間與 X 間之關係　(2)以表呈現 X 之機率函數。
(3)以圖呈現 X 之機率函數　(4)以表呈現 X 之累積分配。
(5)以圖呈現 X 之累積分配。

6.7 麥當勞 24 小時速食店共有 10 名男性員工及 5 名女性員工，領班從其中隨機抽取 5 名員工安排為農曆除夕夜班工作，X 表示這 5 名員工中女性員工的人數：(1)X 的機率函數？(2)X 的累積分配？

6.8 某生化實驗室接受某製藥廠的委託進行某項實驗，這項實驗若失敗則再執行，直到成功為止，但由於每次實驗花費成本甚高，所以最多進行 3 次。每次實驗的成本為 80,000,000 元，若成功則藥廠將支付生化實驗室 160,000,000 元，否則無任何回收，如果每次實驗成功的機率皆為 0.9 且相互獨立，X 表示實驗成功所需執行的實驗次數：
(1)X 的機率函數？(2)生化實驗室的期望利潤？

6.9 間斷隨機變數 X 的機率函數如下圖

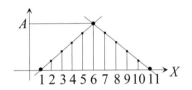

(1) $A = ?$ (2)X 的累積分配？(3)$P(4 < X \le 9) = ?$

6.10 間斷隨機變數 X 的機率函數為

$$f(x) = \frac{A}{x}, \quad x = 1, 2, 3, 4, 5$$

(1) $A = ?$ (2)X 的期望值？

6.11 隨機變數 X 的機率函數 $f(x) = kx$，$x = 1, 2, 3, 4, 5$
(1) $k = ?$ (2)計算 $P(X \ge 3) = ?$ (3)計算 X 之期望值？(4)計算 X 之變異數？

6.12 隨機變數 X 的機率函數為

X	0	1	2	3
$f(x)$	$\frac{1}{3}$	$\frac{1}{2}$	0	$\frac{1}{6}$

(1)計算 X 之期望值？(2)計算 X 之變異數？(3)計算 $(X-2)^2$ 之期望值？

6.13 有一個投擲 3 個硬幣的賭局：(1)若出現 3 個反面，賭場付給賭客 100 元；(2)若出現 3 個正面，賭場付給賭客 60 元；(3)若出現 1 個正面，賭客付賭場 20 元；(4)若出現 2 個正面，賭客付賭場 30 元。這場賭局看起來對賭客有利，因此吸引了許多賭徒參與，殊不知莊家在一個硬幣中動了手腳，這枚硬幣的兩面都是正面，但由於某種偽裝術致使賭徒不易察覺。

(1)賭徒對這場賭局的看法如何？

(2)莊家對這場賭局的看法如何？

6.14 隨機變數 X 的機率函數為

X	-3	-1	0	1	2	3	5	8
$f(x)$	0.1	0.2	0.15	0.2	0.1	0.15	0.05	0.05

(1)計算 X 為負值的機率。(2)計算在 $X \leq 0$ 的前提下，$X = -3$ 之機率。

(3)計算在 $X > 0$ 的前提下，$X \geq 3$ 之機率。(4)計算 $E(3X-5)$。

6.15 某位同學的舊機車要換新機車，車行同意以 13,000 元收購這部舊車，但這位同學認為，若他在校園網路上張貼廣告，有 20%的機會可以 16,000 元的價格賣掉舊車，同時他也認為若他在雅虎（Yahoo.com）拍賣網站上張貼廣告，有 75%的機會可以 16,000 元的價格賣掉它，但若雅虎要收取網路服務費 1,000 元，請問這位同學應該上雅虎拍賣網賣他這部舊機車嗎？

6.16 連續隨機變數 X 之機率密度函數 $f(x)$ 為

$$f(x) = 3x^2 , \quad 0 \leq x \leq 1$$

(1)X 之累積分配 $F(x)$？(2)若 $P(X \leq a) = \dfrac{1}{4}$，則 $a = $？(3)$X$ 之期望值及變異數。

6.17 連續隨機變數 X 的機率密度函數為

$$f(x) = 3x^2 , \quad -1 \leq x \leq 0$$

(1) X 之期望值？(2) X 之變異數？(3) $P(X > \frac{1}{2} \mid X < -\frac{1}{4}) = ?$

6.18 連續隨機變數 X 的機率密度函數為

$$f(x) = \begin{cases} ax & 0 \le x < 1 \\ a & 1 \le x < 2 \\ -ax + 3a & 2 \le x < 3 \\ 0 & \text{其他} \end{cases}$$

(1) $a = ?$ (2)求 X 之累積分配 $F(x)$，並作圖。

6.19 假設某晶片的壽命（以月為單位）以 X 表示，X 之機率密度函數為

$$f(x) = \begin{cases} \dfrac{100}{x^2} & x > 100 \\ 0 & \text{其他} \end{cases}$$

(1)如果有一晶片在使用 150 個月後仍然沒壞，則其壽命少於 200 個月的機率為？

(2)若某一電子裝備上有三個這種晶片，則在使用 150 個月之內，恰巧有一個需更換的機率？

6.20 連續隨機變數 X 的機率密度函數為

$$f(x) = \frac{x}{2}, \quad 0 \le x \le 2$$

X_1, X_2, X_3 為三個 X 之隨機觀測值

(1) $P(X_1 > 1) = ?$ (2) $P(X_1 > 1 \ \text{且} \ X_2 > 1) = ?$

6.21 隨機變數 X 之機率密度函數為

$$f(x) = \begin{cases} 2(x-1) & 1 \le x \le 2 \\ 0 & \text{其他} \end{cases}$$

(1)計算 X 之期望值。(2)計算 X 之變異數。

6.22 連續函數 $f(x)$ 為

$$f(x) = \begin{cases} \dfrac{24}{x^3} & , \quad 3 \le x \le 6 \\ 0 & \quad 其他 \end{cases}$$

(1)請驗證 $f(x)$ 是否可成為一個機率密度函數？

(2)若(1)成立，則 X 之期望值為何？

6.23 驗證下述連續函數 $f(x)$ 是否可成為機率密度函數？

$$f(x) = \begin{cases} A - (x-1)^2 & , \quad 0 \le x \le 2 \\ 0 & \qquad 其他 \end{cases}$$

7 幾個常用的隨機變數及其機率分配

7.1 伯努力試驗

當隨機試驗的結果是二分法（dichotomous），例如，男生或女生、及格或不及格、良品或不良品、就業或失業……等，我們稱這種隨機試驗為伯努力試驗（Bernoulli trial）。二分法的結果，通常以成功（success）及失敗（failure）表示之，並以 $X=0$（表示失敗）、$X=1$（表示成功）作為伯努力試驗的隨機變數值（或簡稱為伯努力隨機變數）。

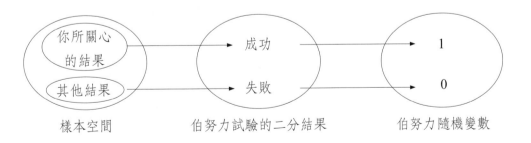

你所關心的結果　　　　　成功　　　　　1

其他結果　　　　　失敗　　　　　0

樣本空間　　　伯努力試驗的二分結果　　　伯努力隨機變數

定義 7-1-1：伯努力試驗（Bernoulli trial）

隨機變數的結果以二分法區分為成功與失敗，我們稱這個隨機試驗為伯努力試驗。伯努力試驗的結果為{成功，失敗}，所對應的隨機變數值為{0, 1}，其中 0 表示失敗，1 表示成功。

例題 7-1-1　投擲一個骰子，如果你關心的點數為{5, 6}，則這個隨機試驗的樣本空間與隨機變數的關係如何？

解：在這個投擲骰子的隨機試驗中，將你所關心的點數{5, 6}定義為成功，則樣本空間與伯努力隨機變數間的關係如下圖：

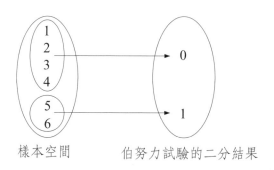

樣本空間　　　　伯努力試驗的二分結果

定理 7-1-1：伯努力分配（Bernoulli distribution）

X 為伯努力隨機變數，成功的機率為 $P(X=1)=p$，失敗的機率為 $P(X=0)=q=1-p$，以符號 $X \sim \text{Bernoulli}(p)$ 表示，其機率函數為：

$$f(x)=p^x(1-p)^{1-x} \qquad x=0, 1$$

或以表呈現：

X	0	1
$f(x)$	$1-p$	p

伯努力隨機變數 X 之期望值 $E(X)$ 及 $E(X^2)$ 為

$$E(X) = 0 \times (1-p) + 1 \times p = p$$

$$E(X^2) = p = 0^2 \times (1-p) + 1^2 \times p$$

所以，伯努力隨機變數之變異數為

$$V(X) = E(X^2) - E^2(X) = p - p^2 = p(1-p)$$

定理 7-1-2：伯努力分配的期望值與變異數
$X \sim \text{Bernoulli}(p)$，則(1)$E(X) = p$　(2)$V(X) = p(1-p)$

例題 7-1-2　從某生產線上抽取一件產品，若已知該生產線的不良率為 1%，則不良品件數的機率分配為何？

解： 這個隨機試驗的結果為良品與不良品兩種，所以它是一個伯努力試驗。在品質檢驗中，我們在意的是找出不良品，所以將不良品設定為成功，此時隨機變數 X 為不良的件數，（$X=0$ 表示不良品件數為 0，$X=1$ 表示 1 件不良品），由於生產線的不良率為 1%，所以 X 為 $p=0.01$ 的伯努力隨機變數，或以符號表示為 $X \sim \text{Bernoulli}(0.01)$。

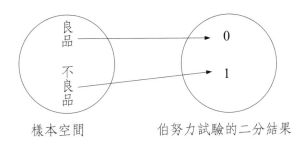

樣本空間　　　　　伯努力試驗的二分結果

它的機率函數以公式、表及圖表示如下：
(1)公式表示法

$$f(x) = (0.01)^x (1-0.01)^{1-x} \qquad x = 0, 1$$

(2)表呈現法

X	0	1
$f(x)$	0.99	0.01

(3)圖呈現法

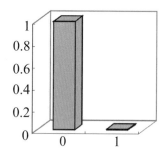

X 的期望值、變異數及標準差分別為

$$E(X)=\mu=p=0.01$$
$$V(X)=\sigma^2=p(1-p)=0.01 \times 0.99=0.0099$$
$$\sqrt{V(X)}=\sigma=\sqrt{p(1-p)}=\sqrt{0.0099}=0.0995$$

7.2 二項分配

重複 n 次伯努力試驗，所得到的結果為一序列的「成功」或「失敗」。例如，重複例題 7-1-1 的伯努力試驗，可能得到的結果為（0, 0, 1, 0, 1, 0, 0, 0…）。在 n 次伯努力試驗中「成功」的次數是個隨機現象，我們稱這個隨機試驗為二項隨機試驗。

定義 7-2-1：二項隨機試驗（Binomial experiment）

(1)反覆執行 n 次伯努力試驗。

(2)每次試驗「成功」的機率 p 皆為相同（identical）。

(3)任何兩個伯努力試驗相互具獨立性（independent）。

符合以上三條件的隨機試驗稱為二項隨機試驗，若以 Y 表示 n 次伯努力試驗中成功的次數，我們稱 Y 為二項隨機變數，以符號 $Y \sim \text{Binomial}(n, p)$ 表示之。

在定義 7-2-1 中，若以 X_i 表示第 i 次伯努力試驗的隨機變數值，則 $P(X_i = 1) = p$；$P(X_i = 0) = 1 - p$，$\forall i = 1, 2, ..., n$，二項隨機變數 Y 與 X_i 關係則為 $Y = \sum\limits_{i=1}^{n} X_i$，隨機變數 Y 與樣本空間的關係如圖 7-2-1。

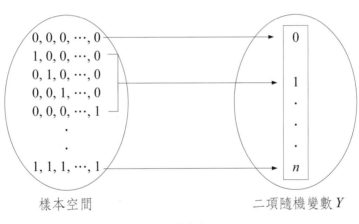

圖 7-2-1

例題 7-2-1 重複執行例題 7-1-1 的伯努力試驗 4 次，以 Y 表示成功的次數，則
(1) $P(Y = 2) = ?$　(2) $P(Y = 3) = ?$

解：(1)這個試驗完全符合定義 7-2-1 中的三條件：①$n = 4$　②$P(X_i = 1) = \dfrac{1}{3}$　③ 各伯努力試驗互相獨立。所以，4 次試驗中成功次數 Y 為 $Y \sim \text{Binomial}(4, \dfrac{1}{3})$，它的樣本空間與隨機變數間的關係如圖 7-2-2

$P(Y = 2) = P(1, 1, 0, 0) + P(0, 1, 1, 0) + P(0, 0, 1, 1) + P(1, 0, 1, 0) + P(0, 1, 0, 1) + P(1, 0, 0, 1)$

由於各伯努力試驗互相獨立，所以

$\qquad P(1, 1, 0, 0) = P(X_1 = 1)\, P(X_2 = 1)\, P(X_3 = 0)\, P(X_4 = 0) = p^2 (1 - p)^2$

$$P(0, 1, 1, 0) = P(X_1 = 0)\, P(X_2 = 1)\, P(X_3 = 1) P(X_4 = 0) = p^2 (1 - p)^2$$
$$P(0, 0, 1, 1) = P(X_1 = 0)\, P(X_2 = 0)\, P(X_3 = 1) P(X_4 = 1) = p^2 (1 - p)^2$$
$$P(1, 0, 1, 0) = P(X_1 = 1)\, P(X_2 = 0)\, P(X_3 = 1) P(X_4 = 0) = p^2 (1 - p)^2$$
$$P(0, 1, 0, 1) = P(X_1 = 0)\, P(X_2 = 1)\, P(X_3 = 0) P(X_4 = 1) = p^2 (1 - p)^2$$
$$P(1, 0, 0, 1) = P(X_1 = 1)\, P(X_2 = 0)\, P(X_3 = 0) P(X_4 = 1) = p^2 (1 - p)^2$$

所以

$$P(Y = 2) = 6p^2 (1 - p)^2$$

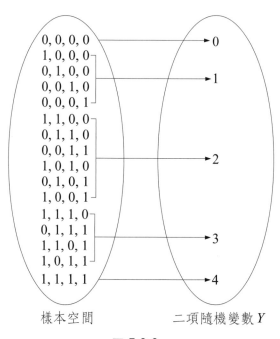

樣本空間　　　　　　二項隨機變數 Y

圖 7-2-2

然而，上式中的 6 即為兩個 1 兩個 0（或兩個成功兩個失敗）的組合數，$\dbinom{4}{2} = \dfrac{4!}{2!\,2!} = 6$，所以

$$P(Y = 2) = \binom{4}{2} p^2 (1 - p)^2 = 6(\frac{1}{3})^2 (\frac{2}{3})^2 = \frac{24}{81}$$

(2)同理

$$P(Y=3) = \binom{4}{3} p^3 (1-p)^1 = 4p^3 (1-p)^1 = 4(\frac{1}{3})^3 (\frac{2}{3}) = \frac{8}{81}$$

經由例題 7-2-1 的認知，我們得到二項隨機變數 Y 的機率函數如定理 7-2-1 所示。

定理 7-2-1： 二項分配（Binomial distribution）

$Y \sim \text{Binomial}(n, p)$，$Y$ 的機率函數為

$$f(Y=y) = f(y) = \binom{n}{y} p^y (1-p)^{n-y} \qquad y = 0, 1, 2, \cdots, n$$

其中 $\binom{n}{y}$ 為組合公式且 $\binom{n}{y} = \dfrac{n!}{y!(n-y)!} = {}_nC_y$

例題 7-2-2 投擲兩枚公平的骰子 10 次，其中有 3 次點數和為 7 或 9 的機率為？

解： 我們將點數和為 7 或 9 定義為成功，則成功的機率為 $\dfrac{10}{36}$，令 Y 表示 10 次

投擲中成功的次數，所以 $Y \sim \text{Binomial}(10, \dfrac{5}{18})$

$$P(10 \text{ 次中有 3 次點數和為 7 或 9}) = P(Y=3) = \binom{10}{3}(\frac{5}{18})^3(\frac{13}{18})^{10-3}$$

定理 7-2-2： 二項分配的期望值與變異數

$Y \sim \text{Binomial}(n, p)$，$Y$ 的期望值、變異數及標準差為

(1) $E(Y) = \mu = np$

(2) $V(Y) = \sigma^2 = np(1-p)$

(3) $\sqrt{V(Y)} = \sigma = \sqrt{np(1-p)}$

例題 7-2-3 X 為二項隨機變數，且 $E(X) = 4$，$V(X) = \dfrac{4}{3}$，則

(1) X 的機率函數？

(2) 以期望值定義驗證定理 7-2-2 之期望值公式。

(3)以變異數定義驗證定理 7-2-2 之變異數公式。

解： (1)$E(X) = np = 4$，及 $V(X) = np(1-p) = \dfrac{4}{3}$，所以 $4(1-p) = \dfrac{4}{3}$，計算得 $n = 6$，$p = \dfrac{2}{3}$，所以 X 之機率函數為

$$f(x) = \binom{6}{x}(\frac{2}{3})^x(1 - \frac{2}{3})^{6-x} \qquad x = 0, 1, 2, 3, 4, 5, 6$$

或

X	0	1	2	3	4	5	6
	$\binom{6}{0}(\frac{2}{3})^0(\frac{1}{3})^6$	$\binom{6}{1}(\frac{2}{3})^1(\frac{1}{3})^5$	$\binom{6}{2}(\frac{2}{3})^2(\frac{1}{3})^4$	$\binom{6}{3}(\frac{2}{3})^3(\frac{1}{3})^3$	$\binom{6}{4}(\frac{2}{3})^4(\frac{1}{3})^2$	$\binom{6}{5}(\frac{2}{3})^5(\frac{1}{3})^1$	$\binom{6}{6}(\frac{2}{3})^6(\frac{1}{3})^0$
$f(x)$	$\dfrac{1}{729}$	$\dfrac{12}{729}$	$\dfrac{60}{729}$	$\dfrac{160}{729}$	$\dfrac{240}{729}$	$\dfrac{192}{729}$	$\dfrac{64}{729}$

或

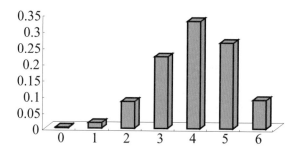

(2～3) $X \sim \text{Binomial}(6, \dfrac{2}{3})$，由定理 7-2-2 計算 X 之期望值及變異數為

$$E(X) = np = 6 \times \frac{2}{3} = 4$$

$$V(X) = np(1-p) = 6 \times \frac{2}{3} \times \frac{1}{3} = \frac{4}{3}$$

另外，從期望值及變異數的定義來計算 $E(X)$ 及 $V(X)$

$$E(X) = \Sigma\, xf(x) = 0 \times \frac{1}{729} + 1 \times \frac{12}{729} + 2 \times \frac{60}{729} + 3 \times \frac{160}{729} + 4 \times \frac{240}{729} + 5 \times \frac{192}{729} + 6 \times \frac{64}{729} = 4$$

$$V(X) = E(X^2) - E^2(X) = \left(0^2 \times \frac{1}{729} + 1^2 \times \frac{12}{729} + 2^2 \times \frac{60}{729} + 3^2 \times \frac{160}{729} + 4^2 \times \frac{240}{729} + 5^2 \times \frac{192}{729}\right.$$
$$\left. + 6^2 \times \frac{64}{729}\right) - 4^2$$
$$= \frac{12636}{729} - 16 = \frac{52}{3} - 16 = \frac{4}{3}$$

從這裡我們可以看出善用定理不但可減少計算錯誤也可省下許多時間。

例題 7-2-4　（參考附錄 A2-5 計算機率）

國人視力逐年惡化，根據一項調查顯示，大學生中近視（視力不良）的比例高達 8 成，如果這個比例是正確的，則隨機抽測 10 位大學生的視力。

用附錄 A2-5 的 BINOMDIST 計算下述機率

(1)計算近視人數少於 5 人的機率。

(2)計算近視人數少於 6 人的機率。

(3)計算近視人數介於 4（含）到 6（含）人的機率。

解：(1)首先檢查這是不是一個二項隨機試驗；(a)抽樣結果為近視與非近視兩種結果，所以每次抽樣為伯努力試驗；(b)每次伯努力試驗成功的機率雖不完全相等，但由於母群體人數眾多，其機率值相差甚微，故可視為相等；(c)前次抽樣的結果，雖影響到下次抽樣成功的機率，但也由於母群體人數眾多，影響微乎其微，故亦具有獨立性。基於此，若以 X 表示 10 人中近視的人數，則 $X \sim \text{Binomial}(10, 0.8)$。所以 X 之機率函數為

$$f(x) = \binom{10}{x}(0.8)^x(0.2)^{10-x} \qquad x = 0, 1, \cdots, 10$$
$$P(X < 5) = P(X \le 4) = 0.00636938 \qquad （參考附錄 A2-5）$$

註：在 BINOMDIST 方格中依序輸入 4, 10, 0.8, true；或在 EXCEL 工作格中鍵入「=BIN-OMDIST (4, 10, 0.8, true)」，立即傳回累積機率 0.00636938。

(2)同理計算

$$F(5) = P(X \le 5) = \text{BINOMDIST}(5, 10, 0.8, \text{true}) = 0.032793498$$

(3)同理計算

$$F(6) = P(X \le 6) = \text{BINOMDIST}(6, 10, 0.8, \text{true}) = 0.120873882$$

$$F(3) = P(X \le 3) = \text{BINOMDIST}(3, 10, 0.8, \text{true}) = 0.000864358$$

所以，

$$P(4 \le X \le 6) = F(6) - F(3) = 0.1209 - 0.0009 = 0.12$$

7.3 卜瓦松分配

卜瓦松分配是法國數學家 Simeon Denis Poisson（1781-1840）於 1837 年所提出，處理在某個特定的時間或空間內，某一特定事件發生頻度的機率。例如，早上 9：00～10：00 時段內，總機接到 10 通電話的機率為何？又例如，在 5cc 溶液中，某種細菌的數量超過 1,000 單位的機率？

例題 7-3-1 以下問題可以用卜瓦松分配來解決。

(1)早上 8：00～9：00 尖峰時段，車輛通過橋樑的台數。

(2)晚間 7：30～8：00，超級市場內顧客到櫃檯結帳的人數。

(3)一個月時間內，高速公路發生死亡車禍的次數。

(4)星期一早上 8：00～12：00，顧客到達銀行櫃檯請求作業人數。

(5)晚上 10：00～11：00，大學校園內同學撥接上網的人數。

例題 7-3-1 中的這些問題，都屬於在特定時間內某特定事件發生次數的機率問題，其中有些是等候線問題（waiting line problem），等候線問題是非常重要的顧客服務問題。

例題 7-3-2 以下問題，也可以卜瓦松分配來解決：

(1)報紙一個版面中，印刷錯誤的字數。

(2)織布廠所生產的一捆布匹中，出現線頭打結的瑕疵數。

(3)在整桶冰淇淋中，挖取一球，其中所含葡萄乾的顆粒數。

例題 7-3-2 中的這些問題，都屬於特定空間內，某特定事件發生次數的機率問題。

定理 7-3-1： 卜瓦松分配（Poisson distribution）

X 表示特定時間或空間內，某事件發生的次數，則隨機變數 X 之機率函數為

$$f(x) = \frac{\lambda^x e^{-\lambda}}{x!} \qquad x = 0, 1, 2, \cdots$$

其中 λ 為該特定時間或空間內，事件發生次數的期望值（或平均值）。以符號 $X \sim \text{Poisson}(\lambda)$ 表示這個分配。

定理 7-3-1 中，X 的可能值為 0, 1, 2,…，其意義為在那個特定的時間或空間內，某特定事件可能不發生（$X=0$），可能發生一次（$X=1$），當然，在理論上也可能發生無限多次（$X=\infty$）。

例題 7-3-3 依據過去一年的統計資料顯示，某電話公司市內電話交換機（switchboard）於週日晚間 8：00～8：05 時段內轉接電話的平均數為 10 通，今天又適逢週日。

⑴若以 X 表示今天晚上 8：00～8：05 時段內交換機轉接電話的通數，則 X 之機率函數為？

⑵上述⑴時段內電話少於 3（含）通的機率？

⑶若以 Y 表示今天晚上 8：00～8：01 時段內交換機轉接電話的通數，則 Y 之機率函數為？

⑷上述⑶時段內電話多於 4（含）通的機率？

解：⑴根據定理 7-3-1，$\lambda = 10$，則 X 的機率函數為

　　(a)以公式表示

$$f(x) = \frac{10^x e^{-10}}{x!} \qquad x = 0, 1, 2, \cdots$$

(b)以表呈現

X	0	1	2	3	4	5	6	7	…
$f(x)$	$\dfrac{10^0 e^{-10}}{0!}$	$\dfrac{10^1 e^{-10}}{1!}$	$\dfrac{10^2 e^{-10}}{2!}$	$\dfrac{10^3 e^{-10}}{3!}$	$\dfrac{10^4 e^{-10}}{4!}$	$\dfrac{10^5 e^{-10}}{5!}$	$\dfrac{10^6 e^{-10}}{6!}$	$\dfrac{10^7 e^{-10}}{7!}$	…

(c)以圖呈現

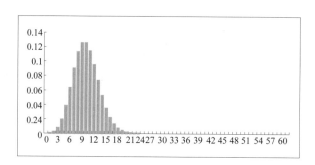

(2) P（8：00～8：05 時段內電話少於 3（含）通）$= P(X \le 3)$

$$= P(X=0) + P(X=1) + P(X=2) + P(X=3)$$

$$= e^{-10} + 10 e^{-10} + 50 e^{-10} + \frac{1000}{6} e^{-10}$$

$$= \frac{1366}{6} e^{-10} \approx 0.010336$$

(3) 8：00～8：05 時段內打入電話的平均數為 10 通，換算成 8：0～8：01
時段內的平均通數則為 2 通（換言之，$\lambda=2$）。所以，Y 的機率函數為

$$f(y) = \frac{2^y e^{-2}}{y!} \qquad y = 0, 1, 2, 3, \cdots$$

或

Y	0	1	2	3	4	5	…
$f(y)$	$\dfrac{2^0 e^{-2}}{0!}$	$\dfrac{2^1 e^{-2}}{1!}$	$\dfrac{2^2 e^{-2}}{2!}$	$\dfrac{2^3 e^{-2}}{3!}$	$\dfrac{2^4 e^{-2}}{4!}$	$\dfrac{2^5 e^{-2}}{5!}$	…

或

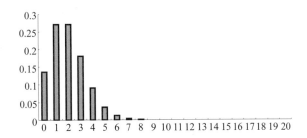

(4) P（8：00～8：01 時段內電話多於 4（含）通）

$= P(Y \geq 4)$

$= 1 - P(Y \leq 3)$

$= 1 - P(Y=0) - P(Y=1) - P(Y=2) - P(Y=3)$

$= 1 - e^{-2} - 2e^{-2} - 2e^{-2} - \dfrac{8}{6}e^{-2} \approx 0.1429$

定理 7-3-2：卜瓦松分配的期望值與變異數

$X \sim \text{Poisson}(\lambda)$，$X$ 之期望值、變異數與標準差為

(1)$E(X) = \mu = \lambda$　　(2)$V(X) = \sigma^2 = \lambda$　　(3)$\sqrt{V(X)} = \sigma = \sqrt{\lambda}$

例題 7-3-4　$X \sim \text{Poisson}(\lambda)$，$P(X=2) = \dfrac{2}{3}P(X=1)$

(1) X 的機率函數。

(2) X 的期望值與變異數。

解：(1) $X \sim \text{Poisson}(\lambda)$，所以 X 的機率函數為

$$f(x) = \frac{\lambda^x e^{-\lambda}}{x!} \qquad x = 0, 1, 2, \cdots$$

由於 $P(X=2) = \dfrac{2}{3}P(X=1)$，所以 $\dfrac{\lambda^2 e^{-\lambda}}{2!} = \dfrac{2}{3} \cdot \dfrac{\lambda^1 e^{-\lambda}}{1!}$

計算得到，$\lambda = \dfrac{4}{3}$

所以，X 的機率函數為

$$f(x) = \frac{(\frac{4}{3})^x e^{-\frac{4}{3}}}{x!} \qquad x = 0, 1, 2, 3, \cdots$$

或

X	0	1	2	3	4	5	...
$f(x)$	$\dfrac{(\frac{4}{3})^0 e^{-\frac{4}{3}}}{0!}$	$\dfrac{(\frac{4}{3})^1 e^{-\frac{4}{3}}}{1!}$	$\dfrac{(\frac{4}{3})^2 e^{-\frac{4}{3}}}{2!}$	$\dfrac{(\frac{4}{3})^3 e^{-\frac{4}{3}}}{3!}$	$\dfrac{(\frac{4}{3})^4 e^{-\frac{4}{3}}}{4!}$	$\dfrac{(\frac{4}{3})^5 e^{-\frac{4}{3}}}{5!}$	...

(2)由定理 7-3-2 可知，X 的期望值與變異數為：

$$E(X) = \mu = \frac{4}{3}$$

$$V(X) = \sigma^2 = \frac{4}{3}$$

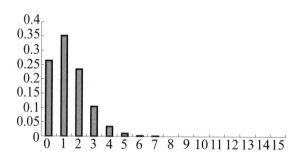

例題 7-3-5　$X \sim \text{Poisson}(4)$，（參考附錄 A2-6 計算機率）

(1)$P(X \le 3) = ?$　(2)$P(X \ge 5) = ?$　(3)$P(3 \le X \le 6) = ?$

解：(1)在 POISSON 方格中依序輸入 3, 4, true；或在 EXCEL 工作格中鍵入
「＝POISSON (3, 4, true)」，立即傳回累積機率 0.4334701，所以

$$P(X \le 3) = 0.4335 \quad （參考附錄 A2-6）$$

(2)同理計算：

$$P(X \le 4) = \text{POISSON}(4, 4, \text{true}) = 0.628836735$$

所以

$$P(X \geq 5) = 1 - P(X \leq 4) = 1 - 0.6288 = 0.3712$$

(3)同理計算

$$F(6) = P(X \leq 6) = \text{POISSON}(6, 4, \text{true}) = 0.889326022$$

$$F(3) = P(X \leq 3) = \text{POISSON}(3, 4, \text{true}) = 0.43347012$$

$$f(3) = P(X = 3) = \text{POISSON}(3, 4, \text{false}) = 0.195366815$$

所以，$P(3 \leq X \leq 6) = F(6) - F(3) + f(3)$

$$= 0.8893 - 0.4335 + 0.1954 = 0.6512$$

7.4 常態分配

大部分隨機變數（或量測值）都是以間斷型態呈現的，例如，若有人問你身高多少？你的答案可能是 173 公分，你應該不會說你的身高是 173.12157 或 173.21$\overline{6}$，然而，後者的確有可能是你的真正身高。從這個例子出發，我們也可以看到許多其他的連續型隨機變數，如體重、體積⋯⋯等，它們都和身高這個變數一樣，本質上它們是個不折不扣的連續型隨機變數，因為它有無限多個可能值，但是在實務上我們會以進位或捨位取最接近它的間斷型數據來呈現。對於本質上是連續型態的隨機變數，它的散布狀況需要一個連續的機率密度函數來表示。首先，我們以一個例子來說明這個機率密度函數在實務上是如何產生的。

例題 7-4-1　為了描述高中一年級學生身高的分布狀況，當樣本數不同時便有不同的描述方式，例如：(1)樣本數為 30 時，可能是如圖 7-4-1(a)的方式來呈現；(2)當樣本數為 60 時可能是如圖 7-4-1(b)的方式來呈現；(3)當樣本數為 300 時可能是如圖 7-4-1(c)的方式呈現。從這裡我們看到，當隨機變數在本質上為連續型變數時，可以用一個連續函數來描述它的分布狀況，我們稱這個函數為機率密度函數。

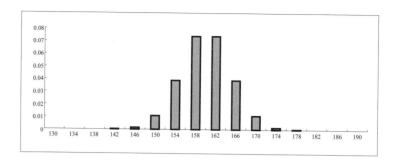

圖 7-4-1(a)

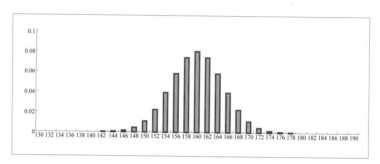

圖 7-4-1(b)

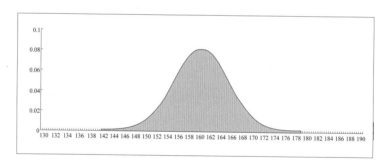

圖 7-4-1(c)

定義 7-4-1：常態機率密度函數（normal probability density function）

連續隨機變數 X 之機率密度函數若為

$$f(x) = \frac{1}{\sqrt{2\pi}\sigma} e^{-\frac{1}{2}(\frac{x-\mu}{\sigma})^2} \qquad -\infty < x < \infty$$

其中，$\pi = 3.14\cdots$，$e = 2.71\cdots$，我們稱這個機率密度函數為常態機率密度函數，也稱 X 為常態隨機變數，由於 (μ, σ) 這兩個參數決定了 X 的分布型態，我們以常態分配 $X \sim N(\mu, \sigma^2)$ 表示這個隨機現象。

常態分配是連續型分配中最重要也最常見的分配，這個分配最早見於 1733 年法國數學家 Antoine de Moivre（1667-1745）的文獻中，隨後德國數學家高斯（Karl F. Gauss, 1777-1855）將這個分配廣為應用，所以常態分配也稱為高斯分配（Gaussian distribution）。我們先來了解這個分配的一些數學特性。

定理 7-4-1：常態分配的特性

(1) 它的圖形是以 X 軸為漸進線（asymptotic），呈鐘形（bell shape）型態向左右兩邊無限延伸，如圖 7-4-2。

(2) 鐘形最高點發生在 $X = \mu$，同時也正是鐘形的對稱軸。

(3) 鐘形在 $X = \mu + \sigma$ 及 $X = \mu - \sigma$ 位置，出現反曲點。

(4) 鐘形在 $X = \mu + \sigma$，$X = \mu - \sigma$ 圍出的區域之面積約為 0.682

$$P(\mu - \sigma < X < \mu + \sigma) = \int_{\mu - \sigma}^{\mu + \sigma} f(x)dx = 0.682$$

(5) 鐘形在 $X = \mu + 2\sigma$，$X = \mu - 2\sigma$ 圍出的區域之面積約為 0.954

$$P(\mu - 2\sigma < X < \mu + 2\sigma) = \int_{\mu - 2\sigma}^{\mu + 2\sigma} f(x)dx = 0.954$$

(6) 鐘形在 $X = \mu + 3\sigma$，$X = \mu - 3\sigma$ 圍出的區域之面積約為 0.996

$$P(\mu - 3\sigma < X < \mu + 3\sigma) = \int_{\mu - 3\sigma}^{\mu + 3\sigma} f(x)dx = 0.996$$

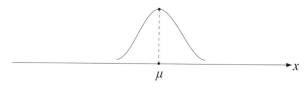

圖 7-4-2　常態分配圖

定理 7-4-2：常態分配的期望值與變異數

$X \sim N(\mu, \sigma^2)$，則 X 之期望值、變異數及標準差分別為

(1)$E(X) = \mu$　(2)$V(X) = \sigma^2$　(3)$\sqrt{V(X)} = \sigma$

　　由於常態分配的對稱性，常態分配的期望值（或平均數）、中位數及眾數呈現出三合一的現象。所以，當我們分析樣本資料時，若發現它們的平均數、中位數及眾數非常接近時，資料的分布便近似常態分配。常態機率密度函數中的 μ 決定了資料聚集的中央在何處，σ 決定了資料在 μ 附近的聚散程度，所以不同的 μ 及 σ 值便產生了如圖 7-4-3 的不同常態分配。

　　圖 7-4-3(a)看到的是三個不同的資料群，它們的中心（或平均數）都不同（$\mu_1 \neq \mu_2 \neq \mu_3$），但它們卻都有相同的分散程度（變異數或標準差相等，$\sigma_1 = \sigma_2 = \sigma_3$）。而圖 7-4-3(b)所看到的則是三個不同的資料群，它們的中心皆相等，但它們的聚散度卻不等。

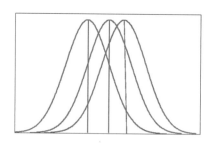

圖 7-4-3(a)

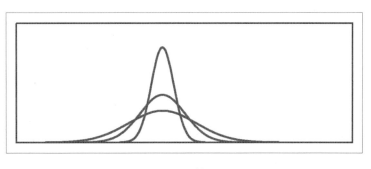

圖 7-4-3(b)

例題 7-4-2 某工廠生產之燈泡的使用壽命為一個常態分配，若有 97.7%的燈泡使用時間超過 2,000 小時，同時也有 97.7%的燈泡使用時間不超過 2,400 小時：

⑴這個工廠所生產的燈泡的平均壽命為何？

⑵你買了一個燈泡，它的使用時間超過 2,100 小時的機率為？

解：以 X 表示燈泡的壽命，則由於 $P(X>2000)=0.977$（圖 7-4-4）

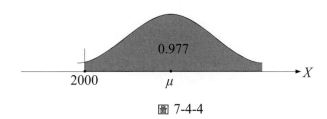

圖 7-4-4

所以，$\mu-2\sigma=2000$，又由於，$P(X<2400)=0.977$（圖 7-4-5）

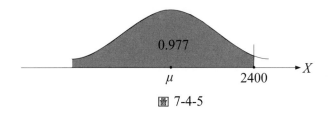

圖 7-4-5

所以，$\mu+2\sigma=2400$，計算求得 $\mu=2200$，$\sigma=100$。所以，這個工廠所生產的燈泡使用壽命分配為 $X\sim N(2200,100^2)$

⑴根據定理 7-4-2，這個燈泡的平均壽命為 2200。

(2) P（壽命超過 2100）$= P(X > 2100) = P(X > 2200 - 100)$

$= 0.341 + 0.341 + 0.136 + 0.021 + 0.002 = 0.841$

定義 7-4-2：標準常態分配（standard normal distribution）

常態分配的期望值 $\mu = 0$，標準差 $\sigma = 1$ 時，我們稱它為標準常態分配，以符號 $Z \sim N(0, 1)$ 表示之。其機率密度函數為：

$$f(z) = \frac{1}{\sqrt{2\pi}} e^{-\frac{1}{2}z^2} \qquad -\infty < z < \infty$$

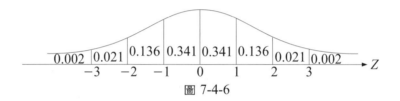

圖 7-4-6

標準常態分配的重要性在於，我們常將一般常態分配的機率問題轉換（transform）為標準常態機率求解。為了方便起見，我們將標準常態累積分配製作成標準常態機率表，如附錄一表 A1-1，表 7-4-1 是節錄自附錄一表 A1-1 的部分數據，我們用它來說明查表的方法。

表 7-4-1　節錄自附錄一表 A1-1

z	0	1	2	3	4	5	6	7	8	9
0	0.5	0.504	0.508	0.512	0.516	0.5199	0.5239	0.5279	0.5319	0.5359
0.1	0.5398	0.5438	0.5478	0.5517	0.5557	0.5596	0.5636	0.5675	0.5714	0.5753
0.2	0.5793	0.5832	0.5871	0.591	0.5948	0.5987	0.6026	0.6064	0.6103	0.6141
⋮					⟨					
1.2	0.8849	0.8869	0.8888	0.8907	0.8925	0.8944	0.8962	0.898	0.8997	0.9015
1.3	0.9032	0.9049	0.9066	0.9082	0.9099	0.9115	0.9131	0.9147	0.9162	0.9177
1.4	0.9192	0.9207	0.9222	0.9236	0.9251	0.9265	0.9279	0.9292	0.9306	0.9319
1.5	0.9332	0.9345	0.9357	0.937	0.9382	0.9394	0.9406	0.9418	0.9429	0.9441
⋮					⟨					

當我們要查 $P(Z \le 1.35)$，只要先從左邊行中找到 1.3，然後再從最上列中找到 5 則所要的答案即為 1.3 那一列與 5 那一行交會處的 0.9115，所以

$$P(Z \le 1.35) = 0.9115$$

（註：如果用 NORMSDIST 求解，可達到小數 9 位精確度請參考例題 7-4-4）

例題 7-4-3 查標準常態表計算下列機率值：

(1)$P(0 \le Z \le 2.14) = ?$

(2)$P(-1.53 \le Z \le 0) = ?$

(3)$P(-2.11 \le Z \le 1.42) = ?$

(4)$P(Z \ge 1.96) = ?$

(5)$P(Z \le -1.85) = ?$

解： (1)(1)$P(0 \le Z \le 2.14) = F(2.14) - 0.5 = 0.9838 - 0.5 = 0.4838$

(2)$P(-1.53 \le Z \le 0) = P(0 \le Z \le 1.53) = F(1.53) - 0.5 = 0.937 - 0.5 = 0.437$

(3)$P(-2.11 \le Z \le 1.42) = P(Z \le 1.42) - P(Z \le -2.11)$

$$= F(1.42) - P(Z \ge 2.11)$$

$$= F(1.42) - (1 - F(2.11))$$

$$= 0.9222 - (1 - 0.9826)$$

$$= 0.9222 - 0.0174 = 0.9048$$

(4)$P(Z \ge 1.96) = 1 - P(Z \le 1.96) = 1 - F(1.96) = 1 - 0.975 = 0.025$

(5)$P(Z \le -1.85) = P(Z \ge 1.85) = 1 - P(Z \le 1.85) = 1 - 0.9678 = 0.0322$

定理 7-4-3： 標準化（standardizing transformation）

X 是期望值（平均數）為 μ，變異數為 σ^2 的常態分配，換言之，$X \sim N(\mu, \sigma^2)$。若將 X 經過以下的標準化變數轉換

$$Z = \frac{x - \mu}{\sigma}$$

則 Z 是一個標準常態分配，$Z \sim N(0, 1)$

　　標準化的用意為處理一般常態的機率問題時，把一般常態的區域面積
轉換成標準常態下的區域面積（圖 7-4-7、圖 7-4-6），然後再利用標準常
態表查出面積（機率）。

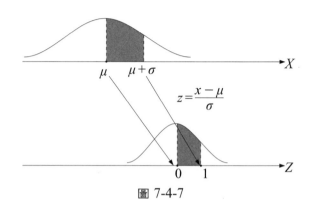

圖 7-4-7

例題 7-4-4　X 是平均數為 10，標準差為 5 的常態分配，$X \sim N(10, 25)$（參考附錄 A2-1 計算機率）

　　(1)$P(12 \leq X \leq 16)$＝？　(2)$P(X \geq 18)$＝？　(3)$P(X \leq 8)$＝？

解：(1)$P(12 \leq X \leq 16) = P\left(\dfrac{12-10}{5} \leq \dfrac{X-10}{5} \leq \dfrac{16-10}{5}\right) = P(0.4 \leq Z \leq 1.2)$

　　在 NORMSDIST 方格中輸入 1.2；或在 EXCEL 工作格中鍵入

　　「＝NORMSDIST (1.2)」，立即傳回累積機率 0.88493033。所以，

$$P(Z \leq 1.2) = F(1.2) = 0.88493033$$

同理計算

$$P(Z \leq 0.4) = F(0.4) = 0.655421742$$

所以，

$$P(12 \leq X \leq 16) = P(Z \leq 1.2) - P(Z \leq 0.4) = 0.8849 - 0.6554 = 0.2295$$

(2)$P(X \geq 18) = P\left(\dfrac{X-10}{5} \geq \dfrac{18-10}{5}\right) = P(Z \geq 1.6) = 1 - P(Z \leq 1.6)$

　　NORMSDIST (1.6) = 0.945200708

所以，

$$P(X \geq 18) = 1 - 0.9452 = 0.0548$$

(3)$P(X \leq 8) = P\left(\dfrac{X - 10}{5} \leq \dfrac{8 - 10}{5}\right) = P(Z \leq -0.4)$

NORMSDIST $(-0.4) = 0.344578258$

所以，

$$P(X \leq 8) = 0.3446$$

案例 7-1　彈珠台的機率問題

　　小時候逛夜市玩過彈珠台嗎（參考圖C7-1-1）？彈珠經過軌道彈射至上方，地心引力使得彈珠在斜坡面下滑，斜面上的小釘子改變彈珠下滑的方向，最後彈珠隨機滑入彈珠台下方分隔的柵欄中。有幾個柵欄是空柵欄（或被占據）是一個典型的隨機分球機率問題（參考表 C7-1-1）。

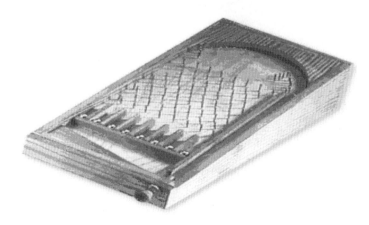

圖 C7-1-1　彈珠台

表 C7-1-1　隨機分球試驗

隨機分球試驗（the distributing experiment）：

n 個球，隨機投入編號為 $1, 2, \ldots, r$ 的 r 個罐子中（每個罐子可重複置球），當某一個罐子中沒有球時，我們稱它為空罐（unoccupied）；當某一個罐子中有球時（不論球數多寡），我們稱它為被占據（occupied）。

隨機分球試驗中的空罐數的機率計算如定理 C7-1-1。

定理 C7-1-1： 隨機分球試驗中的空罐數的機率

X 表示 n 個球 r 個罐子的分球試驗之空罐數目，則其樣本空間 為 $\Omega_X = \{0, 1, 2, \cdots, r-1\}$（當 $n \geq r$ 時）或 $\Omega_X = \{r-n, r-n+1, \cdots, r-1\}$（當 $n < r$ 時），且其機率函數 $f_X(x)$ 為

$$f_X(x) = \binom{r}{x}\left(\frac{r-x}{r}\right)^n \left\{\sum_{i=0}^{r-x} (-1)^i \binom{r-x}{i}\left(1-\frac{i}{r-x}\right)^n\right\}$$

〔註：本定理之證明超出本書的範圍，有興趣的讀者可參考《應用機率導論》第二章（吳冬友、楊玉坤，五南圖書出版公司）〕

若彈珠台有 8 個柵欄（如圖 C7-1-1），X 表示彈射 10 個彈珠的空柵欄數目，則 X 的機率函數為何？這個問題是 10 個球（$n=10$）8 個罐子（$r=8$）的隨機分球問題，根據定理 C7-1-1，X 的機率函數 $f_X(x)$ 如下：

$$f_X(x) = \binom{8}{x}\left(\frac{8-x}{8}\right)^{10} \left\{\sum_{i=0}^{8-x} (-1)^i \binom{8-x}{i}\left(1-\frac{i}{8-x}\right)^{10}\right\} \quad x = 0, 1, \cdots, 7$$

其中，

$$f_X(0) = \binom{8}{0}\left(\frac{8-0}{8}\right)^{10} \left\{\sum_{i=0}^{8-0} (-1)^i \binom{8-0}{i}\left(1-\frac{i}{8-0}\right)^{10}\right\}$$

$$= \binom{8}{0}\left\{(-1)^0\binom{8}{0} + (-1)^1\binom{8}{1}\left(\frac{7}{8}\right)^{10} + (-1)^2\binom{8}{2}\left(\frac{6}{8}\right)^{10} + (-1)^3\binom{8}{3}\right.$$

$$\left(\frac{5}{8}\right)^{10} + (-1)^4\binom{8}{4}\left(\frac{4}{8}\right)^{10} + (-1)^5\binom{8}{5}\left(\frac{3}{8}\right)^{10} + (-1)^6\binom{8}{6}\left(\frac{2}{8}\right)^{10} +$$

$$(-1)^7 \binom{8}{7} \left(\frac{1}{8}\right)^{10} \}$$

$$= 0.028163195$$

$$f_X(1) = \binom{8}{1} \left(\frac{8-1}{8}\right)^{10} \{ \sum_{i=0}^{8-1} (-1)^i \binom{8-1}{i} (1 - \frac{i}{8-1})^{10} \}$$

$$= \binom{8}{1} \left(\frac{7}{8}\right)^{10} \{ (-1)^0 \binom{7}{0} + (-1)^1 \binom{7}{1} \left(\frac{6}{7}\right)^{10} + (-1)^2 \binom{7}{2} \left(\frac{5}{7}\right)^{10} + (-1)^3$$

$$\binom{7}{3} \left(\frac{4}{7}\right)^{10} + (-1)^4 \binom{7}{4} \left(\frac{3}{7}\right)^{10} + (-1)^5 \binom{7}{5} \left(\frac{2}{7}\right)^{10} + (-1)^6 \binom{7}{6} \left(\frac{1}{7}\right)^{10} \}$$

$$= 0.220799446$$

$$f_X(2) = \binom{8}{2} \left(\frac{8-2}{8}\right)^{10} \{ \sum_{i=0}^{8-2} (-1)^i \binom{8-2}{i} (1 - \frac{i}{8-2})^{10} \}$$

$$= \binom{8}{2} \left(\frac{6}{8}\right)^{10} \{ (-1)^0 \binom{6}{0} + (-1)^1 \binom{6}{1} \left(\frac{5}{6}\right)^{10} + (-1)^2 \binom{6}{2} \left(\frac{4}{6}\right)^{10} +$$

$$(-1)^3 \binom{6}{3} \left(\frac{3}{6}\right)^{10} + (-1)^4 \binom{6}{4} \left(\frac{2}{6}\right)^{10} + (-1)^5 \binom{6}{5} \left(\frac{1}{6}\right)^{10} \}$$

$$= 0.428587496$$

$$f_X(3) = \binom{8}{3} \left(\frac{8-3}{8}\right)^{10} \{ \sum_{i=0}^{8-3} (-1)^i \binom{8-3}{i} (1 - \frac{i}{8-3})^{10} \}$$

$$= \binom{8}{3} \left(\frac{5}{8}\right)^{10} \{ (-1)^0 \binom{5}{0} + (-1)^1 \binom{5}{1} \left(\frac{4}{5}\right)^{10} + (-1)^2 \binom{5}{2} \left(\frac{3}{5}\right)^{10} +$$

$$(-1)^3 \binom{5}{3} \left(\frac{2}{5}\right)^{10} + (-1)^4 \binom{5}{4} \left(\frac{2}{5}\right)^{10} \}$$

$$= 0.26614219$$

$$f_X(4) = \binom{8}{4} \left(\frac{8-4}{8}\right)^{10} \{ \sum_{i=0}^{8-4} (-1)^i \binom{8-4}{i} (1 - \frac{i}{8-4})^{10} \}$$

$$= \binom{8}{4} \left(\frac{4}{8}\right)^{10} \{ (-1)^0 \binom{4}{0} + (-1)^1 \binom{4}{1} \left(\frac{3}{4}\right)^{10} + (-1)^2 \binom{4}{2} \left(\frac{2}{4}\right)^{10} +$$

$$(-1)^3 \binom{4}{3} \left(\frac{1}{4}\right)^{10} \} = 0.053361431$$

$$f_X(5) = \binom{8}{5} \left(\frac{8-5}{8}\right)^{10} \{ \sum_{i=0}^{8-5} (-1)^i \binom{8-5}{i} (1 - \frac{i}{8-5})^{10} \}$$

$$= \binom{8}{5} \left(\frac{3}{8}\right)^{10} \{ (-1)^0 \binom{3}{0} + (-1)^1 \binom{3}{1} \left(\frac{2}{3}\right)^{10} + (-1)^2 \binom{3}{2} \left(\frac{1}{3}\right)^{10} \}$$

$$= 0.002919585$$

$$f_X(6) = \binom{8}{6}\left(\frac{8-6}{8}\right)^{10} \{\sum_{i=0}^{8-6} (-1)^i \binom{8-6}{i}(1-\frac{i}{8-6})^{10}\} = \binom{8}{6}\left(\frac{2}{8}\right)^{10}\{(-1)^0\binom{2}{0}$$

$$+ (-1)^1\binom{2}{1}\left(\frac{1}{2}\right)^{10}\} = 2.66507 \times 10^{-5}$$

$$f_X(7) = \binom{8}{7}\left(\frac{8-7}{8}\right)^{10} \{\sum_{i=0}^{8-7} (-1)^i \binom{8-7}{i}(1-\frac{i}{8-7})^{10}\} = \binom{8}{7}\left(\frac{1}{8}\right)^{10}$$

$$\{(-1)^0\binom{1}{0}\} = 7.45058 \times 10^{-9}$$

所以，10 個球 8 個柵欄的彈珠台問題中，空柵欄數目（X）（或被占據柵欄數目（Y））的機率函數如表 C7-1-2 及圖 C7-1-2。

表 C7-1-2　空柵欄數目（X）的機率函數

X	0	1	2	3	4	5	6	7
$f_X(x)$	0.0282	0.2208	0.4286	0.2661	0.0534	0.0029	≈ 0	≈ 0
$Y = 8 - X$	8	7	6	5	4	3	2	1

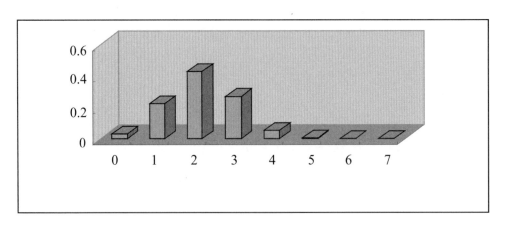

圖 C7-1-2　空柵欄數目（X）的機率函數

案例 7-2　Q-Q圖──一個非常有用的統計圖

　　在案例 6-2 中，為了比較 TIMSS 2007 四年級，兩個國家學生數學評鑑成績的分布狀況，我們用描點方式製作百分位數（成績）對百分比的曲線，以香港與新加坡的對比；中華民國與日本的對比為例進行逐段比較。本案例中，我們要介紹另一個百分位數的統計圖：Q-Q 圖（Q-Qplot）。Q-Q圖是一個非常有用的統計圖。用途之一是，可以用它來研判兩組資料分布的相似性，尤其，當其中有一組資料為理論分布（theoretical distribution）時，稱之為適合度分析（goodness of fitness）。我們以一個例子來說明如下：

　　有一組 80 筆的資料（以下稱其為 X），$x_1, x_2, \cdots, x_{80}$（如表 C7-2-1 所示），其平均數與標準差分別為 19.9 與 2.9，圖 C7-2-1 為其直方圖，這組資料是否為平均數 20 標準差 3 的常態母群體的觀測值呢？

表 C7-2-1　經過排序的 80 筆抽樣資料（X）

12.77	14.46	14.54	14.75	15.39	15.41	16.16	16.17	16.18	16.26
16.41	16.89	17.17	17.23	17.34	17.35	17.44	17.57	17.99	18.00
18.03	18.11	18.14	18.27	18.28	18.30	18.32	18.42	18.43	18.79
19.03	19.38	19.43	19.49	19.54	19.60	19.63	19.65	19.68	19.81
19.89	19.96	20.04	20.10	20.30	20.37	20.46	20.46	20.73	20.77
20.88	20.94	21.27	21.35	21.38	21.44	21.51	21.53	21.55	21.56
21.58	21.75	21.96	22.18	22.22	22.23	22.30	22.67	22.94	22.94
23.09	23.16	23.22	23.26	24.49	24.99	25.38	25.57	25.75	27.74

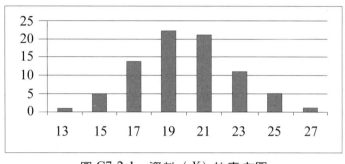

圖 C7-2-1　資料（X）的直方圖

　　Q-Q 圖是以擬合（fitting）法來研判觀測資料（或抽樣資料）是否來自於某一個機率分布的母群體，其製作流程如下：

(1)將樣本資料 x_1, x_2, …, x_{80} 由小到大排序，$x_{(1)} \leq x_{(2)} \leq \cdots \leq x_{(80)}$（如表 C7-2-1）

(2)用百分位數的觀念，計算每一個樣本資料的百分比值如下：

$$x_{(1)} = 12.77 \quad \leftarrow \frac{1}{n} = \frac{1}{80} = 1.25\% \quad \leftarrow \frac{(1-0.5)}{n} = \frac{(1-0.5)}{80} = 0.625\%$$

$$x_{(2)} = 14.46 \quad \leftarrow \frac{2}{n} = \frac{2}{80} = 2.5\% \quad \leftarrow \frac{(2-0.5)}{n} = \frac{(2-0.5)}{80} = 1.875\%$$

$$\vdots$$

$$x_{(i)} \quad \leftarrow \frac{i}{n} = \frac{i}{80} \quad \leftarrow \frac{(i-0.5)}{n} = \frac{(i-0.5)}{80}$$

$$\vdots$$

$$x_{(80)} = 27.74 \quad \leftarrow \frac{n}{n} = \frac{80}{80} = 100\% \quad \leftarrow \frac{(80-0.5)}{n} = \frac{(80-0.5)}{80} = 99.375\%$$

　　其中，我們用（$i-0.5$）替代（i）是為了步驟(3)的計算而採取的修正（註1）。計算結果如表 C7-2-2 的第二列所示，它所代表的意義為，抽樣資料（X）所顯示的百分位數：

註 1：步驟(3)常態分配的百分位數，是由常態分配的累積機率函數（cumulative distribution function）的反函數計算，當累積機率為 100% 時的反函數值為 ∞，為避免這個問題，一般的方法是將（i）調整成（$i-0.5$）。

X 的第 0.625 百分位數 $=X_{0.00625}=12.77$

X 的第 1.875 百分位數 $=X_{0.01875}=14.46$

$$\vdots$$

X 的第 49.375 百分位數 $=X_{0.49375}=19.81$

$$\vdots$$

X 的第 99.375 百分位數 $=X_{0.99375}=27.74$

(3)計算理論分布（W）相對應的百分位數，也就是計算出 W 的第 0.625 百分位數；第 1.875 百分位數……等，其結果如表 C7-2-2 的第三列所示（註2）：

W 的第 0.625 百分位數 $=W_{0.00625}=12.51$

W 的第 1.875 百分位數 $=W_{0.01875}=13.76$

$$\vdots$$

W 的第 49.375 百分位數 $=W_{0.49375}=19.95$

$$\vdots$$

W 的第 99.375 百分位數 $=W_{0.99375}=27.49$

(4)將 X 與 W 的百分位數配對描點製作$(X_p, W_p)=\{(12.77, 12.51), (14.46, 13.76)，……，(27.74, 27.49)\}$的散布圖（scatter gram），如圖 C7-2-2 所示。

表 C7-2-2　資料（X）與常態分配的擬合數據

12.77	14.46	14.54	14.75	15.39	15.41	16.16	16.17	16.18	16.26
0.625%	1.875%	3.125%	4.375%	5.625%	6.875%	8.125%	9.375%	10.625%	11.875%
12.51	13.76	14.41	14.87	15.24	15.55	15.81	16.05	16.26	16.46
16.41	16.89	17.17	17.23	17.34	17.35	17.44	17.57	17.99	18.00
13.125%	14.375%	15.625%	16.875%	18.125%	19.375%	20.625%	21.875%	23.125%	24.375%
16.64	16.81	16.97	17.12	17.27	17.41	17.54	17.67	17.80	17.92

註2：理論分布（W）相對應的百分位數的計算可經由 EXCEL 統計函數 NORMSINV，輸入機率、期望值及標準差即可求出（參考附錄二 A2-1）。

18.03	18.11	18.14	18.27	18.28	18.30	18.32	18.42	18.43	18.79
25.625%	26.875%	28.125%	29.375%	30.625%	31.875%	33.125%	34.375%	35.625%	36.875%
18.04	18.15	18.26	18.37	18.48	18.59	18.69	18.79	18.90	19.00
19.03	19.38	19.43	19.49	19.54	19.60	19.63	19.65	19.68	19.81
38.125%	39.375%	40.625%	41.875%	43.125%	44.375%	45.625%	46.875%	48.125%	49.375%
19.09	19.19	19.29	19.39	19.48	19.58	19.67	19.77	19.86	19.95
19.89	19.96	20.04	20.10	20.30	20.37	20.46	20.46	20.73	20.77
50.625%	51.875%	53.125%	54.375%	55.625%	56.875%	58.125%	59.375%	60.625%	61.875%
20.05	20.14	20.24	20.33	20.42	20.52	20.62	20.71	20.81	20.91
20.88	20.94	21.27	21.35	21.38	21.44	21.51	21.53	21.55	21.56
63.125%	64.375%	65.625%	66.875%	68.125%	69.375%	70.625%	71.875%	73.125%	74.375%
21.01	21.11	21.21	21.31	21.41	21.52	21.63	21.74	21.85	21.97
21.58	21.75	21.96	22.18	22.22	22.23	22.30	22.67	22.94	22.94
75.625%	76.875%	78.125%	79.375%	80.625%	81.875%	83.125%	84.375%	85.625%	86.875%
22.08	22.20	22.33	22.46	22.59	22.73	22.88	23.03	23.19	23.36
23.09	23.16	23.22	23.26	24.49	24.99	25.38	25.57	25.75	27.74
88.125%	89.375%	90.625%	91.875%	93.125%	94.375%	95.625%	96.875%	98.125%	99.375%
23.54	23.74	23.95	24.19	24.46	24.76	25.13	25.59	26.24	27.49

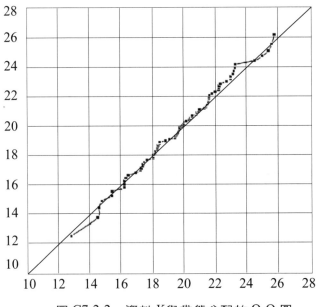

圖 C7-2-2　資料 X 與常態分配的 Q-Q 圖

如果Q-Q圖與對角線（$y=x$）愈一致，表示觀測資料與理論分配愈相似，從圖 C7-2-2 可知，這 80 筆資料的分布與 Normal ($20, 3^2$)非常相似，可以視為它的抽樣樣本，或表示成

$$W \sim \text{Normal } (20, 3^2) \xrightarrow{\text{抽樣}} x_1, x_2, \cdots, x_{80}$$

最後，我們另舉一例，來說明適合度不佳的 Q-Q 圖所顯示的樣式，有另一組 80 筆資料（$y_1, y_2, \cdots, y_{80}$）（如表 C7-2-3），圖 C7-2-3 為其直方圖，很明顯它不是來自常態分配的資料。

表 C7-2-3　經過排序的 80 筆樣本資料（Y）

12.40	12.50	12.90	12.90	13.10	13.40	13.60	13.90	13.90	13.90
14.20	14.40	14.40	14.80	14.90	15.20	15.30	15.30	15.70	15.80
16.10	16.40	16.50	16.80	17.10	17.30	17.50	17.70	17.90	18.10
18.30	18.50	18.50	18.70	18.90	19.10	19.30	19.50	19.70	20.10
20.10	20.30	20.50	20.60	20.70	20.80	20.90	21.10	21.40	21.60
22.60	22.60	22.80	22.80	22.90	22.90	23.50	23.70	23.90	23.90
24.10	24.10	24.30	24.50	24.60	24.70	25.30	25.50	25.90	26.10
26.30	26.40	26.50	26.50	26.70	26.90	27.10	27.30	27.50	27.90

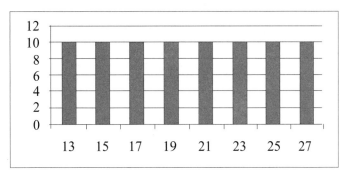

圖 C7-2-3　資料（Y）的直方圖

如果，我們也以 Normal ($20, 3^2$)來擬合這 80 筆資料，則$(Y_p, W_p) =$

{(12.40, 12.51), (12.50, 13.76), ⋯, (27.9, 27.49)}所描繪的 Q-Q 圖（參考表 C7-2-4 與圖 C7-2-4）。

表 C7-2-4　資料（Y）與常態分配的擬合數據

12.40	12.50	12.90	12.90	13.10	13.40	13.60	13.90	13.90	13.90
0.625%	1.875%	3.125%	4.375%	5.625%	6.875%	8.125%	9.375%	10.625%	11.875%
12.51	13.76	14.41	14.87	15.24	15.55	15.81	16.05	16.26	16.46
14.20	14.40	14.40	14.80	14.90	15.20	15.30	15.30	15.70	15.80
13.125%	14.375%	15.625%	16.875%	18.125%	19.375%	20.625%	21.875%	23.125%	24.375%
16.64	16.81	16.97	17.12	17.27	17.41	17.54	17.67	17.80	17.92
16.10	16.40	16.50	16.80	17.10	17.30	17.50	17.70	17.90	18.10
25.625%	26.875%	28.125%	29.375%	30.625%	31.875%	33.125%	34.375%	35.625%	36.875%
18.04	18.15	18.26	18.37	18.48	18.59	18.69	18.79	18.90	19.00
18.30	18.50	18.50	18.70	18.90	19.10	19.30	19.50	19.70	20.10
38.125%	39.375%	40.625%	41.875%	43.125%	44.375%	45.625%	46.875%	48.125%	49.375%
19.09	19.19	19.29	19.39	19.48	19.58	19.67	19.77	19.86	19.95
20.10	20.30	20.50	20.60	20.70	20.80	20.90	21.10	21.40	21.60
50.625%	51.875%	53.125%	54.375%	55.625%	56.875%	58.125%	59.375%	60.625%	61.875%
20.05	20.14	20.24	20.33	20.42	20.52	20.62	20.71	20.81	20.91
22.60	22.60	22.80	22.80	22.90	22.90	23.50	23.70	23.90	23.90
63.125%	64.375%	65.625%	66.875%	68.125%	69.375%	70.625%	71.875%	73.125%	74.375%
21.01	21.11	21.21	21.31	21.41	21.52	21.63	21.74	21.85	21.97
24.10	24.10	24.30	24.50	24.60	24.70	25.30	25.50	25.90	26.10
75.625%	76.875%	78.125%	79.375%	80.625%	81.875%	83.125%	84.375%	85.625%	86.875%
22.08	22.20	22.33	22.46	22.59	22.73	22.88	23.03	23.19	23.36
26.30	26.40	26.50	26.50	26.70	26.90	27.10	27.30	27.50	27.90
88.125%	89.375%	90.625%	91.875%	93.125%	94.375%	95.625%	96.875%	98.125%	99.375%
23.54	23.74	23.95	24.19	24.46	24.76	25.13	25.59	26.24	27.49

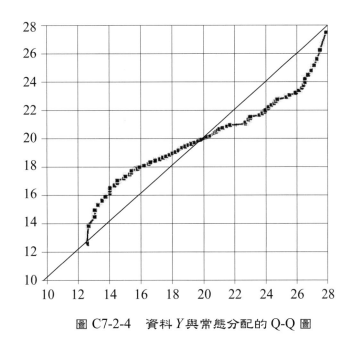

圖 C7-2-4　　資料 Y 與常態分配的 Q-Q 圖

　　從圖 C7-2-4 可知，這 80 筆資料（Y）的分布與 Normal $(20, 3^2)$ 並不相似，所以這組樣本並不是來自一個常態母群體的觀測值（註3）。

註3：當 Q-Q 圖呈 S 型狀（如圖 C7-2-4 所顯示的情況），表示所檢視的資料分布形狀較理論分布要更平坦（flat），資料分布形狀是平坦或高聳，統計學稱為峰度（kurtosis），有關峰度可參考(1)統計學（第4版第4章）：吳冬友、楊玉坤，五南圖書出版(2) http://tw.myblog.yahoo.com/max-2008 點選基礎統計學。

習　題

案例題型

(一)在案例 6-2 中，我們用百分位數（成績）對百分比所描繪的曲線，比較香港對新加坡及中華民國對日本的評鑑成績的分布狀況。在案例 7-2 中，我們介紹了 Q-Q 圖，雖然繪製 Q-Q 圖需要用到全部的資料，但是當資料不全時，中斷部分以平滑曲線連結，也可以提供相當有價值的參考資訊。

7.1 根據表 C4-1-1，製作 TIMSS 2007 四年級數學（香港對新加坡）評鑑成績的近似 Q-Q 圖，並解釋圖上各點的意義，並與案例 6-2 的結果作比較。

7.2 根據表 C4-1-1，製作 TIMSS 2007 四年級數學（中華民國對日本）評鑑成績的近似 Q-Q 圖，解釋圖上各點的意義，並與案例 6-2 的結果作比較。

7.3 根據表 C4-1-1，分別製作 TIMSS 2007 四年級數學，新加坡、香港、中華民國、日本的成績資料對常態分配的近似 Q-Q 圖（參考案例 7-2），然後綜合(1)案例 6-1 圖 C6-1-1 中有關各國學生成績分布的描繪；(2)第 6 章案例題型，習題 6.2 計算得到的各國學生成績分布的偏度。對這四個國家的學生成績分布做一個詳細的說明。

(二)根據 TIMSS 2007 評鑑報告計算以下機率

7.4 香港學生依標竿點定位的成績分布如表 C4-2-1，如果從 3791 位參加評鑑的香港學生中隨機抽樣 5 位，(1)每位同學成績達到優異標竿的機率為何？(2)用二項分配公式，計算 5 位中至少 2 位成績達到優異標竿的機率為何？(3)假設香港學生的成績分布為常態分配（參考 7.3），從表 C9-1-1 的資訊，計算(2)的機率，並比較兩者的結果。

7.5 TIMSS 2007 四年級數學，按性別統計的成績如表 E7-1，假設中華民國學生的成績分布為常態分配（參考 7.3），如果從中華民國 4131 位參加評鑑的學生中隨機抽樣 1 位，(1)是女生且成績超過 580 分的機率為何？(2)成績超過 580 分的機率為何？（假設(1)女生成績呈常態分配，(2)男女生成績的變異數相等）

一般題型

7.6 某生產線所生產之產品中，不良率為 5%，隨機抽取 1 件，若為良品則 $X=0$，若為不良品則 $X=1$，試求 X 之機率分配，並求其期望值與變異數。

7.7 $X \sim$ Binomial（4, 0.2），則

(1)$P(X=2)=$？ (2)$P(X \geq 2)=$？ (3)$E(X)=$？$V(X)=$？ (4)$E(X^2)=$？

7.8 罐中有 25 個球，其中 20 個紅球，5 個白球。從罐中隨機取出 4 球，若以 X 表示取出球中白球的數目。

(1)取出後再放回，X 的機率分配？ (2)取出後不再放回，X 的機率分配？

7.9 血庫的統計資料顯示，80%的捐血人的血液為 Rh 陽性反應。某家診所急需 5 位 Rh 陽性反應血液民眾捐血，則至少要有多少捐血人完成血液捐贈才能夠確保取得 5 位民眾以上血液的機率超過 0.9？

7.10 假設在某電子工廠所生產的電子零件中有 10%為不良品：

(1)從其中隨機取樣 4 件，其中恰巧 1 件不良品的機率為何？

(2)為確保交貨品質，對上述 4 個零件進行出貨前品檢，因而所產生的修補成本為 $C=3X^2$，其中 X 為不良品件數，則上述 4 個電子零件交貨的期望修補成本為何？

7.11 某大學中有 3%的同學智商（I. Q）超過 180，隨機抽取 50 名同學，其中 X 名同學智商超過 180。用卜瓦松近似分配計算 X 超過 3 人（含）的機率？

7.12 某織布廠所織出的布料，瑕疵點數的分配為每 10 平方公尺布料平均 4 個

的卜瓦松分配，則：(1)每平方公尺布料中至少一個瑕疵點的機率＝？

(2)你買了 3 平方公尺布料，其中沒有任何瑕疵的機率＝？

7.13 顧客到達超市結帳櫃檯的人次為每 5 分鐘平均 4 人的卜瓦松分配：

(1)下一個 10 分鐘內恰巧有 8 人至結帳區的機率＝？

(2)下一個 10 分鐘內不超過 3 人至結帳區的機率＝？

(3)下一個 10 分鐘內至少 2 人至結帳區的機率＝？

(4)上午 9：00 至 9：10 及上午 9：10 至 9：20 兩個 10 分鐘時段內恰巧 2 人至結帳區的機率＝？

(5)上午 10：00 至 10：10 及上午 11：00 至 11：10 兩個 10 分鐘時段內恰巧 2 人至結帳區的機率＝？

7.14 某網路服務業者（ISP, Internet Service Provider）統計資料顯示，它的用戶撥接上網次數是平均每微秒（millisecond）0.02 次的卜瓦松分配；則下一秒內撥接上網人次不超過 5 人的機率＝？

7.15 電腦磁片製造過程中，因品質問題常造成磁軌中有局部壞軌（無法存取資料），壞軌數目可經由品檢加以判定，某磁片製造商所製造的磁片，平均壞軌數為每張磁片平均有 0.1 個壞軌。

(1)你使用這家公司的某張磁片時，它沒有壞軌的機率是多少？

(2)你使用這家公司的兩張磁片皆無壞軌的機率？

7.16 上班時間，公司電話總機平均每 5 分鐘接到 4 通電話，則早上 10：00 到 10：10 之間，總機轉接 6 通電話的機率為多少？

7.17 市區某小型停車場最多可停 5 輛，假設每小時到達該停車場的車輛數為卜瓦松隨機變數，它的平均數為每小時 0.5 輛。

(1)停車場在營業第一個小時停滿的機率＝？（假設所有車輛的停車時間皆超過 1 小時）

(2)在一天 8 小時的營業時間內，到達停車場車輛數少於 2 輛的機率＝？

7.18 $Z \sim N(0,1)$，請查表計算下列機率值：

(1)$P(0 \leq Z \leq 1)$　(2)$P(Z \geq 1)$　(3)$P(Z \leq 0.75)$　(4)$P(0.25 \leq Z \leq 0.75)$

(5)$P(-1.96 \leq Z \leq -1.5)$　(6)計算出 k，使得 $P(-k \leq Z \leq k) = 0.95$。

7.19 X 為常態隨機變數，它的期望值為 50，標準差為 10。

(1)計算 $P(X \leq 65) = ?$　(2)計算 $P(42 \leq X \leq 62) = ?$

7.20 根據高速公路地磅的統計資料顯示，卡車載重量是一個常態分配，它的平均數為 7 公噸，標準差為 2 公噸：(1)有多少比例行駛在高速公路上的卡車，它的載重超過 9 公噸？(2)有多少比例行駛在高速公路上的卡車，它的載重不超過 5.24 公噸？

7.21 某機械工廠所生產的軸承，其直徑是平均數為 3.0005 公分，標準差為 0.001 公分的常態分配。顧客所要求的直徑規格為 3.000±0.002公分，則這批生產的軸承中有多少百分比不符合顧客的要求？

7.22 某鋼鐵廠所生產的強力鋼條，能夠承受壓力的強度為常態分配，其平均數為 8,500 磅，標準差為 80 磅。某建築工地中使用 3 支這種鋼條，則這 3 支鋼條皆能承受 8,700 磅以上重物的機率？

7.23 受到經濟不景氣的影響，統計資料顯示所有上市基金（mutual fund）的季投資報酬率為常態分配，平均數為 −5%，標準差為 3%：

(1)所有基金中季報酬率低於 −6%的比例有多少？

(2)有多少百分比的基金買主在這季內他們的基金市值下降了。

7.24 入學考試全體考生成績為常態分配，它的平均數是 500，標準差為 80，

(1)有多少同學的成績超過600？　(2)錄取前 10%，則錄取的最低成績是多少？

7.25 統計學期中考成績為常態分配，已知有 92.5%同學成績高於 60 分，3.92%同學成績高於 90 分，則這個常態分配的期望值（平均數）與變異數各為何？

表 E7-1　TIMSS 2007 四年級數學評鑑成績（男女生別）

國　　家	女　　生		男　　生	
	百分比	平均成績	百分比	平均成績
香港 Hong Kong	49(1.1)	605(3.2)	51(1.1)	609(4.4)
新加坡 Singapore	49(0.8)	603(3.8)	51(0.8)	596(4.1)
中華民國 Republic of China	48(0.5)	575(2.0)	52(0.5)	577(2.0)
日本 Japan	49(0.6)	568(2.5)	51(0.6)	568(2.7)
哈薩克 Kazakhstan	51(1.3)	553(6.7)	49(1.3)	545(7.9)
俄羅斯 Russian Federation	50(1.0)	548(5.5)	50(1.0)	540(4.9)
英格蘭 England	49(1.0)	541(3.2)	51(1.0)	542(3.6)
拉脫維亞 Latvia	48(1.0)	539(2.9)	52(1.0)	536(3.0)
荷蘭 Netherlands	48(1.0)	530(2.7)	52(1.0)	540(2.4)
立陶宛 Lithuania	49(1.0)	530(2.8)	51(1.0)	530(3.2)
美國 United States	51(0.6)	526(2.7)	49(0.6)	532(2.7)
德國 Germany	49(0.6)	519(2.5)	51(0.6)	531(2.5)
丹麥 Denmark	51(1.2)	520(2.9)	49(1.2)	526(3.2)
澳洲 Australia	51(1.0)	513(4.2)	49(1.0)	519(3.6)
匈牙利 Hungary	51(1.1)	508(4.6)	49(1.1)	511(3.8)
義大利 Italy	49(0.7)	499(3.2)	51(0.7)	514(3.6)
奧地利 Austria	48(1.0)	498(2.5)	52(1.0)	512(2.3)
瑞典 Sweden	50(1.0)	499(2.4)	50(1.0)	506(3.1)
斯洛維尼亞 Slovenia	49(0.8)	499(2.4)	51(0.8)	504(2.1)
亞美尼亞 Armenia	48(0.9)	504(5.7)	52(0.9)	495(3.7)
斯洛伐克 Slovak Republic	49(0.8)	493(4.6)	51(0.8)	499(4.7)
蘇格蘭 Scotland	51(0.8)	490(2.6)	49(0.8)	499(2.8)
紐西蘭 New Zealand	50(1.0)	492(2.4)	50(1.0)	493(3.1)
捷克 Czech Republic	47(1.1)	483(3.3)	53(1.1)	489(3.0)
挪威 Norway	50(1.0)	470(3.2)	50(1.0)	477(3.0)
烏克蘭 Ukraine	48(0.9)	469(3.3)	52(0.9)	469(3.4)
喬治亞 Georgia	47(1.0)	440(4.2)	53(1.0)	437(4.9)
伊朗 Iran	49(1.7)	409(5.2)	51(1.7)	396(5.5)
阿爾及利亞 Algeria	50(0.9)	380(5.9)	50(0.9)	375(5.2)
哥倫比亞 Colombia	50(1.1)	347(5.2)	50(1.1)	364(5.5)
摩洛哥 Morocco	49(1.1)	339(5.0)	51(1.1)	343(5.4)
薩爾瓦多 El Salvador	49(1.2)	325(4.6)	51(1.2)	334(5.5)
突尼西亞 Tunisia	47(1.0)	337(4.7)	53(1.0)	319(5.0)
科威特 Kuwait	52(1.5)	333(4.3)	48(1.5)	297(6.2)
卡達 Qatar	51(0.2)	307(2.0)	49(0.2)	285(2.1)
葉門 Yemen	44(2.7)	236(8.0)	56(2.7)	214(6.6)

資料來源：TIMSS 2007 International Report (Exhibit 1.5) (Reprinted by permission of the IEA)

註：括弧內的數字為該統計量的標準差

8 抽樣分配

　　推論統計的目的在探究母群體的未知參數，簡單地說，便是從母群體中抽取樣本，然後以樣本統計量對母群體未知參數進行推論，首先以兩個例子說明。

例題 8-0-1　某大學資訊中心如何以統計量來估計該校同學每次上網的平均時間？

解：資訊中心隨機取樣 n 個同學並記錄他們上網的登入時間（log in）及登出時間（log out），便得到這 n 個同學在網路上停留的時間 $x_1, x_2, \cdots, x_n$，然後計算這 n 個觀測值的樣本平均值 $\overline{X} = \dfrac{x_1 + \ldots + x_n}{n}$，並用 $\overline{X}$ 來估計同學們每次上網的平均停留時間 μ。

例題 8-0-2　穩定性是產品品質非常重要的考慮，假使交通警察單位在採購測速器時對測速器的穩定性有一項要求，那就是測速器對時速 90 公里以上的車子所測得的測速值的標準差必須小於 5 公里。如果你是警方的採購單位，如何驗收廠商所交貨的測速器是否符合要求？

解：事實上，你的檢驗就好像是對這批測速器的標準差提出兩個假設。

假設一：它的標準差 $\sigma \le 5$

假設二：它的標準差 $\sigma > 5$

然後以抽樣檢驗的方式來決定以上哪一個假設成立，如果假設一不被接受，則這批測速器是要退貨的。所以，你的檢驗程序可能如下：

(1)從交貨的測速器中隨機抽出 n 個，並安排在時速 90 公里的模擬測速實驗中，記錄 n 個測速器所測得的測速值分別為 $x_1, x_2, \cdots, x_n$

(2)先計算這 n 個測速值的樣本平均值 $\overline{X} = \dfrac{x_1 + \ldots + x_n}{n}$，然後再計算這 n 個測速值的樣本標準差 $S = \sqrt{\dfrac{\Sigma (x_i - \overline{X})^2}{n-1}}$

(3)你的檢驗準則可能是，如果 $S > K$（例如，K 可能是 $5 \times 1.5 = 7.5$ 或其他值）則你無法接受假設一，並將這批測速器判定為不合格品而予以退貨，否則你將不拒絕假設一而允收這批測速器。

一般而言，推論統計可概分為兩大類：一為估計；另一為假設檢定，例題 8-0-1 是估計問題，而例題 8-0-2 則為假設檢定問題。在例題 8-0-1 中，樣本統計量 $\overline{X}$ 扮演估計的角色，因為我們用 $\overline{X}$ 來估計母群體的未知參數 μ，我們稱 $\overline{X}$ 為 μ 的估計統計量（或簡稱估計量）。在例題 8-0-2 中，樣本統計量 S 扮演檢定的角色，我們用 S 來檢定母群體未知參數 σ 的相關假設，因此，我們稱 S 為 σ 的檢定統計量（或簡稱檢定量）。

定義 8-0-1：估計量（estimator）

作為估計用的樣本統計量稱為估計量。

定義 8-0-2：檢定量（tester）

作為假設檢定用的樣本統計量稱為檢定量。

在例題 8-0-1 中估計的精確性及例題 8-0-2 中檢定的正確性，是統計推論中非常重要的問題。換句話說，我們必須了解估計統計量的精確性及檢定統計量的正確性（或正確檢定的能力）。這些問題的解決，唯一的途

徑便是從估計統計量及檢定統計量的機率分配著手，所以本章特別針對常用的樣本平均數($\overline{X}$)的統計特性做進一步的探討。

8.1　$\overline{X}$的統計性質

由於樣本平均數$\overline{X}$有很好的統計性質，使$\overline{X}$成為非常重要的統計量，我們常用$\overline{X}$作為母群體平均數(μ)的估計量或檢定統計量。因此，我們必須知道，$\overline{X}$的抽樣分配與母群體分配(X)間的關係。

> **定理 8-1-1**：母群體隨機變數 X 的期望值為 μ（或μ_x），變異數為 σ^2（或 σ_x^2），$X \sim (\mu_x, \sigma_x^2)$。$x_1, x_2, \cdots, x_n$ 為來自這個母群體的隨機樣本，$\overline{X} = \dfrac{x_1 + \ldots + x_n}{n}$ 為這 n 個樣本的樣本平均數，則
>
> (1) $E(\overline{X}) = \mu_x$
>
> (2) $V(\overline{X}) = \dfrac{\sigma_x^2}{n} = \dfrac{V(X)}{n}$

定理 8-1-1 所陳述的是：(1)樣本平均數的平均數（期望值）與母群體平均數相等；(2)樣本平均數的變異數為母群體變異數的 $\dfrac{1}{n}$ 倍，（其中n為抽樣樣本數）。$\overline{X}$統計量的這兩個統計性質，充分說明了用$\overline{X}$來對μ進行估計或檢定的適當性，定理 8-1-1 中的第一點說明了用$\overline{X}$來對μ進行推論的精確性，因為$\overline{X}$雖不能一舉命中μ，但我們確定它是在μ的附近（因為$E(\overline{X}) = \mu$）。定理 8-1-1 中的第二點說明了用$\overline{X}$推論μ的穩定性，因為只要n夠大，則我們可以確定$\overline{X}$是在很小的範圍內變動（因為$V(\overline{X}) = \dfrac{\sigma_x^2}{n}$）。

例題 8-1-1　某一母群體隨機變數 X 的平均數為 200，變異數為 100，$X_1, \cdots, X_{25}$ 為來自 X 的 25 個隨機樣本，$\overline{X}$為這 25 個樣本的樣本平均數。

(1) $\overline{X}$ 的期望值？

(2) $\overline{X}$ 的變異數？

(3) $\overline{X}$ 的標準差？

解：(1) 根據定理 8-1-1，$E(\overline{X}) = \mu_x = 200$

(2) 根據定理 8-1-1，$V(\overline{X}) = \dfrac{\sigma_x^2}{n} = \dfrac{100}{25} = 4$

(3) $\overline{X}$ 的標準差為 $\sqrt{4} = 2$

8.2 中央極限定理

本節的重心是在探討樣本平均數 $\overline{X}$ 的抽樣分配（或機率分配）到底為何？隨著抽樣數 n 的增加，$\overline{X}$ 的抽樣分配便逐漸浮現出某種共通性，那就是隨著抽樣數 n 的增加，樣本平均數 $\overline{X}$ 的抽樣分配出現：(1)數值向中央聚集；(2)機率分布形狀常態化。這便是推論統計中極其重要的理論依據——中央極限定理。

定理 8-2-1： 中央極限定理（the central limit theorem）

母群體隨機變數 X 的期望值為 μ，變異數為 σ^2，換言之，$X \sim (\mu, \sigma^2)$，$x_1, \cdots, x_n$ 為抽樣自此母群體的 n 個隨機樣本，當抽樣數目 n 足夠大時

(1) $\overline{X}$ 為近似常態分配，且其平均數為 μ，變異數為 $\dfrac{\sigma^2}{n}$。或

$$\overline{X} \approx N\left(\mu, \frac{\sigma^2}{n}\right)$$

(2) $\dfrac{\overline{X} - \mu}{\dfrac{\sigma}{\sqrt{n}}}$ 為近似標準常態分配 $N(0, 1)$

中央極限定理可貴之處是它替樣本平均數 $\overline{X}$ 的統計性質找到了一個常

態分配的歸宿，更可貴的是它並未對母群體隨機變數 X 的機率分配加以任何限制。換句話說，不論母群體的隨機變數是什麼樣的分配，只要 n 足夠大，$\overline{X}$ 便有一個很好的歸宿。根據實證研究得到的經驗法則是 $n \geq 30$。

定理 8-2-2：母群體隨機變數 X 的期望值為 μ，變異數為 σ^2。換言之，$X \sim (\mu, \sigma^2)$。$x_1, \cdots, x_n$ 為抽樣自此母群體的 n 個隨機樣本，當抽樣數目 n 足夠大時，樣本總和 $Y = \sum\limits_{i=1}^{n} X_i$ 的抽樣分配為一個平均數為 $n\mu$，變異數為 $n\sigma^2$ 的近似常態分配，也就是

(1) $Y = \sum\limits_{i=1}^{n} X_i \approx N(n\mu, n\sigma^2)$

(2) $\dfrac{Y - n\mu}{\sqrt{n}\sigma} \approx N(0, 1)$

例題 8-2-1 某母群體隨機變數 X 的期望值為 150，變異數為 25，$X_1, \cdots, X_{64}$ 為抽樣自此母群體的 64 個隨機樣本，若 Y 表示這 64 個樣本的總和，$\overline{X}$ 表示這 64 個樣本的樣本平均數，則

(1) Y 的抽樣分配為何？

(2) $\overline{X}$ 的抽樣分配為何？

(3) $P(Y > 9650) = ？$

(4) $P(149.825 < \overline{X} < 150.825) = ？$

解：(1)由定理 8-2-2，$n = 64$，可知 Y 的抽樣分配為近似常態分配

$$Y \approx N(9600, 1600)$$

(2)由中央極限定理，$n = 64$，可知 $\overline{X}$ 的抽樣分配為近似常態分配

$$\overline{X} \approx N(150, \frac{25}{64})$$

(3) Y 的期望值為 9600，標準差為 $\sqrt{1600} = 40$，所以

$$P(Y > 9650) = P\left(\frac{Y - 9600}{40} > \frac{9650 - 9600}{40}\right)$$

$$= P(Z > 1.25)$$

$$= 0.1056$$

(4)$\overline{X}$的期望值為 150，標準差為 $\sqrt{\dfrac{25}{64}} = \dfrac{5}{8} = 0.625$，所以

$$P(149.825 < \overline{X} < 150.825)$$

$$= P\left(\frac{149.825 - 150}{0.625} < \frac{\overline{X} - 150}{0.625} < \frac{150.825 - 150}{0.625}\right)$$

$$= P(-0.28 < Z < 1.32) = 0.5169$$

在本節的最後，要補充說明一點，如果在中央極限定理及定理 8-2-2 中，母群體隨機變數 X 的機率分配為常態分配，則樣本總和 Y 及樣本平均數 $\overline{X}$ 的抽樣分配也具有常態性（真正的常態而非近似），而且不論樣本數多少，這個常態性皆成立（如定理 8-2-3）。

定理 8-2-3：常態母群體的樣本總和及樣本平均數之抽樣分配

母群體隨機變數 X 的期望值 μ，變異數 σ^2 的常態分配，也就是 $X \sim N(\mu, \sigma^2)$。$x_1, \cdots, x_n$ 為抽樣自此母群體的 n 個隨機樣本，則

(1)$Y = \sum\limits_{i=1}^{n} X_i \sim N(n\mu, n\sigma^2)$

(2)$\dfrac{Y - n\mu}{\sqrt{n}\sigma} \sim N(0, 1)$

(3)$\overline{X} \sim N(\mu, \dfrac{\sigma^2}{n})$

(4)$\dfrac{\overline{X} - \mu}{\dfrac{\sigma}{\sqrt{n}}} \sim N(0, 1)$

注意：上述四項結論不受 n 大小的限制。

案例 8-1　　中央極限定理㈠

　　我們以一個簡單的隨機試驗來闡釋中央極限定理的意義如下：

　　有一個袋子，其中有 4 個完全相同且標號為「0」的球，另有 6 個完全相同且標號為「1」的球。

　　從袋中抽出一球，以隨機變數 X 表示所抽出的球號，X 的機率分配及其圖形如圖 C8-1-1 中第一列所示。以放回方式（with replacement）抽樣，當樣本數目 $n=2$ 時，隨機變數 $\overline{X_2}$ 表示所抽出的兩個球號的平均數（樣本平均數；sample mean），$\overline{X_2}$ 的機率分配及其圖形如圖 C8-1-1 中第二列所示。當樣本數目 $n=3$ 時，隨機變數 $\overline{X_3}$ 表示所抽出的三個球號的平均數，$\overline{X_3}$ 的機率分配及其圖形如圖 C8-1-1 中第三列所示。依此類推，我們可以推導出樣本數 $n=4, n=5, n=6\cdots$ 時樣本平均數 $\overline{X_4}, \overline{X_5}, \overline{X_6}\cdots$ 的機率分配（參考圖 C8-1-1）。

　　從圖 C8-1-1 中，我們看到，抽樣分配從 X（母群體機率分配），到 $\overline{X_2}, \overline{X_3}, \overline{X_4}, \overline{X_5}, \overline{X_6}\cdots$ 的變化趨勢為，從最初集中在 0（機率 $\frac{4}{10}$）；1（機率 $\frac{6}{10}$），隨著抽樣樣本數目（n）的增加，$\overline{X_n}$ 的抽樣分配的密集度逐漸向中央值（$\frac{6}{10}$）聚集（母群體期望值；$\frac{6}{10}=0\ (\frac{4}{10})+1\ (\frac{6}{10})$），理論上，當 $n\to\infty$ 時，抽樣分配 $\overline{X_n}$ 以常態分配為其歸宿（$\overline{X_n}\xrightarrow{n=\infty}N\ (\frac{6}{10},$ $\frac{24/100}{n})$），其中 $\frac{24}{100}=E(X^2)-E\ (X)^2$ 為母群體分配（X）的變異數，然而在實務上，當樣本數夠大（$n>30$）時，抽樣分配 $\overline{X_n}$ 為近似常態分配（參考定理 8-2-1）。

	抽樣分配		圖　形

	X	$f(x)$	
X	0	$\dfrac{4}{10}$	
	1	$\dfrac{6}{10}$	
	（母群體）		

	樣本	$\overline{X_2}$	$f_{\overline{X_2}}(\cdot)$	
$\overline{X_2}$	$(0, 0)$	0	$\left(\dfrac{4}{10}\right)\left(\dfrac{4}{10}\right)=\dfrac{16}{100}$	
	$(0, 1)\cdots\cdots$	$1/2$	$\left(\dfrac{4}{10}\right)\left(\dfrac{6}{10}\right)\times 2=\dfrac{48}{100}$	
	$(1, 1)$	1	$\left(\dfrac{6}{10}\right)\left(\dfrac{6}{10}\right)=\dfrac{36}{100}$	

	樣本	$\overline{X_3}$	$f_{\overline{X_3}}(\cdot)$	
$\overline{X_3}$	$(0, 0, 0)$	0	$\left(\dfrac{4}{10}\right)^3=\dfrac{64}{1000}$	
	$(0, 0, 1)\cdots\cdots$	$1/3$	$\left(\dfrac{4}{10}\right)^2\left(\dfrac{6}{10}\right)\times 3=\dfrac{288}{1000}$	
	$(0, 1, 1)\cdots\cdots$	$2/3$	$\left(\dfrac{4}{10}\right)\left(\dfrac{6}{10}\right)^2\times 3=\dfrac{432}{1000}$	
	$(1, 1, 1)$	1	$\left(\dfrac{6}{10}\right)^3=\dfrac{216}{1000}$	

	樣本	$\overline{X_4}$	$f_{\overline{X_4}}(\cdot)$	
$\overline{X_4}$	$(0, 0, 0, 0)$	0	$\left(\dfrac{4}{10}\right)^4=\dfrac{256}{10000}$	
	$(0, 0, 0, 1)\cdots\cdots$	$1/4$	$\left(\dfrac{4}{10}\right)^3\left(\dfrac{6}{10}\right)\times 4=\dfrac{1536}{10000}$	
	$(0, 0, 1, 1)\cdots\cdots$	$2/4$	$\left(\dfrac{4}{10}\right)^2\left(\dfrac{6}{10}\right)^2\times 6=\dfrac{3456}{10000}$	
	$(0, 1, 1, 1)\cdots\cdots$	$3/4$	$\left(\dfrac{4}{10}\right)\left(\dfrac{6}{10}\right)^3\times 4=\dfrac{3456}{10000}$	
	$(1, 1, 1, 1)$	1	$\left(\dfrac{6}{10}\right)^4=\dfrac{1296}{10000}$	

圖 C8-1-1　從機率角度看中央極限定理

註：為方便起見，所列樣本為代表序列，例如$(0, 0, 1)$為$(0, 0, 1)$，$(0, 1, 0)$，$(1, 0, 0)$之代表

	樣本	$\overline{X_5}$	$f_{\overline{X_5}}(\cdot)$	
$\overline{X_5}$	$(0, 0, 0, 0, 0)$	0	$\left(\dfrac{4}{10}\right)^5 = \dfrac{1024}{100000}$	
	$(0, 0, 0, 0, 1)\cdots\cdots$	$1/5$	$\left(\dfrac{4}{10}\right)^4\left(\dfrac{6}{10}\right) \times 5 = \dfrac{7680}{100000}$	
	$(0, 0, 0, 1, 1)\cdots\cdots$	$2/5$	$\left(\dfrac{4}{10}\right)^3\left(\dfrac{6}{10}\right)^2 \times 10 = \dfrac{23040}{100000}$	
	$(0, 0, 1, 1, 1)\cdots\cdots$	$3/5$	$\left(\dfrac{4}{10}\right)^2\left(\dfrac{6}{10}\right)^3 \times 10 = \dfrac{34560}{100000}$	
	$(0, 1, 1, 1, 1)\cdots\cdots$	$4/5$	$\left(\dfrac{4}{10}\right)\left(\dfrac{6}{10}\right)^4 \times 5 = \dfrac{25920}{100000}$	
	$(1, 1, 1, 1, 1)\cdots\cdots$	1	$\left(\dfrac{6}{10}\right)^5 = \dfrac{7776}{100000}$	

	樣本	$\overline{X_6}$	$f_{\overline{X_6}}(\cdot)$	
$\overline{X_6}$	$(0, 0, 0, 0, 0, 0)$	0	$\left(\dfrac{4}{10}\right)^6 = \dfrac{4096}{1000000}$	
	$(0, 0, 0, 0, 0, 1)\cdots\cdots$	$1/6$	$\left(\dfrac{4}{10}\right)^5\left(\dfrac{6}{10}\right) \times 6 = \dfrac{36864}{1000000}$	
	$(0, 0, 0, 0, 1, 1)\cdots\cdots$	$2/6$	$\left(\dfrac{4}{10}\right)^4\left(\dfrac{6}{10}\right)^2 \times 15 = \dfrac{138240}{1000000}$	
	$(0, 0, 0, 1, 1, 1)\cdots\cdots$	$3/6$	$\left(\dfrac{4}{10}\right)^3\left(\dfrac{6}{10}\right)^3 \times 20 = \dfrac{276480}{1000000}$	
	$(0, 0, 1, 1, 1, 1)\cdots\cdots$	$4/6$	$\left(\dfrac{4}{10}\right)^2\left(\dfrac{6}{10}\right)^4 \times 15 = \dfrac{311040}{1000000}$	
	$(0, 1, 1, 1, 1, 1)\cdots\cdots$	$5/6$	$\left(\dfrac{4}{10}\right)\left(\dfrac{6}{10}\right)^5 \times 6 = \dfrac{186624}{1000000}$	
	$(1, 1, 1, 1, 1, 1)\cdots\cdots$	1	$\left(\dfrac{6}{10}\right)^6 = \dfrac{46656}{1000000}$	

	樣本	$\overline{X_n}$	$f_{\overline{X_n}}(\cdot)$	
$\overline{X_n}$	$(0, \cdots, 0)$	0	$\vdots$	
	$\vdots$	$1/n$	$\vdots$	
	$\vdots$	$\vdots$	$\vdots$	
	$\vdots$	$\vdots$	$\vdots$	
	$(1, \cdots, 1)$	n/n	$\vdots$	

圖 C8-1-1　從機率角度看中央極限定理（續）

案例 8-2　中央極限定理㈡

　　在案例 8-1 中，我們從機率角度，用一個隨機試驗來闡釋中央極限定理的意義。本案例中，我們從統計角度，用 TIMSS 2007 四年級數學評鑑資料來闡釋中央極限定理的意義，並以中華民國為例說明如下（參考圖 C8-2-1 之㈠，㈡，㈢，㈣，㈤）：

㈠若以隨機變數 X 代表中華民國四年級學生數學成績，則 X 的機率分配未知（也就是，母群體的機率分配為未知），其中 μ_x（母群體分配期望值）未知；σ_x（母群體分配標準差）未知；m（母群體分配中位數）未知；母群體分配的形狀亦未知（參考圖 C8-2-1 之㈠）。

㈡TIMSS 2007 數學評鑑，從中華民國四年級母群體抽樣 4131 位學生，x_1, x_2, $\cdots$, x_{4131} 為他們的數學評鑑成績（參考圖 C8-2-1 之㈡）。

㈢我們可以用樣本資訊（x_1, x_2, $\cdots$, x_{4131}）來估計母群體的機率分配：(1)用樣本平均數估計母群體期望值（或母群體平均數）；(2)用樣本標準差估計母群體標準差；(3)用樣本中位數估計母群體中位數；(4)用樣本百分位數估計母群體百分位數。也就是

$$\overline{X} = \frac{x_1 + \cdots + x_{4131}}{4131} = 576 \xrightarrow{\text{估計}} \mu_x \text{（參考表 C9-1-1）}$$

$$S = \sqrt{\frac{\Sigma(x_i - \overline{X})^2}{4131 - 1}} = 69 \xrightarrow{\text{估計}} \sigma_x \text{（參考表 C9-1-1）}$$

$$\hat{x}_{0.05} = 457 \xrightarrow{\text{估計}} x_{0.05} \text{（參考表 C4-1-1）}$$

$$\hat{x}_{0.10} = 488 \xrightarrow{\text{估計}} x_{0.10} \text{（參考表 C4-1-1）}$$

$$\hat{x}_{0.25} = 532 \xrightarrow{\text{估計}} x_{0.25} \text{（參考表 C4-1-1）}$$

$$\hat{m} = 578 \xrightarrow{\text{估計}} m \text{（參考表 C4-1-1）}$$

$$\hat{x}_{0.75} = 623 \xrightarrow{\text{估計}} x_{0.75} \text{（參考表 C4-1-1）}$$

$$\hat{x}_{0.90} = 663 \xrightarrow{\text{估計}} x_{0.90} \text{（參考表 C4-1-1）}$$

$$\hat{x}_{0.95} = 686 \xrightarrow{\text{估計}} x_{0.95} \text{（參考表 C4-1-1）}$$

根據以上資訊，可以大致描繪出母群體分配的位置與形狀（參考圖 C8-2-1 之（三））。

㈣我們可以用樣本資訊（$x_1, x_2, \cdots, x_{4131}$）來估計樣本平均數 $\overline{X_{4131}}$（統計量）的機率分配：(1)用樣本平均數估計 $\overline{X_{4131}}$（統計量）的期望值；(2)用標準誤差（SE）估計 $\overline{X_{4131}}$（統計量）的標準差；(3)套用中央極限定理描繪 $\overline{X_{4131}}$（統計量）機率函數的圖形。也就是

$$\overline{X} = \frac{x_1 + \cdots + x_{4131}}{4131} = 576 \xrightarrow{\text{估計}} \mu_{\overline{X_{4131}}} \text{（參考定理 8-1-1）}$$

$$SE = 1.733 \xrightarrow{\text{估計}} \sigma_{\overline{X_{4131}}} \text{（參考案例 9-1 的說明）}$$

$$\overline{X_{4131}} \xrightarrow{\text{近似}} Normal\,(\mu_{\overline{X_{4131}}}, \sigma^2_{\overline{X_{4131}}}) \text{（參考定理 8-2-1）}$$

根據以上資訊，可以大致描繪出 $\overline{X_{4131}}$（統計量）的機率函數的位置與形狀（參考圖 C8-2-1 之㈣）。

㈤將 X 與 $\overline{X_{4131}}$（統計量）的機率函數描繪在同一座標上，顯示出中央極限定理的特性：(1)資料向中央（期望值）聚集；(2)分布形狀常態化。

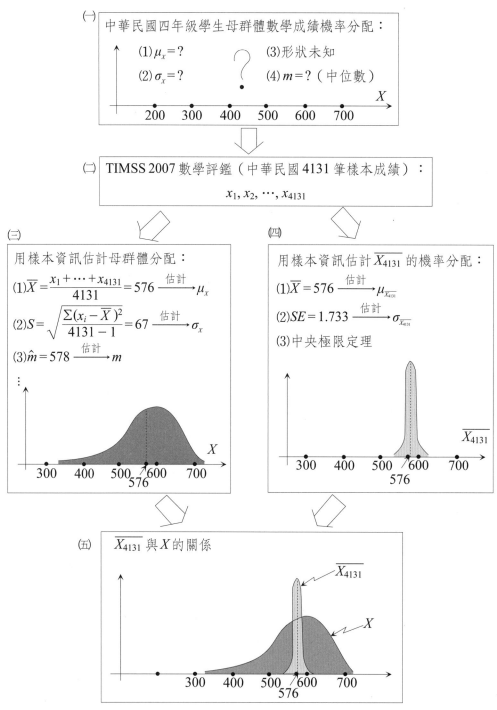

圖 C8-2-1　從統計角度看中央極限定理

習 題

案例題型

根據 TIMSS 2007 四年級數學評鑑報告表 C9-1-1（參考案例 9-1），用中央極限定理計算機率。

8.1 從香港四年級學生中隨機抽樣 30 位學生，$\overline{X_{30}}$ 表示 30 學生的平均成績，則

$$P(\overline{X_{30}} > 602) = ?$$

8.2 從中華民國四年級學生中隨機抽樣 30 位學生，S_{30} 表示 30 學生的成績和，則

$$P(17250 < S_{30} < 17300) = ?$$

一般題型

8.3 母群體隨機變數 X 呈現出右偏（skewed to right），且其平均數為 30，標準差為 26，從這個母群體中抽取 169 個樣本，$\overline{X}$ 為這 169 個樣本值的平均數，則(1)$\overline{X}$的機率分配為何？ (2)計算 $P(\overline{X} \geq 34) = ?$

8.4 無限母群體隨機變數 X 的期望值 $\mu = 30$，變異數 $\sigma^2 = 10$。從這個母群體中隨機抽取樣本 $x_1, \cdots, x_{20}$（抽樣數 $n = 20$），
(1)樣本平均數 $\overline{X}$ 的期望值 $E(\overline{X}) = ?$ (2)樣本平均數 $\overline{X}$ 的變異數 $V(\overline{X}) = ?$

8.5 常態母群體之期望值為 10，變異數為 441。從這個母群體中隨機抽樣 $x_1, \cdots, x_{49}$，$\overline{X}$ 為樣本平均數，則(1)計算 $P(\overline{X} \geq 13) = ?$ (2)計算 $P(4 \leq \overline{X} \leq 13) = ?$

8.6 某化工廠所製造的 5 公斤桶裝油漆中，某種有毒性揮發物質的平均含量為 4.0 公克，標準差為 1.3 公克（並假設它為常態分配）

(1)這家化工廠所製造的桶裝油漆中，這種有毒性揮發物含量超過 5 公克的比例有多少？

(2)隨機抽樣 100 桶油漆，其樣本平均含量超過 4.5 公克的機率有多少？

(3)如果檢驗單位在某次檢驗中，測得 100 桶的樣本平均含量為 4.5 公克，你認為該化工廠的生產線可能發生了什麼問題？

8.7 依衛生署的相關規定，罐頭食品某種可能致癌物質的含量不可超過 2.0 公克，某家食品製造商所生產的罐頭食品中，這種物質的含量呈現常態分配，其平均數為 1.25 公克，標準差為 0.5 公克。

(1)這個食品製造商所生產的罐頭中有多少百分比不符合衛生署的規定？

(2)假設衛生署定期抽檢的程序如下：抽樣 25 個罐頭，並計算 25 個可能致癌物含量的平均數，如果樣本平均值超過 1.6 公克，則廠商將受到嚴厲的處罰。則這家廠商遭到處罰的機率是多少？此外，你認為這個檢驗規則是否合理？

8.8 假設顧客在銀行等候線等待服務的時間為常態分配，其平均數及標準差分別為 100 秒及 10 秒。顧客可接受的等待時間極大值也是常態分配，其平均數及標準差分別為 95 秒及 8 秒。當顧客等待的時間超過他（她）可接受的極限值時，他（她）會有不滿意的感覺，則：

(1)當你到這家銀行，你的等待時間不超過 95 秒的機率是多少？

(2)整體來說，有多少比例的顧客會有不滿意的感覺。

8.9 某餐飲店統計資料顯示，顧客消費金額的平均值為 100 元，標準差為 18 元，則

(1) 36 名顧客的平均消費金額超過 97 元的機率是多少？

(2) 100 名顧客的營業總金額超過 10,500 元的機率是多少？

(3)該餐飲店若要使每日的營業總金額超過 12,000 元的機率大於 95%，則每日至少要有多少位顧客光臨？

8.10 統計資料顯示，所有上市公司股票的年投資報酬率的平均值為 9%，標準差為 18%，某投資理財雜誌社隨機取樣 36 名訂戶，計算出這 36 位訂戶投

資上市公司股票的平均年報酬率為 6%。

(1)在雜誌社訂戶年投資報酬率分配與所有上市公司年投資報酬率分配相同的假設下，雜誌社 36 名訂戶年平均投資報酬率低於 6%的機率是多少？

(2)根據上述資料，你（妳）是否認為該雜誌社訂戶的投資績效不佳？

9 估計㈠

當樣本統計量作為估計之用時，我們稱它為估計量（estimator），例如，我們常以樣本平均數 $\overline{X}$ 作為母群體平均數 μ 的估計量。我們也常以樣本變異數 S^2 作為母群體變異數 σ^2 的估計量。

定義 9-0-1：估計量（estimator）

欲估計母群體的某一參數 θ 時，我們從該母群體中抽取 n 個樣本值 $x_1, \cdots, x_n$。若以樣本統計量 $\hat{\theta}$ 來估計 θ，且定義 $\hat{\theta}$ 為

$$\hat{\theta} = f(x_1, \cdots, x_n)$$

則我們稱 $\hat{\theta}$ 為 θ 的估計量。

在定義 9-0-1 中，θ 泛指母群體參數。在統計學中最常見的 θ 為母群體平均數 μ 及母群體變異數 σ^2，我們常用樣本平均數 $\overline{X}$ 來估計母群體平均數 μ，也就是

$$\overline{X} = \hat{\mu} = f(x_1, \cdots, x_n) = \frac{x_1 + \cdots + x_n}{n}$$

此外，我們也常用樣本變異數來估計母群體變異數，也就是

$$S^2 = \hat{\sigma}^2 = g(x_1, \cdots, x_n) = \frac{\sum\limits_{i=1}^{n}(x_i - \overline{X})^2}{n-1}$$

估計量的習慣表示方法有二，一為直接在被估計的參數上加一個帽子，例如 $\hat{\mu}$（唸成 μ hat）或 $\hat{\sigma}^2$（唸成 sigma square hat），這種表示法的好處是不需任何說明，我們很自然地知道 $\hat{\mu}$ 為 μ 的估計量，$\hat{\sigma}^2$ 為 σ^2 的估計量。另一種則是以英文大寫字母表示，例如 $\overline{X}$（唸成 X bar）或 S^2（唸成 S square）。值得注意的是，估計量所代表的是一個作為估計用途的公式，當以實際觀測值代入這個估計量所計算得到的數值，我們稱它為估計值（estimate）。

定義 9-0-2：估計值（estimate）

將一組樣本值代入估計量所求得的數值，稱為估計值。

估計量與估計值的區分，通常以大寫字母及小寫字母分別表示之。例如，$\overline{X}$ 為 μ 的估計量，而 $\bar{x}$ 則為某一組樣本資料代入 $\overline{X}$（公式）後所得到的個別估計值。

一般而言，估計有兩種呈現方式，一為點估計（point estimation），另一為區間估計（interval estimation）。所謂點估計是以估計量所計算得到的估計值作為估計的結果。而區間估計則是計算出一個區間作為估計的結果。

接下來，為了操作上的方便，我們定義一個符號 Z_α 表示標準常態右尾面積（機率）α 相對應的 Z 值。

定義 9-0-3：標準常態右尾 Z_α 值（右尾臨界值）

Z 為標準常態隨機變數，α 為一個介於 0，1 之間的數字，則必存在一個 z 值，它使得 $Z \geq z$ 的機率為 α，為了操作方便，我們以符號 Z_α 表示這個 z 值也就是

$$P(Z \geq Z_\alpha) = \alpha$$

例題 9-0-1　　$\alpha = 0.025$，則 $Z_{0.025} = ?$

解：

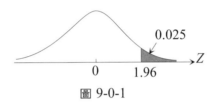

圖 9-0-1

查表或透過 NORMSINV（附錄 A2-1）的計算得知這個 z 值為 1.96，所以 $Z_{0.025} = 1.96$

例題 9-0-2　　計算 $Z_{\alpha/2}$，使得它滿足 $P(-Z_{\alpha/2} \leq Z \leq Z_{\alpha/2}) = K$

(1) $K = 0.8$；(2) $K = 0.9$；(3) $K = 0.95$。

解：

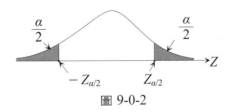

圖 9-0-2

由上圖可知，$P(-Z_{\alpha/2} \leq Z \leq Z_{\alpha/2}) = 1 - \alpha$

(1) $K = 0.8$，$1 - \alpha = 0.8$，$\alpha = 0.2$，$\dfrac{\alpha}{2} = 0.1$，所以

$$P\left(Z \geq Z_{\alpha/2}\right) = \frac{\alpha}{2} = 0.1$$

在 NORMSINV 方格中輸入 0.9（ = 1 − 0.1 ）；或在 Excel 工作格中鍵入「 = NORMSINV (0.9)」，立即傳回臨界值 1.281551566，所以

$$Z_{\alpha/2} = Z_{0.1} = 1.2816$$

(2) $K = 0.9$，$1 − \alpha = 0.9$，$\alpha = 0.1$，$\frac{\alpha}{2} = 0.05$，所以

$$P\left(Z \geq Z_{\alpha/2}\right) = \frac{\alpha}{2} = 0.05$$

同理如(1)，在 NORMSINV 中輸入 0.95，得到

$$Z_{\alpha/2} = Z_{0.05} = 1.645$$

(3) $K = 0.95$，$1 − \alpha = 0.95$，$\alpha = 0.05$，$\frac{\alpha}{2} = 0.025$，所以

$$P\left(Z \geq Z_{\alpha/2}\right) = \frac{\alpha}{2} = 0.025$$

同理如(1)，在 NORMSINV 中輸入 0.975，得到

$$Z_{\alpha/2} = Z_{0.025} = 1.96$$

9.1 母群體平均數 μ 的估計之一

當母群體為：(1)常態母群體、(2)變異數(σ^2)已知時，母群體平均數(μ)的估計程序如圖 9-1-1。由標準常態的特性推導μ的信賴區間，從（9-1-1）式出發，整理後得到（9-1-2）式：

$$P\left(-Z_{\alpha/2} \leq \frac{\overline{X} - \mu}{\frac{\sigma}{\sqrt{n}}} \leq Z_{\alpha/2}\right) = 1 - \alpha \qquad (9\text{-}1\text{-}1)$$

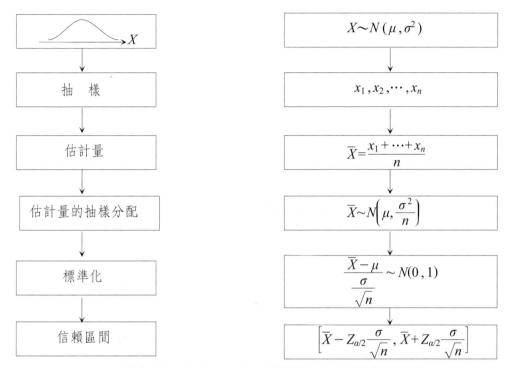

圖 9-1-1 　常態母群體，變異數已知下 μ 的估計程序

$$P(\overline{X} - Z_{\frac{a}{2}} \frac{\sigma}{\sqrt{n}} \le \mu \le \overline{X} + Z_{\frac{a}{2}} \frac{\sigma}{\sqrt{n}}) = 1 - \alpha \qquad (9\text{-}1\text{-}2)$$

一旦我們給定（9-1-2）式中的 α 值（或 $1-\alpha$ 值），便可以求得 μ 的信賴區間，例如當 $\alpha=0.05$ 時（9-1-2）式可改寫成為（9-1-3）式

$$P(\overline{X} - 1.96 \frac{\sigma}{\sqrt{n}} \le \mu \le \overline{X} + 1.96 \frac{\sigma}{\sqrt{n}}) = 0.95 \qquad (9\text{-}1\text{-}3)$$

事實上，（9-1-3）式所表達的是，以 $\overline{X} - 1.96 \dfrac{\sigma}{\sqrt{n}}$ 及 $\overline{X} + 1.96 \dfrac{\sigma}{\sqrt{n}}$ 為上下限的隨機區間（random interval）包含 μ 的機率為 0.95，我們稱這個區間（如（9-1-4）所示）為 95%信賴水準（confidence level）下母群體平均數 μ 的估計區間，或簡稱 μ 的 95%信賴區間。

$$[\overline{X} - 1.96\frac{\sigma}{\sqrt{n}}, \quad \overline{X} + 1.96\frac{\sigma}{\sqrt{n}}] \tag{9-1-4}$$

定義 9-1-1：信賴水準（level of confidence）

區間估計所求得的隨機區間（random interval），會包含所欲估計之母群體參數的機率稱之為信賴水準。

在定義 9-1-1 中，我們提到隨機區間。因為估計量為隨機變數，則由它所求得的區間上下限也是隨機變數，我們稱這樣的區間為隨機區間。隨機區間不一定包含它所欲估計的參數值，而信賴水準便是用來顯示這個區間會包含所欲估計之參數值的可能性。信賴水準通常以（$1-\alpha$）的型態表示，信賴水準愈大，表示我們對這個區間可賦予較高的信賴程度。從（9-1-3）式可知，信賴水準通常是事先給定的，一般統計分析中最常要求的信賴水準為 95%。事實上，信賴水準常隨問題的難易程度而有所調整，90% 到 99% 是常見的信賴水準範圍。由以上的推導，我們將 μ 的 $100(1-\alpha)$% 信賴區間以下述定理來表示。

定理 9-1-1：μ 的信賴區間（confidence interval）

X 為常態母群體之隨機變數，當變異數 σ^2 已知時，$\overline{X}$ 為抽樣自這個母群體的 n 個樣本值 $x_1, \cdots, x_n$ 的樣本平均數，則其母群體平均數 μ 的 $100(1-\alpha)$% 信賴區間為

$$[\overline{X} - Z_{\alpha/2}\frac{\sigma}{\sqrt{n}}, \overline{X} + Z_{\alpha/2}\frac{\sigma}{\sqrt{n}}]$$

例題 9-1-1 常態隨機變數 X 的標準差為 15，$x_1, \cdots, x_{25}$ 為抽樣自這個母群體的 25 個隨機樣本，計算得 $\overline{X} = 90$。

(1)估計母群體平均數 μ 的 99% 信賴區間。

(2)估計母群體平均數 μ 的 95%信賴區間。

(3)估計母群體平均數 μ 的 90%信賴區間。

解：(1)由定理 9-1-1，$100(1-\alpha)=99$，$\frac{\alpha}{2}=0.005$，$Z_{\frac{\alpha}{2}}=Z_{0.005}=2.575$，所以 μ 的 99%信賴區間為

$$[\overline{X}-2.575\frac{15}{\sqrt{25}}\ ,\ \overline{X}+2.575\frac{15}{\sqrt{25}}]$$

根據實際抽樣得到的 $\overline{X}=90$ 代入上式，我們得到的區間為

$$[90-7.725\ ,\ 90+7.725]=[82.275\ ,\ 97.725]$$

(2) $100(1-\alpha)=95$，$\frac{\alpha}{2}=0.025$，$Z_{\frac{\alpha}{2}}=Z_{0.025}=1.96$，所以 μ 的 95%信賴區間為

$$[\overline{X}-1.96\times3\ ,\ \overline{X}+1.96\times3]$$

根據實際抽樣得到的 $\overline{X}=90$ 代入上式，我們得到的區間為

$$[90-5.88\ ,\ 90+5.88]=[84.12\ ,\ 95.88]$$

(3) $100(1-\alpha)=90$，$\frac{\alpha}{2}=0.05$，$Z_{\frac{\alpha}{2}}=Z_{0.05}=1.645$，所以 μ 的 90%信賴區間為

$$[\overline{X}-1.645\times3\ ,\ \overline{X}+1.645\times3]$$

根據實際抽樣得到的 $\overline{X}=90$ 代入上式，我們得到的區間為

$$[90-4.935\ ,\ 90+4.935]=[85.065\ ,\ 94.935]$$

例題 9-1-2 已知大專畢業社會新鮮人的月薪為常態分配，且其標準差為 1,020 元，若抽樣調查 9 位社會新鮮人的月薪資料為 22,500、23,000、28,000、22,450、25,000、24,000、26,500、27,500、25,500，

(1)估計大專畢業社會新鮮人月薪平均數 μ 的 95%信賴區間。

(2)估計大專畢業社會新鮮人月薪平均數 μ 的 99%信賴區間。

(3)從(1)(2)兩個信賴區間的寬度，你得到什麼結論？如果要將(1)的信賴區間

寬度限定為不超過 500 元，你怎麼辦？

解：(1) $100(1-\alpha)=95$，$\dfrac{\alpha}{2}=0.025$，$Z_{\frac{\alpha}{2}}=Z_{0.025}=1.96$，所以 μ 的 95% 信賴區間為

$$[\overline{X}-1.96\frac{1020}{\sqrt{9}}, \overline{X}+1.96\frac{1020}{\sqrt{9}}]=[\overline{X}-666.4, \overline{X}+666.4]$$

$$\overline{X}=\frac{22500+\cdots+25500}{9}=24{,}938.89$$

根據實際抽樣得到的 $\overline{X}=24{,}938.89$，得到的區間為

$$[24938.89-666.4, 24938.89+666.4]=[24272.49, 25605.29]$$

(2) $100(1-\alpha)=99$，$\dfrac{\alpha}{2}=0.005$，$Z_{\alpha/2}=Z_{0.005}=2.575$，所以 μ 的 99% 信賴區間為

$$[\overline{X}-2.575\frac{1020}{\sqrt{9}}, \overline{X}+2.575\frac{1020}{\sqrt{9}}]=[\overline{X}-875.5, \overline{X}+875.5]$$

根據實際抽樣得到的 $\overline{X}=24938.89$，得到的區間為

$$[24938.89-875.5, 24938.89+875.5]=[24063.39, 25814.39]$$

(3) μ 的 95% 信賴區間上下限為 $\overline{X}\pm1.96\dfrac{1020}{\sqrt{9}}$，它的寬度為 $2\times1.96\dfrac{1020}{\sqrt{9}}$，而 μ 的 99% 信賴區間上下限為 $\overline{X}\pm2.575\dfrac{1020}{\sqrt{9}}$，它的寬度為 $2\times2.575\dfrac{1020}{\sqrt{9}}$。所以，我們得到的結論是，在同一組抽樣資料下，所要求的信賴水準愈高，則其信賴區間的寬度也愈大。如果將 μ 的 95% 信賴區間寬度限定為不超過 500，則

$$2\times1.96\frac{1020}{\sqrt{n}}<500，也就是 n>63.94$$

所以，我們只要將抽樣數目增加到 64 以上，則所得到的 μ 的 95% 信賴區間的寬度必將小於 500 元。

9.2 t 分配

第一節中所談的母群體平均數 μ 的信賴區間是在：(1)常態母群體；(2)母群體變異數 σ^2 已知前提下進行，但是，當母群體的變異數 σ^2 未知，我們以樣本標準差(S)替換 σ，在圖 9-1-1 中標準化後的隨機變數 $\dfrac{\overline{X}-\mu}{\dfrac{S}{\sqrt{n}}}$ 是否仍為標準常態分配呢？

定理 9-2-1：t 分配（t distribution）

母群體隨機變數為期望值 μ，變異數 σ^2 的常態分配，也就是 $X \sim N(\mu, \sigma^2)$，$x_1, \cdots, x_n$ 為抽樣自這個母群體的 n 個隨機樣本，當 σ^2 未知時，我們以樣本變異數 S^2 替代，則

$$\frac{\overline{X}-\mu}{\dfrac{S}{\sqrt{n}}} = t \sim t(n-1)$$

是自由度（degrees of freedom）為 $n-1$ 的 t 分配，以符號 $t(n-1)$ 表示之[註1]

$t(n-1)$ 分配的形狀，類似標準常態分配，但由於 $t(n-1)$ 的變異數大於 1，所以 $t(n-1)$ 比標準常態更分散。換言之，$t(n-1)$ 的機率密度函數在中央部分較標準常態低，而兩尾部分則較標準常態高（如圖 9-2-1）。

圖 9-2-1　Z 分配與 t 分配的機率密度函數

註 1：參考「應用機率導論」第 8 章 8-6 節。（吳冬友、楊玉坤，五南圖書出版公司）

當抽樣數目 n 增大時，$t\,(n-1)$ 的變異數便愈來愈趨近 1，同時 $t\,(n-1)$ 分配的形狀也愈接近標準常態分配（如圖 9-2-2）。所以，$v_1 < v_2 < v_3$ 時，$t\,(v_2)$ 比 $t\,(v_1)$ 接近標準常態，而 $t\,(v_3)$ 則又比 $t\,(v_2)$ 更接近標準常態。理論上，當 n 趨近 ∞ 時 $t\,(n-1)$ 與標準常態完全一致，但在實務上，根據經驗法則通常只要 $n \geq 30$ 之後，$t\,(n-1)$ 便與 Z 非常接近了。

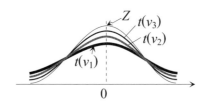

圖 9-2-2　$v_1 < v_2 < v_3$ 時，t 與 Z 的關係

為了操作上的方便，如同 Z_α 我們定義 $t_\alpha\,(n-1)$ 為 $t\,(n-1)$ 分配右尾面積 α 的切割點（如圖 9-2-3）

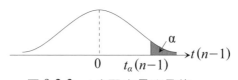

圖 9-2-3　t 分配右尾臨界值

定義 9-2-1：$t_\alpha(n-1)$ 值（右尾臨界值）

$t(n-1)$ 為自由度 $(n-1)$ 的 t 隨機變數，我們定義 $t_\alpha(n-1)$ 為滿足下式之 $t(n-1)$ 軸上的數值

$$P(t(n-1) > t_\alpha(n-1)) = \alpha$$

例題 9-2-1　$v = 9$，$\alpha = 0.05$，求 $t_{0.05}(9) = ?$

解： 從附錄一表 A1-2 中，先找到自由度 $v = 9$ 列，再找到 $t_{0.05}$ 行，表中行列交會的數字 1.833 即為所求。

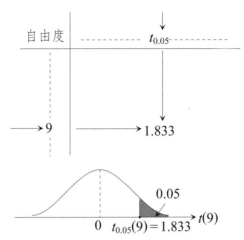

註：或經由 TINV 計算（參考附錄 A2-2，TINV 例題 1）

例題 9-2-2　$v=9$，$\alpha=0.95$，求 $t_{0.95}(9)=?$

解： 由於 t 分配具有對稱性，所以 $t_{0.95}(9)=-t_{0.05}(9)=-1.833$

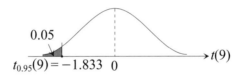

註：或經由 TINV 計算（參考附錄 A2-2，TINV 例題 2）

例題 9-2-3　$v=18$，求 $t_{0.025}$ 及 $t_{0.975}$，使得 $P(t_{0.975} \leq t \leq t_{0.025})=0.95$。

解： 從附錄一表 A2-1 中查到

$$t_{0.025}(18)=2.101$$

$$t_{0.975}(18)=-t_{0.025}(18)=-2.101$$

註：或經由 TINV 計算（參考附錄 A2-2，TINV 例題 3）

9.3 母群體平均數 μ 的估計之二

當母群體為(1)常態分配(2)變異數（σ^2）未知時，我們可以應用第二節中所介紹的 t 分配來估計母群體平均數 μ，估計程序如圖 9-3-1。

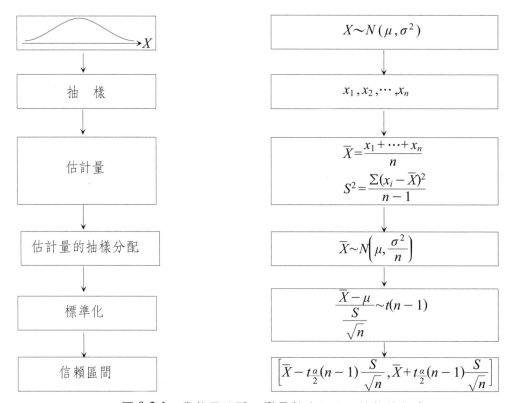

圖 9-3-1 　常態母群體，變異數未知下 μ 的估計程序

由 t 分配的特性推導 μ 的信賴區間，從（9-3-1）式出發：

$$P\left(-t_{\alpha/2}(n-1) \le \frac{\overline{X} - \mu}{\frac{S}{\sqrt{n}}} \le t_{\alpha/2}(n-1)\right) = 1 - \alpha \qquad (9\text{-}3\text{-}1)$$

整理後得到（9-3-2）式

$$P(\overline{X} - t_{\alpha/2}(n-1)\frac{S}{\sqrt{n}} \le \mu \le \overline{X} + t_{\alpha/2}(n-1)\frac{S}{\sqrt{n}}) = 1 - \alpha \quad (9\text{-}3\text{-}2)$$

一旦給定（9-3-2）式中之 α 值（或 $1-\alpha$ 值）後，便可求得母群體平均數 μ 的 $100(1-\alpha)$% 信賴區間如定理 9-3-1

定理 9-3-1： μ 的信賴區間

X 為常態母群體之隨機變數，當變異數 σ^2 未知時，$\overline{X}$ 為抽樣自這個母群體的 n 個樣本值 $x_1, \cdots, x_n$ 的樣本平均數，則母群體平均數 μ 的 $100(1-\alpha)$% 信賴區間為

$$[\overline{X} - t_{\alpha/2}(n-1)\frac{S}{\sqrt{n}}, \overline{X} + t_{\alpha/2}(n-1)\frac{S}{\sqrt{n}}]$$

其中 S 為樣本標準差。

例題 9-3-1 某電子通信連鎖店欲估計某款手機的月平均銷售量，作為其行銷規劃的參考，隨機抽取 10 筆月銷售記錄為：148, 155, 126, 117, 124, 136, 141, 133, 129, 146。假設這款手機的月銷售量為常態分配。

⑴求月平均銷售量 μ 的 90% 信賴區間？

⑵求月平均銷售量 μ 的 95% 信賴區間？

解： 這 10 筆月銷售量的樣本平均數及樣本標準差為 $\overline{X} = 135.5$，$S = 11.98$，所以

⑴ μ 的 90% 信賴區間：

查表或由 TINV 計算得知 $t_{0.05}(9) = 1.833$，所以 μ 的 90% 信賴區間為

$$\left[\overline{X} - 1.833\frac{S}{\sqrt{10}}, \overline{X} + 1.833\frac{S}{\sqrt{10}}\right]$$

根據本次抽樣得到的 $\overline{X} = 135.5$，$S = 11.98$ 代入上式所求得的 90% 信賴區間為

$$\left[135.5-1.833\frac{11.98}{\sqrt{10}} \, , \, 135.5+1.833\frac{11.98}{\sqrt{10}}\right]=\left[128.56 \, , \, 142.44\right]$$

(2) μ 的 95% 信賴區間

查表或由 TINV 計算得知 $t_{0.025}(9)=2.262$，所以 μ 的 95% 信賴區間為：

$$\left[\overline{X}-2.262\frac{S}{\sqrt{10}} \, , \, \overline{X}+2.262\frac{S}{\sqrt{10}}\right]$$

根據本次抽樣調查得到 $\overline{X}=135.5$，$S=11.98$，代入上式所求得的 95% 信賴區間為

$$\left[135.5-2.262\frac{11.98}{\sqrt{10}} \, , \, 135.5+2.262\frac{11.98}{\sqrt{10}}\right]=\left[126.93 \, , \, 144.07\right]$$

例題 9-3-2 某電腦組裝工廠欲估計組裝一部電腦所需的平均時間，隨機抽樣記錄 41 台電腦的組裝時間，計算出這 41 筆資料的平均數 $\overline{X}=18$（分鐘），標準差 $S=1.8$（分鐘）。假設組裝時間為常態分配，則

(1) 求平均組裝時間 μ 的 95% 信賴區間（查 t 分配表）？

(2) 求平均組裝時間 μ 的 95% 信賴區間（查 Z 分配表）？

(3) 比較(1)(2)的差異。

解： (1) 查表或由 TINV 計算得知 $t_{0.025}(40)=2.021$，所以 μ 的 95% 信賴區間為

$$\left[\overline{X}-2.021\frac{S}{\sqrt{41}} \, , \, \overline{X}+2.021\frac{S}{\sqrt{41}}\right]$$

根據本次抽樣得到的 $\overline{X}=18$，$S=1.8$ 所計算的 95% 信賴區間為

$$\left[18-2.021\frac{1.8}{\sqrt{41}} \, , \, 18+2.021\frac{1.8}{\sqrt{41}}\right]=\left[17.43 \, , \, 18.57\right]$$

(2) 查表或由 TINV 計算得知 $Z_{0.025}=1.96$，所以 μ 的 95% 信賴區間為

$$\left[\overline{X}-1.96\frac{S}{\sqrt{41}} \, , \, \overline{X}+1.96\frac{S}{\sqrt{41}}\right]$$

根據本次抽樣得到的 $\overline{X}=18$，$S=1.8$ 所計算的 95% 信賴區間為

$$\left[18-1.96\frac{1.8}{\sqrt{41}}，18+1.96\frac{1.8}{\sqrt{41}}\right]=\left[17.45，18.55\right]$$

(3)根據經驗法則，當 $n>30$ 時 t 分配與 Z 分配非常近似，所以本題中(1)、(2)所得 的結果差異不大。

9.4　母群體平均數 μ 的估計之三

　　當母群體為非常態母群體時，我們可以應用中央極限定理來估計母群體平均數 μ，估計程序如圖 9-4-1。

定理 9-4-1：μ 的信賴區間

　　X 為非常態母群體之隨機變數，$\overline{X}$ 為抽樣自這個母群體的 n 個樣本值 $x_1,\cdots,x_n$ 的樣本平均數且 $n\geq 30$，則母群體平均數 μ 的 100（$1-\alpha$）% 信賴區間為

(1)當母群體變異數 σ^2 已知時

$$[\overline{X}-Z_{\alpha/2}\frac{\sigma}{\sqrt{n}},\overline{X}+Z_{\alpha/2}\frac{\sigma}{\sqrt{n}}]$$

(2)當母群體變異數 σ^2 未知時

$$[\overline{X}-Z_{\alpha/2}\frac{S}{\sqrt{n}},\overline{X}+Z_{\alpha/2}\frac{S}{\sqrt{n}}]$$

其中 S 為樣本標準差。

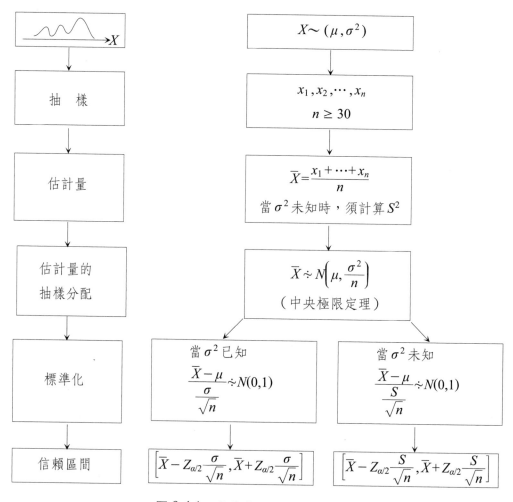

圖 9-4-1　非常態母群體 μ 的估計程序

例題 9-4-1　如果例題 9-3-2 中，組裝時間是常態分配的假設不成立，則 μ 的 98%信賴區間要如何計算？

解：本題的樣本數 $n=41$，所以由中央極限定理，及圖 9-4-1 估計程序，$Z_{0.01}=2.33$，所以 μ 的 98%信賴區間為

$$\left[\overline{X}-2.33\frac{S}{\sqrt{41}}\ ,\ \overline{X}+2.33\frac{S}{\sqrt{41}}\right]$$

根據本次抽樣得到的 $\overline{X}=18$，$S=1.8$ 所計算的 98%信賴區間為

$$\left[18-2.33\frac{1.8}{\sqrt{41}}\ ,\ 18+2.33\frac{1.8}{\sqrt{41}}\right]=\left[17.35\ ,\ 18.66\right]$$

9.5 母群體比例值 *p* 的估計

在許多決策問題中，我們要估計具某種特質的個體在母群體中所占的百分比例 *p*。例如，生產線上不良品的比例（不良率）、產品在市場上的占有率、某種傳染病的感染率、不景氣時的失業率及選舉時候選人的得票率……等。我們可以應用中央極限定理來估計，估計程序如圖 9-5-1。由標準常態的性質推導 *p* 的信賴區間：

$$P(-Z_{\alpha/2} \le \frac{\hat{p}-p}{\sqrt{\dfrac{pq}{n}}} \le Z_{\alpha/2})=1-\alpha \qquad\qquad (9\text{-}5\text{-}1)$$

（9-5-1）式經過整理後，便得到母群體比例值 *p* 的 100（1 − α）%信賴區間如下（9-5-2）式：

$$[\hat{p} - Z_{\alpha/2}\sqrt{\frac{pq}{n}}\ ,\ \hat{p}+Z_{\alpha/2}\sqrt{\frac{pq}{n}}] \qquad\qquad (9\text{-}5\text{-}2)$$

最後，由於 *p* , *q* 為未知（事實上，我們的工作就是要估計 *p*，當然不會知道 *p* , *q*）。我們以 $\hat{p}$，及 $\hat{q}=1-\hat{p}$ 替換（9-5-2）式中未知的 *p*、*q* 值，所以將（9-5-2）信賴區間修正為如定理 9-5-1 所示。

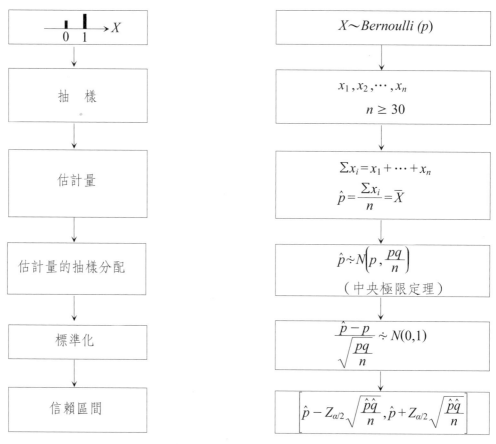

圖 9-5-1 母群體比例 p 的估計程序

定理 9-5-1：母群體比例 p 的信賴區間

X 為區分母群體中元素是否具有某種特質之 Bernoulli 隨機變數，$x_1, \cdots, x_n$ 為抽樣自這個母群體的 n 個（0 或 1）樣本值，$\hat{p} = \dfrac{\sum x_i}{n}$ 為具有該特質的樣本比例值，則母群體中具有該特質元素的比例值 p 的 $100(1-\alpha)$％信賴區間為

$$[\hat{p} - Z_{\alpha/2}\sqrt{\frac{\hat{p}\hat{q}}{n}} , \hat{p} + Z_{\alpha/2}\sqrt{\frac{\hat{p}\hat{q}}{n}}]$$

其中 $\hat{q} = 1 - \hat{p}$

例題 9-5-1 生產線欲估計其產品不良率，隨機抽檢 150 個產品，其中有 6 個不良品。

(1)求不良率 p 的 95%信賴區間？

(2)求不良率 p 的 99%信賴區間？

解： 依據圖 9-5-1 的估計程序，樣本不良率 $\hat{p} = \dfrac{6}{150} = 0.04$

(1) $Z_{0.025} = 1.96$，所以生產線不良率 p 的 95%信賴區間為

$$\left[\hat{p} - 1.96\sqrt{\frac{\hat{p}\hat{q}}{150}}, \ \hat{p} + 1.96\sqrt{\frac{\hat{p}\hat{q}}{150}} \right]$$

根據本次抽樣得到的 $\hat{p} = 0.04$ 所計算的 95%信賴區間為

$$\left[0.04 - 1.96\sqrt{\frac{(0.04)(0.96)}{150}}, \ 0.04 + 1.96\sqrt{\frac{(0.04)(0.96)}{150}} \right]$$

$$= \left[0.00864, \ 0.0713 \right]$$

(2) $Z_{0.005} = 2.575$，所以生產線不良率 p 的 99%信賴區間為

$$\left[\hat{p} - 2.575\sqrt{\frac{\hat{p}\hat{q}}{150}}, \ \hat{p} + 2.575\sqrt{\frac{\hat{p}\hat{q}}{150}} \right]$$

根據本次抽樣得到的 $\hat{p} = 0.04$ 所計算的 95%信賴區間為

$$\left[0.04 - 2.575\sqrt{\frac{(0.04)(0.96)}{150}}, \ 0.04 + 2.575\sqrt{\frac{(0.04)(0.96)}{150}} \right]$$

$$= \left[-0.0012, \ 0.0812 \right]$$

〔註：不良率下限值為 -0.0012 無任何實際意義，所以可以改寫為 $(0, 0.0812)$〕

9.6 χ^2 分配

在母群體變異數 σ^2 的估計（第七節）中，卡方分配扮演了非常重要的角色。因此，本節先介紹卡方分配的形成及特性。

定理 9-6-1：卡方分配（χ^2 distribution or chi-square distribution）

X 為常態分配母群體之隨機變數，其平均數及變異數分別為 μ 及 σ^2。也就是 $X \sim N(\mu, \sigma^2)$，$\overline{X}$ 為抽樣自這個母群體的 n 個樣本值 $x_1, \cdots, x_n$ 的樣本平均數，則樣本統計量

$$\sum_{i=1}^{n} \left(\frac{x_i - \overline{X}}{\sigma}\right)^2 = \chi^2 \sim \chi^2(n-1)$$

是自由度（degrees of freedom）為 $n-1$ 的卡方分配，以符號 $\chi^2(n-1)$ 表示之。特別注意的是整個 χ^2 是一個符號，它並不是 χ 的平方。（註1）

定理 9-6-1 中的 χ^2 統計量也可表示成

$$\chi^2 = \sum_{i=1}^{n} \left(\frac{x_i - \overline{X}}{\sigma}\right)^2 = \frac{\sum\limits_{i=1}^{n}(x_i - \overline{X})^2}{\sigma^2} = \frac{(n-1)S^2}{\sigma^2}$$

當自由度較小時，$\chi^2(v)$ 呈現出右偏（skew to the right），但隨著自由度的增加，$\chi^2(v)$ 逐漸趨向鐘形分布（bell shape），（如圖 9-6-1）。

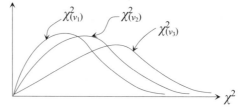

圖 9-6-1　$v_1 < v_2 < v_3$ 時 χ^2 分配的機率密度函數

註1：參考「應用機率導論」第 8 章 8-5 節。（吳冬友、楊玉坤，五南圖書出版公司）

為了操作上的方便，如同 Z_α 及 $t_\alpha(v)$，我們也定義 $\chi^2_\alpha(v)$ 為使得 $\chi^2(v)$ 分配右尾面積為 α 的切割點（如圖 9-6-2）。

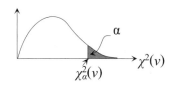

圖 9-6-2　χ^2分配右尾臨界值

定義 9-6-1：$\chi^2_\alpha(v)$ 值（右尾臨界值）

$\chi^2(v)$ 為自由度 v 的 χ^2 隨機變數，我們定義 $\chi^2_\alpha(v)$ 為滿足下式之 $\chi^2(v)$ 軸上的數值。

$$P\left(\chi^2(v) > \chi^2_\alpha(v)\right) = \alpha$$

例題 9-6-1　$v=12$，$\alpha=0.05$，求 $\chi^2_{0.05}(12)=?$

解：從附錄一表 A1-3 中，先找到自由度 $v=12$ 列，再找到 $\chi^2_{0.05}$ 行，行列交會的數字 21.03 即為所求。

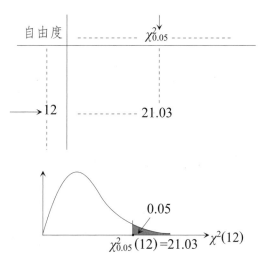

註：或由 CHIINV 計算（參考附錄 A2-3，CHIINV 例題 1）

例題 9-6-2　$v=12$，$\alpha=0.95$，求 $\chi^2_{0.95}(12)=?$

> **解**：從附錄一表 A1-3 中，先找到自由度 $v=12$ 列，再找到 $\chi^2_{0.95}$ 行，行列交會的
> 數字 5.226 即為所求。

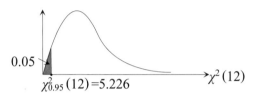

$$0.05$$
$$\chi^2_{0.95}(12)=5.226$$

> 註：在 CHIINV 方格中輸入 0.95, 12；或在 Excel 工作格中鍵入「 =CHIINV (0.95, 12)」，
> 立即傳回臨界值 5.2260292。

例題 9-6-3　$v=18$，求 $\chi^2_{0.95}$ 及 $\chi^2_{0.05}$ 使得 $P(\chi^2_{0.95}\leq\chi^2\leq\chi^2_{0.05})=0.9$

> **解**：從附錄一表 A1-3 中查到 $\chi^2_{0.95}(18)=9.3904$，$\chi^2_{0.05}(18)=28.87$

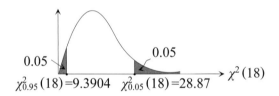

$$0.05 \qquad 0.05$$
$$\chi^2_{0.95}(18)=9.3904 \quad \chi^2_{0.05}(18)=28.87$$

> 註：在 CHIINV 方格中輸入 0.05, 18，立即傳回臨界值 28.86929943。
> 在 CHIINV 方格中輸入 0.95, 18，立即傳回臨界值 9.390455126。

9.7　母群體變異數 σ^2 的估計

　　當母群體為常態分配，我們可以應用第六節所介紹的 χ^2 分配來估計母
群體變異數，估計程序如圖 9-7-1。由 $\chi^2(n-1)$ 分配的統計性質，推導 σ^2 的
信賴區間：

$$P(\chi^2_{1-\frac{\alpha}{2}}(n-1)\leq\frac{(n-1)S^2}{\sigma^2}\leq\chi^2_{\frac{\alpha}{2}}(n-1))=1-\alpha \quad （9\text{-}7\text{-}1）$$

將（9-7-1）式整理後便得到（9-7-2）式

$$P(\frac{(n-1)S^2}{\chi_{\alpha/2}^2(n-1)} \le \sigma^2 \le \frac{(n-1)S^2}{\chi_{1-\alpha/2}^2(n-1)}) = 1 - \alpha \qquad (9\text{-}7\text{-}2)$$

一旦給定 α 值（或 $1-\alpha$ 值）後，便求得 σ^2 的 $100(1-\alpha)$%信賴區間如定理 9-7-1 所示。

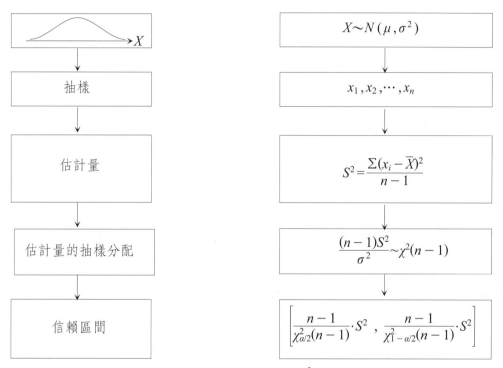

圖 9-7-1　母群體變異數 σ^2 的估計程序

定理 9-7-1：σ^2 的信賴區間

X 為常態母群體之隨機變數，S^2 為抽樣自這個母群體的 n 個樣本值 $x_1,\cdots,x_n$ 的樣本變異數，則其母群體 σ^2 的 $100(1-\alpha)$% 信賴區間為

$$[\frac{(n-1)S^2}{\chi_{\alpha/2}^2(n-1)},\ \frac{(n-1)S^2}{\chi_{1-\alpha/2}^2(n-1)}]$$

例題 9-7-1 欲估計高速公路超速測速器的穩定性，檢測單位記錄 8 筆以時速 110 公里通過測速器的量測值為 113, 106, 102, 104, 112, 115, 103, 109，假設量測值為常態分配，則：

⑴求測速器變異數 σ^2 的 95%信賴區間？

⑵求測速器變異數 σ^2 的 98%信賴區間？

解： 依據圖 9-7-1 母群體變異數 σ^2 的估計程序，樣本變異數 S^2 為

$$\overline{X}=\frac{113+\cdots+109}{8}=108$$

$$S^2=\frac{(113-108)^2+\cdots+(109-108)^2}{7}=24.57$$

⑴從附錄一表 A1-3 或由 CHIINV 計算得知 $\chi^2_{0.975}(7)=1.6899$，$\chi^2_{0.025}(7)=16.01$。所以，σ^2 的 95% 信賴區間為

$$\left[\frac{7}{16.01}S^2 , \frac{7}{1.6899}S^2\right]$$

根據本次抽樣得到的 $S^2=24.57$，所計算的 95%信賴區間為

$$\left[\frac{7}{16.01}\times24.57 , \frac{7}{1.6899}\times24.57\right]=\left[10.743 , 101.781\right]$$

⑵從附錄一表 A1-3 或由 CHIINV 計算得知 $\chi^2_{0.99}(7)=1.239$，$\chi^2_{0.01}(7)=18.48$。所以，σ^2 的 98%信賴區間為

$$\left[\frac{7}{18.48}S^2 , \frac{7}{1.239}S^2\right]$$

根據本次抽樣得到的 $S^2=24.57$，所計算的 98%信賴區間為

$$\left[\frac{7}{18.48}\times24.57 , \frac{7}{1.239}\times24.57\right]=\left[9.307 , 138.821\right]$$

案例 9-1 TIMSS 2007 四年級數學──平均成績的信賴區間

　　TIMSS 2007 四年級數學的平均成績、標準差及標準誤差（standard error, SE）如表 C9-1-1。其中，平均成績為母群體數學成績平均數 μ_x（或母群體成績分配的期望值）的估計值（estimate），標準差為母群體數學成績標準差 σ_x 的估計值（estimate），標準誤差（SE）則是樣本平均統計量（$\overline{X}$）的標準差（$\sigma_{\overline{x}}$）的估計值（estimate）。

　　以中華民國為例，進一步說明如下：若以隨機變數 $X_{中華民國}$ 表示中華民國四年級學生的數學成績，$x_1, x_2, \cdots, x_{4131}$ 為從中華民國四年級學生中所抽出的 4131 位樣本（參加評鑑學生）的數學成績，無論母群體數學成績分配是否為常態分配，也就是說，

$$X_{中華民國} \sim Normal\,(\mu_{中華民國},\, \sigma^2_{中華民國}) \text{或} X_{中華民國} \sim (\mu_{中華民國},\, \sigma^2_{中華民國})\,（註 1）$$

其中，$\mu_{中華民國}$，$\sigma^2_{中華民國}$ 分別為中華民國四年級學生母群體數學成績的期望值與變異數，則表 C9-1-1 內中華民國數據的意義如下：

$$\frac{x_1 + x_2 + \cdots + x_{4131}}{4131} = 575.819 \xrightarrow{\text{估計}} \mu_{中華民國}$$

$$SD_{中華民國} = \sqrt{\frac{\sum\limits_{1}^{4131} (x_i - \overline{X_{中華民國}})^2}{(4131 - 1)}} = 69.225 \xrightarrow{\text{估計}} \sigma_{中華民國}$$

$$SE_{中華民國} = 1.733 \xrightarrow{\text{估計}} \sigma_{\overline{X_{中華民國}}}$$

　　其中，$\overline{X_{中華民國}}$ 為中華民國四年級學生的樣本平均成績統計量（estimator），且 $\mu_{\overline{X_{中華民國}}} = \mu_{中華民國}$（參考定理 8-1-1），值得注意的是，表 C9-1-1 中標準誤差（SE）的計算方法與本章課文中所陳述的方法不同，造成這個差異的原因是抽樣設計（sampling design）。當抽樣設計是簡單隨機抽樣（simple random sampling）時，我們可以用課文中所陳述的方法，標準誤

註 1：參考圖 9-4-1 及圖 9-3-1。

差（SE）可以經由標準差（SD 或 S）計算得到。此時，中華民國學生成績的標準誤差可以經由以下計算得到

$$SE_{中華民國} = \frac{SD}{\sqrt{n}} = \frac{69.225}{\sqrt{4131}} = 1.077 \xrightarrow{估計} \sigma_{\overline{X_{中華民國}}}$$

但是，TIMSS 2007 的抽樣設計為兩階段分層聚落設計（two-stage stratified cluster design），若仍然採用上述公式，所得到的估計值（1.077）會產生低估現象（underestimate）。為了修正這個偏差，實務上常改用複製樣本法（replication method）直接計算標準誤差（$\overline{X_{中華民國}}$ 的標準差），一般較常用的複製樣本法有：Jackknife 方法、Bootstrap 方法、Balance Repeated Replication 方法及 Random Group 方法（註2）。TIMSS 2007 採用的是 Jackknife 方法，其估計程序分為三步驟：(1)計算 Jackknife 抽樣誤差；(2)計算 Imputation variance；(3)將(1)，(2)相加便是標準誤差（1.733）（註3）。

根據圖 9-3-1 及圖 9-4-1 的流程，各國四年級學生數學平均成績的 $100(1 - \alpha)\%$信賴區間的計算如下（註4）：

$$\overline{X_{國家\,i}} \pm z_{\alpha/2}(SE_i) = [\overline{X_{國家\,i}} - z_{\alpha/2}(SE_{國家\,i}), \overline{X_{國家\,i}} + z_{\alpha/2}(SE_{國家\,i})]$$

其中，$\overline{X_{國家\,i}}$，$SE_{國家\,i}$ 分別為第 i 個國家學生的平均成績及標準誤差。

以排名在前四名國家為例，分別計算各國四年級學生（母群體）數學成績平均數的 95%信賴區間如下：

(1)香港：

香港學生的平均成績與標準誤差分別為 $\overline{X_{香港}} = 606.802$，$SE_{香港} = 3.584$，所以，香港四年級學生（母群體）數學成績平均數的 95%信賴區間如

註 2：Monographs of Official Statistics-variance estimation methods in the European Union, 2002 Edition, European Commission. (chapter2, 3)

註 3：有關標準誤差的計算，請參考 TIMSS 2003 Technical Report (Chapter 12); http://timss.bc.edu/isc/publications.html，

註 4：參考定理 9-4-1 及定理 9-3-1，當樣本數夠大時 t 分配與常態分配近似。

下：

$$[606.82 - 1.96 \times 3.584, 606.802 + 1.96 \times 3.584] = [599.777, 613.827]$$

⑵新加坡：

新加坡學生的平均值與標準誤差分別為 $\overline{X_{新加坡}} = 599.406$，$SE_{新加坡}$ $= 3.744$，所以，新加坡四年級學生（母群體）數學成績平均數的95%信賴區間如下：

$$[599.406 - 1.96 \times 3.744, 599.406 + 1.96 \times 3.744] = [592.068, 606.744]$$

⑶中華民國：

中華民國學生的平均值與標準誤差分別為 $\overline{X_{中華民國}} = 575.819$，$SE_{中華民國}$ $= 1.733$，所以，中華民國四年級學生（母群體）數學成績平均數的95% 信賴區間如下：

$$[575.819 - 1.96 \times 1.733, 575.819 + 1.96 \times 1.733] = [572.422, 579.216]$$

⑷日本：

日本學生的平均值與標準誤差分別為 $\overline{X_{日本}} = 568.157$，$SE_{日本} = 2.121$，所以，日本四年級學生（母群體）數學成績平均數的95%信賴區間如下：

$$[568.157 - 1.96 \times 2.121, 568.157 + 1.96 \times 2.121] = [564, 572.314]$$

上述結果的圖示如圖 C9-1-1。

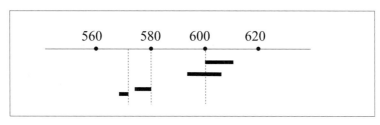

圖 C9-1-1　香港、新加坡、中華民國、日本 μ 的 95% 信賴區間

表 C9-1-1　TIMSS 四年級數學平均成績（按平均成績排序）

	樣本數		平均成績	標準差	Jackknife	標準誤差
	學校	學生	$\overline{X}$	SD	抽樣誤差	SE
香港 Hong Kong	126	3791	606.802	67.126	3.429	3.584
新加坡 Singapore	177	5041	599.406	84.146	3.716	3.744
中華民國 Republic of china	150	4131	575.819	69.225	1.633	1.733
日本 Japan	148	4487	568.157	76.075	2.093	2.121
哈薩克 Kazakhstan	141	3900	549.348	83.807	7.117	7.146
俄羅斯 Russian Federation	206	4464	544.045	83.37	4.909	4.911
英格蘭 England	143	4316	541.465	86.044	2.856	2.882
拉脫維亞 Latvia	146	3908	537.2	71.904	2.089	2.306
荷蘭 Netherlands	141	3349	534.952	61.346	2.13	2.145
立陶宛 Lithuania	156	3980	529.799	75.761	2.288	2.372
美國 UnitedStates	257	7896	529.009	75.329	2.395	2.448
德國 Germany	246	5200	525.155	68.149	2.224	2.254
丹麥 Denmark	137	3519	523.106	70.835	2.335	2.403
澳洲 Australia	229	4108	516.062	83.306	3.468	3.509
匈牙利 Hungary	144	4048	509.72	91.16	3.505	3.547
義大利 Italy	170	4470	506.75	77.025	3.132	3.135
奧地利 Austria	196	4859	505.389	67.937	1.905	2.005
瑞典 Sweden	155	4676	502.574	66.482	2.385	2.527
斯洛維尼亞 Slovenia	148	4351	501.843	71.399	1.628	1.811
亞美尼亞 Armenia	148	4079	499.513	89.523	4.245	4.286
斯洛伐克 Slovak Republic	184	4963	495.975	84.937	4.428	4.468
蘇格蘭 Scotland	139	3929	494.449	78.926	2.182	2.214
紐西蘭 New Zealand	220	4940	492.475	86.135	2.216	2.313
捷克 Czech Republic	144	4235	486.399	71.458	2.665	2.781
挪威 Norway	145	4108	473.216	76.222	2.43	2.543
烏克蘭 Ukraine	144	4292	469.003	84.479	2.893	2.912
喬治亞 Georgia	144	4108	438.458	88.43	4.18	4.207
伊朗 Iran	224	3833	402.422	83.522	3.617	4.054
阿爾及利亞 Algeria	149	4223	377.645	89.56	5.058	5.716
哥倫比亞 Colombia	142	4801	355.45	90.178	4.794	4.974
摩洛哥 Morocco	184	3894	341.305	95.265	4.509	4.668
薩爾瓦多 El Salvador	148	4166	329.906	90.819	3.463	4.104
突尼西亞 Tunisia	150	4134	327.435	110.809	4.406	4.469
科威特 Kuwait	150	3803	315.535	99.299	3.412	3.646
卡達 Qatar	114	7019	296.268	90.067	0.974	1.043
葉門 Yemen	144	5811	223.683	110.136	5.637	5.968

資料來源：TIMSS 2007 Technical Report (Exhibit 11.22, Exhibit 9.8) (Reprinted by permission of the IEA)

案例9-2　TIMSS 2007四年級數學——百分比的信賴區間

TIMSS 2007四年級數學成績超過四個標竿值（優秀標竿625、高標竿550、中標竿475及低標竿400（參考案例4-2））的比例（%）如表C9-2-1所示。其中，$\hat{p}_{625}$，$\hat{p}_{550}$，$\hat{p}_{475}$及$\hat{p}_{400}$分別為各國四年級學生母群體參數p_{625}（母群體學生成績超過625分之比例）、p_{550}（母群體學生成績超過550分之比例）、p_{475}（母群體學生成績超過475分之比例）及p_{400}（母群體學生成績超過400分之比例）的估計值（estimate）（括弧內的數字為該統計量的標準差）。所以，根據本章9-5節的程序（參考定理9-5-1及圖9-5-1），各國四年級學生母群體參數p_{625}的$100(1-\alpha)$%信賴區間的計算如下：

$$[\hat{p}_{625} - z_{\alpha/2}(SE), \hat{p}_{625} + z_{\alpha/2}(SE)]$$

以排名在前四名的新加坡、香港、中華民國及日本為例，各國四年級學生（母群體）中數學成績超過優秀標竿625分（以下簡稱優秀學生）的百分比例的95%信賴區間分別為

(1)新加坡：$[0.41 - 1.96 \times (0.021), 0.41 + 1.96 \times (0.021)] = [36.88\%, 45.12\%]$

(2)香港：$[0.40 - 1.96 \times (0.022), 0.40 + 1.96 \times (0.022)] = [35.67\%, 44.31\%]$

(3)中華民國：$[0.24 - 1.96 \times (0.012), 0.24 + 1.96 \times (0.012)] = [21.65\%, 26.35\%]$

(4)日本：$[0.23 - 1.96 \times (0.012), 0.23 + 1.96 \times (0.012)] = [20.65\%, 25.35\%]$

換句話說，在95%信賴水準下，四年級母群體中數學優秀學生的百分比例，新加坡在37%到45%之間，香港在36%到44%之間，我國在22%到26%之間，日本在21%到25%之間，若將這些區間以圖C9-2-1來呈現，顯示數學優秀學生的百分比例中，新加坡與香港不相上下，我國與日本不分軒輊。

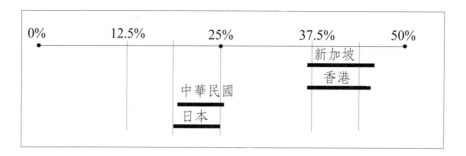

圖 C9-2-1　新加坡、香港、中華民國及日本的 p_{625} 信賴區間

表 C9-2-1　TIMSS 2007 四年級數學超過標竿的百分比

	超過 625 分 $\hat{p}_{625}$	超過 550 分 $\hat{p}_{550}$	超過 475 分 $\hat{p}_{475}$	超過 400 分 $\hat{p}_{400}$
新加坡 Singapore	41(2.1)	74(1.7)	92(0.9)	98(0.3)
香港 Hong Kong	40(2.2)	81(1.6)	97(0.5)	100(0.1)
中華民國 Republic of China	24(1.2)	66(1.2)	92(0.5)	99(0.2)
日本 Japan	23(1.2)	61(1.2)	89(0.8)	98(0.4)
哈薩克 Kazakhstan	19(2.1)	52(3.5)	81(2.9)	95(1.5)
英格蘭 England	16(1.2)	48(1.4)	79(1.2)	94(0.7)
俄羅斯 Russian Federation	16(1.8)	48(2.3)	81(1.7)	95(0.7)
拉脫維亞 Latvia	11(0.8)	44(1.5)	81(1.2)	97(0.5)
美國 United States	10(0.8)	40(1.3)	77(1.2)	95(0.5)
立陶宛 Lithuania	10(0.7)	42(1.4)	77(1.4)	94(0.7)
匈牙利 Hungary	9(0.8)	35(1.4)	67(1.7)	88(1.2)
澳洲 Australia	9(0.8)	35(1.9)	71(1.7)	91(1.0)
亞美尼亞 Armenia	8(1.5)	28(1.8)	60(1.8)	87(1.2)
丹麥 Denmark	7(0.7)	36(1.5)	76(1.2)	95(0.8)
荷蘭 Netherlands	7(0.7)	42(1.6)	84(1.3)	98(0.4)
德國 Germany	6(0.5)	37(1.3)	78(1.2)	96(0.5)
義大利 Italy	6(0.7)	29(1.6)	67(1.6)	91(1.0)
紐西蘭 New Zealand	5(0.5)	26(1.0)	61(1.1)	85(1.0)
斯洛伐克 Slovak Republic	5(0.7)	26(1.4)	63(1.8)	88(1.5)
蘇格蘭 Scotland	4(0.5)	25(1.1)	62(1.4)	88(0.9)

圖 9 估計(一)・251

斯洛維尼亞 Slovenia	3(0.4)	25(1.1)	67(0.9)	92(0.6)
奧地利 Austria	3(0.4)	26(1.0)	69(1.4)	93(0.8)
瑞典 Sweden	3(0.3)	24(1.4)	68(1.4)	93(0.7)
烏克蘭 Ukraine	2(0.5)	17(1.1)	50(1.5)	79(1.2)
捷克 Czech Republic	2(0.4)	19(1.4)	59(1.6)	88(1.1)
挪威 Norway	2(0.3)	15(1.0)	52(1.6)	83(1.1)
喬治亞 Georgia	1(0.4)	10(1.0)	35(1.8)	67(2.0)
哥倫比亞 Colombia	0(0.1)	2(0.4)	9(1.1)	31(2.0)
摩洛哥 Morocco	0(2.0)	2(0.8)	9(1.1)	26(2.0)
伊朗 Iran	0(0.1)	3(0.5)	20(1.5)	53(2.0)
阿爾及利亞 Algeria	0(0.1)	2(0.4)	14(1.4)	41(2.2)
突尼西亞 Tunisia	0(0.1)	1(0.2)	9(0.7)	28(1.6)
薩爾瓦多 El Salvador	0(0.0)	1(0.2)	6(0.5)	22(1.6)
科威特 Kuwait	0(0.0)	0(0.1)	5(0.6)	21(1.2)
卡達 Qatar	0(0.0)	0(0.1)	2(0.2)	13(0.4)
葉門 Yemen	0(0.0)	0(0.1)	1(0.4)	6(0.8)

資料來源：TIMSS 2007 International Report (Exhibit 2.2) (Reprinted by permission of the IEA)

註：括弧內數字為該統計量的標準差

習 題

案例題型

㈠ TIMSS 2007 四年級數學評鑑分為單元與認知兩個領域,單元領域包含數、幾何衡量、資料呈現,認知領域包含知識、應用、推理(參考案例 2-2),各國學生在不同領域的成績表現如表 E9-1。

9.1 從表 E9-1 所提供的資訊,分別估計香港、新加坡、中華民國、日本及哈薩克的學生在「數」項目的平均表現(母群體平均成績)之 95%信賴區間。

9.2 從表 E9-1 所提供的資訊,分別估計香港、新加坡、中華民國、日本及哈薩克的學生在「幾何衡量」項目的平均表現(母群體平均成績)之 95%信賴區間。

9.3 從表 E9-1 所提供的資訊,分別估計香港、新加坡、中華民國、日本及哈薩克的學生在「資料呈現」項目的平均表現(母群體平均成績)之 95%信賴區間。

9.4 從表 E9-1 所提供的資訊,分別估計香港、新加坡、中華民國、日本及哈薩克的學生在「知識」項目的平均表現(母群體平均成績)之 95%信賴區間。

9.5 從表 E9-1 所提供的資訊,分別估計香港、新加坡、中華民國、日本及哈薩克的學生在「應用」項目的平均表現(母群體平均成績)之 95%信賴區間。

9.6 從表 E9-1 所提供的資訊,分別估計香港、新加坡、中華民國、日本及哈薩克的學生在「推理」項目的平均表現(母群體平均成績)之 95%信賴區間。

㈡從表 C9-1-1 所提供的資訊估計:

9.7 分別估計香港、新加坡、中華民國、日本及哈薩克學生的數學成績的變異數(母群體變異數)之 95%信賴區間。

圖 9 估計㈠ • 253

一般題型

9.8 查表計算　(1)$Z_{0.05} = ?$　(2)$Z_{0.01} = ?$　(3)$Z_{0.005} = ?$　(4)$P(Z_{0.93} < Z < Z_{0.05}) = ?$

(5)$P(Z_{0.85} < Z) = ?$

9.9 $X \sim N(\mu，22)$，隨機抽樣 10 個樣本資料 36, 27, 32, 26, 25, 24, 31, 22, 33, 34

(1)估計 μ 的 95% 信賴區間？　(2)估計 μ 的 99% 信賴區間？

9.10 隨機抽樣 8 筆健保醫療給付費用為 614, 665, 836, 622, 506, 568, 580, 545。

假設健保醫療給付為常態分配，且其標差為 100 元。

(1)估計健保支付每人次醫療費用平均值的 95% 信賴區間？

(2)估計健保支付每人次醫療費用平均值的 99% 信賴區間？

9.11 計算　(1)$t_{0.05}(16) = ?$　(2)$t_{0.025}(19) = ?$　(3)$t_{0.975}(14) = ?$

(4)$P(t_{0.87}(13) < t(13) < t_{0.05}(13)) = ?$　(5)$P(t_{0.85}(12) < t(12)) = ?$

9.12 $X \sim N(\mu，\sigma^2)$ 且 σ^2 未知。抽樣自這個母群體的 10 個隨機樣本為 3, 7, 5, 13, 16, 12, 17, 8, 11, 14。　(1)估計 μ 的 95% 信賴區間？　(2)估計 μ 的 99% 信賴區間？

9.13 環保局欲評估某地區每日清運垃圾的平均量，隨機抽樣 8 天並記錄當天的垃圾總量（單位：公噸）為 2410, 2350, 2520, 2580, 2480, 2510, 2490, 2540，假設垃圾量為常態分配。　(1)估計每日垃圾的平均值的 95% 信賴區間？

(2)估計每日垃圾的平均值的 99% 信賴區間？

9.14 隨機抽樣並記錄 10 通國際電話的通話時間（單位：秒）為：210、620、860、1120、1810、940、730、1190、1070、320。假設每通電話通話時間為常態分配。　(1)估計每通國際電話平均時間的 95% 信賴區間？　(2)估計每通國際電話平均時間的 99% 信賴區間？

9.15 隨機樣本 $n = 64$，$\overline{X} = 30$，$S = 16$ 則：

(1)估計母群體平均數 μ 的 95% 信賴區間？　(2)估計母群體平均數 μ 的 99% 信賴區間？

9.16 隨機抽取都會區 81 個家庭，記錄他們的居住空間（單位：坪）其平均值為 26，標準差為 4。 (1)估計每個家庭居住空間平均值的 95%信賴區間？ (2)估計每個家庭居住空間平均值的 99%信賴區間？

9.17 隨機抽樣 1,200 戶，其中有 620 戶擁有汽車：

(1)估計汽車普及率的 95%信賴區間？ (2)估計汽車普及率的 99%信賴區間？

9.18 隨機抽樣 500 位某大學應屆畢業生，其中有 120 位繼續唸研究所。

(1)估計該校同學研究所升學率的 95%信賴區間？

(2)估計該校同學研究所升學率的 99%信賴區間？

9.19 欲估計國人十大死因中惡性腫瘤所占的百分比，隨機抽樣 1,500 個死亡病歷中有 670 位死於惡性腫瘤。 (1)估計國人因惡性腫瘤死亡之比例的 95%信賴區間？ (2)估計國人因惡性腫瘤死亡之比例的 99%信賴區間？

9.20 計算(1)$\chi^2_{0.05}(16)=?$ (2)$\chi^2_{0.025}(18)=?$ (3)$\chi^2_{0.975}(15)=?$

(4)$P(\chi^2_{0.81}(11)<\chi^2(11)<\chi^2_{0.03}(11))=?$ (5)$P(\chi^2_{0.19}(13)<\chi^2(13))=?$

9.21 $X \sim N(\mu, \sigma^2)$，隨機抽取 7 個樣本為 4, 9, 6, 8, 7, 13, 11。

(1)估計 σ^2 的 95%信賴區間？ (2)估計 σ^2 的 99%信賴區間？

9.22 同本章第 14 題 (1)估計每通國際電話通話時間變異數 σ^2 的 95%信賴區間？ (2)估計每通國際電話通話時間變異數 σ^2 的 99%信賴區間？

表 E9-1　TIMSS 2007 四年級數學評鑑成績（按單元與認知領域區分）

國　家	單元領域（平均成績）			認知領域（平均成績）		
	數	幾何衡量	資料呈現	知識	應用	推理
香港 Hong Kong	606(3.8)	599(3.1)	585(2.7)	599(3.4)	617(3.5)	589(3.5)
新加坡 Singapore	611(4.3)	570(3.6)	583(3.2)	590(3.7)	620(4.0)	578(3.8)
中華民國 Republic of China	581(1.9)	556(2.2)	567(2.0)	569(1.7)	584(1.7)	566(1.9)
日本 Japan	561(2.2)	566(2.2)	578(2.8)	566(2.0)	565(2.1)	563(2.1)
哈薩克 Kazakhstan	556(6.6)	542(7.4)	522(5.8)	547(7.2)	559(7.3)	539(6.1)
俄羅斯 Russian Federation	546(4.4)	538(5.1)	530(4.9)	547(4.8)	538(4.5)	540(4.8)
英格蘭 England	531(3.2)	548(2.7)	547(2.5)	540(3.1)	544(3.6)	537(3.1)
拉脫維亞 Latvia	536(2.1)	532(2.6)	536(3.0)	540(2.5)	530(2.2)	537(2.5)
荷蘭 Netherlands	535(2.2)	522(2.3)	543(2.3)	540(2.0)	525(2.2)	534(2.4)
立陶宛 Lithuania	533(2.3)	518(2.4)	530(2.9)	539(2.4)	520(2.8)	526(2.5)
美國 United States	524(2.7)	522(2.5)	543(2.4)	524(2.6)	541(2.6)	523(2.2)
德國 Germany	521(2.2)	528(2.0)	534(3.1)	531(2.2)	514(2.0)	528(2.5)
丹麥 Denmark	509(2.9)	544(2.6)	529(3.4)	528(2.5)	513(2.7)	524(2.1)
澳洲 Australia	496(3.7)	536(3.1)	534(3.1)	523(3.5)	509(4.2)	516(3.4)
匈牙利 Hungary	510(3.7)	510(3.3)	504(3.5)	507(3.5)	511(3.4)	509(3.8)
義大利 Italy	505(3.2)	509(3.0)	506(3.4)	501(2.9)	514(3.2)	509(3.1)
奧地利 Austria	502(2.2)	509(2.4)	508(2.6)	507(1.8)	505(2.0)	506(2.1)
瑞典 Sweden	490(2.5)	508(2.3)	529(2.7)	508(2.2)	482(2.5)	519(2.5)
斯洛維尼亞 Slovenia	485(1.9)	522(1.8)	518(2.5)	504(1.9)	497(1.8)	505(2.1)
亞美尼亞 Armenia	522(4.0)	483(4.7)	458(4.3)	493(4.1)	518(4.8)	489(4.7)
斯洛伐克 Slovak Republic	495(3.9)	499(4.3)	492(4.2)	498(4.0)	492(3.9)	499(4.0)
蘇格蘭 Scotland	481(2.6)	503(2.6)	516(2.2)	500(2.4)	489(2.6)	497(2.2)
紐西蘭 New Zealand	478(2.7)	502(2.3)	513(2.6)	495(2.3)	482(2.5)	503(2.8)
捷克 Czech Republic	482(2.8)	494(2.8)	493(3.3)	496(2.7)	473(2.4)	493(3.4)
挪威 Norway	461(2.8)	490(3.0)	487(2.6)	479(2.8)	461(2.9)	489(2.7)
烏克蘭 Ukraine	480(2.9)	457(2.8)	462(3.2)	466(3.1)	472(3.0)	474(3.2)
喬治亞 Georgia	464(3.8)	415(4.8)	414(4.6)	433(4.5)	450(4.0)	437(4.2)
伊朗 Iran	398(3.6)	429(3.3)	400(4.0)	405(3.7)	410(3.6)	410(3.8)
阿爾及利亞 Algeria	391(5.0)	383(4.5)	361(5.2)	376(5.2)	384(5.4)	387(4.7)
哥倫比亞 Colombia	360(4.3)	361(4.8)	363(5.9)	357(5.1)	360(5.2)	372(4.9)

摩洛哥 Morocco	353(4.7)	365(4.3)	316(6.1)	346(4.7)	354(4.8)	NA
薩爾瓦多 El Salvador	317(3.9)	333(4.3)	367(3.5)	339(3.7)	312(4.1)	356(4.0)
突尼西亞 Tunisia	352(4.5)	334(4.5)	307(4.8)	329(4.8)	343(4.9)	NA
科威特 Kuwait	321(3.5)	316(3.6)	318(4.7)	305(4.1)	326(4.6)	NA
卡達 Qatar	292(1.2)	296(1.4)	326(1.6)	296(1.2)	293(1.3)	NA
葉門 Yemen	NA	NA	NA	NA	NA	NA

資料來源：TIMSS 2007 International Report (Exhibit 3.1) (Reprinted by permission of the IEA)

註：括弧內的數字為該統計量的標準差

10 估計(二)

　　在第九章中，我們了解了單一母群體的參數估計。在本章中，我們要來探討兩個母群體的參數估計，第一～三節，估計兩個母群體平均數之差，但由於前提條件的不同，而有不同的估計程序。第四節是估計兩個母群體中某種屬性比例值之差。第五節介紹 F 分配及其統計特性。第六節則是估計兩個母群體的變異數之差異。

10.1　兩個母群體平均數差的估計之一

　　兩個常態平均數的差異，例如，男性與女性平均身高的差異、兩個不同生產線平均產出的差異、淡季與旺季平均銷售量的差異……等。當兩個母群體為(1)常態母群體、(2)變異數（σ^2）已知時，兩母群體平均數差 $\mu_1 - \mu_2$ 的估計程序如圖 10-1-1 所示。由標準常態的特性推導 $\mu_1 - \mu_2$ 的信賴區間：

$$P\left(-Z_{\alpha/2} \le \frac{(\overline{X}_1 - \overline{X}_2) - (\mu_1 - \mu_2)}{\sqrt{\dfrac{\sigma_1^2}{n_1} + \dfrac{\sigma_2^2}{n_2}}} \le Z_{\alpha/2}\right) = 1 - \alpha \qquad （10\text{-}1\text{-}1）$$

然後，將（10-1-1）式整理後得到 $\mu_1 - \mu_2$ 的 $100(1-\alpha)\%$ 信賴區間為

$$\left[(\overline{X}_1 - \overline{X}_2) - Z_{\alpha/2}\sqrt{\frac{\sigma_1^2}{n_1} + \frac{\sigma_2^2}{n_2}} \, , \, (\overline{X}_1 - \overline{X}_2) + Z_{\alpha/2}\sqrt{\frac{\sigma_1^2}{n_1} + \frac{\sigma_2^2}{n_2}}\right]$$

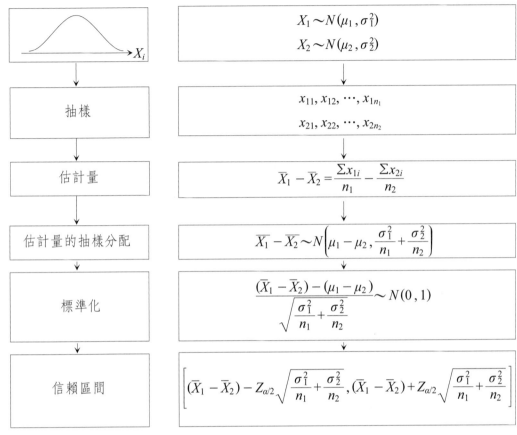

圖 10-1-1　常態母群體 σ_1^2, σ_2^2 已知時，$\mu_1 - \mu_2$ 的估計程序

例題 10-1-1　隨機抽樣調查 7 名台北市民及 6 名高雄市民每月支付房屋貸款的金額如下：

台北市	32,000	28,000	45,000	60,000	52,000	26,000	55,000
高雄市	23,000	19,000	34,000	40,000	37,000	22,000	

假設兩市民眾房貸支出皆為常態分配，且已知台北市民及高雄市民房貸支出的變異數分別為 360,000,000 及 105,000,000。估計兩市市民每月平均房貸支出差額的 95% 信賴區間。

解：以X_1，X_2分別表示台北市民及高雄市民每月房貸支出，μ_1、μ_2、σ_1^2及σ_2^2分別表示他們的平均數及變異數。$1-\alpha=0.95$，$Z_{0.025}=1.96$。所以$\mu_1-\mu_2$的95%信賴區間為

$$(\overline{X}_1-\overline{X}_2)\pm 1.96\sqrt{\frac{\sigma_1^2}{n_1}+\frac{\sigma_2^2}{n_2}}$$

根據本題樣本資料，$\overline{X}_1=42571.4$，$\overline{X}_2=29166.7$，$\sigma_1^2=360,000,000$，$\sigma_2^2=105,000,000$。計算得到$\mu_1-\mu_2$的95%信賴區間為

$$(42571.4-29166.7)\pm 1.96\sqrt{\frac{360000000}{7}+\frac{105000000}{6}}$$

或

$$\left[-2867.47，29676.99\right]$$

10.2 兩個母群體平均數差的估計之二

當兩個母群體為(1)常態母群體(2)兩母群體的變異數未知，但相等時，其估計程序如圖 10-2-1 所示。在標準化過程中，涉及到兩個未知母群體變異數的估計，由於假設前提為σ_1^2及σ_2^2雖然未知但卻是相等（$\sigma_1^2=\sigma_2^2$），所以，我們先由兩組樣本值分別計算各自的樣本變異數S_1^2及S_2^2，然後再以加權平均的方式將S_1^2及S_2^2加以整合，估計出兩個群體共同的樣本變異數（common variance or pooled variance），並以符號S_p^2表示之，它的計算過程如（10-2-1）式

$$S_p^2=\frac{(n_1-1)S_1^2+(n_2-1)S_2^2}{n_1+n_2-2} \qquad （10\text{-}2\text{-}1）$$

其中，$S_1^2=\dfrac{\sum\limits_{i=1}^{n_1}(x_{1i}-\overline{X}_1)^2}{(n_1-1)}$ 及 $S_2^2=\dfrac{\sum\limits_{i=1}^{n_2}(x_{2i}-\overline{X}_2)^2}{(n_2-1)}$ ，事實上，S_p^2 又可表示成為

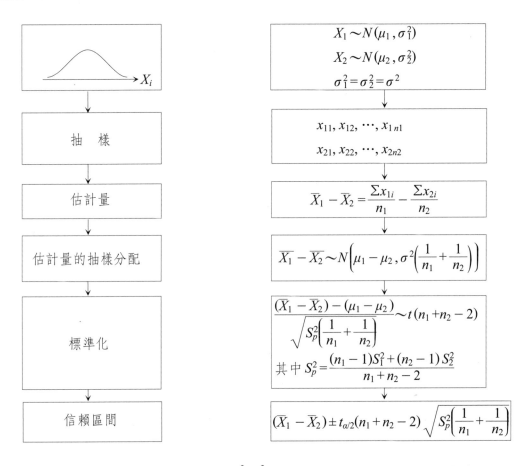

圖 10-2-1　常態母群體 σ_1^2, σ_2^2 未知但相等時，$\mu_1 - \mu_2$ 的估計程序

（10-2-2）式或（10-2-3）式

$$S_p^2 = \frac{\sum\limits_{i=1}^{n_1}(x_{1i}-\overline{X}_1)^2 + \sum\limits_{i=1}^{n_2}(x_{2i}-\overline{X}_2)^2}{(n_1-1)+(n_2-1)} \tag{10-2-2}$$

$$S_p^2 = \frac{n_1-1}{n_1+n_2-2}S_1^2 + \frac{n_2-1}{n_1+n_2-2}S_2^2 \tag{10-2-3}$$

由 t 分配的統計特性推導 $\mu_1 - \mu_2$ 的信賴區間

$$P\left(-t_{\alpha/2} \leq \frac{(\overline{X}_1 - \overline{X}_2) - (\mu_1 - \mu_2)}{\sqrt{S_p^2(\frac{1}{n_1} + \frac{1}{n_2})}} \leq t_{\alpha/2}\right) = 1 - \alpha \qquad (10\text{-}2\text{-}4)$$

其中 $t_{\alpha/2}$ 為 $t_{\alpha/2}(n_1 + n_2 - 2)$ 之簡寫，然後將（10-2-4）式經過整理後得到 $\mu_1 - \mu_2$ 的 $100(1-\alpha)\%$ 信賴區間為

$$\left[(\overline{X}_1 - \overline{X}_2) - t_{\alpha/2}(n_1 + n_2 - 2)\sqrt{S_p^2(\frac{1}{n_1} + \frac{1}{n_2})} , \right.$$

$$\left. (\overline{X}_1 + \overline{X}_2) + t_{\alpha/2}(n_1 + n_2 - 2)\sqrt{S_p^2(\frac{1}{n_1} + \frac{1}{n_2})}\right]$$

例題 10-2-1 為了比較 A、B 兩種咖啡中咖啡因的含量，從 A 咖啡抽取 10 樣本，測得咖啡因平均含量為 3.1 毫克（miligrams），標準差為 0.5 毫克。同時，自 B 咖啡抽取 8 樣本，測得咖啡因平均含量為 2.7 毫克，標準差為 0.7 毫克。假設兩組隨機樣本取自變異數相等的兩個常態母群體，(μ_1, μ_2) 分別表示 A、B 兩個母群體的平均數，則 $\mu_1 - \mu_2$ 的 95% 信賴區間為？

解： 從題意得知，$n_1 = 10$，$n_2 = 8$，$\overline{X}_1 = 3.1$，$\overline{X}_2 = 2.7$，$S_1 = 0.5$，$S_2 = 0.7$

$$S_p^2 = (\frac{n_1 - 1}{n_1 + n_2 - 2})S_1^2 + (\frac{n_2 - 1}{n_1 + n_2 - 2})S_2^2 = \frac{9 \times (0.5)^2 + 7 \times (0.7)^2}{16} = 0.355$$

所以，$\mu_1 - \mu_2$ 的 95% 信賴區間為

$$(\overline{X}_1 - \overline{X}_2) \pm t_{0.025}(16)\sqrt{S_p^2(\frac{1}{n_1} + \frac{1}{n_2})}$$

根據本題的樣本資料，$\mu_1 - \mu_2$ 的 95% 信賴區間為（其中 $t_{0.025}(16) = 2.12$）

$$\left[(3.1 - 2.7) - 2.12\sqrt{0.355(\frac{1}{10} + \frac{1}{8})} , (3.1 - 2.7) + 2.12\sqrt{0.355(\frac{1}{10} + \frac{1}{8})}\right] = \left[-0.20 , 1.00\right]$$

10.3 兩個母群體平均數差的估計之三

當我們欲估計的兩個母群體為：(1)非常態母群體；(2)它們的變異數皆未知且不相等時，其估計程序如圖 10-3-1 所示。由標準常態的統計特性推導 $\mu_1 - \mu_2$ 的信賴區間

$$P\left(-Z_{\alpha/2} \leq \frac{(\overline{X}_1 - \overline{X}_2) - (\mu_1 - \mu_2)}{\sqrt{\left(\dfrac{S_1^2}{n_1} + \dfrac{S_2^2}{n_2}\right)}} \leq Z_{\alpha/2}\right) = 1 - \alpha \qquad （10\text{-}3\text{-}1）$$

然後，將（10-3-1）式整理後，便得到 $\mu_1 - \mu_2$ 的 $100(1 - \alpha)\%$ 信賴區間為

$$\left[(\overline{X}_1 - \overline{X}_2) - Z_{\alpha/2}\sqrt{\frac{S_1^2}{n_1} + \frac{S_2^2}{n_2}}, (\overline{X}_1 - \overline{X}_2) + Z_{\alpha/2}\sqrt{\frac{S_1^2}{n_1} + \frac{S_2^2}{n_2}}\right]$$

例題 10-3-1 醫院欲比較 A, B 兩病房住院病人的平均住院天數，隨機抽取 A 病房 64 個病歷，計算出平均住院天數 $\overline{X}_1$ 為 6.54 天，標準差 S_1 為 1.2。隨機抽取 B 病房 81 個病歷，計算出平均住院天數 $\overline{X}_2$ 為 6.24 天，標準差為 0.96，則兩病房病人平均住院天數差的 95%信賴區間為何？

解： $1 - \alpha = 0.95$，$Z_{0.025} = 1.96$。所以 $\mu_1 - \mu_2$ 的 95%信賴區間為

$$\overline{X}_1 - \overline{X}_2 \pm 1.96\sqrt{\frac{S_1^2}{n_1} + \frac{S_2^2}{n_2}}$$

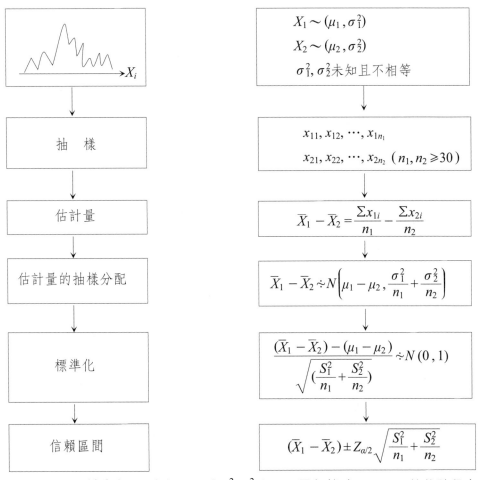

圖 10-3-1 非常態母群體 σ_1^2, σ_2^2 未知且不相等時，$\mu_1 - \mu_2$ 的估計程序

根據本題樣本資料 $n_1 = 64$，$n_2 = 81$，$\overline{X}_1 = 6.54$，$\overline{X}_2 = 6.24$，$S_1^2 = (1.2)^2 = 1.44$，$S_2^2 = (0.96)^2 = 0.9216$。計算得到 $\mu_1 - \mu_2$ 的 95% 信賴區間為

$$(6.54 - 6.24) \pm 1.96 \sqrt{\frac{1.44}{64} + \frac{0.9216}{81}}$$

或

$$[\,-0.06,\ 0.6607\,]$$

10.4 兩個母群體比例差的估計

在第九章第五節，我們已經知道如何來估計一個母群體中具有某種特質元素的比例。然而，我們也經常要估計兩個母群體間具有某種特質元素之比例的差異。例如，兩工廠產品的不良率（defective rate）相差多少、兩種品牌的市場占有率（market share）相差多少、兩位候選人得票率相差多少……等問題。這種比例差的估計程序如圖 10-4-1 所示。

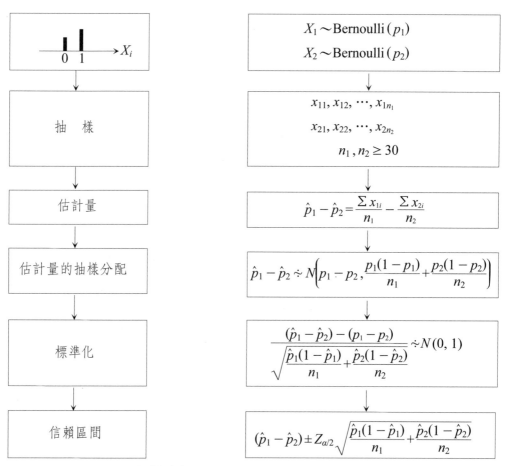

圖 10-4-1　兩母群體比例差 $p_1 - p_2$ 的估計程序

由標準常態的統計特性推導 $p_1 - p_2$ 的信賴區間：

$$P\left(-Z_{\frac{\alpha}{2}} \leq \frac{(\hat{p}_1 - \hat{p}_2) - (p_1 - p_2)}{\sqrt{\frac{\hat{p}_1(1 - \hat{p}_1)}{n_1} + \frac{\hat{p}_2(1 - \hat{p}_2)}{n_2}}} \leq Z_{\frac{\alpha}{2}}\right) = 1 - \alpha \quad （10\text{-}4\text{-}1）$$

然後將（10-4-1）式整理後便得到 $p_1 - p_2$ 的 $100(1 - \alpha)\%$ 信賴區間為

$$\left[(\hat{p}_1 - \hat{p}_2) - Z_{\frac{\alpha}{2}}\sqrt{\frac{\hat{p}_.(1 - \hat{p}_1)}{n_1} + \frac{\hat{p}_2(1 - \hat{p}_2)}{n_2}},\right.$$

$$\left.(\hat{p}_1 - \hat{p}_2) + Z_{\frac{\alpha}{2}}\sqrt{\frac{\hat{p}_.(1 - \hat{p}_1)}{n_1} + \frac{\hat{p}_2(1 - \hat{p}_2)}{n_2}}\right]$$

例題 10-4-1 隨機抽樣甲、乙兩都市各 1,200 及 1,500 人，分別有 120 人及 118 人為年齡 65 歲以上的老人，估計兩都市老人比例相差值的 95%信賴區間。

解：以 p_1、p_2 表示甲、乙兩都市中 65 歲以上老人的比例，$1 - \alpha = 0.95$，$Z_{0.025} = 1.96$，則 $p_1 - p_2$ 的 95%信賴區間為

$$(\hat{p}_1 - \hat{p}_2) \pm 1.96\sqrt{\frac{\hat{p}_1(1 - \hat{p}_1)}{n_1} + \frac{\hat{p}_2(1 - \hat{p}_2)}{n_2}}$$

根據本題樣本資料 $\hat{p}_1 = \frac{120}{1200} = 0.1$，$\hat{p}_2 = \frac{118}{1500} = 0.079$。計算出 $p_1 - p_2$ 的 95%信賴區間為

$$(0.1 - 0.079) \pm 1.96\sqrt{\frac{(0.1)(0.9)}{1200} + \frac{(0.079)(0.921)}{1500}}$$

或

$$[-0.00076，0.04276]$$

10.5 *F* 分配

　　本章前面各節在比較兩個母群體的參數時，無論是兩個母群體平均數差（本章第一、二、三節）或兩母群體比例差（本章第四節）的估計，其點估計統計量都是以差（相減）的方式來呈現（例如，$\bar{X}_1 - \bar{X}_2$，$\hat{p}_1 - \hat{p}_2$）。事實上，比較兩個量的大小時，除了相減以外也可以相除的方式來呈現，對於比較兩個母體變異數（σ_1^2 及 σ_2^2）的大小，我們便是以相除$\left(\dfrac{S_1^2}{S_2^2}\right)$的方式來處理（本章第六節）。

　　在估計兩母群體變異數比值的過程中，F 分配扮演了非常重要的角色，因此本節先介紹 F 分配。F 分配名稱的由來是為了紀念英國統計學家 Fisher（1890-1962）對這個分配的貢獻，因此就以 Fisher 的第一個字母 F 稱呼這個統計量，其圖形如圖 10-5-1。

圖 10-5-1　$F(v_1, v_2)$分配的機率密度函數

　　為了操作及查表上的方便，如同 Z_α，$t_\alpha(v)$ 及 $\chi_\alpha^2(v)$ 我們也定義了 $F_\alpha(v_1, v_2)$，並舉例說明如下。

定義 10-5-1：$F_\alpha(v_1, v_2)$（右尾臨界值）

　　在 $F(v_1, v_2)$分配中，我們切割出它的右尾面積 α 的切割點 K，使得 $P(F(v_1, v_2) \geq K) = \alpha$（如下圖）。通常為了操作上的方便，我們將 K 以 $F_\alpha(v_1, v_2)$ 符號表示之。也就是

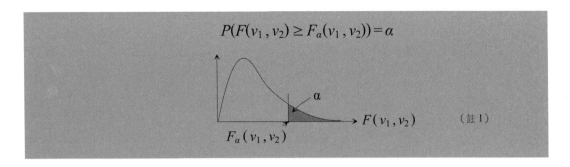

（註1）

定義 10-5-1、例題 10-5-1 及例題 10-5-2 告訴我們如何經由查表或FINV計算 F 分配的右尾面積 α 的臨界值（參考附錄 A2-4），至於左尾面積 α 臨界值的查表，則可透過下面的定理（定理 10-5-1）中所陳述的 $F(v_1, v_2)$ 與 $F(v_2, v_1)$ 間的關係找到它。

定理 10-5-1： $F(v_1, v_2)$ 與 $F(v_2, v_1)$ 的關係

$$F_\alpha(v_1, v_2) = \frac{1}{F_{1-\alpha}(v_2, v_1)} \qquad \text{（註1）}$$

定理 10-5-1 告訴我們，$F(v_1, v_2)$ 分配右尾面積 α 的臨界值之倒數正好等於 $F(v_2, v_1)$ 分配右尾面積 $(1-\alpha)$ 的臨界值。所以，當我們要查 $F(v_1, v_2)$ 左尾面積 α 之臨界值時，事實上我們要找的是 $F_{1-\alpha}(v_1, v_2)$（圖 10-5-2）。

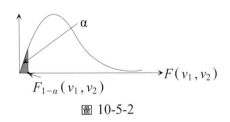

圖 10-5-2

但是，從定理 10-5-1 我們知道 $F_{1-\alpha}(v_1, v_2)$ 等於 $F_\alpha(v_2, v_1)$ 的倒數，所以，我們只要查 $F_\alpha(v_2, v_1)$（圖 10-5-3），然後求它的倒數即可

註1：參考「應用機率導論」第 8 章 8-7 節。（吳冬友、楊玉坤，五南圖書出版公司）

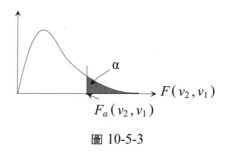

圖 10-5-3

例題 10-5-1　$v_1 = 5$，$v_2 = 10$，$\alpha = 0.05$求$F_{0.05}(5, 10) = ?$

　　解：從附錄一表A1-4中之$F_{0.05}(v_1, v_2)$機率表，先找到$v_1 = 5$及$v_2 = 10$的行列，行列交會的數字 3.3258 即為所求。

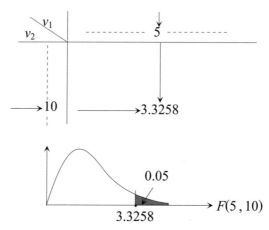

　　註：或由 FINV 計算（參考附錄 A2-4，FINV 例題 1）

例題 10-5-2　(1)$v_1 = 6$，$v_2 = 12$，$\alpha = 0.975$求$F_{0.975}(6, 12) = ?$

　　　　　　(2)$P(F_{0.92}(6, 12) \leqq F(6, 12) \leqq F_{0.03}(6, 12)) = ?$

　　解：(1)$F_{0.975}(6, 12) = \dfrac{1}{F_{0.025}(12, 6)}$

　　　　　$F_{0.025}(12, 6) = 5.3662$，所以$F_{0.975}(6, 12) = \dfrac{1}{5.3662} = 0.1864$

　　註：在 FINV 方格中輸入 0.975, 6, 12；或在 EXCEL 工作格中鍵入「= FINV（0.975, 6, 12）」，立即傳回臨界值 0.186350082。

圖 10 估計㈡ · 269

(2)$P(F_{0.92}(6, 12) \leqq F(6, 12) \leqq F_{0.03}(6, 12)) = 0.92 - 0.03 = 0.89$

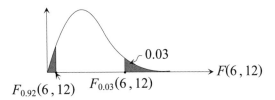

10.6 兩個獨立常態母群體變異數比值 $\dfrac{\sigma_1^2}{\sigma_2^2}$ 之估計

當我們需要去估計兩個母群體的變異數何者較大時,通常是藉由估計兩個變異數的比值 $\left(\dfrac{\sigma_1^2}{\sigma_2^2}\right)$ 來進行。例如,比較兩部機器在產出值(尺寸、內外徑……等)上的精準度時,可以由兩部機器產出值的變異數比值來判斷,若以 σ_1^2 及 σ_2^2 分別表示第一部及第二部機器產出值的變異數,則當 $\dfrac{\sigma_1^2}{\sigma_2^2} < 1$ 時,我們認為第一部機器的精準度較高。當兩個群體均為常態母群體時,這種 $\dfrac{\sigma_1^2}{\sigma_2^2}$ 的估計程序如圖 10-6-1 所示。

由 F 分配的統計性質,推導 $\dfrac{\sigma_1^2}{\sigma_2^2}$ 的信賴區間

$$P\left(F_{1-\frac{\alpha}{2}}(n_1-1, n_2-1) \leq \frac{\dfrac{S_1^2}{S_2^2}}{\dfrac{\sigma_1^2}{\sigma_2^2}} \leq F_{\frac{\alpha}{2}}(n_1-1, n_2-1)\right) = 1-\alpha$$

$$(10\text{-}6\text{-}1)$$

將(10-6-1)式經過整理後,便得到 $\dfrac{\sigma_1^2}{\sigma_2^2}$ 的 $100(1-\alpha)\%$ 信賴區間為

$$\left[\frac{S_1^2}{S_2^2} \frac{1}{F_{\frac{\alpha}{2}}(n_1-1, n_2-1)}, \frac{S_1^2}{S_2^2} \frac{1}{F_{1-\frac{\alpha}{2}}(n_1-1, n_2-1)}\right]$$

或

$$\left[\frac{S_1^2}{S_2^2}\frac{1}{F_{\frac{\alpha}{2}}(n_1-1\,,n_2-1)}\,,\frac{S_1^2}{S_2^2}F_{\frac{\alpha}{2}}(n_2-1\,,n_1-1)\right]$$

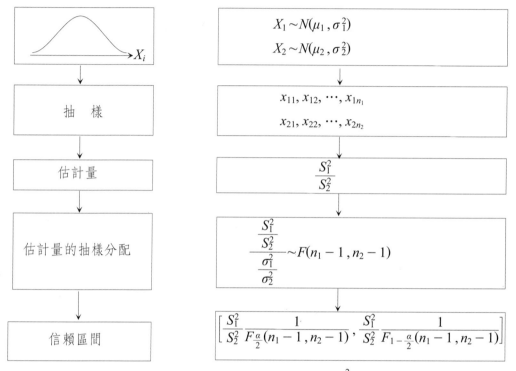

圖 10-6-1　常態母群體變異數比值$\dfrac{\sigma_1^2}{\sigma_2^2}$的估計程序

例題 10-6-1　為了比較兩種健康食品中纖維的含量，從第一種健康食品中隨機抽取 10 個樣本，測得纖維的平均值及標準差分別為 4.5 克及 0.5 克，從第二種健康食品中隨機抽取 8 個樣本，測得纖維的平均值及標準差分別為 5 克及 0.7 克。假設這兩種健康食品中纖維含量皆為常態分配且 σ_1 及 σ_2 分別表示這兩個母群體的標準差，則 $\dfrac{\sigma_1^2}{\sigma_2^2}$ 的 98%信賴區間為何？

解：以 S_1, S_2 分別表示這兩個母群體的樣本標準差。n_1, n_2 分別表示這兩個母群體的抽樣樣本數，則 $\dfrac{\sigma_1^2}{\sigma_2^2}$ 的 98%信賴區間為

$$\left[(\frac{S_1^2}{S_2^2})(\frac{1}{F_{0.01}(n_1-1,n_2-1)})\ ,\ (\frac{S_1^2}{S_2^2})(\frac{1}{F_{0.99}(n_1-1,n_2-1)})\right]$$

$n_1 = 10$，$n_2 = 8$，$S_1 = 0.5$，$S_2 = 0.7$。由 FINV 計算得知

$$F_{0.01}(9, 7) = 6.72$$

$$F_{0.99}(9, 7) = 0.178$$

所以，$\dfrac{\sigma_1^2}{\sigma_2^2}$ 的 98% 信賴區間為

$$\left[(\frac{0.5}{0.7})^2(\frac{1}{6.72})\ ,\ (\frac{0.5}{0.7})^2(5.61)\right] = \left[\frac{0.51}{6.72}\ ,\ 0.51 \times 5.61\right] = \left[0.0759\ ,\ 2.816\right]$$

案例 10-1 TIMSS 2007 四年級數學——平均成績差異的信賴區間

　　TIMSS 2007 四年級數學的平均成績如表 C9-1-1 所示。為了進一步了解各國的差異，可以用本章所介紹的程序來估計兩個國家學生（母群體）平均成績差異的信賴區間。

$$(\overline{X_{國家\,i}} - \overline{X_{國家\,j}}) \sim Normal\ (\mu_{\overline{X_{國家\,i}} - \overline{X_{國家\,j}}}, \sigma^2_{\overline{X_{國家\,i}} - \overline{X_{國家\,j}}})\ （註 1）$$

其中，$(\overline{X_{國家\,i}} - \overline{X_{國家\,j}})$ 為 i, j 兩個國家樣本平均統計量（estimator）之差，而且

$$\mu_{\overline{X_{國家\,i}} - \overline{X_{國家\,j}}} = E\,(\overline{X_{國家\,i}} - \overline{X_{國家\,j}}) = \mu_{國家\,i} - \mu_{國家\,j}$$

$$\sigma^2_{\overline{X_{國家\,i}} - \overline{X_{國家\,j}}} = V(\overline{X_{國家\,i}} - \overline{X_{國家\,j}}) = V(\overline{X_{國家\,i}}) + V(\overline{X_{國家\,j}}) = \sigma^2_{\overline{X_{國家\,i}}} + \sigma^2_{\overline{X_{國家\,j}}}$$

其中，$\mu_{國家\,i}, \mu_{國家\,j}$ 分別代表 i, j 兩個國家學生（母群體）的平均成績，

註 1：參考本章 10-3 節圖 10-3-1

$\sigma^2_{\overline{X}_{\text{國家}\,i}}, \sigma^2_{\overline{X}_{\text{國家}\,j}}$ 分別代表 i, j 兩個國家樣本平均統計量（estimator）的變異數。所以，$\mu_{\overline{X}_{\text{國家}\,i} - \overline{X}_{\text{國家}\,j}}$ 及 $\sigma^2_{\overline{X}_{\text{國家}\,i} - \overline{X}_{\text{國家}\,j}}$ 的估計值（estimate）可以從表 C9-1-1 的數據計算得出，也就是

$$\overline{X_{\text{國家}\,i}} - \overline{X_{\text{國家}\,j}} \xrightarrow{\text{估計}} \mu_{\overline{X}_{\text{國家}\,i} - \overline{X}_{\text{國家}\,j}} = \mu_{\text{國家}\,i} - \mu_{\text{國家}\,j}$$

$$SE^2_{\text{國家}\,i} + SE^2_{\text{國家}\,j} \xrightarrow{\text{估計}} \sigma^2_{\overline{X}_{\text{國家}\,i} - \overline{X}_{\text{國家}\,j}}$$

所以，兩個國家學生（母群體）的平均成績差異（$\mu_{\text{國家}\,i} - \mu_{\text{國家}\,j}$）的 $100(1-\alpha)\%$ 信賴區間為

$$(\overline{X_{\text{國家}\,i}} - \overline{X_{\text{國家}\,j}}) \pm z_{\alpha/2}\sqrt{SE^2_{\text{國家}\,i} + SE^2_{\text{國家}\,j}}$$
$$= [(\overline{X_{\text{國家}\,i}} - \overline{X_{\text{國家}\,j}}) - z_{\alpha/2}\sqrt{SE^2_{\text{國家}\,i} + SE^2_{\text{國家}\,j}},$$
$$(\overline{X_{\text{國家}\,i}} - \overline{X_{\text{國家}\,j}}) + z_{\alpha/2}\sqrt{SE^2_{\text{國家}\,i} + SE^2_{\text{國家}\,j}}]$$

以平均成績排名在前五名的國家為例計算如下：

(1)香港與新加坡學生（母群體）數學的平均差異（$\mu_{\text{香港}} - \mu_{\text{新加坡}}$）的 95% 信賴區間為

$$(\overline{X_{\text{香港}}} - \overline{X_{\text{新加坡}}}) \pm 1.96\sqrt{SE^2_{\text{香港}} + SE^2_{\text{新加坡}}}$$
$$= (606.802 - 599.406) \pm 1.96\sqrt{(3.584)^2 + (3.744)^2}$$
$$= [-2.763, 17.555]$$

(2)新加坡與中華民國學生（母群體）數學的平均差異（$\mu_{\text{新加坡}} - \mu_{\text{中華民國}}$）的 95% 信賴區間為

$$(\overline{X_{\text{新加坡}}} - \overline{X_{\text{中華民國}}}) \pm 1.96\sqrt{SE^2_{\text{新加坡}} + SE^2_{\text{中華民國}}}$$
$$= (599.406 - 575.819) \pm 1.96\sqrt{(3.744)^2 + (1.733)^2}$$
$$= [15.5, 31.674]$$

(3)中華民國與日本學生（母群體）數學的平均差異（$\mu_{\text{中華民國}} - \mu_{\text{日本}}$）的 95% 信賴區間為

$$(\overline{X_{\text{中華民國}}} - \overline{X_{\text{日本}}}) \pm 1.96\sqrt{SE^2_{\text{中華民國}} + SE^2_{\text{日本}}}$$

$$= (575.819 - 568.157) \pm 1.96\sqrt{(1.733)^2 + (2.121)^2}$$

$$= [2.294, 13.03]$$

(4) 日本與哈薩克學生（母群體）數學的平均差異（$\mu_{日本} - \mu_{哈薩克}$）的 95% 信賴區間為

$$(\overline{X_{日本}} - \overline{X_{哈薩克}}) \pm 1.96\sqrt{SE_{日本}^2 + SE_{哈薩克}^2}$$

$$= (568.157 - 549.348) \pm 1.96\sqrt{(2.121)^2 + (7.146)^2}$$

$$= [4.199, 33.419]$$

上述結果的圖示如圖 C10-1-1。

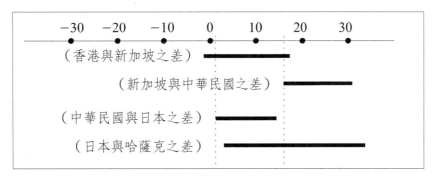

圖 C10-1-1　香港、新加坡、中華民國、日本平均成績差異的信賴區間

案例10-2　TIMSS 2007 四年級數學——百分比例差的信賴區間

TIMSS 2007 四年級數學評鑑成績達到標竿的百分比例如表 C9-2-1（參考案例 9-2）。為了進一步了解各國的差異，可以用本章所介紹的程序來估計兩個國家（母群體）數學成績優秀學生的百分比差異的信賴區間。

$$\hat{p}_{625i} - \hat{p}_{625j} \sim Normal\,(\mu_{\hat{p}_{625i} - \hat{p}_{625j}},\ \sigma^2_{\hat{p}_{625i} - \hat{p}_{625j}})\ ^{（註2）}$$

註 2：參考本章第 10-4 節圖 10-4-1

其中，$\hat{p}_{625i}$, $\hat{p}_{625j}$ 分別代表 i, j 兩個國家數學優秀學生的樣本百分比統計量（estimator），$\hat{p}_{625i} - \hat{p}_{625j}$ 為這兩個國家的樣本百分比統計量之差，而且

$$\mu_{\hat{p}_{625i} - \hat{p}_{625j}} = E(\hat{p}_{625i} - \hat{p}_{625j}) = E(\hat{p}_{625i}) - E(\hat{p}_{625j}) = p_{625i} - p_{625j}$$
$$\sigma^2_{\hat{p}_{625i} - \hat{p}_{625j}} = V(\hat{p}_{625i} - \hat{p}_{625j}) = V(\hat{p}_{625i}) + V(\hat{p}_{625j}) = \sigma^2_{\hat{p}_{625i}} + \sigma^2_{\hat{p}_{625j}}$$

其中，p_{625i}, p_{625j} 分別代表 i, j 兩個國家（母群體）數學優秀學生的百分比，$\sigma^2_{\hat{p}_{625i}}, \sigma^2_{\hat{p}_{625j}}$ 分別代表 i, j 兩個國家學生的樣本百分比統計量（estimator）的變異數。所以，$\mu_{\hat{p}_{625i} - \hat{p}_{625j}}$ 及 $\sigma^2_{\hat{p}_{625i} - \hat{p}_{625j}}$ 的估計值可以從表 C9-2-1 的數據計算得出，也就是

$$\hat{p}_{625i} - \hat{p}_{625j} \xrightarrow{\text{估計}} p_{625i} - p_{625j}$$
$$SE^2_{\text{國家 } i} + SE^2_{\text{國家 } j} \xrightarrow{\text{估計}} \sigma^2_{\hat{p}_{625i} - \hat{p}_{625j}}$$

所以，兩個國家（母群體）數學優秀學生的百分比差異（$p_{625i} - p_{625j}$）的 $100(1 - \alpha)\%$ 信賴區間為

$$(\hat{p}_{625i} - \hat{p}_{625j}) \pm z_{\alpha/2}\sqrt{SE^2_{\text{國家 } i} + SE^2_{\text{國家 } j}}$$
$$= [(\hat{p}_{625i} - \hat{p}_{625j}) - z_{\alpha/2}\sqrt{SE^2_{\text{國家 } i} + SE^2_{\text{國家 } j}},$$
$$(\hat{p}_{625i} - \hat{p}_{625j}) + z_{\alpha/2}\sqrt{SE^2_{\text{國家 } i} + SE^2_{\text{國家 } j}}]$$

以成績達到優秀標竿的百分比例排名在前五名的國家為例計算如下：
(1)新加坡與香港（母群體）數學優秀學生的百分比差異（$p_{625\text{新加坡}} - p_{625\text{香港}}$）的 95% 信賴區間為

$$(\hat{p}_{625\text{新加坡}} - \hat{p}_{625\text{香港}}) \pm 1.96\sqrt{SE^2_{\text{新加坡}} + SE^2_{\text{香港}}}$$
$$= (41\% - 40\%) \pm 1.96\sqrt{(2.1\%)^2 + (2.2\%)^2}$$
$$= [-5.1\%, 7.1\%]$$

(2)香港與中華民國（母群體）數學優秀學生的百分比差異（$p_{625\text{香港}} - p_{625\text{中華民國}}$）的 95% 信賴區間為

$$(\hat{p}_{625\text{香港}} - \hat{p}_{625\text{中華民國}}) \pm 1.96\sqrt{SE^2_{\text{香港}} + SE^2_{\text{中華民國}}}$$

$$= (40\% - 24\%) \pm 1.96\sqrt{(2.2\%)^2 + (1.2\%)^2}$$
$$= [11.08\%, 20.92\%]$$

(3)中華民國與日本（母群體）數學優秀學生的百分比差異（$p_{625\,中華民國} - p_{625\,日本}$）的95%信賴區間為

$$(\hat{p}_{625\,中華民國} - \hat{p}_{625\,日本}) \pm 1.96\sqrt{SE^2_{中華民國} + SE^2_{日本}}$$
$$= (24\% - 23\%) \pm 1.96\sqrt{(1.2\%)^2 + (1.2\%)^2}$$
$$= [-2.33\%, 4.33\%]$$

(4)日本與哈薩克（母群體）數學優秀學生的百分比差異（$p_{625\,日本} - p_{625\,哈薩克}$）的95%信賴區間為

$$(\hat{p}_{625\,日本} - \hat{p}_{625\,哈薩克}) \pm 1.96\sqrt{SE^2_{日本} + SE^2_{哈薩克}}$$
$$= (23\% - 19\%) \pm 1.96\sqrt{(1.2\%)^2 + (2.1\%)^2}$$
$$= [-0.7\%, 8.74\%]$$

上述結果的圖示如圖 C10-2-1。

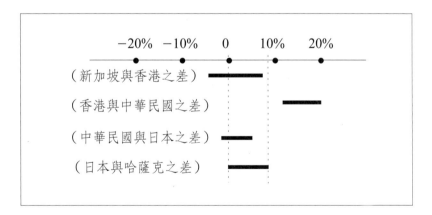

圖 C10-2-1　香港、新加坡、中華民國、日本優秀學生百分比差的信賴區間

習 題

案例題型

(一)表 E10-1 為 TIMSS 2007 四年級數學評鑑題目中，難度列在優秀標竿（參考案例 4-2）範圍的測驗題目之一，表 E10-2 為各國學生中，完全答對此題的人數比例。

10.1 根據表 E10-2 所提供的資訊，參考案例 10-2 的方式，估計完全答對此題的百分比排名在前 4 名國家間，前後兩個國家比例差異的 95%信賴區間。

10.2 根據表 E10-2 所提供的資訊，估計完全答對此題的百分比排名在前 4 名國家，其百分比與國際平均百分比例差異的 95%信賴區間。

(二)從表 C9-1-1 所提供的資訊估計：

10.3 估計平均成績前四名（香港、新加坡、中華民國、日本）國家，排名先後兩國學生成績變異數比值（母群體變異數相除值）的 95%信賴區間。

一般題型

10.4 $X_1 \sim N(\mu_1, 21)$，$X_2 \sim N(\mu_2, 13)$，隨機抽取樣本為

X_1	45	49	39	46	51	52	43
X_2	22	18	24	25	29	23	

(1)估計 $\mu_1 - \mu_2$ 的 95%信賴區間，(2)估計 $\mu_1 - \mu_2$ 的 99%信賴區間。

10.5 $X_1 \sim N(\mu_1, \sigma^2)$，$X_2 \sim N(\mu_2, \sigma^2)$ 隨機抽取兩組獨立樣本如下

X_1	5	9	13	11	7	6	12
X_2	29	31	35	37	32	34	

(1)估計 $\mu_1 - \mu_2$ 的 95%信賴區間，(2)估計 $\mu_1 - \mu_2$ 的 99%信賴區間。

10.6 隨機抽樣私立及公立醫院病人健保給付金額如下，假設每人次健保給付金額為常態分配且兩變異數相等

公立	640	665	830	780	694	
私立	531	598	788	699	698	675

(1)估計公私立醫院每位病人健保給付金額平均數差的 95%信賴區間。

(2)估計公私立醫院每位病人健保給付金額平均數差的 99%信賴區間。

10.7 隨機抽取城市 1 及城市 2 數日垃圾清運量（單位：公噸）如下，假設兩城市每日垃圾量為常態分配且變異數相等

城市 1	614	565	730	680	594	
城市 2	554	598	788	699	698	674

(1)估計兩城市每日垃圾量的平均數差之 95%信賴區間。

(2)估計兩城市每日垃圾量的平均數差之 99%信賴區間。

10.8 欲比較台北市內兩住宅區單位房價的差異，隨機抽取兩區的買賣成交案例各 36 案及 49 案，分別計算出單位房價（每坪）的樣本平均價為 25 萬元及 32 萬元，標準差為 1.5 萬及 2.5 萬。(1)估計兩地區每坪平均價差的 95%信賴區間，(2)估計兩地區每坪平均價差的 99%信賴區間。

10.9 $X_1 \sim N(\mu_1, \sigma_1^2)$，$X_2 \sim N(\mu_2, \sigma_2^2)$。分別自 X_1 及 X_2 隨機抽取 100 及 121 個樣

本，其樣本平均數分別為 500 及 600，樣本標準差分別為 25 及 30。

(1)估計 $\mu_1 - \mu_2$ 的 95%信賴區間，(2)估計 $\mu_1 - \mu_2$ 的 99%信賴區間。

10.10 自兩住宅區內隨機取樣 500 人及 600 人，其中分別有 25 人及 21 人為 60 歲以上的獨居老人。 (1)估計兩住宅區內獨居老年人口比例差的 95%信賴區間，(2)估計兩住宅區內獨居老年人口比例差的 99%信賴區間。

10.11 隨機抽樣 1,000 位男生及 1,200 位女生，其中 125 位及 120 位贊成廢除死刑(1)估計男女性贊成廢除死刑的比例差之 95%信賴區間。(2)估計男女性贊成廢除死刑的比例差之 99%信賴區間。

10.12 計算： (1)$F_{0.05}(4, 8) = ?$ (2)$F_{0.01}(2, 12) = ?$ (3)$F_{0.975}(3, 9) = ?$ (4)$P(F_{0.97}(6, 15) \leq F(6, 15) \leq F_{0.06}(6, 15)) = ?$

10.13 抽樣調查國人 30-40 歲及 40-50 歲兩個年齡層人口中，每年的旅遊支出金額如下，假設旅遊支出為常態分配，估計這兩個年齡層旅遊支出變異數比值的 98%信賴區間。

40-50 歲	28,000	50,000	60,000	75,000	90,000	
30-40 歲	12,000	21,000	15,000	18,000	22,000	32,000

10.14 隨機抽樣調查國小五、六年級男女生每週看電視的時數，數據記錄如下：

女生	16	10	17	11	5	
男生	14	11	5	9	7	8

假設國小學生收看電視時間為常態分配，估計男女生看電視時間標準差比值的 98%信賴區間。

圖 10 估計㈡ · 279

表 E10-1 TIMSS 2007 四年級數學評鑑題目之一

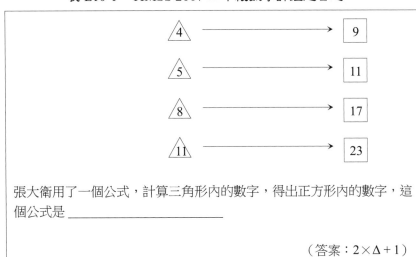

張大衛用了一個公式，計算三角形內的數字，得出正方形內的數字，這個公式是 _____

（答案：$2 \times \Delta + 1$）

表 E10-2 TIMSS 2007 四年級數學題目之一（表 E10-1）答對學生的比例

國 家	百分比	國 家	百分比	國 家	百分比
香港 Hong Kong	39 (2.7)	澳洲 Australia	20 (3.1)	斯洛維尼亞 Slovenia	8 (0.8)
日本 Japan	38 (2.1)	蘇格蘭 Scotland	17 (1.7)	瑞典 Sweden	7 (1.3)
新加坡 Singapore	36 (2.1)	丹麥 Denmark	17 (2.1)	捷克 Czech	6 (1.0)
亞美尼亞 Armenia	35 (2.9)	紐西蘭 New Zealand	17 (1.6)	阿爾及利亞 Algeria	6 (1.2)
中華民國 Republic of China	33 (2.4)	德國 Germany	13 (1.2)	伊朗 Iran	5 (1.1)
英格蘭 England	28 (2.3)	荷蘭 Netherlands	13 (2.0)	摩洛哥 Morocco	4 (2.0)
哈薩克 Kazakhastan	28 (4.2)	立陶宛 Lithuania	13 (1.7)	突尼西亞 Tunisia	3 (0.5)
匈牙利 Hungary	28 (2.4)	斯洛伐克 Slovak	13 (2.0)	科威特 Kuwait	1 (0.4)
俄羅斯 Russian	23 (3.1)	奧地利 Austria	11 (1.6)	卡達 Qatar	1 (0.2)
美國 United States	23 (1.4)	烏克蘭 Ukraine	11 (1.5)	哥倫比亞 Colombia	1 (0.4)
拉脫維亞 Latvia	22 (2.3)	挪威 Norway	9 (1.4)	葉門 Yemen	0 (0.2)
義大利 Itlay	22 (1.7)	喬治亞 Georgia	8 (1.6)	薩爾瓦多 El Salvador	0 (0.0)
國際平均 15 (0.3)					

資料來源：TIMSS 2007 International report (Exhibit 2.5)(Reprinted by permission of the IEA)

註：括弧內的數字為該統計量的標準差

11 統計假設檢定(一)

統計推論的進行有兩種方式：(1)估計；(2)假設檢定。當母群體參數的資訊全無時，我們可以用第九、十兩章所介紹的方法估計母群體參數。當我們擬定母群體參數有兩種可能性，並有待進一步確認時，則可以用假設檢定來加以確認。在本章中，我們首先於第一節中說明統計假設檢定的基本概念，然後逐節說明單一母群體參數檢定的進行程序。

11.1 檢定的基本觀念

假設檢定中有四個非常重要的基本觀念：(1)統計假設；(2)檢定統計量；(3)決策法則（或稱拒絕域）；(4)決策失誤。在本節中，我們依序說明這四個基本觀念，並舉例說明。

一、統計假設

簡單地說，統計假設檢定就是對母群體的參數擬出假設，然後經由抽樣所取得的資料來驗證何者成立的統計程序。因此，統計假設檢定的首要工作，便是對母群體的參數提出互斥的假設。一個稱為虛無假設（null hypothesis），另一個稱為對應假設（alternative hypothesis）（或稱為對立假設）。

> **定義 11-1-1：虛無假設與對應假設**
>
> 將所欲檢定的母群體參數以兩個互斥的假設呈現，若稱其一為虛無假設，以符號 H_0 表示，則另一個便稱為對應假設，以符號 H_1 表示。

從定義 11-1-1 來看，虛無假設與對應假設似乎只是兩個假設的稱呼，我們可以隨意設定其中之一為虛無假設，另一個便為對應假設。但是，由於在檢定的推理邏輯上，虛無假設是處於較有利的處境，所以，我們必須非常謹慎地處置這兩個假設。對於此，我們提供兩個簡單的處理原則，然後舉例說明：

(1)將你（執行檢定者）想要拒絕的假設擬定設為虛無假設，將你所傾向的假設擬定為對應假設。

(2)將原有的參數擬定為虛無假設，將可能的改變擬定為對應假設。

例題 11-1-1　大台北地區民眾每天上班所花費的車程時間很長，台北市、縣政府合力實施各連接橋樑及主要幹道尖峰時間車流疏導方案後，希望能將民眾上班所花費的平均車程時間降至 1 小時以下。該方案是否有效，縣市政府以抽樣方式進行驗證時之虛無假設與對應假設應如何擬定？

解：本題中，欲檢定的母群體參數為平均值 μ，且它的兩個互斥假設如下：

$$\mu \geq 1 \text{ 小時}$$
$$\mu < 1 \text{ 小時}$$

試想，縣市政府實施該方案，當然認為它是有效的方案。因此，在進行檢定時，主事者（縣市政府）想要拒絕的假設為 $\mu \geq 1$ 小時，換句話說，主事者希望成立的假設為 $\mu < 1$ 小時。所以，本問題的虛無及對應統計假設安排如下：

$$H_0 : \mu \geq 1 \text{ 小時} \qquad H_1 : \mu < 1 \text{ 小時}$$

例題 11-1-2　根據去年的研究報告顯示，小學生每日上網的平均時間不超過 30 分鐘，但由於電腦的普及與網路的快速發展，教育主管機構認為實際現象已有所改變，其平均值可能已超過 30 分鐘。因此，欲以抽樣方式進行驗證，請問本問題中的虛無假設及對應假設如何擬定？

解：本題中，欲檢定的母群體參數為上網平均時間，兩個互斥假設如下：

$$\mu \le 30 \text{ 分鐘（表示情況沒有改變）}$$
$$\mu > 30 \text{ 分鐘（表示情況已改變）}$$

原有的狀況（去年的研究結果）為 $\mu \le 30$ 分鐘，情況改變後的可能值為 $\mu > 30$ 分鐘，所以，虛無假設與對應假設的擬定如下：

$$H_0 : \mu \le 30 \text{ 分鐘} \qquad H_1 : \mu > 30 \text{ 分鐘}$$

例題 11-1-3　根據去年的研究報告顯示，國人利用年假出國觀光的比例為 10％，觀光局認為受到經濟不景氣的影響，今年的比例明顯下降，若以統計檢定的方式進行驗證，則本問題中的虛無假設與對應假設要如何擬定？

解：本題中，欲檢定的參數為年假出國觀光的比例 p，兩個互斥假設為：

$$p = 0.1$$
$$p < 0.1$$

其中，$p = 0.1$ 為原有狀況（去年的研究結果），$p < 0.1$ 為可能的改變，所以，虛無假設及對應假設擬定如下：

$$H_0 : p = 0.1 \qquad H_1 : p < 0.1$$

在假設檢定中，虛無假設及對應假設皆為針對母群體參數之可能值所設定的兩個互斥集合，依假設的形式，將它們分為兩類：(1)簡單假設（simple hypothesis）；(2)複合假設（composite hypothesis）。

定義 11-1-2：簡單假設及複合假設

當假設所陳述的參數值為單一數值時，我們稱它為簡單假設。當假設所陳述的參數值為一區域值時，我們稱它為複合假設。

例題 11-1-4　(1)簡單虛無假設對簡單對應假設，例如：

$$H_0 : \mu = 60 \qquad H_1 : \mu = 70$$

(2)簡單虛無假設對複合對應假設，例如：

$$H_0 : \mu = 60 \qquad H_1 : \mu > 60$$

或

$$H_0 : \mu = 60 \qquad H_1 : \mu < 60$$

或

$$H_0 : \mu = 60 \qquad H_1 : \mu \neq 60$$

(3)複合虛無假設對複合對應假設，例如：

$$H_0 : \mu \leq 60 \qquad H_1 : \mu > 60$$

或

$$H_0 : \mu \geq 60 \qquad H_1 : \mu < 60$$

依對應假設的不同形式，稱它們為單尾對應假設檢定或雙尾對應假設檢定。

定義 11-1-3： 單尾對應假設檢定及雙尾對應假設檢定

依複合對應假設的不同形式，我們將統計假設檢定分為(1)單尾對應假設檢定（one-sided alternative hypothesis testing）及(2)雙尾對應假設檢定（two-sided alternative hypothesis testing），其中單尾對應假設檢定又分為左尾對應假設檢定（left-sided alternative hypothesis testing）及右尾對應假設檢定（right-sided alternative hypothesis testing）。

例題 11-1-5　左尾對應假設檢定

例題 11-1-3 中，$H_1 : p < 0.1$ 為一個向左延伸的區域。

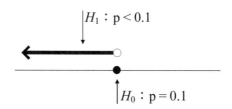

所以，我們稱這個統計假設檢定為左尾對應假設檢定（或簡稱左尾檢定）。

例題 11-1-6　右尾對應假設檢定

例題 11-1-2 中，$H_1 : \mu > 30$ 為一個向右延伸的區域

所以，我們稱這個統計假設檢定為右尾對應假設檢定（或簡稱右尾檢定）。

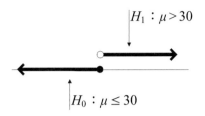

例題 11-1-7　雙尾對應假設檢定

例題 11-1-4 (2)中的，$H_0 : \mu = 60$, $H_1 : \mu \neq 60$，它的對應假設為向兩邊延伸的區域

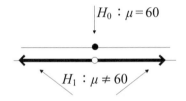

所以，我們稱這個統計假設檢定為雙尾對應假設檢定（或簡稱雙尾檢定）。

要特別注意的是，由於統計假設檢定的推理邏輯是站在虛無假設(H_0)的立場，所以，為了使後續的檢定程序中有一個明顯的參考點來控制檢定的型一失誤，通常，我們將「等式」放在虛無假設。

例題 11-1-8

(1)在例題 11-1-1 中，等式安排在 H_0（$H_0 : \mu \geq 1$ 時）。

(2)在例題 11-1-2 中，等式安排在 H_0（$H_0 : \mu \leq 30$ 分鐘）。

(3)在例題 11-1-3 中，等式安排在 H_0（$H_0 : p = 0.1$）。

(4)在例題 11-1-4 中的每個假設檢定中，等式皆安排在 H_0。

擬定虛無假設與對應假設之後，接下來的統計檢定程序如圖 11-1-1 所示，在圖 11-1-1 中，首先是：(1)從所欲進行檢定的母群體中抽樣，然後；(2)選定一個統計量作為檢定統計量；(3)站在虛無假設的立場（H_0 為真）推導上述檢定統計量的機率分配；最後，(4)根據假設檢定的形式（雙尾、

左尾或右尾）及所能容忍的型一失誤機率擬定拒絕 H_0 的決策法則（見本節㈣）。

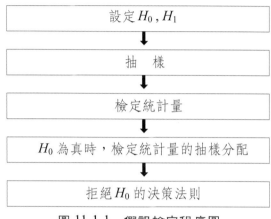

圖 11-1-1　假設檢定程序圖

二、檢定統計量

當我們從所欲進行檢定的母群體中抽樣取得 n 個樣本值 $x_1, \cdots, x_n$ 後，接下來的工作是要決定用什麼樣本統計量（sample statistic）將這些樣本資料濃縮成檢定所需的檢定統計量。然後，再依圖 11-1-1 所示的流程逐步完成檢定的程序。

定義 11-1-4： 檢定統計量（testing statistic）
欲檢定母群體的某一參數 θ 時，我們從該母群體中抽取樣本 $x_1, \cdots, x_n$。若以樣本統計量 $\hat{\theta} = f(x_1, \cdots, x_n)$ 來檢定我們為 θ 所設定的虛無及對應假設，我們稱此 $\hat{\theta}$ 為 θ 的檢定統計量。

檢定統計量簡稱為檢定量，檢定量的表示法，如同估計量，可在所欲檢定的參數上加一個帽子（hat），也可以用大寫的英文字母（例如，$\bar{X}, S^2$

…等）。檢定量為一個隨機變數，為樣本資料的一個計算公式，它的數值隨抽樣所得的樣本而異。但是，若將某一組樣本資料代入檢定量計算得到的數值，我們稱它為檢定值。

定義 11-1-5： 檢定值（testing statistic value）

將抽樣所得的一組樣本值代入檢定量所求得的數值，稱為檢定值。

例題 11-1-9 在例題 11-1-1 中，欲檢定大台北地區民眾每天上班通勤花費的平均時間，所設定的假設為

$$H_0 : \mu \geq 1 \text{ 小時} \qquad H_1 : \mu < 1 \text{ 小時}$$

如果台北縣市政府主辦單位計畫抽樣調查 36 位上班族，並記錄他們通勤上班所花費的時間，以 x_1, x_2,…, x_{36} 表示這些抽樣觀測值，同時以樣本平均數 $\overline{X} = \dfrac{x_1 + \cdots + x_{36}}{36}$ 作為檢定統計量。一週以後，得到這 36 筆實際資料（單位分鐘）為 62, 70, 51, 46,……，計算得到這 36 筆資料的樣本平均值 $\overline{X} = 52$。在上述檢定過程中，我們稱 $\overline{X}$ 為檢定統計量（公式），經由 $\overline{X}$ 所計算得到的 52 為檢定值（代入公式所得到的值）。

三、拒絕域與接受域

檢定統計量確定之後，接下來的工作便是站在虛無假設的立場（H_0 為真）來推導檢定統計量的機率分配，換句話說，我們必須了解，當虛無假設為真時，檢定統計量的分布區域及其機率狀況。然後，我們將它所分布的區域劃分為二，一為拒絕虛無假設（拒絕 H_0）的區域（簡稱拒絕域），另一為不拒絕虛無假設的區域（簡稱接受域）。

定義 11-1-6： 拒絕域與接受域（rejection region and acceptance region）
假設檢定中的拒絕域指的是拒絕虛無假設(H_0)之檢定值所在的區域。接受域則是不拒絕虛無假設（或接受虛無假設為真）之檢定值所在的區域。

　　我們稱拒絕域與接受域的交界值為臨界值（critical value）。所以，拒絕域與接受域決定之後，整個檢定程序就像是萬事俱備只欠東風，這裡的東風指的是抽樣資料，一旦樣本蒐集完備，我們只要根據這些樣本資料計算出它的檢定值，然後再視檢定值是在拒絕域呢？還是在接受域？來做出檢定的結論。

例題11-1-10　在例題 11-1-9 中，如果 H_0（$\mu \geq 1$ 小時）為真，則檢定值 $\overline{X}$ 較可能在偏大數值區域（右邊尾端）。反之，如果 H_1 為真時，$\overline{X}$ 較可能在偏小數值區域（左邊尾端）。所以，如果我們以 55（單位分鐘）為拒絕域與接受域的臨界值，這表示我們認為如果 H_0 為真時，$\overline{X} > 55$ 的可能性較大，同時 $\overline{X} \leq 55$ 的可能性非常小。所以，這個檢定的拒絕域 R 便為

$$R = \{ \overline{X} | \overline{X} \leq 55 \}$$

然後，由於例題 11-1-9 的檢定值 $\overline{X} = 52$ 落在拒絕域內，所以，檢定的結果為拒絕 H_0。換句話說，台北縣市政府在尖峰時間疏導交通流量措施已使得交通狀況有所改善。

　　例題 11-1-10 是一個左尾對應假設檢定問題，它的拒絕域在檢定統計量分布區域的左邊尾端。同理類推，通常一個右尾對應假設檢定的拒絕域是在其檢定統計量分布區域的右邊尾端，一個雙尾對應假設檢定問題的拒絕域則是在其檢定統計量分布區域的兩邊尾端。所以，到目前為止，在一般情況下只要假設的型態及檢定統計量確定之後，我們便知道拒絕域所在

的區域,至於明確分割拒絕域與接受域的臨界值的決定,則必須從檢定量的機率分配及檢定決策的失誤控制著手。

拒絕域位置的一般通則:
(1)左尾對應假設檢定問題的拒絕域在其檢定統計量分布區域的左側。
(2)右尾對應假設檢定問題的拒絕域在其檢定統計量分布區域的右側。
(3)雙尾對應假設檢定問題的拒絕域在其檢定統計量分布區域的兩側。

四、決策失誤

任何決策都難免失誤,統計檢定亦然。統計假設檢定的結果有二(拒絕 H_0 或不拒絕 H_0),而參數的真實狀況也有二(H_0 為真或 H_0 不真),兩者相互組合呈現出以下四種情況(表 11-1-1):

(1)虛無假設(H_0)為真,而檢定結果為不拒絕虛無假設(H_0)。

(2)虛無假設(H_0)為不真,而檢定結果為拒絕虛無假設(H_0)。

(3)虛無假設(H_0)為真,但檢定結果為拒絕虛無假設(H_0)。

(4)虛無假設(H_0)為不真,但檢定結果為不拒絕虛無假設(H_0)。

上述四種可能中,(1)、(2)為正確的決定;(3)、(4)為錯誤的決定。其中,我們稱(3)為型一失誤(Type I error);稱(4)為型二失誤(Type II error)。

表 11-1-1　假設檢定的四種可能組合

檢定的結果	母群體參數的實際情況	
	H_0為真	H_0為不真
拒絕 H_0	型一失誤	正確決定
不拒絕 H_0	正確決定	型二失誤

定義 11-1-7：型一失誤及型二失誤（Type I error, Type II error）

當虛無假設 (H_0) 為真，而檢定的結果卻為拒絕 H_0 時，我們稱這種錯誤的決定為型一失誤。當虛無假設 (H_0) 為不真，而檢定的結果卻為不拒絕 H_0 時，我們稱這種錯誤的決定為型二失誤。

　　誠如前面所言，統計檢定難免失誤。因此，如何控制並降低統計檢定失誤的機率成為提升統計檢定決策品質的重要工作。在統計檢定過程中，如果能增加抽樣的樣本數，便能同時降低型一及型二失誤。然而，有時候樣本數的增加有其實質上的困難。例如，在醫學檢定中，樣本數往往並非研究人員所能控制。另外，在成本及資源的考量下，樣本數的增加也很困難。因此，當無法增加樣本數以達同時降低型一、型二失誤時，我們便要在降低型一及型二失誤中擇其一來提升決策品質。在一般的情況下，我們認為型一失誤較嚴重而選擇控制型一失誤（有些特殊情況時，我們也會選擇控制型二失誤）。

　　所以在一般情況下，提升統計假設檢定決策品質的重心便放在降低型一失誤發生的機率。在整個檢定程序中，當我們將型一失誤發生的機率控制在某一特定的 α 值以下時，我們稱 α 值為這個檢定程序的顯著水準。

定義 11-1-8：顯著水準（level of significance）

在統計假設檢定中，當虛無假設 (H_0) 為真時檢定值落在拒絕域的機率，稱為顯著水準，通常以符號 α 表示。

　　由定義 11-1-8，顯著水準 α 的計算公式可以（11-1-1）式表示成為

$$\alpha = P（型一失誤）$$
$$= P（拒絕 H_0 \mid H_0 為真）\qquad\qquad (11\text{-}1\text{-}1)$$

$= P$（檢定值落在拒絕域 $| H_0$ 為真）

由（11-1-1）式可知，顯著水準是在 H_0 為真的前提下，計算檢定值在拒絕域的條件機率。

例題 11-1-11　拒絕域（檢定法則）已知下計算拒絕 H_0 的機率：在例題 11-1-1 中，如果大台北地區民眾每天上班的通車時間為常態分配 $N(\mu , \sigma^2)$，且已知 σ^2 為 324（也就是標準差為 18 分鐘），當我們欲檢定

$$H_0 : \mu \geq 1\text{小時} \qquad H_1 : \mu < 1\text{小時}$$

以 36 個觀測值的樣本平均 $\overline{X}$ 為檢定統計量，且以 $R=\{ \overline{X} \mid \overline{X} \leq 55 \}$ 為拒絕域，則

(1)當 $\mu = 1$ 小時，檢定犯型一失誤的機率為何？

(2)當 $\mu = 62$ 分鐘，檢定犯型一失誤的機率為何？

(3)當 $\mu = 64$ 分鐘，檢定犯型一失誤的機率為何？

解： 母群體的分配（大台北地區民眾上班時的通勤時間）為 $N(\mu, 324)$，而樣本平均數的分配（36 個觀測到的通勤時間平均數）為 $N(\mu, \dfrac{324}{36})$，若以 X 及 $\overline{X}$ 分別表示母群體及其樣本平均數，則它們之間的關係如圖 11-1-2：

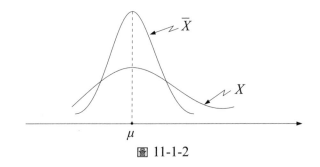

圖 11-1-2

虛無假設 H_0 的區域為 $\{\mu \mid \mu \geq 60$ 分鐘$\}$，所以，$\mu = 60$ 分鐘、62 分鐘、64 分鐘為三種不同之 H_0 為真的情況。在同一個拒絕域（決策法則）下，

三種情況的型一失誤機率之計算為：

⑴如果 $\mu = 60$ 分鐘，則 $\overline{X}$ 的分配為 $N(60, 3^2)$，當 $\overline{X} \le 55$ 時，我們會拒
絕 H_0 而犯下型一失誤，它的可能性如圖 11-1-3(a)的套色部分

$$
\begin{aligned}
\alpha_1 &= P(拒絕 H_0 \mid \mu = 60) \\
&= P(\overline{X} \le 55 \mid X \sim N(60, 324)) \\
&= P(\overline{X} \le 55 \mid \overline{X} \sim N(60, 3^2)) \\
&= P(\frac{\overline{X} - 60}{3} \le \frac{55 - 60}{3}) \\
&= P(Z \le -1.67) \\
&= 0.0475
\end{aligned}
$$

⑵如果 $\mu = 62$ 分鐘，則 $\overline{X}$ 的分配為 $N(62, 3^2)$，當 $\overline{X} \le 55$ 時，我們會拒
絕 H_0 而犯下型一失誤，它的可能性如圖 11-1-3(b)的套色部分

$$
\begin{aligned}
\alpha_2 &= P(拒絕 H_0 \mid \mu = 62) \\
&= P(\overline{X} \le 55 \mid X \sim N(62, 324)) \\
&= P(\overline{X} \le 55 \mid \overline{X} \sim N(62, 3^2)) \\
&= P(\frac{\overline{X} - 62}{3} \le \frac{55 - 62}{3}) \\
&= P(Z \le -2.33) \\
&= 0.0099
\end{aligned}
$$

⑶如果 $\mu = 64$ 分鐘，則 $\overline{X}$ 的分配為 $N(64, 3^2)$，當 $\overline{X} \le 55$ 時，我們會拒絕
H_0 而犯下型一失誤，它的可能性如圖 11-1-3(c)的套色部分

$$
\begin{aligned}
\alpha_3 &= P(拒絕 H_0 \mid \mu = 64) \\
&= P(\overline{X} \le 55 \mid X \sim N(64, 324)) \\
&= P(\overline{X} \le 55 \mid \overline{X} \sim N(64, 3^2)) \\
&= P(\frac{\overline{X} - 64}{3} \le \frac{55 - 64}{3}) \\
&= P(Z \le -3) \\
&= 0.0013
\end{aligned}
$$

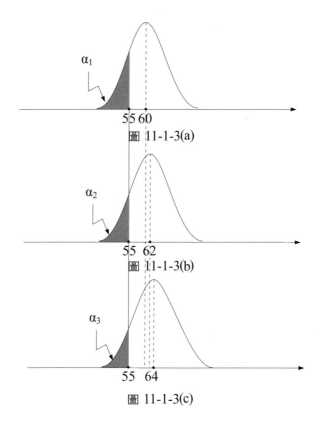

圖 11-1-3(a)

圖 11-1-3(b)

圖 11-1-3(c)

　　現在我們要以例題 11-1-11 進一步認識顯著水準的意義，在例題 11-1-11 中，當 $\mu = 60$ 分鐘時 $\alpha_1 = 0.0475$，$\mu = 62$ 分鐘時 $\alpha_2 = 0.0099$，$\mu = 64$ 分鐘時 $\alpha_3 = 0.0013$，依此類推，當 μ 值愈大時，該檢定犯型一失誤的機率愈小，所以在該檢定法則下，拒絕 H_0 的機率與 μ 值之對應關係如圖 11-1-4，

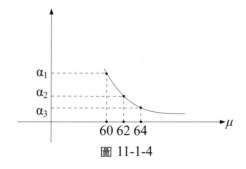

圖 11-1-4

換句話說，從這個圖中我們知道，當 H_0 為真且 μ 愈接近虛無假設 (H_0) 與對應假設 (H_1) 交界處時，拒絕 H_0 的機率（犯型一失誤的機率）愈高，拒絕 H_0 機率的最大值發生在 μ 等於 H_0 與 H_1 的交界值時。另一方面，從定義 11-1-8 告訴我們，當虛無假設為真時，檢定拒絕 H_0 的機率稱為顯著水準。然而，在例題 11-1-11 中，$\mu = 60, 62, 64$ 這三種情況都是 H_0 為真（因為 H_0 為複合假設），那麼 $\alpha_1, \alpha_2, \alpha_3$ 中到底哪一個值才算是這個檢定的顯著水準呢？正確的答案是 α_1，也就是說，當 H_0 為複合假設時，我們定義顯著水準 α 為眾多 α 值中的最大值，而且這個最大值一定發生在我們所欲檢定之母群體參數等於 H_0 與 H_1 之交界值處。這也就是，統計假設檢定通常將等號安排在 H_0 的原因（見例題 11-1-8）。

當拒絕域已知時，從例題 11-1-11 的討論中，我們知道如何計算檢定會拒絕 H_0 的機率及顯著水準的真意。然後，我們要從另一方面來看，也就是在一個事先給定的顯著水準下如何設定拒絕域。

例題 11-1-12　從控制型一失誤（顯著水準）前提下決定拒絕域：基本狀況與例題 11-1-11 相同，也就是大台北地區民眾每天上班的通車時間為常態分配 $N(\mu, 324)$，當我們欲檢定

$$H_0 : \mu \geq 1 \text{ 小時}$$
$$H_1 : \mu < 1 \text{ 小時}$$

以 36 個觀測值的樣本平均數 $\bar{X}$ 為檢定統計量

⑴顯著水準等於 0.10 時，拒絕域（檢定法則）當如何選取？

⑵顯著水準等於 0.05 時，拒絕域（檢定法則）當如何選取？

解：⑴當 $\mu = 60$ 分鐘時，$\bar{X}$ 的分配為 $N(60, 3^2)$，顯著水準 $\alpha = 0.10$ 所代表的意義如圖 11-1-5，也就是我們要計算出拒絕域

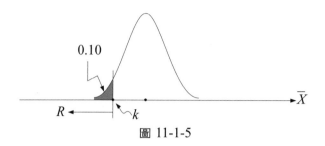

圖 11-1-5

$R = \{\overline{X}|\ \overline{X} \le k\}$ 使得 $P\ (\overline{X} \in R) = 0.10$，由於 $\overline{X}$ 的分配為常態分配 $N(60, 3^2)$，所以經由標準化即可求得拒絕域中之未知 k 值：

$$0.10 = P\ (\overline{X} \in R)$$
$$= P\ (\overline{X} \le k)$$
$$= P\ (\frac{\overline{X} - 60}{3} \le \frac{k - 60}{3})$$
$$= P\ (Z \le \frac{k - 60}{3})$$

查表或由 NORMSINV 計算得知，$\frac{k - 60}{3} = -1.28$ 也就是，$k = 60 - 1.28 \times 3$ $= 56.16$，所以顯著水準 0.10，檢定的拒絕域應為 $R = \{\overline{X}|\overline{X} \le 56.16\}$

(2)同理計算如下：

$$0.05 = P\ (\overline{X} \in R)$$
$$= P\ (\overline{X} \le k)$$
$$= P\ (\frac{\overline{X} - 60}{3} \le \frac{k - 60}{3})$$
$$= P\ (Z \le \frac{k - 60}{3})$$

查表或由 NORMSINV 計算得知，$\frac{k - 60}{3} = -1.645$，所以，欲控制顯著水準為 0.05，則檢定的拒絕域應為 $R = \{\overline{X}|\overline{X} \le 55.065\}$。

　　例題 11-1-12 是一種典型的檢定問題處理方式（正如同圖 11-1-1 所示），控制顯著水準 α 值的目的在於確保透過檢定程序所做出之拒絕 H_0 決定的決策風險不超過 α。一般來說，最常用的 α 值為 0.05。

11.2　母群體平均數 μ 的檢定之一

　　當母群體為：(1)常態母群體；(2)變異數 σ^2 已知時，母群體平均數 μ 的檢定程序如圖 11-2-1。

(1)雙尾檢定

　　雙尾檢定的拒絕域在標準化檢定統計量分配的左右兩端（如圖 11-2-2）。截取機率（面積）各為 $\dfrac{\alpha}{2}$ 的區域，將它們設定為拒絕 H_0 的區域，則整個檢定的型一失誤機率便控制在 α 以下。所以，雙尾檢定的拒絕域為

$$R = \{\bar{X} \mid \left| \frac{\bar{X} - \mu_1}{\frac{\sigma}{\sqrt{n}}} \right| \ge Z_{\frac{\alpha}{2}}\} = \{\bar{X} \mid \bar{X} \ge \mu_1 + Z_{\frac{\alpha}{2}} \frac{\sigma}{\sqrt{n}} \quad 或 \quad \bar{X} \le \mu_1 - Z_{\frac{\alpha}{2}} \frac{\sigma}{\sqrt{n}}\}$$

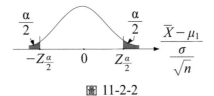

圖 11-2-2

(2)右尾檢定

　　右尾檢定的拒絕域在標準化檢定統計量分配的右端（如圖 11-2-3），截取機率（面積）為 α 的區域，並將它設定為拒絕 H_0 的區域，則整個檢定的型一失誤機率便控制在 α 以下了。

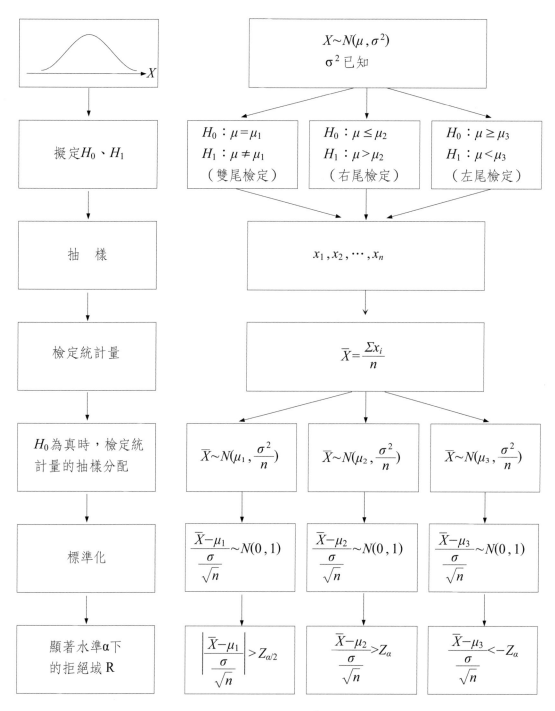

圖 11-2-1　常態母群體 σ^2 已知下 μ 的檢定程序

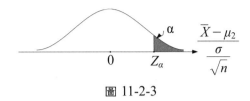

圖 11-2-3

所以，右尾檢定的拒絕域為

$$R = \{\overline{X} \mid \frac{\overline{X} - \mu_2}{\frac{\sigma}{\sqrt{n}}} \geq Z_\alpha\} = \{\overline{X} \mid \overline{X} \geq \mu_2 + Z_\alpha \frac{\sigma}{\sqrt{n}}\}$$

⑶左尾檢定

左尾檢定的拒絕域在標準化檢定統計量的左端（如圖 11-2-4）。截取機率（面積）為 α 的區域，並將它設定為拒絕域 H_0 的區域，則整個檢定的型一失誤機率便控制在 α 以下了。

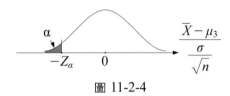

圖 11-2-4

所以，左尾檢定的拒絕域為

$$R = \{\overline{X} \mid \frac{\overline{X} - \mu_3}{\frac{\sigma}{\sqrt{n}}} \leq -Z_\alpha\} = \{\overline{X} \mid \overline{X} \leq \mu_3 - Z_\alpha \frac{\sigma}{\sqrt{n}}\}$$

例題 11-2-1　X 為產品品質屬性的衡量值，假設生產線的產出分配為 $X \sim N(\mu, 0.04)$，它的規格為 40，品管人員欲檢定產出的平均數是否與規格一致，檢定時自生產線上隨機抽取 4 個樣本，並以 $\overline{X}$ 作為檢定統計量，則

⑴這個檢定的 H_0 及 H_1 如何擬定？

⑵當 H_0 為真時，$\overline{X}$ 的抽樣分配為何？

⑶顯著水準 $\alpha = 0.05$ 下的檢定法則為何？

(4)如果某次抽樣的樣本值為 40.012, 39.915, 40.023, 39.926 則依據(3)所建立的檢定法則之檢定結果為何？

解：(1)檢定產出的平均數 μ 是否與規格 40 一致是一個雙尾檢定，其 H_0 及 H_1 可擬定如下：

$$H_0：\mu = 40 \qquad H_1：\mu \neq 40$$

(2)當 H_0 為真時，$\overline{X}$ 的抽樣分配為

$$\overline{X} \sim N\left(40, \frac{0.04}{4}\right)$$

(3)$\alpha = 0.05$，$\frac{\alpha}{2} = 0.025$，$Z_{0.025} = 1.96$，所以顯著水準 $\alpha = 0.05$ 下的拒絕域 R 為

$$R = \left\{ \overline{X} \,\middle|\, \left|\frac{\overline{X}-40}{0.1}\right| > 1.96 \right\} = \left\{ \overline{X} \,\middle|\, \overline{X} > 40.196 \text{ 或 } \overline{X} < 39.804 \right\}$$

(4)樣本平均數 $\overline{X} = \dfrac{40.012 + \cdots + 39.926}{4} = 39.969$ 不在拒絕域，所以檢定結果為不拒絕 H_0（這表示沒有充分證據顯示產品偏離規格）。

11.3 母群體平均數 μ 的檢定之二

當母群體為：(1)常態母群體；(2)變異數 σ^2 為未知時，母群體平均數 μ 的檢定程序如圖 11-3-1。

(1)雙尾檢定

在標準化檢定統計量之分配的兩端截取機率（面積）各為 $\frac{\alpha}{2}$ 的區域，將其設定為拒絕 H_0 的區域，則整個檢定的型一失誤機率便控制在 α 以下了。所以，雙尾檢定的拒絕域為：

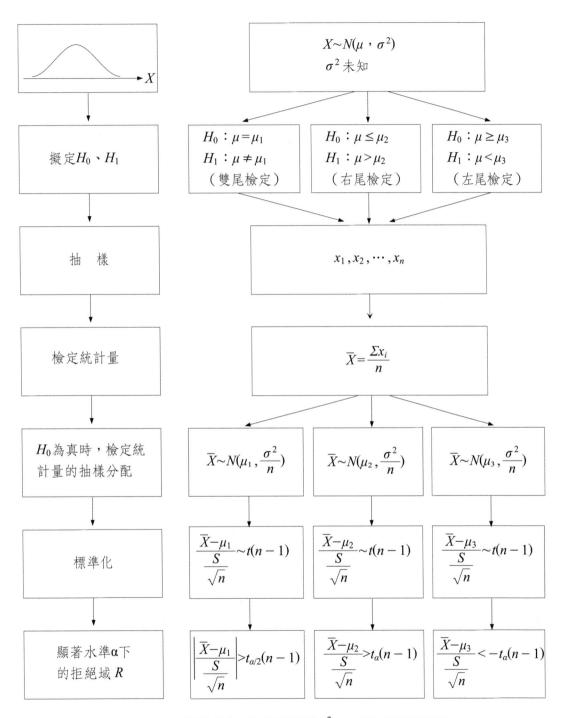

圖 11-3-1　常態母群體 σ^2 未知下 μ 的檢定程序

$$R = \{\overline{X} \mid \left|\frac{\overline{X} - \mu_1}{\frac{S}{\sqrt{n}}}\right| > t_{\frac{\alpha}{2}}(n-1)\} = \{\overline{X} \mid \overline{X} > \mu_1 + t_{\frac{\alpha}{2}}(n-1)\frac{S}{\sqrt{n}} \text{ 或 } \overline{X} < \mu_1 - t_{\frac{\alpha}{2}}(n-1)\frac{S}{\sqrt{n}}\}$$

(2)右尾檢定

在標準化檢定統計量之分配的右端截取機率（面積）為 α 的區域，將其設定為拒絕 H_0 的區域，則整個檢定的型一失誤機率便控制在 α 以下了。

所以，右尾檢定的拒絕域為：

$$R = \{\overline{X} \mid \frac{\overline{X} - \mu_2}{\frac{S}{\sqrt{n}}} > t_\alpha(n-1)\} = \{\overline{X} \mid \overline{X} > \mu_2 + t_\alpha(n-1)\frac{S}{\sqrt{n}}\}$$

(3)左尾檢定

同理，左尾檢定的拒絕域為

$$R = \{\overline{X} \mid \frac{\overline{X} - \mu_3}{\frac{S}{\sqrt{n}}} < -t_\alpha(n-1)\} = \{\overline{X} \mid \overline{X} < \mu_3 - t_\alpha(n-1)\frac{S}{\sqrt{n}}\}$$

例題 11-3-1 在經濟不景氣時，某餐廳欲檢定顧客的平均消費額是否低於 150 元，隨機抽取 9 張顧客的帳單分別為 135, 130, 140, 145, 130, 120, 140, 140, 130。假設顧客消費額 X 為常態分配，則

(1)擬定這個檢定的 H_0 及 H_1。

(2)顯著水準 $\alpha = 0.05$ 下的檢定法則為何？

(3)在(2)的檢定法則下，檢定結果為何？

解：(1)設 μ 為顧客消費額的平均數，則檢定的 H_0, H_1 可設定如下

$$H_0 : \mu \geq 150 \qquad H_1 : \mu < 150$$

(2) $\alpha = 0.05$，$t_{0.05}(8) = 1.86$。以樣本平均數 $\overline{X}$ 為檢定統計量，則顯著水準 $\alpha = 0.05$ 下之拒絕域 R 為

$$R = \left\{ \overline{X} \left| \frac{\overline{X} - 150}{\frac{S}{\sqrt{9}}} < -1.86 \right\} = \left\{ \overline{X} \left| \overline{X} < 150 - 1.86 \frac{S}{3} \right\} \right.$$

(3)抽樣之樣本平均數 $\overline{X} = \frac{135 + \cdots + 130}{9} = 134.44$，樣本標準差 $S = 7.68$，

$$\frac{\overline{X} - 150}{\frac{S}{3}} = \frac{134.44 - 150}{\frac{7.68}{3}} = -6.08 < -1.86$$

所以，檢定結果為拒絕 H_0，表示經濟不景氣顯著影響餐廳的營運。

11.4 母群體平均數 μ 的檢定之三（大樣本）

當母群體為非常態的群體時，該母群體平均數的檢定程序如圖11-4-1。

(1)雙尾檢定

截取標準化檢定統計量之分配的兩端機率（面積）為 $\frac{\alpha}{2}$ 的區域作為拒絕 H_0 的區域。所以，雙尾檢定的拒絕區域為（註：當 σ 為未知時，以 S 替換之）：

$$R = \{ \overline{X} \left| \left| \frac{\overline{X} - \mu_1}{\frac{\sigma}{\sqrt{n}}} \right| > Z_{\frac{\alpha}{2}} \} = \{ \overline{X} | \overline{X} > \mu_1 + Z_{\frac{\alpha}{2}} \frac{\sigma}{\sqrt{n}} \text{ 或 } \overline{X} < \mu_1 - Z_{\frac{\alpha}{2}} \frac{\sigma}{\sqrt{n}} \} \right.$$

(2)右尾檢定

截取標準化檢定統計量之分配的右端機率（面積）為 α 的區域作為拒絕 H_0 的區域。所以，右尾檢定的拒絕域為（註：當 σ 為未知時，以 S 替換之）：

$$R = \{ \overline{X} | \frac{\overline{X} - \mu_2}{\frac{\sigma}{\sqrt{n}}} > Z_{\alpha} \} = \{ \overline{X} | \overline{X} > \mu_2 + Z_{\alpha} \frac{\sigma}{\sqrt{n}} \}$$

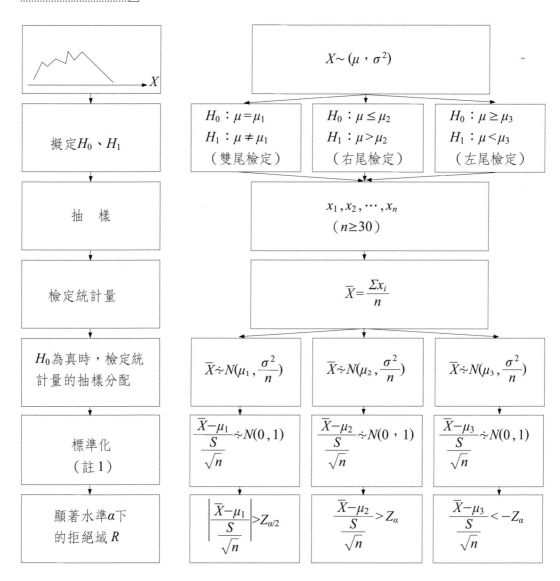

圖 11-4-1　非常態母群體平均數 μ 的檢定程序

註 1：大樣本時，應用中央極限定理

(3)左尾檢定

截取標準化檢定統計量之分配的左端機率（面積）為 α 的區域作為拒絕 H_0 的區域。所以，左尾檢定的拒絕域為（註：當 σ 為未知時，以 S 替換之）：

$$R = \{\overline{X} \mid \frac{\overline{X} - \mu_3}{\frac{\sigma}{\sqrt{n}}} < -Z_\alpha\} = \{\overline{X} \mid \overline{X} < \mu_3 - Z_\alpha \frac{\sigma}{\sqrt{n}}\}$$

例題 11-4-1 實施某些旅遊產業環境改善後，旅遊業欲檢定外籍旅客在台停留的平均時間是否超過 5 天，從中正機場離境大廳隨機抽樣 36 位準備離境的外籍旅客，計算得到這 36 位旅客的平均停留時間為 5.3 天，標準差為 1.2 天，則

(1)擬定這個檢定的 H_0 及 H_1。

(2)顯著水準 $\alpha = 0.05$ 下的檢定法則為何？

(3)在(2)的檢定法則下，檢定結果為何？

解： (1)設 μ 為外籍旅客在台的平均停留時間，則檢定的 H_0 及 H_1 可擬定如下：

$$H_0 : \mu \leq 5 \qquad H_1 : \mu > 5$$

(2) $\alpha = 0.05$，$Z_{0.05} = 1.645$。以樣本平均數 $\overline{X}$ 為檢定統計量，依圖 11-4-1 的檢定程序，則顯著水準 $\alpha = 0.05$ 下之拒絕域 R 為

$$R = \left\{\overline{X} \mid \frac{\overline{X} - 5}{\frac{S}{\sqrt{36}}} > 1.645\right\} = \left\{\overline{X} \mid \overline{X} > 5 + 1.645 \frac{S}{6}\right\}$$

(3)抽樣得到的 $\overline{X} = 5.3$，$S = 1.2$，代入檢定統計量

$$\frac{5.3 - 5}{\frac{1.2}{6}} = 1.5 < 1.645$$

所以，檢定結果為不拒絕 H_0（表示改善措施並未產生顯著的效應）。

11.5 母群體比例值 *p* 的檢定

母群體中具有某種特質的個體所占比例值 *p* 的檢定程序如圖 11-5-1：

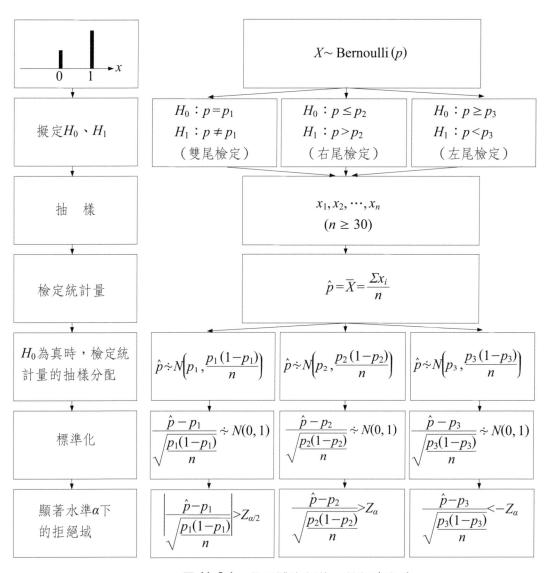

圖 11-5-1　母群體比例值 *p* 的檢定程序

(1)雙尾檢定

在標準化檢定統計量之分配的兩端截取機率（面積）各為 $\frac{\alpha}{2}$ 的區域，將其設定為拒絕 H_0 的區域。則檢定的型一失誤便控制在 α 以下了。所以，雙尾檢定的拒絕域為：

$$R = \{\hat{p} \mid \left| \frac{\hat{p} - p_1}{\sqrt{\frac{p_1(1-p_1)}{n}}} \right| \geq Z_{\frac{\alpha}{2}} \} = \{\hat{p} \mid \hat{p} \geq p_1 + Z_{\frac{\alpha}{2}} \sqrt{\frac{p_1(1-p_1)}{n}} \text{ 或 } \hat{p} \leq p_1 - Z_{\frac{\alpha}{2}} \sqrt{\frac{p_1(1-p_1)}{n}} \}$$

(2)右尾檢定

在標準化檢定統計量之分配的右端截取機率（面積）為 α 的區域，將其設定為拒絕 H_0 的區域。則檢定的型一失誤便控制在 α 以下了。所以，右尾檢定的拒絕域為：

$$R = \{\hat{p} \mid \frac{\hat{p} - p_2}{\sqrt{\frac{p_2(1-p_2)}{n}}} \geq Z_\alpha \} = \{\hat{p} \mid \hat{p} \geq p_2 + Z_\alpha \sqrt{\frac{p_2(1-p_2)}{n}} \}$$

(3)左尾檢定

在標準化檢定統計量之分配的左端截取機率（面積）為 α 的區域，將其設定為拒絕 H_0 的區域。則檢定的型一失誤便控制在 α 以下了。所以，左尾檢定的拒絕域為：

$$R = \{\hat{p} \mid \frac{\hat{p} - p_3}{\sqrt{\frac{p_3(1-p_3)}{n}}} \leq -Z_\alpha \} = \{\hat{p} \mid \hat{p} \leq p_3 - Z_\alpha \sqrt{\frac{p_3(1-p_3)}{n}} \}$$

例題 11-5-1 學童近視比例日益增加，欲檢定國小六年級學童近視比例是否超過 6 成（0.6），隨機抽取 500 位國小六年級學童進行視力檢測，其中有 320 位近視，則

(1)擬定這個檢定的 H_0 及 H_1。

(2)顯著水準 $\alpha = 0.05$ 下的檢定法則為何？

(3)在(2)的檢定法則下，檢定的結果為何？

解：(1)設 p 為國小六年級學童的近視比例，則檢定的 H_0 及 H_1 可擬定如下：

$$H_0 : p \leq 0.6 \qquad H_1 : p > 0.6$$

(2) $\alpha = 0.05$，$Z_{0.05} = 1.645$，以樣本比例 $\hat{p}$ 為檢定統計量，依圖 11-5-1 的檢定程序，則顯著水準 $\alpha = 0.05$ 下之拒絕域 R 為

$$R = \left\{ \hat{p} \;\middle|\; \frac{\hat{p} - 0.6}{\sqrt{\frac{(0.6)(0.4)}{500}}} > 1.645 \right\} = \left\{ \hat{p} \;\middle|\; \hat{p} > 0.6 + 1.645 \sqrt{\frac{(0.6)(0.4)}{500}} \right\}$$

(3)抽樣得到的 $\hat{p} = \dfrac{320}{500} = 0.64$，代入檢定統計量

$$\frac{0.64 - 0.6}{\sqrt{\frac{(0.6)(0.4)}{500}}} = 1.83 > 1.645$$

所以，檢定的結果為拒絕 H_0（表示學童近視比例已顯著超過六成）。

11.6 母群體變異數 σ^2 的檢定

常態母群體變異數之檢定程序如圖 11-6-1。

(1)雙尾檢定

在檢定統計量之分配的兩端截取機率（面積）各為 $\dfrac{\alpha}{2}$ 的區域（如圖 11-6-2），將其設定為拒絕 H_0 的區域，則檢定的型一失誤機率便控制在 α 以下了。所以，雙尾檢定的拒絕域為

$$R = \{ S^2 \mid \frac{(n-1)S^2}{k_1} > \chi^2_{\frac{\alpha}{2}}(n-1) \text{ 或 } \frac{(n-1)S^2}{k_1} < \chi^2_{1-\frac{\alpha}{2}}(n-1) \}$$

$$= \{ S^2 \mid S^2 > \chi^2_{\frac{\alpha}{2}}(n-1) \frac{k_1}{(n-1)} \text{ 或 } S^2 < \chi^2_{1-\frac{\alpha}{2}}(n-1) \frac{k_1}{(n-1)} \}$$

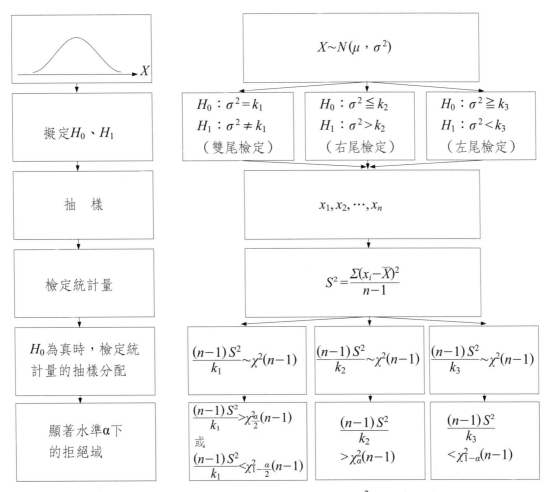

圖 11-6-1　常態母群體變異數 σ^2 的檢定程序

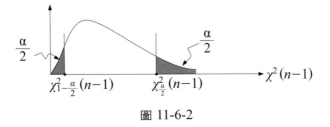

圖 11-6-2

(2)右尾檢定

在檢定統計量之分配的右端截取機率（面積）α 的區域（如圖 11-6-3），將其設定為拒絕 H_0 的區域，則檢定的型一失誤機率便控制在 α 以下了。所以，右尾檢定的拒絕域為

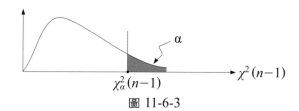

圖 11-6-3

$$R = \{S^2 \mid \frac{(n-1)S^2}{k_2} > \chi_\alpha^2(n-1)\} = \{S^2 \mid S^2 > \chi_\alpha^2(n-1) \cdot \frac{k_2}{(n-1)}\}$$

(3)左尾檢定

在檢定統計量之分配的左端截取機率（面積）α 的區域（如圖 11-6-4），將其設定為拒絕 H_0 的區域，則檢定的型一失誤機率便控制在 α 以下了。所以，左尾檢定的拒絕域為

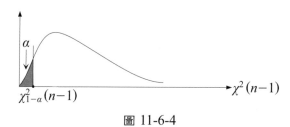

圖 11-6-4

$$R = \{S^2 \mid \frac{(n-1)S^2}{k_3} < \chi_{1-\alpha}^2(n-1)\} = \{S^2 \mid S^2 < \chi_{1-\alpha}^2(n-1) \cdot \frac{k_3}{(n-1)}\}$$

例題 11-6-1　在例題 9-7-1 中，如果測速器的規格為標準差不超過 4 公里，則如何檢定該測速器的標準差是否不符合規格？

(1)如何擬定 H_0 及 H_1。

(2)當 H_0 為真時，檢定統計量的抽樣分配為何？

(3)顯著水準 $\alpha = 0.05$ 下的檢定法則為何？

(4)依據(3)的檢定法則，檢定結果為何？

解：(1)設 σ^2 為測速器的變異數，則檢定的 H_0 及 H_1，擬定如下

$$H_0 : \sigma^2 \leq 16 \qquad H_1 : \sigma^2 > 16$$

(2)以 S^2 作為該檢定的檢定統計量，則當 H_0 為真時，其抽樣分配為

$$\frac{7}{16}S^2 \sim \chi^2(7)$$

(3) $\alpha = 0.05$，$\chi^2_{0.05}(7) = 14.07$，則顯著水準 $\alpha = 0.05$ 下之拒絕域為

$$R = \left\{ S^2 \;\middle|\; \frac{7}{16}S^2 > 14.07 \right\}$$

(4)抽樣樣本變異數 $S^2 = 24.57$（見例題 9-7-1）

$$\frac{7}{16} \times 24.57 = 10.75 < 14.07$$

所以，檢定結果為不拒絕 H_0，這表示測速器的穩定性不符合規格要求的證據並不顯著。

案例 11-1 TIMSS 2007 四年級數學——能力分群㈠

為了將 TIMSS 2007 參與評鑑的國家，按照學生的數學能力加以分群，首先，我們考慮以平均成績作為學生數學能力的指標，配合標竿點（參考案例 4-2）將數學能力定義出五個群體（參考表 C11-1-1）。

表 C11-1-1 四年級數學能力分群準則之一

能力分群	I（傑出群）	II（優異群）	III（良好群）	IV（普通群）	V（落後群）
判定準則	$\mu_i > 625$	$550 < \mu \leq 625$	$475 < \mu \leq 550$	$400 < \mu \leq 475$	$\mu \leq 400$

其中，μ 為學生（母群體）數學成績的平均數（或母群體分配期望值）。

接下來，透過一序列的檢定程序，將各國學生的數學能力予以歸類：

$$H_0 : \mu_i \leq 625 \quad H_1 : \mu_i > 625$$
$$H_0 : \mu_i \leq 550 \quad H_1 : \mu_i > 550$$
$$H_0 : \mu_i \leq 475 \quad H_1 : \mu_i > 475$$
$$H_0 : \mu_i \leq 400 \quad H_1 : \mu_i > 400$$

其中，μ_i 代表第 i 個國家學生（母群體）數學成績的平均數。

若以隨機變數 X_i 表示第 i 個國家學生的數學成績，$\overline{X_i}$ 為該國學生的樣本平均成績統計量（estimator），顯著水準為 α，以 $\overline{X_i}$ 作為檢定統計量（testing statistic）的檢定法則為

$$拒絕 H_0 \Leftrightarrow \frac{\overline{X_i} - 標竿點}{SE_{國家\,i}} > z_\alpha \quad （註 1）$$

其中，$\overline{X_i}$ 為表 C9-1-1 中的平均成績統計量的觀測值（第 3 欄）。以平均成績排名在前五名的國家為例，當顯著水準為 5%（$z_{0.05} = 1.645$）時，檢

註 1：參考本章 11-4 節圖 11-4-1

定的結果如下：

(1) 香港：

$$\frac{\overline{X_{香港}} - 625}{SE_{香港}} = \frac{606.802 - 625}{3.584} = -5.078 < 1.645 \quad (不顯著)$$

$$\frac{\overline{X_{香港}} - 550}{SE_{香港}} = \frac{606.802 - 550}{3.584} = 15.849 > 1.645 \quad (顯著且 p = 0.0000) \quad (註2)$$

香港四年級學生的數學能力屬於優異群（群體 II，$550 < \mu \leq 625$）

(2)新加坡

$$\frac{\overline{X_{新加坡}} - 550}{SE_{新加坡}} = \frac{599.406 - 550}{3.744} = 13.196 > 1.645 \quad (顯著且 p = 0.0000)$$

新加坡四年級學生的數學能力屬於優異群（群體 II，$550 < \mu \leq 625$）

(3)中華民國

$$\frac{\overline{X_{中華民國}} - 550}{SE_{中華民國}} = \frac{575.819 - 550}{1.733} = 14.898 > 1.645 \quad (顯著且 p = 0.0000)$$

中華民國四年級學生的數學能力屬於優異群（群體 II，$550 < \mu \leq 625$）

(4)日本

$$\frac{\overline{X_{日本}} - 550}{SE_{日本}} = \frac{568.157 - 550}{2.121} = 8.561 > 1.645 \quad (顯著且 p = 0.0000)$$

日本四年級學生的數學能力屬於優異群（群體 II，$550 < \mu \leq 625$）

(5)哈薩克

$$\frac{\overline{X_{哈薩克}} - 550}{SE_{哈薩克}} = \frac{549.348 - 550}{7.146} = -0.091 < 1.645 \quad (不顯著)$$

$$\frac{\overline{X_{哈薩克}} - 475}{SE_{哈薩克}} = \frac{549.348 - 475}{7.146} = 10.404 > 1.645 \quad (顯著且 p = 0.0000)$$

註2： p 值稱為顯著機率，數字愈小表示拒絕 H_0 的正當性愈強（或拒絕 H_0 的顯著性愈強），本案例中 p 值為 0.0000 表示其值非常小（小數 4 位以內皆為 0），p 值的計算請參考附錄二。

哈薩克四年級學生的數學能力屬於良好群（群體 III，$475 < \mu \leq 550$）以上檢定結果，可以用圖 C11-1-1 或圖 C11-1-2 兩種方式來呈現。

香港、新加坡、中華民國、日本　　　　　哈薩克

圖 C11-1-1

能力分群	群體 II（優異）	群體 III（良好）	……
國家	香港 新加坡 中華民國 日本	哈薩克	

圖 C11-1-2

案例 11-2　TIMSS 2007 四年級數學──能力分群㈡

在案例 11-1 中，以平均成績當作數學能力的指標，以標竿點定義五個群體，對 TIMSS 2007 各國學生進行能力分群。為了提供不同的思考架構與分群方式，在本案例中，我們改以（母群體）優秀學生的百分比作為數學能力的指標，並以（5%, 20%, 35%）為分界點，將學生的數學能力定義出四個等級（參考表 C11-2-1）。

表 C11-2-1　四年級學生數學能力分群準則之二

能力分群	（I）優異群	（II）良好群	（III）普通群	（IV）落後群
判定準則	$p_{625} > 35\%$	$20\% < p_{625} \leq 35\%$	$5\% < p_{625} \leq 20\%$	$p_{625} \leq 5\%$

其中，p_{625} 為母群體優秀學生的百分比。接下來，透過一系列的檢定程序，將各國學生的數學能力予以歸類

$$H_0 : p_{625} \leq 35\% \quad H_1 : p_{625} > 35\%$$

$$H_0 : p_{625} \leq 20\% \quad H_1 : p_{625} > 20\%$$

$$H_0 : p_{625} \leq 5\% \quad\ \ H_1 : p_{625} > 5\%$$

當顯著水準為α，以$\hat{p}_{625}$作為檢定統計量（testing statistic）的檢定法則為：

$$拒絕 H_0 \iff \frac{\hat{p}_{625} - 分段點}{SE_{\hat{p}_{625}}} > z_\alpha \text{（註1）}$$

其中，$\hat{p}_{625}$為優秀學生的樣本百分比觀測值（參考表 C9-2-1 第 1 欄），$SE_{\hat{p}_{625}}$則為$\hat{p}_{625}$的標準差（參考表 C9-2-1 第 1 欄括弧內的數據）。

以成績超過優秀標竿（625 分）的百分比例排名在前五名國家為例，當顯著水準為 5%（$z_{0.05} = 1.645$）時，其檢定結果如下：

(1)新加坡：

$$\frac{\hat{p}_{625\,新加坡} - 35\%}{SE_{新加坡}} = \frac{41\% - 35\%}{2.1\%} = 2.857 > 1.645 \text{（顯著且 } p = 0.0203\text{）}$$

新加坡四年級學生的數學能力屬於表現優異群（$p_{625} > 35\%$）

(2)香港

$$\frac{\hat{p}_{625\,香港} - 35\%}{SE_{香港}} = \frac{40\% - 35\%}{2.2\%} = 2.273 > 1.645 \text{（顯著且 } p = 0.01152\text{）}$$

香港四年級學生的數學能力與新加坡學生同屬於表現優異群（$p_{625} > 35\%$）

(3)中華民國

$$\frac{\hat{p}_{625\,中華民國} - 20\%}{SE_{中華民國}} = \frac{24\% - 20\%}{1.2\%} = 3.333 > 1.645 \text{（顯著且 } p = 0.00043\text{）}$$

中華民國四年級學生的數學能力屬於表現良好群（$20\% < p_{625} < 35\%$）

註 1：參考本章 11-5 節圖 11-5-1

(4)日本

$$\frac{\hat{p}_{625\,日本} - 20\%}{SE_{日本}} = \frac{23\% - 20\%}{1.2\%} = 2.5 > 1.645 （顯著且 p = 0.00621）$$

日本四年級學生的數學能力與我國學生同屬於表現良好群（$20\% < p_{625} < 35\%$）

(5)哈薩克

$$\frac{\hat{p}_{625\,哈薩克} - 5\%}{SE_{哈薩克}} = \frac{19\% - 5\%}{2.1\%} = 6.666 > 1.645 （顯著且 p = 0.0000）$$

哈薩克四年級學生的數學能力屬於表現普通群（$5\% < p_{625} < 20\%$）

以上檢定結果，可以用圖 C11-2-1 或圖 C11-2-2 兩種方式來呈現：

新加坡、香港　　　　中華民國、日本　　　　哈薩克

圖 C11-2-1

能力分群	優異群	良好群	普通群	落後群
國家	新加坡 香港	中華民國 日本	哈薩克 ⋮	

圖 C11-2-2 [註2]

註2：若將本案例與案例 11-1 互相比較，在使用不同的判定準則與群組劃分下，得到不同的結果，在案例 11-1 中，以平均成績作為數學能力的指標，香港、新加坡、中華民國與日本四個國家的表現不分軒輊同屬優異群體。然而，在本案例中，以優秀學生的百分比作為數學能力的指標時，香港與新加坡的表現屬於優異群，中華民國與日本的表現略遜一籌，同屬於良好群。可見指標的選擇對能力分群有很大的影響，這個現象提醒我們，使用統計方法時，必須要特別注意指標的適當性。

習 題

案例題型

㈠在案例 11-1 中，以平均成績做為數學程度指標，以標竿點定義出五個能力群體，將 TIMSS 2007 四年級數學評鑑總體平均成績排名在前五名的國家，用統計檢定方法進行能力分群。表 E9-1（參考第 9 章習題）為在單元領域及認知領域各分項下，各國學生的評鑑成績，請參考案例 11-1 的分析架構，進行下述分析：

11.1 從表 E9-1 所提供的資訊，分別就單元領域及認知領域所屬的「數」、「幾何衡量」、「資料呈現」、「知識」、「應用」及「推理」等分項，將香港、新加坡、中華民國、日本及哈薩克等五個國家學生在各分項下的數學能力予以分群。

㈡在案例 4-1 中，我們用敘述統計方法（箱型圖）比較香港、新加坡、中華民國、日本成績分布的穩定性（或變異性），現在我們可以進一步用推論統計方法（檢定）進行比較。

11.2 從表 C9-1-1（參考案例 9-1）所提供的資訊，依香港、中華民國、日本、新加坡的順序，將前後兩國的差異是否顯著區分出來，以香港、中華民國為例，可以用以下的檢定來區別（其中 67 為香港的標準差）

$$H_0 : \sigma^2_{中華民國} \leq 67^2 \quad H_1 : \sigma^2_{中華民國} > 67^2$$

一般題型

11.3 $X \sim N(\mu, 20)$，隨機樣本為 12, 10, 15, 18, 22, 19。在 $\alpha = 0.05$ 下檢定 $H_0 : \mu \leq 12$，$H_1 : \mu > 12$。

11.4 某產品的品質規格為 4，在生產線上隨機抽取 6 個樣本，測得其品質資料

為 4.03, 4.01, 3.95, 3.96, 4.02, 3.94。假設品質資料為常態分配,且其變異數為 0.008。在 $\alpha = 0.05$ 下檢定該批產品品質平均值是否偏離規格。

11.5 在第 1 題的檢定中,以(1)所建立的拒絕域為檢定法則,則

(1)若 $\mu = 11$ 則這個檢定可能的決策失誤為何?並計算其機率。

(2)若 $\mu = 10$ 則這個檢定可能的決策失誤為何?並計算其機率。

(3)若 $\mu = 13$ 則這個檢定可能的決策失誤為何?並計算其機率。

(4)若 $\mu = 14$ 則這個檢定可能的決策失誤為何?並計算其機率。

11.6 在第 2 題中,以(1)所建構的拒絕域為決策法則,則

(1)若 $\mu = 3.99$,則這個檢定可能的決策失誤為何?並計算其機率。

(2)若 $\mu = 4.01$,則這個檢定可能的決策失誤為何?並計算其機率。

11.7 隨機抽樣 6 家房地產投資公司的投資報酬率為 0.11, 0.13, 0.17, 0.21, 0.12, 0.11。假設投資報酬率為常態分配。在顯著水準 $\alpha = 0.05$ 下檢定平均投資報酬率是否超過 0.1。

11.8 消費者機構欲檢測 250C.C.鋁鉑包飲料的含量是否短少,隨機抽樣 5 盒,測量其容量分別為 251, 248, 249, 247, 245。假設容量為常態分配,在 $\alpha = 0.05$ 下檢定鋁鉑包飲料的平均含量是否不足 250C.C.。

11.9 X 為非常態母群體,隨機抽取 64 個樣本,在 $\alpha = 0.05$ 下檢定下列假設

$$H_0 : \mu = 100 \qquad H_1 : \mu > 100$$

(1)若 $\overline{X} = 104$,$S = 9.5$,則檢定結果如何?

(2)若 $\overline{X} = 104$,$S = 20$,則檢定結果如何?

11.10 民意調查中,隨機抽樣 1200 位民眾中有 500 位滿意政府的施政表現,在顯著水準 $\alpha = 0.05$ 下檢定滿意度比例(p)的假設:

$H_0 : p = 0.4$,$H_1 : p > 0.4$。

11.11 腸病毒流行期間,隨機抽樣 1800 位小朋友,其中有 500 位受到感染。在顯著水準 $\alpha = 0.05$ 下檢定小朋友腸病毒感染率(p):

$H_0：p = 0.26$，$H_1：p > 0.26$。

11.12 $X \sim N(\mu, \sigma^2)$，隨機樣本 14, 25, 21, 17, 12, 30。在顯著水準 $\alpha = 0.05$ 下檢定 $H_0：\sigma^2 = 50$，$H_1：\sigma^2 < 50$。

11.13 隨機抽樣台北市小型辦公室月租金為 21,000、30,000、24,000、32,000、27,000。假設月租金為常態分配，在 $\alpha = 0.05$ 下檢定月租金的標準差大於 2,500 元。

11.14 某鄉村地區五年前調查顯示有 20% 的家庭為低收入戶，為了確認目前的狀況是否已有改善，在該地區隨機取樣 400 戶其中有 70 戶為低收入戶，在顯著水準 $\alpha = 0.05$ 下進行上述檢定。

12 統計假設檢定㈡

在第十一章中，我們了解了單一母群體參數的假設檢定。本章中，我們將探討兩個母群體參數差異的假設檢定。第一至三節檢定獨立樣本的平均數之差異；第四節檢定兩母群體具某種特質元素的比例差；第五節檢定兩母群體變異數的比值。

12.1 兩個母群體平均數差的檢定之一

當兩個母群體為：(1)常態母群體；(2)變異數皆為已知數。也就是當 $X_1 \sim N(\mu_1, \sigma_1^2)$，$X_2 \sim N(\mu_2, \sigma_2^2)$ 且 σ_1^2 及 σ_2^2 已知。這兩個母群體的平均數差 $\mu_1 - \mu_2$ 的檢定程序如圖 12-1-1。

(1)雙尾檢定

在標準化檢定統計量分配的兩端截取機率（面積）各為 $\frac{\alpha}{2}$ 的區域，將其設定為拒絕 H_0 的區域，則這個檢定的型一失誤機率便被控制在 α 以下。所以雙尾檢定的拒絕域 R 為

$$R = \left\{ \overline{X}_1 - \overline{X}_2 \ \middle| \ \left| \frac{(\overline{X}_1 - \overline{X}_2) - d_1}{\sqrt{\dfrac{\sigma_1^2}{n_1} + \dfrac{\sigma_2^2}{n_2}}} \right| > Z_{\alpha/2} \right\}$$

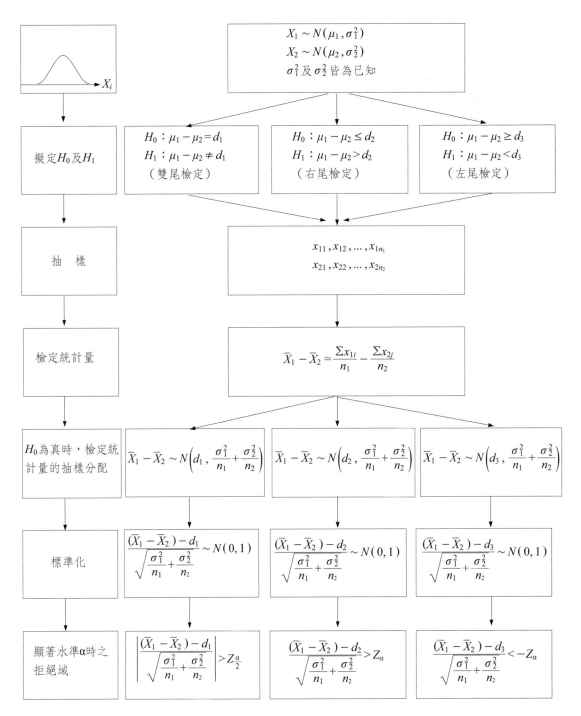

圖 12-1-1　兩個常態母群體變異數已知時，平均數差 $\mu_1 - \mu_2$ 的檢定程序

(2)右尾檢定

在標準化檢定統計量分配右端截取機率（面積）為 α 的區域，將其設定為拒絕 H_0 的區域，則這個檢定的型一失誤便被控制在 α 以下。所以右尾檢定的拒絕域 R 為

$$R = \left\{ \overline{X}_1 - \overline{X}_2 \left| \frac{(\overline{X}_1 - \overline{X}_2) - d_2}{\sqrt{\frac{\sigma_1^2}{n_1} + \frac{\sigma_2^2}{n_2}}} > Z_\alpha \right. \right\} = \left\{ \overline{X}_1 - \overline{X}_2 \left| \overline{X}_1 - \overline{X}_2 > d_2 + Z_\alpha \sqrt{\frac{\sigma_1^2}{n_1} + \frac{\sigma_2^2}{n_2}} \right. \right\}$$

(3)左尾檢定

在標準化檢定統計量分配左端截取機率（面積）為 α 的區域，將其設定為拒絕 H_0 的區域，則這個檢定的型一失誤便被控制在 α 以下了。所以左尾檢定的拒絕域 R 為

$$R = \left\{ \overline{X}_1 - \overline{X}_2 \left| \frac{(\overline{X}_1 - \overline{X}_2) - d_3}{\sqrt{\frac{\sigma_1^2}{n_1} + \frac{\sigma_2^2}{n_2}}} < -Z_\alpha \right. \right\} = \left\{ \overline{X}_1 - \overline{X}_2 \left| \overline{X}_1 - \overline{X}_2 < d_3 - Z_\alpha \sqrt{\frac{\sigma_1^2}{n_1} + \frac{\sigma_2^2}{n_2}} \right. \right\}$$

例題 12-1-1　假設國中一年級男女生的身高皆為常態分配，且已知變異數亦皆為 32，以 X_1, X_2 分別表示男生及女生的身高，隨機抽取 12 名男生及 12 名女生的身高資料為

X_1	150	156	152	153	156	165	167	149	161	154	156	153
X_2	146	149	155	150	157	145	155	152	157	144	163	151

在 $\alpha = 0.05$ 下檢定國中一年級男生平均身高高於女生的平均身高。

解：令 μ_1、μ_2 分別表示國中一年級男生及女生的平均身高，則這個檢定的 H_0 及 H_1 為

$$H_0 : \mu_1 - \mu_2 \leq 0 \qquad H_1 : \mu_1 - \mu_2 > 0$$

$\alpha = 0.05$，$Z_{0.05} = 1.645$。以樣本平均數差 $\overline{X}_1 - \overline{X}_2$ 為檢定統計量，則顯著水準 $\alpha = 0.05$ 下之拒絕域 R 為

$$R = \left\{ \overline{X}_1 - \overline{X}_2 \left| \frac{(\overline{X}_1 - \overline{X}_2) - 0}{\sqrt{\dfrac{32}{12} + \dfrac{32}{12}}} > 1.645 \right. \right\}$$

根據本題樣本資料計算檢定統計值為

$$\frac{(\overline{X}_1 - \overline{X}_2) - 0}{\sqrt{\dfrac{32}{12} + \dfrac{32}{12}}} = \frac{156 - 152}{\sqrt{\dfrac{32}{12} + \dfrac{32}{12}}} = 1.732 > 1.645$$

所以，檢定結果為拒絕 H_0，這表示國中一年級男生的平均身高顯著高於女生的平均身高。

12.2 兩個母群體平均數差的檢定之二

當兩個母群體為：(1)常態分配；(2)兩個母群體的變異數未知但相等。也就是 $X_1 \sim N(\mu_1, \sigma_1^2)$，$X_2 \sim N(\mu_2, \sigma_2^2)$，其中 $\sigma_1^2 = \sigma_2^2 = \sigma^2$。這兩個母群體平均數差檢定程序如圖 12-2-1 所示。

(1)雙尾檢定

在標準化檢定統計量分配的兩端截取機率（面積）各為 $\dfrac{\alpha}{2}$ 的區域，將其設定為拒絕 H_0 的區域，則這個檢定的型一失誤便被控制在 α 以下了。所以雙尾檢定的拒絕域 R 為

$$R = \left\{ \overline{X}_1 - \overline{X}_2 \left| \left| \frac{(\overline{X}_1 - \overline{X}_2) - d_1}{S_p \sqrt{\dfrac{1}{n_1} + \dfrac{1}{n_2}}} \right| > t_{\alpha/2}(n_1 + n_2 - 2) \right. \right\}$$

(2)右尾檢定

在標準化檢定統計量分配的右端截取機率（面積）為 α 的區域，將

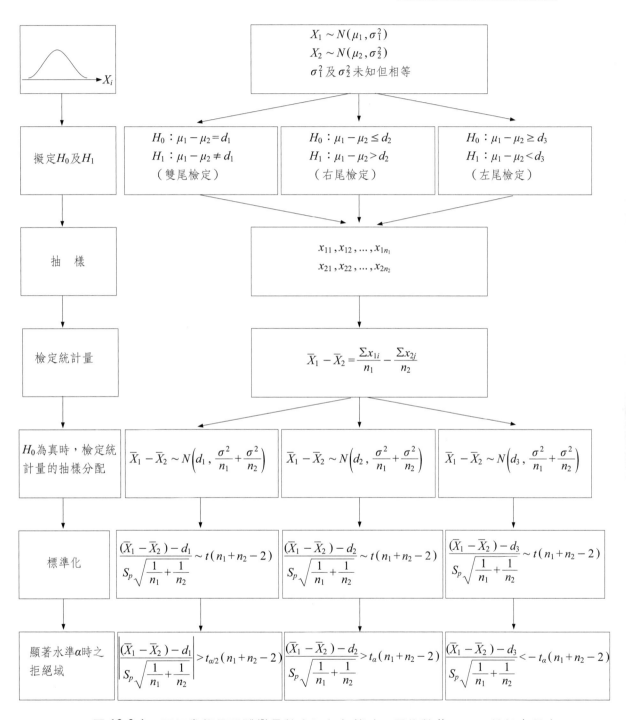

圖 12-2-1　兩個常態母群體變異數未知但相等時，平均數差 $\mu_1 - \mu_2$ 的檢定程序

其設定為拒絕 H_0 的區域，則這個檢定的型一失誤便被控制在 α 以下了。所以右尾檢定的拒絕域 R 為

$$R = \left\{ \overline{X}_1 - \overline{X}_2 \left| \frac{(\overline{X}_1 - \overline{X}_2) - d_2}{S_p \sqrt{\frac{1}{n_1} + \frac{1}{n_2}}} > t_\alpha(n_1 + n_2 - 2) \right. \right\}$$

$$= \left\{ \overline{X}_1 - \overline{X}_2 \left| \overline{X}_1 - \overline{X}_2 > d_2 + t_\alpha(n_1 + n_2 - 2) \cdot S_p \sqrt{\frac{1}{n_1} + \frac{1}{n_2}} \right. \right\}$$

(3)左尾檢定

在標準化檢定統計量分配左端截取機率（面積）為 α 的區域，將其設定為拒絕 H_0 的區域，則這個檢定的型一失誤便被控制在 α 以下了。所以左尾檢定的拒絕域 R 為

$$R = \left\{ \overline{X}_1 - \overline{X}_2 \left| \frac{(\overline{X}_1 - \overline{X}_2) - d_3}{S_p \sqrt{\frac{1}{n_1} + \frac{1}{n_2}}} < -t_\alpha(n_1 + n_2 - 2) \right. \right\}$$

$$= \left\{ \overline{X}_1 - \overline{X}_2 \left| \overline{X}_1 - \overline{X}_2 < d_3 - t_\alpha(n_1 + n_2 - 2) \cdot S_p \sqrt{\frac{1}{n_1} + \frac{1}{n_2}} \right. \right\}$$

例題 12-2-1：欲檢定兩種廠牌輪胎的耐磨度，令 X_1、X_2 分別表示兩種輪胎磨耗至一定程度所跑的里程數，隨機抽測的資料如下

X_1	43,000	46,000	51,000	67,000	56,000	62,000
X_2	41,000	45,000	49,000	60,000	62,000	

假設 X_1 及 X_2 為常態分配，且其變異數皆未知但相等，在 $\alpha = 0.05$ 下檢定兩種廠牌輪胎平均磨耗度是否相等。（註：以耐磨里程數作為磨耗度的

指標）

解：令 μ_1、μ_2 分別表示兩種輪胎耐磨的平均里程，則這個檢定的 H_0 及 H_1 為

$$H_0 : \mu_1 - \mu_2 = 0 \qquad H_1 : \mu_1 - \mu_2 \neq 0$$

$\overline{X}_1 = 54166.67$, $\overline{X}_2 = 51400$, $S_1^2 = 86166666$, $S_2^2 = 85,300,000$，則兩個母群體的共同變異數為

$$S_p^2 = \frac{(6-1)(86166666) + (5-1)(85300000)}{(6+5-2)} = 85781481.5$$

$\frac{\alpha}{2} = 0.025$，$t_{0.025}(9) = 2.262$。以樣本平均數差 $\overline{X}_1 - \overline{X}_2$ 為檢定統計量，則顯著水準 $\alpha = 0.025$ 下之拒絕域 R 為

$$R = \left\{ \overline{X}_1 - \overline{X}_2 \left| \left| \frac{(\overline{X}_1 - \overline{X}_2) - 0}{\sqrt{85781481.5(\frac{1}{5} + \frac{1}{6})}} \right| > 2.262 \right. \right\}$$

根據本題樣本資料計算檢定統計值為

$$\frac{(\overline{X}_1 - \overline{X}_2) - 0}{\sqrt{85781481.5(\frac{1}{5} + \frac{1}{6})}} = \frac{54166.67 - 51400}{\sqrt{85781481.5(\frac{1}{5} + \frac{1}{6})}} = 0.49 < 2.262$$

所以檢定結果為不拒絕 H_0，這表示兩種輪胎的耐磨度並無明顯差異。

12.3 兩個母群體平均數差的檢定之三（大樣本）

當兩個母群體不是常態母群體時，也就是 $X_1 \sim (\mu_1, \sigma_1^2)$, $X_2 \sim (\mu_2, \sigma_2^2)$。則這兩個母群體平均數差 $\mu_1 - \mu_2$ 的檢定程序如圖 12-3-1。

(1)雙尾檢定

在標準化檢定統計量分配的兩端截取機率（面積）各為 $\frac{\alpha}{2}$ 的區域，將

其設定為拒絕 H_0 的區域，則檢定的型一失誤機率便控制在 α 以下了。所以雙尾檢定的拒絕域 R 為

$$R = \left\{ \overline{X}_1 - \overline{X}_2 \,\middle|\, \left| \frac{(\overline{X}_1 - \overline{X}_2) - d_1}{\sqrt{\dfrac{S_1^2}{n_1} + \dfrac{S_2^2}{n_2}}} \right| > Z_{\alpha/2} \right\}$$

(2)右尾檢定

在標準化檢定統計量分配的右端截取機率（面積）為 α 的區域，將其設定為拒絕 H_0 的區域，則檢定的型一失誤機率便控制在 α 以下了。所以右尾檢定的拒絕域 R 為

$$R = \left\{ \overline{X}_1 - \overline{X}_2 \,\middle|\, \frac{(\overline{X}_1 - \overline{X}_2) - d_2}{\sqrt{\dfrac{S_1^2}{n_1} + \dfrac{S_2^2}{n_2}}} > Z_{\alpha} \right\} = \left\{ \overline{X}_1 - \overline{X}_2 \,\middle|\, \overline{X}_1 - \overline{X}_2 > d_2 + Z_{\alpha}\sqrt{\dfrac{S_1^2}{n_1} + \dfrac{S_2^2}{n_2}} \right\}$$

(3)左尾檢定

在標準化檢定統計量分配的左端截取機率（面積）為 α 的區域，將其設定為拒絕 H_0 的區域，則檢定的型一失誤機率便控制在 α 以下了。所以左尾檢定的拒絕域 R 為

$$R = \left\{ \overline{X}_1 - \overline{X}_2 \,\middle|\, \frac{(\overline{X}_1 - \overline{X}_2) - d_3}{\sqrt{\dfrac{S_1^2}{n_1} + \dfrac{S_2^2}{n_2}}} < -Z_{\alpha} \right\} = \left\{ \overline{X}_1 - \overline{X}_2 \,\middle|\, \overline{X}_1 - \overline{X}_2 < d_3 - Z_{\alpha}\sqrt{\dfrac{S_1^2}{n_1} + \dfrac{S_2^2}{n_2}} \right\}$$

例題 12-3-1　以 X_1、X_2 代表女性及男性的壽命，隨機抽取 49 名女性及 81 名男性的壽命資料，計算得 $\overline{X}_1 = 76$，$\overline{X}_2 = 72$，$S_1^2 = 9$，$S_2^2 = 16$，在 $\alpha = 0.05$ 下檢定：(1)女性平均壽命比男性多 3 年；(2)女性平均壽命比男性多 2 年。

解：以 μ_1、μ_2 代表女性及男性的平均壽命，則

(1)

$$H_0 : \mu_1 - \mu_2 \leq 3 \qquad H_1 : \mu_1 - \mu_2 > 3$$

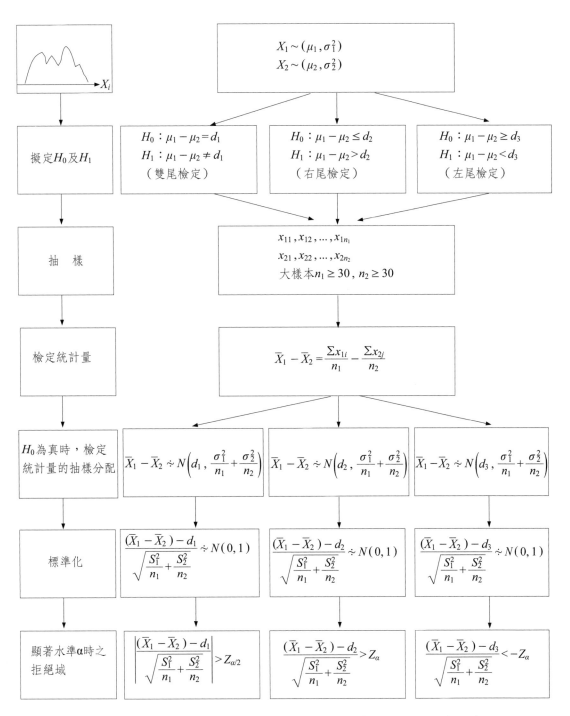

圖 12-3-1　兩個非常態母群體平均數差 $\mu_1 - \mu_2$ 的檢定程序

$\alpha = 0.05$，$Z_{0.05} = 1.645$，以樣本平均數差$\overline{X}_1 - \overline{X}_2$為檢定統計量，則顯著水準$\alpha = 0.05$下的拒絕域 R 為

$$R = \left\{ \overline{X}_1 - \overline{X}_2 \ \middle| \ \frac{(\overline{X}_1 - \overline{X}_2) - 3}{\sqrt{\dfrac{S_1^2}{n_1} + \dfrac{S_2^2}{n_2}}} > 1.645 \right\}$$

根據本題樣本資料計算檢定值為

$$\frac{(76 - 72) - 3}{\sqrt{\dfrac{9}{49} + \dfrac{16}{81}}} = 1.62 < 1.645$$

所以檢定結果為不拒絕 H_0，這表示女性平均壽命並未顯著超過男性 3 年。

(2)

$$H_0 : \mu_1 - \mu_2 \leq 2 \qquad H_1 : \mu_1 - \mu_2 > 2$$

與(1)相同的檢定過程下計算檢定值為

$$\frac{(76 - 72) - 2}{\sqrt{\dfrac{9}{49} + \dfrac{16}{81}}} = 3.24 > 1.645$$

所以檢定結果為拒絕H_0，這表示女性平均壽命顯著超過男性 2 年。

12.4 兩個母群體比例差的檢定

兩個母群體具有某種特質的元素比例值分別為p_1及p_2，也就是$X_1 \sim$ Bernoulli(p_1)，$X_2 \sim$ Bernoulli(p_2)，則這兩個母群體比例差$p_1 - p_2$的檢定程序如圖 12-4-1。

(1)雙尾檢定

在標準化檢定統計量分配的兩端各截取機率（面積）為 $\frac{\alpha}{2}$ 的區域，將其設定為拒絕 H_0 的區域，則這個檢定的型一失誤機率便被控制在 α 以下了。所以雙尾檢定的拒絕域 R 為

$$R = \left\{ \hat{p}_1 - \hat{p}_2 \left| \left| \frac{(\hat{p}_1 - \hat{p}_2) - d_1}{\sqrt{\frac{\hat{p}_1(1 - \hat{p}_1)}{n_1} + \frac{\hat{p}_2(1 - \hat{p}_2)}{n_2}}} \right| > Z_{\frac{\alpha}{2}} \right. \right\}$$

(2)右尾檢定

在標準化檢定統計量分配的右端截取機率（面積）α 的區域，將其設定為拒絕 H_0 的區域，則這個檢定的型一失誤機率便被控制在 α 以下了。所以右尾檢定的拒絕域 R 為

$$R = \left\{ \hat{p}_1 - \hat{p}_2 \left| \frac{(\hat{p}_1 - \hat{p}_2) - d_2}{\sqrt{\frac{\hat{p}_1(1 - \hat{p}_1)}{n_1} + \frac{\hat{p}_2(1 - \hat{p}_2)}{n_2}}} > Z_{\alpha} \right. \right\}$$

$$= \left\{ \hat{p}_1 - \hat{p}_2 \left| \hat{p}_1 - \hat{p}_2 > d_2 + Z_{\alpha} \sqrt{\frac{\hat{p}_1(1 - \hat{p}_1)}{n_1} + \frac{\hat{p}_2(1 - \hat{p}_2)}{n_2}} \right. \right\}$$

(3)左尾檢定

在標準化檢定統計量分配的左端截取機率（面積）α 的區域，將其設定為拒絕 H_0 的區域，則這個檢定的型一失誤機率便被控制在 α 以下了。所以左尾檢定的拒絕域 R 為

$$R = \left\{ \hat{p}_1 - \hat{p}_2 \left| \frac{(\hat{p}_1 - \hat{p}_2) - d_3}{\sqrt{\frac{\hat{p}_1(1 - \hat{p}_1)}{n_1} + \frac{\hat{p}_2(1 - \hat{p}_2)}{n_2}}} < -Z_{\alpha} \right. \right\}$$

$$= \left\{ \hat{p}_1 - \hat{p}_2 \left| \hat{p}_1 - \hat{p}_2 < d_3 - Z_{\alpha} \sqrt{\frac{\hat{p}_1(1 - \hat{p}_1)}{n_1} + \frac{\hat{p}_2(1 - \hat{p}_2)}{n_2}} \right. \right\}$$

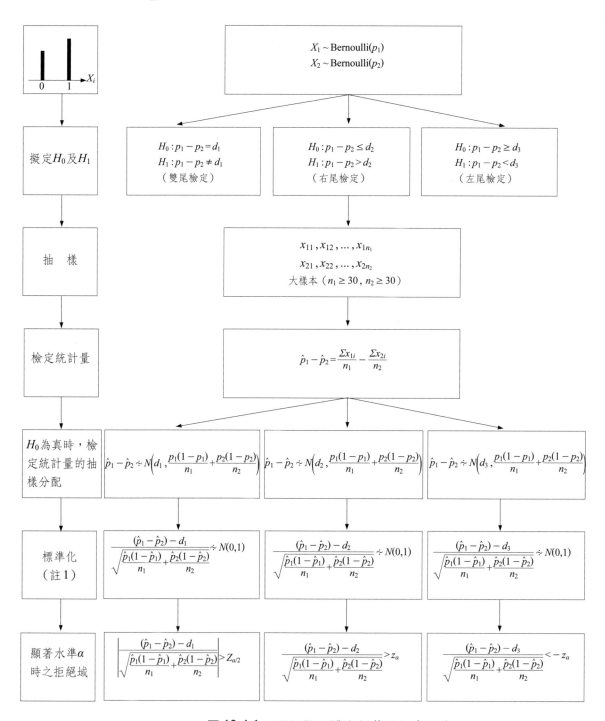

圖 12-4-1　兩個母群體比例差的檢定程序

註 1：標準化過程中，以 $\hat{p}_1, \hat{p}_2$ 替代分母中未知數 p_1, p_2

例題 12-4-1 某公司分別從台北市與高雄市隨機抽取 800 名及 600 名顧客，其中台北市有 340 名，高雄市有 180 名對其所提供的服務相當滿意。在 $\alpha = 0.05$ 下檢定該公司在台北市的顧客滿意比例，高於該公司在高雄的顧客滿意比例 5 個百分點以上。

解： 以 p_1、p_2 分別表示台北市及高雄市的顧客滿意比例，則這個檢定的 H_0 及 H_1 為

$$H_0: \quad p_1 - p_2 \leq 0.05 \qquad H_1: \quad p_1 - p_2 > 0.05$$

$\alpha = 0.05$，$Z_\alpha = 1.645$，所以這個檢定的拒絕域 R 為

$$R = \left\{ \hat{p}_1 - \hat{p}_2 \left| \frac{(\hat{p}_1 - \hat{p}_2) - 0.05}{\sqrt{\dfrac{\hat{p}_1(1 - \hat{p}_1)}{n_1} + \dfrac{\hat{p}_2(1 - \hat{p}_2)}{n_2}}} > 1.645 \right. \right\}$$

根據本題樣本資料 $\hat{p}_1 = 0.425$，$\hat{p}_2 = 0.3$，

$$\frac{(0.425 - 0.3) - 0.05}{\sqrt{\dfrac{(0.425)(0.575)}{800} + \dfrac{(0.3)(0.7)}{600}}} = 2.929 > 1.645$$

所以，檢定結果為拒絕 H_0，這表示該公司在台北市的顧客滿意比例顯著高於高雄市的顧客滿意比例達 5% 以上。

例題 12-4-2 分別自甲乙兩城市中隨機抽取 1,500 名及 1,800 名已婚者，其中甲城市有 340 人離婚，乙城市有 350 人離婚。在 $\alpha = 0.05$ 下檢定甲城市的離婚率是否高於乙城市的離婚率。

解： 以 p_1、p_2 表示甲乙兩城市的離婚率，則這個檢定的 H_0 及 H_1 為

$$H_0: \quad p_1 - p_2 = 0 \qquad H_1: \quad p_1 - p_2 > 0$$

$\alpha = 0.05$，$Z_{0.05} = 1.645$，所以這個檢定的拒絕域 R 為

$$R=\left\{\hat{p}_1-\hat{p}_2\left|\frac{(\hat{p}_1-\hat{p}_2)-0}{\sqrt{\hat{p}(1-\hat{p})(\frac{1}{n_1}+\frac{1}{n_2})}}>1.645\right.\right\}$$

其中 $$\hat{p}=\frac{n_1}{n_1+n_2}\hat{p}_1+\frac{n_2}{n_1+n_2}\hat{p}_2=\frac{\sum x_{1i}+\sum x_{2i}}{n_1+n_2}$$

根據本題樣本資料，$\hat{p}_1=0.226667$，$\hat{p}_2=0.194444$，$\hat{p}=0.209091$

$$\frac{(\hat{p}_1-\hat{p}_2)-0}{\sqrt{\hat{p}(1-\hat{p})(\frac{1}{n_1}+\frac{1}{n_2})}}=2.266522>1.645$$

檢定結果為拒絕H_0，這表示甲城市的離婚率顯著高於乙城市的離婚率。值得注意的是，當H_0中的d_1（或d_2，d_3）為 0，則圖 12-4-1 檢定程序之步驟四修正為

$$\hat{p}_1-\hat{p}_2 \mathrel{\dot\sim} N\left(0,p(1-p)(\frac{1}{n_1}+\frac{1}{n_2})\right)$$

因為，H_0為真表示$p_1=p_2=p$，所以步驟五、六也同步修正，其中p的估計值則採用兩樣本比例值$\hat{p}_1$及$\hat{p}_2$的加權平均（見例題 12-4-2）。

12.5 兩個母群體變異數比值的檢定

當兩個母群體皆為常態母群體，也就是$X_1 \sim N(\mu_1,\sigma_1^2),X_2 \sim N(\mu_2,\sigma_2^2)$，這兩個母群體變異數比值$\frac{\sigma_1^2}{\sigma_2^2}$的檢定程序如圖 12-5-1。

(1)雙尾檢定

在檢定統計量分配的兩端截取機率（面積）各為$\frac{\alpha}{2}$的區域，將其設定為拒絕H_0的區域，則這個檢定的型一失誤機率便被控制在α以下了。所以雙尾檢定的拒絕域R為

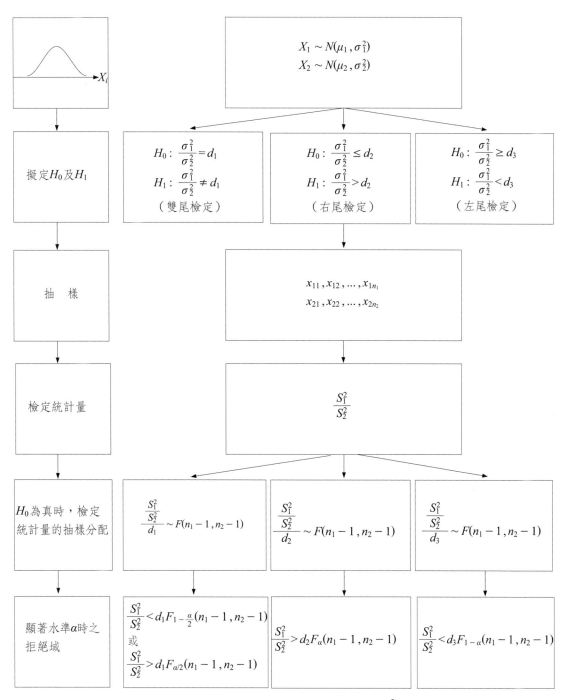

圖 12-5-1　兩個常態母群體變異數比值 $\dfrac{\sigma_1^2}{\sigma_2^2}$ 的檢定程序

$$R = \left\{ \frac{S_1^2}{S_2^2} \left| \frac{\frac{S_1^2}{S_2^2}}{d_1} < F_{1-\frac{\alpha}{2}}(n_1-1, n_2-1) \quad \text{或} \quad \frac{\frac{S_1^2}{S_2^2}}{d_1} > F_{\frac{\alpha}{2}}(n_1-1, n_2-1) \right. \right\}$$

(2)右尾檢定

在檢定統計量分配的右端截取機率（面積）為 α 的區域，將其設定為拒絕 H_0 的區域，則這個檢定的型一失誤機率便被控制在 α 以下了。所以右尾檢定的拒絕域 R 為

$$R = \left\{ \frac{S_1^2}{S_2^2} \left| \frac{\frac{S_1^2}{S_2^2}}{d_2} > F_{\alpha}(n_1-1, n_2-1) \right. \right\} = \left\{ \frac{S_1^2}{S_2^2} \left| \frac{S_1^2}{S_2^2} > d_2 F_{\alpha}(n_1-1, n_2-1) \right. \right\}$$

(3)左尾檢定

在檢定統計量分配的左端截取機率（面積）為 α 的區域，將其設定為拒絕 H_0 的區域，則這個檢定的型一失誤機率便被控制在 α 以下了。所以左尾檢定的拒絕域 R 為

$$R = \left\{ \frac{S_1^2}{S_2^2} \left| \frac{\frac{S_1^2}{S_2^2}}{d_3} < F_{1-\alpha}(n_1-1, n_2-1) \right. \right\} = \left\{ \frac{S_1^2}{S_2^2} \left| \frac{S_1^2}{S_2^2} < d_3 F_{1-\alpha}(n_1-1, n_2-1) \right. \right\}$$

例題 12-5-1 欲比較單一國家基金及全球基金投資報酬率的變異數，分別隨機抽取 6 種單一國家及全球型基金，其年投資報酬率（%）如下：

X_1	27.8	46.3	-14.7	3.2	56.4	-17.8
X_2	13.2	11.6	9.7	19.2	14.5	12.9

其中 X_1 表示單一國家型基金年投資報酬率，X_2 表示全球型基金年投資報酬率。在 $\alpha = 0.05$ 下檢定單一國家型基金報酬率的變異數至少為全球型基金報酬率變異數的 16 倍。假設 X_1，X_2 皆為常態分配。

解：以 σ_1^2 及 σ_2^2 分別表示單一國家型基金投資報酬率變異數及全球型基金投資報酬率變異數，則這個檢定的 H_0 及 H_1 為

$$H_0 : \frac{\sigma_1^2}{\sigma_2^2} \le 16 \qquad H_1 : \frac{\sigma_1^2}{\sigma_2^2} > 16$$

$\alpha = 0.05$，$F_{0.05}(5,5) = 5.05$，所以這個檢定的拒絕域 R 為

$$R = \left\{ \frac{S_1^2}{S_2^2} \middle| \frac{\dfrac{S_1^2}{S_2^2}}{16} > 5.05 \right\}$$

根據本題樣本資料，$S_1^2 = 986.75$，$S_2^2 = 10.40$

$$\frac{\dfrac{S_1^2}{S_2^2}}{16} = \frac{\dfrac{986.75}{10.40}}{16} = 5.93 > 5.05$$

所以檢定結果為拒絕 H_0，這表示單一國家型基金投資報酬率的變異數顯著高於全球型基金報酬率變異數達 16 倍以上。

例題 12-5-2 比較兩種高鈣奶粉中鈣的含量，從第一種高鈣奶粉中隨機抽取 13 個樣本，測得每 1,000 公克奶粉中鈣含量的平均值及標準差分別為 2,100 毫克及 18 毫克，從第二種高鈣奶粉中隨機抽取 16 個樣本，測得其平均值及標準差分別為 2,080 毫克及 10 毫克。假設這兩種奶粉中鈣含量皆為常態分配，σ_1 及 σ_2 分別表示這兩母群體的標準差

(1)在 0.05 顯著水準下檢定 $H_0 : \dfrac{\sigma_1^2}{\sigma_2^2} = 1$，$H_1 : \dfrac{\sigma_1^2}{\sigma_2^2} > 1$。

(2)在 0.05 顯著水準下檢定 $H_0 : \dfrac{\sigma_1^2}{\sigma_2^2} = 2$，$H_1 : \dfrac{\sigma_1^2}{\sigma_2^2} > 2$。

(3)在 0.02 顯著水準下檢定 $H_0 : \dfrac{\sigma_1^2}{\sigma_2^2} = 1$，$H_1 : \dfrac{\sigma_1^2}{\sigma_2^2} \ne 1$。

解：

(1) $H_0 : \dfrac{\sigma_1^2}{\sigma_2^2} = 1$，$H_1 : \dfrac{\sigma_1^2}{\sigma_2^2} > 1$

顯著水準 $\alpha = 0.05$ 時，這個檢定的拒絕域為

$$R = \left\{ \left(\frac{S_1}{S_2}\right)^2 \middle| \left(\frac{S_1}{S_2}\right)^2 > F_{0.05}(12,15) = 2.48 \right\}$$

根據數據 $\left(\frac{S_1}{S_2}\right)^2 = \left(\frac{18}{10}\right)^2 = 3.24 > 2.48$，所以檢定結果為拒絕 H_0，這表示第一種奶粉的鈣含量的變異數顯著高於第二種奶粉鈣含量的變異數。

(2) $H_0 : \dfrac{\sigma_1^2}{\sigma_2^2} = 2$，$H_1 : \dfrac{\sigma_1^2}{\sigma_2^2} > 2$

顯著水準為 $\alpha = 0.05$ 時，這個檢定的拒絕域為

$$R = \left\{ \left(\frac{S_1}{S_2}\right)^2 \middle| \left(\frac{S_1}{S_2}\right)^2 > 2F_{0.05}(12,15) = 2 \times 2.48 \right\} = \left\{ \left(\frac{S_1}{S_2}\right)^2 \middle| \left(\frac{S_1}{S_2}\right)^2 > 4.96 \right\}$$

根據樣本數據 $\left(\frac{S_1}{S_2}\right)^2 = 3.24 < 4.96$，所以檢定結果為不拒絕 H_0，這表示第一種奶粉鈣含量的變異數大過 2 倍於第二種奶粉鈣含量變異數的證據並不充足。

(3) $H_0 : \dfrac{\sigma_1^2}{\sigma_2^2} = 1$，$H_1 : \dfrac{\sigma_1^2}{\sigma_2^2} \neq 1$

當顯著水準為 $\alpha = 0.02$ 時，這個檢定的拒絕域為

$$R = \left\{ \left(\frac{S_1^2}{S_2^2}\right)^2 \middle| \left(\frac{S_1}{S_2}\right)^2 > F_{0.01}(12,15) = 3.67 \right.$$
$$\left. 或 \quad \left(\frac{S_1}{S_2}\right)^2 < F_{0.99}(12,15) = \frac{1}{4.01} = 0.25 \right\}$$

根據數據 $\left(\frac{S_1}{S_2}\right)^2 = 3.24$，所以檢定結果為不拒絕 H_0，這表示第一種奶粉的鈣含量的變異數異於第二種奶粉鈣含量變異數的證據並不充足。

〔註：你（妳）可能覺得迷惑，為什麼本題中(1)、(3)兩小題結果是相互矛盾的，
但不要忘了它們是在不同的顯著水準下的檢定結果，想一想顯著水準的意
義。較低的顯著水準表示較不允許犯型一失誤，因此導致較高的拒絕 H_0 門
檻，所以第三小題的拒絕 H_0 門檻（3.67）高於第一小題的拒絕 H_0 門檻
（2.48）甚多。〕

案例 12-1　TIMSS 2007 四年級數學──能力分群㈢

　　在案例 11-1 中，以平均成績當作數學能力的指標，以標竿點定義五
個群體，對 TIMSS 2007 各國學生進行能力分群。本案例中，與案例 11-1
相同的是，我們仍然以平均成績當作指標，所不同的是事先並無預設的能
力群組，完全透過統計檢定的顯著性來產生群組。所以，若以隨機變數
$X_{(i)}$, $X_{(i+1)}$ 分別表示平均成績排名第（i）位及第（$i+1$）位國家學生的數
學成績，$\mu_{(i)}, \mu_{(i+1)}$ 分別為其平均數（或母群體期望值），透過以下檢定的
顯著性來決定這兩個國家學生的數學能力是否屬於同一群體：

$$H_0：\mu_{(i)}=\mu_{(i+1)} \quad H_1：\mu_{(i)}>\mu_{(i+1)}$$

當顯著水準為 α，以 $\overline{X_{(i)}} - \overline{X_{(i+1)}}$ 為檢定統計量（testing statistic），它的檢
定法則為：

$$拒絕 H_0 \quad \Leftrightarrow \quad \frac{\overline{X_{(i)}} - \overline{X_{(i+1)}}}{\sqrt{SE_{(i)}^2 + SE_{(i+1)}^2}} > z_\alpha \text{（註 1）}$$

其中，$\overline{X_{(i)}}, \overline{X_{(i+1)}}$ 分別代表平均成績排名第（i）位及第（$i+1$）位國家學生
的樣本平均成績統計值（testing statistic value）（參考表 C9-1-1 第 3 欄），
$SE_{(i)}, SE_{(i+1)}$ 分別表示平均成績排名第（i）位及第（$i+1$）位國家學生的樣
本平均成績統計量的標準差（參考表 C9-1-1 第 6 欄（SE））。當顯著水
準為 5%（$z_{0.05} = 1.645$），以平均成績排名在前五名的國家為例，說明能

註 1：參考本章 12-3 節圖 12-3-1。

力分群的結果如下：

(1)香港—新加坡：

$$\frac{\overline{X_{香港}} - \overline{X_{新加坡}}}{\sqrt{SE^2_{香港} + SE^2_{新加坡}}} = \frac{606.802 - 599.406}{\sqrt{(3.584)^2 + (3.744)^2}} = 1.427 < 1.645 \text{（不顯著）}$$

香港四年級學生的數學能力與新加坡同年級的學生並無顯著差異，所以，香港學生的數學能力與新加坡學生屬於同一等級。

(2)新加坡—中華民國

$$\frac{\overline{X_{新加坡}} - \overline{X_{中華民國}}}{\sqrt{SE^2_{新加坡} + SE^2_{中華民國}}} = \frac{599.406 - 575.819}{\sqrt{(3.744)^2 + (1.733)^2}} = 5.717 > 1.645 \text{（顯著 } p = 0.00001\text{）}$$

新加坡四年級學生的數學能力顯著優於中華民國同年級的學生，所以中華民國學生的數學能力與新加坡學生不屬於同一等級。

(3)中華民國—日本

$$\frac{\overline{X_{中華民國}} - \overline{X_{日本}}}{\sqrt{SE^2_{中華民國} + SE^2_{日本}}} = \frac{575.819 - 568.157}{\sqrt{(1.733)^2 + (2.121)^2}} = 2.797 > 1.645 \text{（顯著 } p = 0.00264\text{）}$$

中華民國四年級學生的數學能力顯著優於日本同年級的學生，所以，日本學生的數學能力與中華民國學生不屬於同一等級。

(4)日本—哈薩克

$$\frac{\overline{X_{日本}} - \overline{X_{哈薩克}}}{\sqrt{SE^2_{日本} + SE^2_{哈薩克}}} = \frac{568.157 - 549.348}{\sqrt{(2.121)^2 + (7.146)^2}} = 2.523 > 1.645 \text{（顯著 } p = 0.00582\text{）}$$

日本四年級學生的數學能力顯著優於哈薩克同年級的學生，所以，哈薩克學生的數學能力與日本學生不屬於同一等級。

以上檢定結果，可以用圖 C12-1-1 或圖 C12-1-2 兩種方式來呈現。

| 香港、新加坡 | 中華民國 | 日本 | 哈薩克 |

圖 C12-1-1

	香　港	新加坡	中華民國	日　本	哈薩克	……
香　港	■	■				
新加坡	■	■				
中華民國			■			
日　本				■		
哈薩克					■	
⋮						

圖 C12-1-2　數學能力分群圖（註2）

案例 12-2　TIMSS 2007 四年級數學——能力分群㈣

在案例 11-2 中，以優秀學生的百分比作為數學能力指標，以（5%, 20%, 30%）為分界點事先設定四個能力群組，對 TIMSS 2007 各國學生進行能力分群。本案例中，與案例 11-2 相同的是，我們仍然以優秀學生的百分比當做指標，所不同的是，事先並無預設的能力群組，完全透過統計檢定的顯著性來產生群組。若以 $p_{625(i)}$, $p_{625(i+1)}$ 分別代表百分比排名在第（i）位及第（$i+1$）位國家的優秀學生的百分比例（母群體學生成績達到優秀標竿（625 分）的百分比例），我們可以透過檢定的顯著性來決定這兩個國家學生的數學能力是否屬於同一群體：

$$H_0：p_{625(i)}=p_{625(i+1)} \quad H_1：p_{625(i)}>p_{625(i+1)}$$

顯著水準為 α，以 $\hat{p}_{625(i)}-\hat{p}_{625(i+1)}$ 為檢定統計量（testing statistic），它的檢定法則為：

註2：若將本案例與案例 11-1 能力分群的結果互相比較，案例 11-1 將香港、新加坡、中華民國及日本皆一同歸屬於表現優異群，但是，本案例將這四個國家間的差異進一步的呈現出來，香港與新加坡不分軒輊高居榜首（屬於表現第一群），中華民國略遜一籌的緊跟在後（屬於表現第二群），日本雖力爭上游，但與我國仍有一段距離（屬於表現第三群）……。

$$\text{拒絕 } H_0 \quad \Leftrightarrow \quad \frac{\hat{p}_{625(i)} - \hat{p}_{625(i+1)}}{\sqrt{SE^2_{(i)} + SE^2_{(i+1)}}} > z_\alpha \text{（註 3）}$$

其中，$\hat{p}_{625(i)}, \hat{p}_{625(i+1)}$ 分別代表百分比排名在第（i）位及第（$i+1$）位國家的優秀學生的樣本百分比例（testing statistic value）（參考表 C9-2-2 第 1 欄），$SE_{(i)}, SE_{(i+1)}$ 分別代表百分比排名在第（i）位及第（$i+1$）位國家優秀學生的樣本百分比統計量的標準差（參考表 C9-2-2 第 1 欄括弧內的數據）。當顯著水準為 5%（$z_{0.05} = 1.645$），以百分比排名在前五名的國家為例，能力分群的結果如下：

(1)新加坡－香港

$$\frac{\hat{p}_{625\,\text{新加坡}} - \hat{p}_{625\,\text{香港}}}{\sqrt{SE^2_{\text{新加坡}} + SE^2_{\text{香港}}}} = \frac{41\% - 40\%}{\sqrt{(2.1\%)^2 + (2.2\%)^2}} = 0.329 < 1.645 = z_{0.05} \text{（不顯著）}$$

新加坡與香港四年級學生的數學能力並無顯著差異，所以，新加坡與香港四年級學生的數學能力屬於同一群體。

(2)香港－中華民國

$$\frac{\hat{p}_{625\,\text{香港}} - \hat{p}_{625\,\text{中華民國}}}{\sqrt{SE^2_{\text{香港}} + SE^2_{\text{中華民國}}}} = \frac{40\% - 24\%}{\sqrt{(2.2\%)^2 + (1.2\%)^2}} = 6.375 > 1.645 = z_{0.05} \text{（顯著且 } p = 0.0000）$$

中華民國四年級學生的數學能力顯著落後香港四年級學生的數學能力，所以，中華民國四年級學生的數學能力與新加坡、香港學生不屬於同一群體。

(3)中華民國－日本

$$\frac{\hat{p}_{625\,\text{中華民國}} - \hat{p}_{625\,\text{日本}}}{\sqrt{SE^2_{\text{中華民國}} + SE^2_{\text{日本}}}} = \frac{24\% - 23\%}{\sqrt{(1.2\%)^2 + (1.2\%)^2}} = 0.588 < 1.645 = z_{0.05} \text{（不顯著）}$$

中華民國與日本四年級學生的數學能力並無顯著差異，所以，中華民國與日本四年級學生的數學能力屬於同一群體。

註 3：參考本章 12-4 節圖 12-4-1。

(4)日本—哈薩克

$$\frac{\hat{p}_{625\,日本} - \hat{p}_{625\,哈薩克}}{\sqrt{SE^2_{日本} + SE^2_{哈薩克}}} = \frac{23\% - 19\%}{\sqrt{(1.2\%)^2 + (2.1\%)^2}} = 1.653 > 1.645 = z_{0.05}（顯著且 $p = 0.04917$）$$

　　哈薩克四年級學生的數學能力顯著落後日本四年級學生的數學能力，所以，哈薩克四年級學生的數學能力與中華民國、日本學生不屬於同一群體。

以上檢定結果，可以用圖 C12-2-1 或圖 C12-2-2 兩種方式呈現如下：

香港、新加坡　　　中華民國、日本　　　哈薩克

圖 C12-2-1

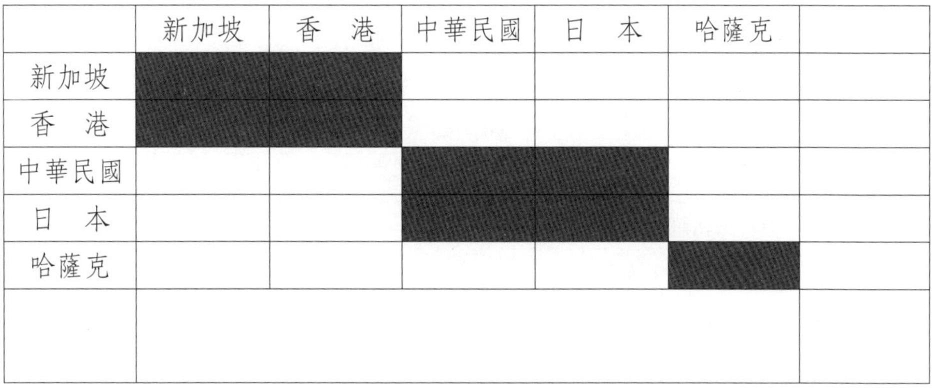

	新加坡	香　港	中華民國	日　本	哈薩克	
新加坡	■	■				
香　港	■	■				
中華民國			■	■		
日　本			■	■		
哈薩克					■	

圖 C12-2-2　數學能力分群

習 題

案例題型

㈠ TIMS S2007 四年級數學評鑑，單元領域與認知領域內，各分項、按性別區分的評鑑成績如表 E12-1 與表 E12-2。用檢定來判斷各國男女學生（母群體）數學能力的差異。

12.1 根據表 E12-1 與表 E12-2 所提供的資訊，以平均成績作為數學能力的指標，分別檢定香港、新加坡、中華民國、日本及哈薩克的男女生數學能力是否有顯著差異，並將檢定結果填入下述表格中。

	數	幾何衡量	資料呈現	知　識	應　用	推　理
香　港						
新加坡						
中華民國						
日　本						
哈薩克						

㈡ 從表 C9-1-1（參考案例 9-1）所提供的資訊檢定：

12.2 檢定香港、中華民國、日本及新加坡四年級學生（母群體）成績分布變異數的大小順序，例如，香港與中華民國的比較為

$$H_0 : \frac{\sigma^2_{中華民國}}{\sigma^2_{香港}} \leq 1 \qquad H_1 : \frac{\sigma^2_{中華民國}}{\sigma^2_{香港}} > 1$$

（註：將結果與第 11 章，習題 11.2 的結果互相比較）

一般題型

12.3 X_1 及 X_2 分別表示國產車及進口車的年維修保養成本，隨機抽取 10 部國產車及 10 部進口車，並記錄其年維修保養費用如下：

X_1	6,800	5,900	6,300	7,800	8,900	7,500	6,100	10,500	5,400	6,900
X_2	8,900	9,800	12,350	10,670	9,500	8,700	13,400	9,700	8,600	8,800

假設 X_1 及 X_2 皆為常態分配，且已知其變異數分別為 7,000 及 10,000，在 $\alpha = 0.025$ 下檢定國產車的維修保養成本低於進口車的維修保養成本。

12.4 在例題 12-1-1 中，若兩變異數未知但假設相等，則檢定結果如何？

12.5 X_1 及 X_2 分別表示兩條生產線所生產的產品品質評比，隨機自兩條生產線各抽取數個產品，量測其品質評比值為（數字愈大表示品質愈佳）

X_1	4.13	4.12	4.11	4.1	4.09
X_2	4.06	4.07	4.05	4.04	

在 $\alpha = 0.05$ 下檢定第一條生產線的平均品質高於第二條生產線平均品質超過 0.03 評比值。假設 X_1 及 X_2 為常態分配，且其變異數未知但相等。

12.6 X_1 及 X_2 為非常態分配，自 X_1 及 X_2 分別隨機抽取 36 個及 64 個樣本，$\overline{X}_1 = 52$，$\overline{X}_2 = 43$，$S_1^2 = 16$，$S_2^2 = 25$，在 $\alpha = 0.05$ 下檢定兩母群體平均數差是否超過 5。

12.7 百事達錄影帶出租店欲比較兩類影片的租片狀況，以 X_1 及 X_2 表示這兩類影片的租片次數，自這兩類影片中隨機抽取 50 片及 60 片，分別計算樣本平均出租次數 $\overline{X}_1 = 432$，$\overline{X}_2 = 320$ 及樣本變異數為 $S_1^2 = 80$，$S_2^2 = 120$。在

$\alpha = 0.05$下檢定第一類影片的平均出租次數是否顯著超過第二類影片的平均出租次數達 100 次以上。

12.8 分別自國小男女生中隨機抽取 1,200 人,依標準體重表判定其體重是否過重。測量結果顯示有 350 位男生及 520 位女生體重過重。在$\alpha = 0.05$下檢定國小女生體重超重的比例比男生多 1 成。

12.9 隨機調查 1,300 位退役男生及 1,500 位大專應屆畢業女生,其中有 520 位男生及 540 位女生等待就業,在$\alpha = 0.025$下檢定退役男生的待業率高於應屆畢業女生的待業率。

12.10 X_1、X_2皆為常態分配,分別抽樣的樣本資料為

X_1	4	12	20	27	35
X_2	11	19	17	15	22

在$\alpha = 0.05$下檢定X_1的變異數至少為X_2的 1.3 倍。

12.11 X_1及X_2為常態分配,分別抽樣的樣本資料為

X_1	8	12	20	27	30
X_2	11	19	17	15	22

在$\alpha = 0.05$下檢定X_1的變異數是否大於X_2的變異數。

12.12 欲比較兩條生產線產出的品質變異,分別自兩條生產線隨機抽取樣本,量測其品質資料如下:

X_1	4.12	4.12	4.13	4.09	4.08	4	4.11
X_2	4.05	4.11	4.16	4.13	4.02		

在 $\alpha = 0.05$ 下檢定兩條生產線的變異數是否相等。假設兩條生產線的品質資料皆為常態分配。

12.13 若 p_1、p_2 分別為兩條生產線產品的不良率，為了要檢定 $H_0 : p_1 - p_2 = 0$ 及 $H_1 : p_1 - p_2 > 0$。分別自兩條生產線隨機取樣，檢測結果如下：

生產線	樣本數	樣本不良率
1	$n_1 = 120$	$\hat{p}_1 = 0.05$
2	$n_2 = 200$	$\hat{p}_2 = 0.045$

其中 n_1，n_2 分別為兩條生產線的抽樣數，$\hat{p}_1$ 及 $\hat{p}_2$ 為兩條生產線的樣本不良率，則在顯著水準 $\alpha = 0.05$ 下，檢定法則及檢定結果為何？

表 E12-1　TIMSS 2007 四年級數學評鑑成績（單元領域與性別區分）

國　家	單元領域（平均成績）					
	數		幾何衡量		資料呈現	
	女　生	男　生	女　生	男　生	女　生	男　生
香港 Hong Kong	602(3.3)	610(4.8)	599(3.0)	598(4.0)	590(2.9)	581(3.4)
新加坡 Singapore	611(4.4)	610(4.8)	574(3.6)	567(4.1)	589(3.6)	578(4.0)
中華民國 Republic of China	578(2.2)	584(2.2)	558(2.5)	553(2.6)	571(2.0)	562(2.3)
日本 Japan	558(2.7)	564(2.6)	571(3.1)	561(2.5)	583(3.2)	574(3.2)
哈薩克 Kazakhstan	559(5.9)	553(7.9)	548(7.3)	537(8.2)	526(5.7)	517(7.3)
俄羅斯 Russian Federation	548(5.0)	545(4.4)	542(6.0)	535(5.0)	537(5.7)	524(5.2)
英格蘭 England	529(3.6)	533(4.0)	553(3.0)	543(3.5)	548(2.9)	545(3.1)
拉脫維亞 Latvia	534(2.7)	537(2.9)	534(3.6)	531(3.3)	543(3.6)	529(4.4)
荷蘭 Netherlands	527(3.4)	542(2.2)	520(3.7)	525(2.2)	544(3.6)	541(2.6)
立陶宛 Lithuania	530(2.7)	536(3.0)	522(2.6)	514(2.9)	534(3.0)	527(4.1)
美國 United States	520(2.8)	528(3.1)	522(2.6)	523(2.7)	543(2.6)	544(2.9)

德國 Germany	513(2.5)	529(2.7)	527(2.6)	530(2.6)	529(3.6)	538(3.4)
丹麥 Denmark	503(3.0)	514(4.1)	546(3.3)	540(2.9)	527(3.9)	531(4.0)
澳洲 Australia	491(3.9)	503(4.3)	535(3.8)	536(3.3)	536(3.7)	531(3.1)
匈牙利 Hungary	505(5.0)	514(3.7)	509(4.8)	510(3.4)	508(4.6)	500(3.8)
義大利 Italy	497(3.4)	514(3.5)	505(3.1)	513(3.5)	500(4.1)	513(4.2)
奧地利 Austria	493(2.4)	511(2.7)	507(2.8)	511(3.2)	503(3.8)	513(2.5)
瑞典 Sweden	484(2.7)	496(3.3)	509(2.3)	507(3.0)	530(2.9)	528(3.6)
斯洛維尼亞 Slovenia	477(2.5)	492(2.2)	524(2.5)	521(2.3)	519(2.6)	516(3.1)
亞美尼亞 Armenia	524(5.1)	520(3.9)	489(5.9)	478(5.0)	468(5.1)	449(4.5)
斯洛伐克 Slovak Republic	489(4.4)	501(4.0)	498(4.6)	501(4.4)	491(4.7)	493(4.3)
蘇格蘭 Scotland	473(2.8)	489(3.4)	504(3.1)	502(2.9)	513(2.6)	518(2.8)
紐西蘭 New Zealand	474(2.9)	482(3.3)	504(2.7)	500(2.8)	517(3.1)	509(3.1)
捷克 Czech Republic	477(3.3)	486(3.2)	493(3.6)	495(3.1)	491(4.2)	495(4.1)
挪威 Norway	454(3.8)	467(3.3)	491(3.5)	488(3.7)	485(3.2)	489(3.5)
烏克蘭 Ukraine	478(3.6)	482(3.1)	457(3.9)	457(3.3)	470(3.8)	455(3.8)
喬治亞 Georgia	464(4.0)	465(4.3)	418(4.9)	413(5.8)	420(4.9)	409(5.6)
伊朗 Iran	404(4.3)	393(5.3)	437(3.9)	421(5.0)	409(5.7)	391(6.1)
阿爾及利亞 Algeria	391(5.5)	390(5.1)	388(4.2)	378(5.3)	364(5.1)	359(6.6)
哥倫比亞 Colombia	348(4.6)	371(4.7)	354(4.8)	369(5.8)	359(6.7)	368(6.4)
摩洛哥 Morocco	349(5.0)	357(5.8)	365(4.3)	365(5.2)	314(5.8)	317(7.3)
薩爾瓦多 El Salvador	308(4.4)	325(5.0)	330(5.4)	336(5.2)	365(4.2)	369(4.8)
突尼西亞 Tunisia	360(5.0)	346(5.2)	343(4.9)	327(5.1)	322(5.3)	295(5.3)
科威特 Kuwait	333(4.5)	307(5.3)	335(3.9)	297(5.8)	335(5.7)	299(6.7)
卡達 Qatar	300(1.7)	283(1.9)	309(2.2)	283(2.6)	337(1.9)	314(2.4)
葉門 Yemen	NA	NA	NA	NA	NA	NA

資料來源：TIMSS 2007 International Report (Exhibit 3.3) (Reprinted by permission of the IEA)

註：括弧內的數字為該統計量的標準差

表 E12-2　TIMSS 2007 四年級數學評鑑成績（認知領域與性別區分）

國　家	認知領域（平均成績）					
	知　識		應　用		推　理	
	女　生	男　生	女　生	男　生	女　生	男　生
香港 Hong Kong	597(3.7)	602(4.0)	614(3.6)	619(4.2)	588(3.6)	589(4.4)
新加坡 Singapore	593(3.8)	586(4.1)	622(4.5)	619(4.5)	581(3.9)	575(4.1)
中華民國 Republic of China	568(1.9)	570(2.3)	583(3.2)	585(2.2)	564(2.3)	568(2.2)
日本 Japan	566(2.4)	566(2.4)	564(2.6)	566(2.4)	562(2.7)	564(2.7)
哈薩克 Kazakhstan	551(6.6)	544(8.4)	562(6.5)	555(8.4)	542(5.8)	535(6.9)

俄羅斯 Russian Federation	549(5.8)	545(4.8)	541(5.2)	535(4.2)	546(5.3)	535(5.2)
英格蘭 England	540(3.4)	541(3.5)	544(3.8)	544(4.5)	538(4.0)	537(3.5)
拉脫維亞 Latvia	540(2.6)	540(3.7)	531(2.7)	528(3.0)	538(3.0)	537(3.4)
荷蘭 Netherlands	535(2.6)	544(2.2)	520(2.6)	530(2.5)	531(3.5)	537(2.6)
立陶宛 Lithuania	539(3.2)	539(2.9)	520(3.8)	520(3.0)	528(3.8)	524(2.9)
美國 United States	521(2.7)	527(3.0)	537(2.8)	545(2.9)	523(2.4)	524(2.6)
德國 Germany	526(2.6)	536(2.4)	509(2.6)	520(2.4)	525(2.8)	531(3.1)
丹麥 Denmark	524(3.1)	531(3.1)	509(3.0)	516(3.7)	522(2.5)	527(3.4)
澳洲 Australia	518(4.0)	528(3.7)	506(5.0)	512(4.1)	515(3.8)	517(3.4)
匈牙利 Hungary	506(4.6)	509(3.8)	509(4.7)	513(3.7)	507(5.5)	511(3.6)
義大利 Italy	493(3.7)	508(3.5)	507(3.2)	521(3.8)	504(3.6)	515(3.3)
奧地利 Austria	499(2.3)	515(2.2)	501(2.8)	509(2.3)	501(2.9)	511(3.2)
瑞典 Sweden	506(2.1)	511(2.9)	478(2.5)	486(3.4)	517(2.9)	521(3.2)
斯洛維尼亞 Slovenia	500(2.0)	507(2.8)	493(2.0)	501(2.9)	505(2.0)	505(3.5)
亞美尼亞 Armenia	498(4.8)	488(4.5)	523(5.9)	513(4.7)	492(6.3)	486(4.5)
斯洛伐克 Slovak Republic	495(4.2)	501(4.4)	490(4.1)	495(4.3)	498(4.7)	501(4.3)
蘇格蘭 Scotland	495(2.5)	504(2.9)	485(2.9)	492(3.1)	494(3.2)	500(3.3)
紐西蘭 New Zealand	494(2.7)	497(2.7)	482(2.8)	482(2.8)	503(3.2)	503(3.2)
捷克 Czech Republic	492(3.3)	500(3.0)	471(2.6)	475(2.9)	489(4.2)	496(3.8)
挪威 Norway	474(3.5)	484(3.0)	457(3.3)	464(3.4)	490(3.6)	488(3.2)
烏克蘭 Ukraine	466(3.2)	467(4.1)	472(3.7)	472(3.5)	475(3.5)	473(3.6)
喬治亞 Georgia	435(4.8)	432(5.2)	453(4.1)	447(4.6)	438(4.1)	437(4.8)
伊朗 Iran	410(4.1)	399(6.1)	418(4.5)	402(5.1)	419(4.2)	401(5.4)
阿爾及利亞 Algeria	378(5.7)	373(5.3)	387(5.7)	381(5.8)	390(5.8)	384(4.8)
哥倫比亞 Colombia	346(5.6)	369(5.3)	353(6.0)	365(5.1)	363(5.6)	381(5.0)
摩洛哥 Morocco	343(5.1)	348(6.0)	352(6.1)	355(5.3)	NA	NA
薩爾瓦多 El Salvador	332(4.8)	345(4.6)	311(4.8)	314(5.6)	349(4.8)	363(5.6)
突尼西亞 Tunisia	338(5.0)	321(5.4)	353(5.5)	335(5.2)	NA	NA
科威特 Kuwait	320(5.2)	289(7.2)	346(5.3)	305(6.6)	NA	NA
卡達 Qatar	306(1.7)	286(1.6)	306(1.6)	279(2.2)	NA	NA
葉門 Yemen	NA	NA	NA	NA	NA	NA

資料來源：TIMSS 2007 International Report (Exhibit3.3) (Reprinted by permission of the IEA)

註：括弧內的數字為該統計量的標準差

13 變異數分析

第十二章中所談的檢定問題都只涉及到兩個母群體,對於 k 個($k >$ 2)母群體的檢定要如何進行呢?例如五個母群體($k = 5$)時,若以 μ_i 表示第 i 個母群體的平均數,如何檢定以下的假設呢?

$$H_0 : \mu_1 = \mu_2 = \mu_3 = \mu_4 = \mu_5$$
$$H_1 : H_0 不成立(五個 \mu_i 並非全相等) \qquad (13\text{-}0\text{-}1)$$

13.1 變異數分析的基本觀念

首先,我們對觀察研究(observational study)及實驗研究(experimental study)加以簡要區別。觀察研究中研究者並未主動去操控某些條件,而僅是被動地觀察、記錄那些原本就存在的資料。例如,比較不同地區的國中三年級(男女生別、都市鄉村別……等)同學近視比例,所蒐集到的資料是原本就存在的,並非研究者在操控某些條件下產生的。至於實驗研究,則是研究者主動操控某些實驗條件,並將這些實驗條件加諸於受試者(或受試物件),然後記錄這些受試者之反應(response)。例如,例題 13-1-1 中,研究者操控的實驗條件為教學方法,並將五種教學方法加諸於 30 位受試者,然後衡量他(她)們的反應(教學成效)。一般而言,

我們稱觀察研究中蒐集資料的規劃過程為抽樣設計（sampling design），實驗研究中蒐集資料的規劃過程則稱之為實驗設計（experimental design）。我們先以幾個例題了解所涉及的一些專有名詞。

例題 13-1-1 （單因子設計）

某教育研究人員欲探討五種教學方法在教學成效上的差異是否存在？於是將30位同學隨機分成五組，分別施以不同的教學方法（方法一，……，方法五），然後評量每位同學的成績（教學成果），並記錄如表 13-1-1

表 13-1-1

	方法一	方法二	方法三	方法四	方法五
	48	56	61	69	56
	64	64	73	80	76
	56	72	69	76	64
	60	68	74	75	72
	52	60	65	88	68
			76	74	66
			78		
			80		
平均數	56	64	72	77	67
變異數	40	40	42.86	41.6	47.6
全體平均數＝68			全體變異數＝85.72		

定義 13-1-1：實驗設計專有名詞

1. 實驗單位（experimental unit）

產生實驗結果的受試者或受試物件稱為實驗單位（或實驗材料）。

2. 實驗因子（experimental factor）

實驗者所操控的變項稱為實驗因子或獨立變項（indepen-dent variable），當實驗中只有一個因子時，我們稱它為單因子實驗，有兩個因子時稱它為雙因子實驗，依此類推。

3. 水準（level）

實驗者在因子內所安排的各種不同狀況稱為該因子的水準。

4. 處理（treatment）

不同因子間各水準的組合稱為處理。但比較特別的是單因子實驗，由於它只有一個因子，所以在單因子實驗中，水準與處理代表相同的意義。

5. 反應（response）

實驗者在實驗單位上所測得的衡量稱為反應，衡量變項也稱為反應變項（response variable）或相依變項（dependent variable）。

　　例題 13-1-1 中的 30 位同學為這個實驗的實驗單位（實驗材料），其中實驗者操控的因子為教學方法。方法一、方法二、方法三、方法四、方法五為因子（教學方法）下的五個水準。由於這是個單因子實驗，所以，五個水準也可視為五個處理，這個實驗的反應變項則為教學成績。

例題 13-1-2 （雙因子設計）

　　醫生欲測試兩種藥物（簡稱 A, B）的療效，將 A 藥物的兩種劑量：A_1（低劑量），A_2（高劑量）及 B 藥物的三種劑量 B_1（低劑量），B_2（中劑量），B_3（高劑量）組合成六種處方，在實驗室中以老鼠進行實驗，為了了解兩種藥物的交互作用，在每種處方下安排三隻老鼠。治療的成效以 $0\sim15$ 衡量，數字愈大表示療效愈佳，實驗結果顯示如下：

	B_1	B_2	B_3	平均數
A_1	1 2 0	1 2 3	2 3 4	2
A_2	3 4 2	10 9 11	5 4 6	6
平均數	2	6	4	

　　例題 13-1-2 的實驗單位為 18 隻老鼠。其中實驗者操控的因子有兩個，一為 A 藥物，另一為 B 藥物，所以這是個雙因子實驗設計，其中實驗者在 A 藥物這個因子中安排了二個水準（A_1, A_2），在 B 藥物因子中安排了三個水準（B_1, B_2, B_3）。所以這個實驗中共有六個處理（$3 \times 2 = 6$）。特別值得注意的是，實驗者在這個實驗的每個處理中皆安排 3 個實驗單位，我們稱它為 3 個重複數（replication），其目的是為了檢測兩個因子間是否有交互作用。這個實驗的反應變項為從老鼠所測得的療效指數（$0 \sim 15$）。

13.2 單因子實驗設計（一維變異數分析）

　　當實驗反應值為(1)常態分配、(2)變異數皆相等時，單因子設計的檢定程序如圖 13-2-1，其中各步驟說明如下：

一、基本假設

　　將單因子假設下的 k 個處理視為 k 個獨立母群體，若以 x_{ij} 表示來自第 j 個母群體的第 i 個實驗測量值，在(1)常態母群體、(2)變異數相等兩個前提下，x_{ij} 可表示成

$$x_{ij} \sim N(\mu_j, \sigma^2) \qquad j = 1, \cdots, k$$

其中 μ_j、σ^2 為第 j 個母群體（或處理）的期望值及變異數，我們也可將 x_{ij} 表示成

$$x_{ij} = \mu_j + \varepsilon_{ij} \qquad j = 1, \cdots, k$$

其中 ε_{ij} 為第 j 個處理中第 i 個實驗單位相對於該處理期望值的個別偏差。如果，我們考慮 k 個處理的共同期望值（μ），則 x_{ij} 又可以表示成

$$x_{ij} = \mu + \tau_j + \varepsilon_{ij} \qquad j = 1, \cdots, k$$

定義 13-2-1：單因子設計的統計分析模式

$$x_{ij} = \mu + \tau_j + \varepsilon_{ij} \qquad j = 1, \cdots, k \quad , \quad i = 1, \cdots, n_j$$

其中 μ 為共同效應，τ_j 為第 j 個處理效應，ε_{ij} 為第 j 個處理中第 i 個實驗單位的個別效應，也可稱為個別差異或隨機效應，且(1) $\varepsilon_{ij} \sim N(0, \sigma^2)$；(2)所有 ε_{ij} 間相互獨立

二、擬定虛無假設及對應假設

單因子設計的目的是要檢定各處理效應是否相同，換句話說，如果 k 個處理效應皆相等（$\mu_1 = \cdots = \mu_k$ 或 $\tau_1 = \cdots = \tau_k = 0$），則這個因子是沒有意義的操控因子（或決策因子），否則它便是個有效的操控因子。例如，在例題 13-1-1 中，如果不同教學方法間的差異顯著（也就是 $\mu_j \neq \mu_k$），則教學方法對於教學成效便是有效的因子。所以，單因子設計的虛無假設與對應假設如定義 13-2-2 所示。

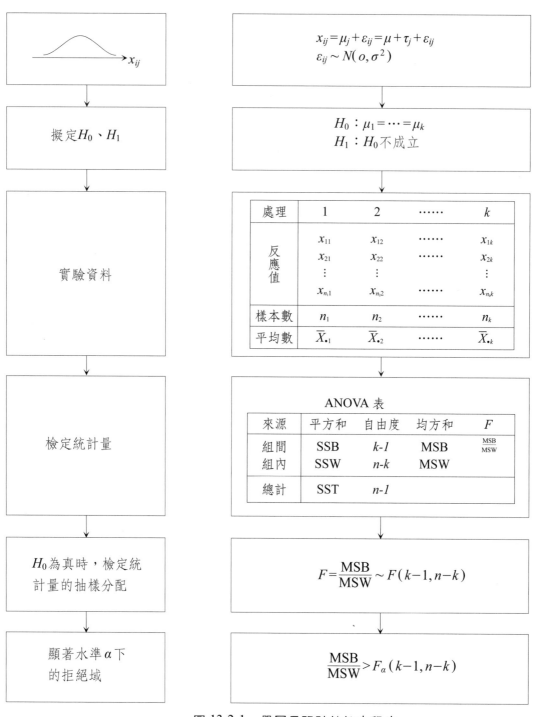

圖 13-2-1　單因子設計的檢定程序

> # 定義 13-2-2：單因子設計的 H_0 及 H_1
>
> $H_0 : \mu_1 = \cdots = \mu_k$（或 $\tau_1 = \cdots = \tau_k = 0$）
>
> $H_1 : H_0$ 不成立

三、 實驗資料

在單因子設計的 k 個處理中各安排 $n_1, \cdots, n_k$ 個實驗單位，以 x_{ij} 表示第 j 個處理中第 i 個實驗單位的反應值，則這個實驗所蒐集到的資料可安排成如表 13-2-1 所示。

表 13-2-1　單因子設計的資料

	處理 1	處理 2	$\cdots$	處理 k
	x_{11} x_{21} $\vdots$ $x_{n_1 1}$	x_{12} x_{22} $\vdots$ $x_{n_2 2}$	$\cdots$	x_{1k} x_{2k} $\vdots$ $x_{n_k k}$
樣本數	n_1	n_2	$\cdots$	n_k
總　和	$X_{\bullet 1}$	$X_{\bullet 2}$	$\cdots$	$X_{\bullet k}$
平均數	$\overline{X}_{\bullet 1}$	$\overline{X}_{\bullet 2}$	$\cdots$	$\overline{X}_{\bullet k}$
變異數	S_1^2	S_2^2	$\cdots$	S_k^2
總樣本數 $n = n_1 + \cdots + n_k$		總平均數 $= \overline{X}_{\bullet \bullet}$		

其中，$X_{\bullet j}$ 表示第 j 個處理的樣本總和，$\overline{X}_{\bullet j}$ 表示第 j 個處理的樣本平均數，S_j^2 表示第 j 個處理的樣本變異數，$X_{\bullet \bullet}$ 表示全部樣本總和，$\overline{X}_{\bullet \bullet}$ 表示樣本總平均數，也就是

$$\overline{X}_{\bullet j} = \frac{\sum\limits_{i=1}^{n_j} x_{ij}}{n_j} = \frac{X_{\bullet j}}{n_j}$$

$$\overline{X}_{\bullet\bullet} = \frac{\sum\limits_{j=1}^{k}\sum\limits_{i=1}^{n_j} x_{ij}}{n_1 + \cdots + n_k} = \frac{X_{\bullet\bullet}}{n}$$

$$S_j^2 = \frac{\sum\limits_{i=1}^{n_j}(x_{ij} - \overline{X}_{\bullet j})^2}{n_j - 1}$$

四、檢定統計量

為了進行單因子效應的檢定（定義 13-2-2），首先我們要計算總平方和（定義 13-2-3）、組間平方和（定義 13-2-4）及組內平方和（定義 13-2-5）。同時，這些平方和及它們的自由度間的關係如定理 13-2-1。

定理 13-2-1：單因子設計平方和及自由度恆等式

平方和：SST = SSB + SSW

自由度：$n - 1 = (k - 1) + (n - k)$

定義 13-2-3：總平方和（SST, total sum of square）

$$SST = \sum_{j=1}^{k}\sum_{i=1}^{n_j}(x_{ij} - \overline{X}_{\bullet\bullet})^2$$

且其自由度為 $n - 1 = (n_1 + \cdots + n_k) - 1$

定義 13-2-4：組間平方和（SSB, between- group sum of square）

$$SSB = \sum_{j=1}^{k} n_j(\overline{X}_{\bullet j} - \overline{X}_{\bullet\bullet})^2$$

且其自由度為 $k - 1$

定義 13-2-5：組內平方和（SSW, within- group sum of square）

$$SSW = \sum_{j=1}^{k} \sum_{i=1}^{n_j} (x_{ij} - \overline{X}_{\bullet j})^2$$

且其自由度為 $n - k = (n_1 - 1) + \cdots + (n_k - 1)$

將計算出的 SSB 及 SSW 分別除以它們的自由度，便得到組間均方和及組內均方和如定義 13-2-6 所示。

定義 13-2-6：組間均方和（MSB, between-group mean square）及組內均方和（MSW, within-group mean square）

$$組間均方和 = \frac{組間平方和}{組間平方和自由度} = MSB = \frac{SSB}{k-1}$$

$$組內均方和 = \frac{組內平方和}{組內平方和自由度} = MSW = \frac{SSW}{n-k}$$

計算出 MSB 及 MSW 後，我們以 $\dfrac{MSB}{MSW}$ 為檢定統計量，並編製一維變異數分析表（1-way ANOVA table）如表 13-2-2 所示。

表 13-2-2　單因子設計變異數分析表

來　源	平方和	自由度	均方和	F 值
組間（或處理）	SSB	$k-1$	MSB	$\dfrac{MSB}{MSW}$
組內（或誤差）	SSW	$n-k$	MSW	
總　計	SST	$n-1$		

例題 13-2-1　編製例題 13-1-1 單因子設計的 ANOVA 表。

　　解：這個實驗設計的資料可以用表 13-2-3 來呈現。

表 13-2-3 例題 13-1-1 的資料表

	方法一	方法二	方法三	方法四	方法五
	$x_{11}=48$	$x_{12}=56$	$x_{13}=61$	$x_{14}=69$	$x_{15}=56$
	$x_{21}=64$	$x_{22}=64$	$x_{23}=73$	$x_{24}=80$	$x_{25}=76$
	$x_{31}=56$	$x_{32}=72$	$x_{33}=69$	$x_{34}=76$	$x_{35}=64$
	$x_{41}=60$	$x_{42}=68$	$x_{43}=74$	$x_{44}=75$	$x_{45}=72$
	$x_{51}=52$	$x_{52}=60$	$x_{53}=65$	$x_{54}=88$	$x_{55}=68$
			$x_{63}=76$	$x_{64}=74$	$x_{65}=66$
			$x_{73}=78$		
			$x_{83}=80$		
樣本數	$n_1=5$	$n_2=5$	$n_3=8$	$n_4=6$	$n_5=6$
總　和	$X_{\bullet 1}=280$	$X_{\bullet 2}=320$	$X_{\bullet 3}=576$	$X_{\bullet 4}=462$	$X_{\bullet 5}=402$
平均數	$\overline{X}_{\bullet 1}=56$	$\overline{X}_{\bullet 2}=64$	$\overline{X}_{\bullet 3}=72$	$\overline{X}_{\bullet 4}=77$	$\overline{X}_{\bullet 5}=67$
變異數	$S_1^2=40$	$S_2^2=40$	$S_3^2=42.86$	$S_4^2=41.6$	$S_5^2=47.6$
$n=30$，	$X_{\bullet\bullet}=2040$		$\overline{X}_{\bullet\bullet}=68$		

首先計算 SST、SSB 及 SSW

$$SST = \sum_{j=1}^{5}\sum_{i=1}^{n_j}(x_{ij}-\overline{X}_{\bullet\bullet})^2$$

$$= (48-68)^2+(64-68)^2+(56-68)^2+(60-68)^2+(52-68)^2+$$
$$(56-68)^2+(64-68)^2+(72-68)^2+(68-68)^2+(60-68)^2+$$
$$(61-68)^2+(73-68)^2+(69-68)^2+(74-68)^2+(65-68)^2+$$
$$(76-68)^2+(78-68)^2+(80-68)^2+(69-68)^2+(80-68)^2+$$
$$(76-68)^2+(75-68)^2+(88-68)^2+(74-68)^2+(56-68)^2+$$
$$(76-68)^2+(64-68)^2+(72-68)^2+(68-68)^2+(66-68)^2$$

$$= 2486$$

$$SSB = \sum_{j=1}^{5} n_j(\overline{X}_{\bullet j}-\overline{X}_{\bullet\bullet})^2$$

$$= 5\times(56-68)^2+5\times(64-68)^2+8\times(72-68)^2+6\times(77-68)^2+6\times(67-68)^2$$

$$= 1420$$

$$\text{SSW} = \sum_{j=1}^{5} \sum_{i=1}^{n_j} (x_{ij} - \overline{X}_{\bullet j})^2$$

$$= (48-56)^2 + (64-56)^2 + (56-56)^2 + (60-56)^2 + (52-56)^2 +$$

$$(56-64)^2 + (64-64)^2 + (72-64)^2 + (68-64)^2 + (60-64)^2 +$$

$$(61-72)^2 + (73-72)^2 + (69-72)^2 + (74-72)^2 + (65-72)^2 +$$

$$(76-72)^2 + (78-72)^2 + (80-72)^2 + (69-77)^2 + (80-77)^2 +$$

$$(76-77)^2 + (75-77)^2 + (88-77)^2 + (74-77)^2 + (56-67)^2 +$$

$$(76-67)^2 + (64-67)^2 + (72-67)^2 + (68-67)^2 + (66-67)^2$$

$$= 1066$$

表 13-2-4　例題 13-1-1 的 ANOVA 表

來　源	平方和	自由度	均方和	F 值
組間（教學法）	1420	4	355	8.33
組內（誤差）	1066	25	42.64	
總　計	2486	29		

五、顯著水準 α 下之檢定法則（拒絕域）

H_0 為真時，在檢定統計量分配的右端截取機率（面積）α 之區域，將其設定為拒絕 H_0 的區域，則檢定的型一失誤機率便被控制在 α 以下了。所以，單因子設計的拒絕域 R 為

$$R = \left\{ \frac{\text{MSB}}{\text{MSW}} \middle| \frac{\text{MSB}}{\text{MSW}} > F_\alpha(k-1, n-k) \right\}$$

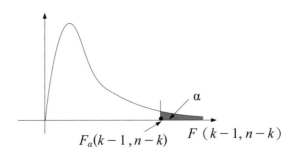

例題 13-2-2　在顯著水準 $\alpha = 0.05$ 下檢定例題 13-1-1 的教學效應。

解：查表或由 FINV 計算得知 $F_{0.05}(4, 25) = 2.76$，所以拒絕域為

$$R = \left\{ \frac{\text{MSB}}{\text{MSW}} \middle| \frac{\text{MSB}}{\text{MSW}} > 2.76 \right\}$$

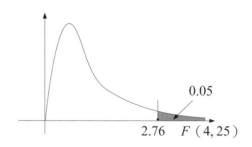

從本題的 ANOVA 表（表 13-2-4）得知 $F = \dfrac{\text{MSB}}{\text{MSW}} = 8.33 > 2.76$ 所以，檢定結果為拒絕 H_0，這表示不同的教學法效應之差異非常顯著。

例題 13-2-3　在防火效應的實驗中，實驗人員欲比較四種不同材質布料的耐火性，實驗採單因子設計，將四種材質的布料置於火源中直至著火，記錄它們抵抗火源所經歷的時間（以秒為單位），實驗結果如下：

材質一	材質二	材質三	材質四
119	122	112	121
122	120	109	110
125	112	121	112
113	114	118	119
116	122	115	118

在顯著水準 $\alpha = 0.05$ 下檢定這四種材質防火效應是否有異？

解：這個單因子設計檢定的虛無及對應假設為

$$H_0 : \tau_1 = \tau_2 = \tau_3 = \tau_4 = 0 \qquad H_1 : H_0 \text{不成立}$$

相關統計數據如表 13-2-5。

表 13-2-5　防火效應實驗統計數據

	材質一	材質二	材質三	材質四
	119	122	112	121
	122	120	109	110
	125	112	121	112
	113	114	118	119
	116	122	115	118
樣本數	$n_1 = 5$	$n_2 = 5$	$n_3 = 5$	$n_4 = 5$
總　和	$X_{\bullet 1} = 595$	$X_{\bullet 2} = 590$	$X_{\bullet 3} = 575$	$X_{\bullet 4} = 580$
平均數	$\overline{X}_{\bullet 1} = 119$	$\overline{X}_{\bullet 2} = 118$	$\overline{X}_{\bullet 3} = 115$	$\overline{X}_{\bullet 4} = 116$
變異數	$S_1^2 = 22.5$	$S_2^2 = 22$	$S_3^2 = 22.5$	$S_4^2 = 22.5$
$n = 20$	$X_{\bullet\bullet} = 2340$		$\overline{X}_{\bullet\bullet} = 117$	

$$SST = \sum_{j=1}^{4} \sum_{i=1}^{5} (x_{ij} - \overline{X}_{\bullet\bullet})^2$$

$$= (119 - 117)^2 + (122 - 117)^2 + (125 - 117)^2 + (113 - 117)^2 +$$

$$(116 - 117)^2 + (122 - 117)^2 + (120 - 117)^2 + (112 - 117)^2 +$$

$$(114 - 117)^2 + (122 - 117)^2 + (112 - 117)^2 + (109 - 117)^2 +$$

$$(121 - 117)^2 + (118 - 117)^2 + (115 - 117)^2 + (121 - 117)^2 +$$

$$(110 - 117)^2 + (112 - 117)^2 + (119 - 117)^2 + (118 - 117)^2$$

$$= 408$$

$$SSB = \sum_{j=1}^{4} 5(\overline{X}_{\bullet j} - \overline{X}_{\bullet\bullet})^2$$

$$= 5 \times ((119 - 117)^2 + (118 - 117)^2 + (115 - 117)^2 + (116 - 117)^2)$$

$$= 50$$

$$SSW = \sum_{j=1}^{4} \sum_{i=1}^{5} (x_{ij} - \overline{X}_{\bullet j})^2$$

$$= (119-119)^2 + (122-119)^2 + (125-119)^2 + (113-119)^2 +$$

$$(116-119)^2 + (122-118)^2 + (120-118)^2 + (112-118)^2 +$$

$$(114-118)^2 + (122-118)^2 + (112-115)^2 + (109-115)^2 +$$

$$(121-115)^2 + (118-115)^2 + (115-115)^2 + (121-116)^2 +$$

$$(110-116)^2 + (112-116)^2 + (119-116)^2 + (118-116)^2$$

$$= 358$$

所以，本題的一維 ANOVA 表如表 13-2-6 所示

表 13-2-6　例題 13-2-3 的 ANOVA 表

來源	平方和	自由度	均方和	F 值
組間（材質）	50	3	16.66	0.744
組內（誤差）	358	16	22.38	
總計	408	19		

顯著水準 $\alpha = 0.05$ 時，查表或由 FINV 計算得知 $F_{0.05}(3, 16) = 3.24$

$$F = \frac{MSB}{MSW} = 0.744 < 3.24$$

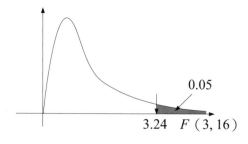

所以，實驗結果顯示，不拒絕 H_0。也就是，這四種防火材質的防火效應並無差異。

13.3 雙因子設計

當實驗反應值為(1)常態分配、(2)變異數相等時，雙因子設計的檢定程序如圖 13-3-1，其中各步驟說明如下。

一、基本假設

雙因子設計是二維實驗設計，我們稱其中之一為 A 因子，另一為 B 因子。實驗者在 A 因子下安排 a 個水準，在 B 因子下安排 b 個水準，所以雙因子設計共有 $a \times b$ 個實驗格，每個實驗格是 A, B 兩因子之水準的組合，根據定義 13-1-1，我們稱每個實驗格為處理。此外，為了檢定 A, B 兩因子的交互作用，雙因子設計在每個實驗格中安排 n 個重複實驗。如果每個實驗格中的反應值 x_{ijk} 為(1)常態分配(2)變異數相等，則 x_{ijk} 可表示成

$$x_{ijk} = \mu + \alpha_i + \beta_j + (\alpha\beta)_{ij} + \varepsilon_{ijk} \qquad \begin{array}{l} i = 1, \cdots, a \\ j = 1, \cdots, b \\ k = 1, \cdots, n \end{array}$$

定義 13-3-1：雙因子設計的統計分析模式

$$x_{ijk} = \mu + \alpha_i + \beta_j + (\alpha\beta)_{ij} + \varepsilon_{ijk} \qquad \begin{array}{l} i = 1, \cdots, a \\ j = 1, \cdots, b \\ k = 1, \cdots, n \end{array}$$

其中 x_{ijk} 表示安排在 A 因子第 i 水準 B 因子第 j 水準實驗格中的第 k 個實驗單位反應值，這個反應值可分解為由 μ（共同效應）、α_i（A 因子第 i 水準效應）、β_j（B 因子第 j 水準效應）、$(\alpha\beta)_{ij}$（A 因子第 i 水準與 B 因子第 j 水準的交互作用）及 ε_{ijk}（實驗單位的個別效應）所組合而成。誤差項（個

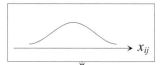

$$x_{ijk} = \mu + \alpha_i + \beta_j + (\alpha\beta)_{ij} + \varepsilon_{ijk}$$
$$\varepsilon_{jik} \sim N(0, \sigma^2)$$

擬定 H_0、H_1

1. $H_0 : \alpha_1 = \cdots = \alpha_a = 0$
   $H_1 :$ 至少有一 $\alpha_i \neq 0$
2. $H_0 : \beta_1 = \cdots = \beta_b = 0$
   $H_1 :$ 至少有一 $\beta_j \neq 0$
3. $H_0 : (\alpha\,\beta)_{ij} = 0$
   $H_1 :$ 至少有一 $(\alpha\,\beta)_{ij} \neq 0$

實驗資料

		B 因子			樣本數
		1	......	b	
A 因子	1	x_{111} $\vdots$ x_{11n}	......	x_{1b1} $\vdots$ x_{1bn}	bn
	$\vdots$	$\vdots$	......	$\vdots$	$\vdots$
	a	x_{a11} $\vdots$ x_{a1n}	......	x_{ab1} $\vdots$ x_{abn}	bn
樣本數		an	......	an	

檢定統計量

ANOVA 表

來　源	平方和	自由度	均方和	F　值
A 因子	SSA	$a-1$	MSA	$\frac{\text{MSA}}{\text{MSE}}$
B 因子	SSB	$b-1$	MSB	$\frac{\text{MSB}}{\text{MSE}}$
交互作用	SSAB	$(a-1)(b-1)$	MSAB	$\frac{\text{MSAB}}{\text{MSE}}$
誤差	SSE	$ab(n-1)$	MSE	
總　計	SST	$abn-1$		

H_0 為真時，檢定統計量的抽樣分配

1. $\dfrac{\text{MSA}}{\text{MSE}} \sim F(a-1, ab(n-1))$
2. $\dfrac{\text{MSB}}{\text{MSE}} \sim F(b-1, ab(n-1))$
3. $\dfrac{\text{MSAB}}{\text{MSE}} \sim F((a-1)(b-1), ab(n-1))$

顯著水準 α 下之拒絕域

1. $\dfrac{\text{MSA}}{\text{MSE}} > F_\alpha(a-1, ab(n-1))$
2. $\dfrac{\text{MSB}}{\text{MSE}} > F_\alpha(b-1, ab(n-1))$
3. $\dfrac{\text{MSAB}}{\text{MSE}} > F_\alpha((a-1)(b-1), ab(n-1))$

圖 13-3-1　雙因子設計的檢定程序

別效應）滿足以下條件

(1)$\varepsilon_{ijk} \sim N(0, \sigma^2)$ (2)所有ε_{ijk}間相互獨立

二、擬定虛無假設及對應假設

雙因子設計的檢定有二，一為主要效應（main effect），另一為交互效應（interaction effect）。所謂主要效應，是 A, B 兩因子（自變項）對反應值（因變項）的效應。所謂交互效應是 A, B 兩因子組合所產生的效應。所以，雙因子設計檢定的虛無假設與對應假設如定義 13-3-2 所示。

定義 13-3-2：雙因子設計的虛無假設及對應假設

(1) A 因子效應

$H_0 : \alpha_1 = \cdots = \alpha_a = 0$

$H_1 : $ 至少有一個$\alpha_i \neq 0$

(2) B 因子效應

$H_0 : \beta_1 = \cdots = \beta_b = 0$

$H_1 : $ 至少有一個$\beta_j \neq 0$

(3) AB 因子交互效應

$H_0 : (\alpha\beta)_{ij} = 0$ $i = 1, \cdots, a$ $j = 1, \cdots, b$

$H_1 : $ 至少有一$(\alpha\beta)_{ij} \neq 0$

三、實驗資料

雙因子設計下的資料安排如表 13-3-1 所示。其中$X_{ij\bullet}$表示第 i 列第 j 行實驗格中的樣本總和，$\overline{X}_{ij\bullet}$表示第 i 列第 j 行實驗格中的樣本平均數。

表 13-3-1　雙因子設計資料表

		B因子				樣本數	總　　和	平　均
		1	2	⋯	b			
A因子	1	x_{111} x_{112} • • • x_{11n}	x_{121} x_{122} • • • x_{12n}	⋯	x_{1b1} x_{1b2} • • • x_{1bn}	bn	$X_{1\bullet\bullet}$	$\overline{X}_{1\bullet\bullet}$
		$\overline{X}_{11\bullet}$	$\overline{X}_{12\bullet}$	⋯	$\overline{X}_{1b\bullet}$			
	2	x_{211} x_{212} • • • x_{21n}	x_{221} x_{222} • • • x_{22n}	⋯	x_{2b1} x_{2b2} • • • x_{2bn}	bn	$X_{2\bullet\bullet}$	$\overline{X}_{2\bullet\bullet}$
		$\overline{X}_{21\bullet}$	$\overline{X}_{22\bullet}$	⋯	$\overline{X}_{2b\bullet}$			
	⋮	⋮	⋮	⋱	⋮	⋮	⋮	⋮
	a	x_{a11} x_{a12} • • • x_{a1n}	x_{a21} x_{a22} • • • x_{a2n}	⋮	x_{ab1} x_{ab2} • • • x_{abn}	bn	$X_{a\bullet\bullet}$	$\overline{X}_{a\bullet\bullet}$
		$\overline{X}_{a1\bullet}$	$\overline{X}_{a2\bullet}$	⋯	$\overline{X}_{ab\bullet}$			
樣本數		an	an	...	an	abn		
總　　和		$X_{\bullet1\bullet}$	$X_{\bullet2\bullet}$	...	$X_{\bullet b\bullet}$		$X_{\bullet\bullet\bullet}$	
平均數		$\overline{X}_{\bullet1\bullet}$	$\overline{X}_{\bullet2\bullet}$	...	$\overline{X}_{\bullet b\bullet}$			$\overline{X}_{\bullet\bullet\bullet}$

$X_{i\bullet\bullet}$ 表示 i 列中所有樣本總和，$\overline{X}_{i\bullet\bullet}$ 表示第 i 列樣本平均數。$X_{\bullet j\bullet}$ 表示第 j 行中所有樣本總和，$\overline{X}_{\bullet j\bullet}$ 表示第 j 行樣本平均數。$X_{\bullet\bullet\bullet}$ 表示所有樣本總和，$\overline{X}_{\bullet\bullet\bullet}$ 表示所有樣本平均數。也就是

$$\overline{X}_{ij\bullet} = \frac{\sum\limits_{k=1}^{n} x_{ijk}}{n} = \frac{X_{ij\bullet}}{n}$$

$$\overline{X}_{i\bullet\bullet} = \frac{\sum\limits_{j=1}^{b}\sum\limits_{k=1}^{n} x_{ijk}}{bn} = \frac{X_{i\bullet\bullet}}{bn}$$

$$\overline{X}_{\bullet j\bullet} = \frac{\sum\limits_{i=1}^{a}\sum\limits_{k=1}^{n} x_{ijk}}{an} = \frac{X_{\bullet j\bullet}}{an}$$

$$\overline{X}_{\bullet\bullet\bullet} = \frac{\sum\limits_{i=1}^{a}\sum\limits_{j=1}^{b}\sum\limits_{k=1}^{n} x_{ijk}}{abn} = \frac{X_{\bullet\bullet\bullet}}{abn}$$

四、檢定統計量

為了進行雙因子效應的檢定（定義 13-3-2），首先我們要計算總平方和（定義 13-3-3）、A 因子平方和（定義 13-3-4）、B 因子平方和（定義 13-3-5）及 AB 交互作用平方和（定義 13-3-6）及誤差平方和（定義 13-3-7）。同時，這些平方和及它們的自由度間的關係如定理 13-3-1。

定理 13-3-1：雙因子設計平方和及自由度恆等式

平方和：$\text{SST} = \text{SSA} + \text{SSB} + \text{SSAB} + \text{SSE}$

自由度：$abn - 1 = (a-1) + (b-1) + (a-1)(b-1) + ab(n-1)$

定義 13-3-3：雙因子設計總平方和（SST, total sum of square）

$$\text{SST} = \sum_{i=1}^{a}\sum_{j=1}^{b}\sum_{k=1}^{n}\left(x_{ijk} - \overline{X}_{\bullet\bullet\bullet}\right)^2$$

且其自由度為（$abn - 1$）（總樣本數減 1）

定義 13-3-4：雙因子設計 A 因子平方和（SSA, sum of squares between levels of factor A）

$$\text{SSA} = bn \sum_{i=1}^{a} (\bar{X}_{i\bullet\bullet} - \bar{X}_{\bullet\bullet\bullet})^2$$

且其自由度為 $(a-1)$（A 因子水準數減 1）

定義 13-3-5：雙因子設計 B 因子平方和（SSB, sum of square between levels of factor B）

$$\text{SSB} = an \sum_{j=1}^{b} (\bar{X}_{\bullet j\bullet} - \bar{X}_{\bullet\bullet\bullet})^2$$

且其自由度為 $(b-1)$（B 因子水準數減 1）

定義 13-3-6：雙因子設計 AB 交互作用平方和（SSAB, sum of square owing to interactions）

$$\text{SSAB} = n \sum_{i=1}^{a} \sum_{j=1}^{b} (\bar{X}_{ij\bullet} - \bar{X}_{i\bullet\bullet} - \bar{X}_{\bullet j\bullet} + \bar{X}_{\bullet\bullet\bullet})^2$$

且其自由度為 $(a-1)(b-1)$

定義 13-3-7：雙因子設計誤差平方和（SSE, error sum of squares）

$$\text{SSE} = \sum_{i=1}^{a} \sum_{j=1}^{b} \sum_{k=1}^{n} (x_{ijk} - \bar{X}_{ij\bullet})^2$$

且其自由度為 $ab(n-1)$

　　將計算所得的 SSA、SSB、SSAB 及 SSE 分別除以自由度便得到各個均方和 MSA、MSB、MSAB 及 MSE 如定義 13-3-8 所示。

定義 13-3-8：A 因子均方和（MSA, mean squar for factor A），B 因子均方和（MSB, mean square for factor B），交互作用均方和（MSAB, mean square due to interaction），誤差均方和（MSE, error mean square）

$$A \text{ 因子均方和} = \frac{A \text{ 因子平方和}}{A \text{ 因子平方和自由度}} = \frac{\text{SSA}}{a-1} = \text{MSA}$$

$$B \text{ 因子均方和} = \frac{B \text{ 因子平方和}}{B \text{ 因子平方和自由度}} = \frac{\text{SSB}}{b-1} = \text{MSB}$$

$$\text{交互作用均方和} = \frac{\text{交互作用平方和}}{\text{交互作用平方和自由度}} = \frac{\text{SSAB}}{(a-1)(b-1)}$$
$$= \text{MSAB}$$

$$\text{誤差均方和} = \frac{\text{誤差平方和}}{\text{誤差平方和自由度}} = \frac{\text{SSE}}{ab(n-1)} = \text{MSE}$$

雙因子設計的檢定統計量有三：(1)檢定 A 因子效應的檢定統計量為 $\frac{\text{MSA}}{\text{MSE}}$；(2)檢定 B 因子效應的檢定統計量為 $\frac{\text{MSB}}{\text{MSE}}$；(3)檢定 AB 兩因子交互作用效應的檢定統計量為 $\frac{\text{MSAB}}{\text{MSE}}$。我們將它們彙整成二維變異數分析表，如表 13-3-2 所示。

表 13-3-2　雙因子設計變異數分析表（二維變異數分析表）

來　源	平方和	自由度	均方和	F　值
A 因子	SSA	$a-1$	MSA	MSA／MSE
B 因子	SSB	$b-1$	MSB	MSB／MSE
交互作用	SSAB	$(a-1)(b-1)$	MSAB	MSAB／MSE
誤差	SSE	$ab(n-1)$	MSE	
總　計	SST	$abn-1$		

例題 13-3-1 編製例題 13-1-2 雙因子設計的 ANOVA 表。

解：這個實驗設計的資料可以用表 13-3-3 來呈現。

表 13-3-3 例題 13-1-2 的資料試算表

		B 因 子			樣本數	總 和	平均數
		低劑量(1)	中劑量(2)	高劑量(3)			
A 因 子	低劑量 (1)	$x_{111}=1$ $x_{112}=2$ $x_{113}=0$	$x_{121}=1$ $x_{122}=2$ $x_{123}=3$	$x_{131}=2$ $x_{132}=3$ $x_{133}=4$			
		$\overline{X}_{11\bullet}=1$	$\overline{X}_{12\bullet}=2$	$\overline{X}_{13\bullet}=3$	9	$X_{1\bullet\bullet}=18$	$\overline{X}_{1\bullet\bullet}=2$
	高劑量 (2)	$x_{211}=3$ $x_{212}=4$ $x_{213}=2$	$x_{221}=10$ $x_{222}=9$ $x_{223}=11$	$x_{231}=5$ $x_{232}=4$ $x_{233}=6$			
		$\overline{X}_{21\bullet}=3$	$\overline{X}_{22\bullet}=10$	$\overline{X}_{23\bullet}=5$	9	$X_{2\bullet\bullet}=54$	$\overline{X}_{2\bullet\bullet}=6$
樣本數		6	6	6	18		
總 和		$X_{\bullet1\bullet}=12$	$X_{\bullet2\bullet}=36$	$X_{\bullet3\bullet}=24$		$X_{\bullet\bullet\bullet}=72$	
平均數		$\overline{X}_{\bullet1\bullet}=2$	$\overline{X}_{\bullet2\bullet}=6$	$\overline{X}_{\bullet3\bullet}=4$			$\overline{X}_{\bullet\bullet\bullet}=4$

首先計算 SST、SSA、SSB、SSAB 及 SSE

$$SST = \sum_{i=1}^{2} \sum_{j=1}^{3} \sum_{k=1}^{3} (x_{ijk} - \overline{X}_{\bullet\bullet\bullet})^2$$

$$= (1-4)^2 + (2-4)^2 + (0-4)^2 + (3-4)^2 + (4-4)^2 + (2-4)^2 +$$

$$(1-4)^2 + (2-4)^2 + (3-4)^2 + (10-4)^2 + (9-4)^2 + (11-4)^2 +$$

$$(2-4)^2 + (3-4)^2 + (4-4)^2 + (5-4)^2 + (4-4)^2 + (6-4)^2$$

$$= 168$$

$$SSA = bn \sum_{i=1}^{2} (\overline{X}_{i\bullet\bullet} - \overline{X}_{\bullet\bullet\bullet})^2$$

$$= 3 \times 3 \times ((2-4)^2 + (6-4)^2) = 72$$

$$SSB = an \sum_{j=1}^{3} (\overline{X}_{\bullet j \bullet} - \overline{X}_{\bullet\bullet\bullet})^2$$

$$= 2 \times 3 \times ((2-4)^2 + (6-4)^2 + (4-4)^2) = 48$$

$$SSAB = n \sum_{i=1}^{2} \sum_{j=1}^{3} (\overline{X}_{ij\bullet} - \overline{X}_{i\bullet\bullet} - \overline{X}_{\bullet j \bullet} + \overline{X}_{\bullet\bullet\bullet})^2$$

$$= 3 \times \begin{bmatrix} (1-2-2-4)^2 + (2-2-6+4)^2 + (3-2-4+4)^2 + \\ (3-6-2+4)^2 + (10-6-6+4)^2 + (5-6-4+4)^2 \end{bmatrix} = 36$$

$$SSE = \sum_{i=1}^{2} \sum_{j=1}^{3} \sum_{k=1}^{3} (x_{ijk} - \overline{X}_{ij\bullet})^2$$

$$= (1-1)^2 + (2-1)^2 + (0-1)^2 + (3-3)^2 + (4-3)^2 + (2-3)^2 +$$

$$(1-2)^2 + (2-2)^2 + (3-2)^2 + (10-10)^2 + (9-10)^2 + (11-10)^2 +$$

$$(2-3)^2 + (3-3)^2 + (4-3)^2 + (5-5)^2 + (4-5)^2 + (6-5)^2$$

$$= 12$$

所以本題的 ANOVA 表如表 13-3-4 所示。

表 13-3-4　例題 13-1-2 的 ANOVA 表

來　源	平方和	自由度	均方和	F 值
A 劑量	72	1	72	72
B 劑量	48	2	24	24
交互作用	36	2	18	18
誤　差	12	12	1	
總　計	168	17		

五、顯著水準 α 下之檢定法則（拒絕域）

雙因子設計下三個檢定的拒絕域分別為：

⑴ A 因子效應檢定拒絕域

　　H_0 為真時，在檢定統計量分配右端截取機率（面積）α 之區域，將其設定為拒絕 H_0 的區域，則這個檢定的型一失誤機率便被控制在 α 以下了，所以，A 因子效應檢定的拒絕域為

$$R = \left\{ \frac{\text{MSA}}{\text{MSE}} \middle| \frac{\text{MSA}}{\text{MSE}} > F_\alpha(a - 1, ab(n - 1)) \right\}$$

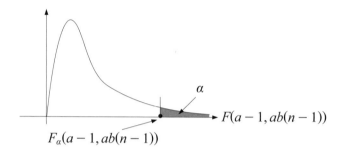

$$F_\alpha(a - 1, ab(n - 1))$$

(2) B 因子效應檢定拒絕域

　　H_0 為真時，在檢定統計量分配右端截取機率（面積）α 之區域，將其設定為拒絕 H_0 的區域，則這個檢定的型一失誤機率便被控制在 α 以下了，所以 B 因子效應檢定的拒絕域為

$$R = \left\{ \frac{\text{MSB}}{\text{MSE}} \middle| \frac{\text{MSB}}{\text{MSE}} > F_\alpha(b - 1, ab(n - 1)) \right\}$$

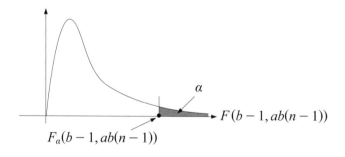

$$F_\alpha(b - 1, ab(n - 1))$$

(3) AB 兩因子交互作用效應檢定拒絕域

　　H_0 為真時，在檢定統計量分配右端截取機率（面積）α 之區域，將其設定為拒絕 H_0 的區域，則這個檢定的型一失誤機率便被控制在 α 以下了，所以 AB 因子交互效應檢定的拒絕域為

$$R = \left\{ \frac{\text{MSAB}}{\text{MSE}} \,\middle|\, \frac{\text{MSAB}}{\text{MSE}} > F_\alpha((a-1)(b-1), ab(n-1)) \right\}$$

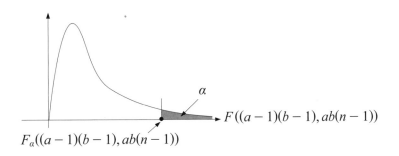

例題 13-3-2　在顯著水準 $\alpha = 0.025$ 下檢定例題 13-1-2 的 A 藥物效應、B 藥物效應及 AB 兩藥物的交互效應。

解：(1) A 藥物效應

$$H_0 : \alpha_1 = \alpha_2 = 0 \qquad H_1 : 至少有一\alpha_i \neq 0$$

查表或由 FINV 計算得知 $F_{0.025}(1,12) = 6.5538$，所以這個檢定的拒絕域為

$$R = \left\{ \frac{\text{MSA}}{\text{MSE}} \,\middle|\, \frac{\text{MSA}}{\text{MSE}} > 6.5538 \right\}$$

從本題的 ANOVA 表（表 13-3-4）得知 $\dfrac{\text{MSA}}{\text{MSE}} = 72 > 6.5538$，所以檢定結果為拒絕 H_0，這表示 A 藥物劑量高低對療效的影響是非常顯著的。

(2) B 藥物效應

$$H_0 : \beta_1 = \beta_2 = \beta_3 = 0 \qquad H_1 : 至少有一\beta_j \neq 0$$

查表或由 FINV 計算得知 $F_{0.025}(2,12) = 5.0959$，所以這個檢定的拒絕域為

$$R = \left\{ \frac{\text{MSB}}{\text{MSE}} \,\middle|\, \frac{\text{MSB}}{\text{MSE}} > 5.0959 \right\}$$

從本題的 ANOVA 表得知 $\frac{\text{MSB}}{\text{MSE}} = 24 > 5.0959$，所以檢定結果為拒絕 H_0，

這表示 B 藥物劑量高低對療效的影響也是非常顯著的。

(3) AB 兩藥物的交互效應

$$H_0：(\alpha\beta)_{ij} = 0，i = 1,2 \quad j = 1,2,3$$

$$H_1：至少有一 (\alpha\beta)_{ij} \neq 0$$

查表或由 FINV 計算得知 $F_{0.025}(2,12) = 5.0959$，所以這個檢定的拒絕域

為

$$R = \left\{ \frac{\text{MSAB}}{\text{MSE}} \middle| \frac{\text{MSAB}}{\text{MSE}} > 5.0959 \right\}$$

從本題的 ANOVA 表得知 $\frac{\text{MSAB}}{\text{MSE}} = 18 > 5.0959$，所以檢定結果為拒絕

H_0，這表示 AB 兩藥物混合使用時，在劑量配合上的交互效應亦非常

顯著。

案例 13-1　TIMSS 2007 四年級數學——自信心對成績的效應分析

　　數學自信心對數學成績有影響嗎？TIMSS 2007 四年級數學評鑑以四個問題（參考表 C13-1-1）向參加評鑑的學生發出問卷，計算每位學生的信心指數（例如，林志信對這四個問題的回答依序為 1、4、4、2。由於第 2,3 兩題為反面問法，經過反向調整後，林志信的信心點數為 1、1、1、2，所以，林志信對數學的信心指數為 $1+1+1+2=5$）。然後，按照信心指數的高低將學生歸類為高度自信者、中度自信者或低度自信者。

　　TIMSS 2007 四年級數學評鑑，各國學生按照自信心高低的成績統計如表 C13-1-2 所示。以香港為例，香港四年級學生有 46% 為高度自信者，38% 為中度自信者，16% 為低度自信者，其平均成績分別為 634, 588, 574。

表 C13-1-1　數學自信心評估問卷

問　項	選　項（以 4 分計點衡量）
・我的數學一向很好	(1)非常同意(2)有點同意(3)不太同意(4)非常不同意
・和其他同學相比，數學對我來說是屬於較吃力的科目（＊）	(1)非常同意(2)有點同意(3)不太同意(4)非常不同意
・數學並非我的拿手科目（＊）	(1)非常同意(2)有點同意(3)不太同意(4)非常不同意
・我能很快的學會數學	(1)非常同意(2)有點同意(3)不太同意(4)非常不同意

註：（＊）表示該問題採用反面問法，選答的點數予以反向調整（1, 2, 3, 4→4, 3, 2, 1）

　　我們從表 C13-1-2 的高度自信心欄（第一欄），發現一個非常有趣的現象，整體平均成績排名在前四名的香港、新加坡、中華民國及日本，高度自信者的比例分別為 46%, 46%, 36%, 45%，在 TIMSS 2007 所有國家中屬於偏低數據（中華民國的高度信者比例不但在亞洲各國敬陪末座，更是所有國家的倒數第二），其中所顯示的意義頗耐人尋味，是這幾個東方國家的學生謙虛呢？還是另有其他因素？

　　如果將表 C13-1-2 中的每一個格子內的平均成績視為一個觀測值（參考表 C13-1-3），我們可用以本章所介紹的單因子變異數分析來檢定學童數學自信心對數學成績的效應是否存在：

H_0：數學自信心對數學成績的效應不存在

H_1：數學自信心對數學成績的效應的確存在

當顯著水準 $\alpha = 0.05$ 時，上述假設的檢定法則為

$$\text{拒絕 } H_0 \Leftrightarrow F = \frac{MSB}{MSW} > 3.0929 = F_{0.05}(2, 105)$$

表 C13-1-3 的單因子變異數分析表（ANOVA table）如表 C13-1-4，

$$F = \frac{MSB}{MSW} = 6.22 > 3.0929 \text{（顯著且 } p = 0.00279\text{）}$$

所以，四年級學生的數學自信心對數學成績有顯著的正面效應。

表 C13-1-2　TIMSS 2007 四年級數學成績（按自信心高低分類）

國　　家	高度自信心		中度自信心		低度自信心	
	百分比	平均成績	百分比	平均成績	百分比	平均成績
瑞典 Sweden	77(0.9)	514(2.4)	19(0.8)	467(4.5)	5(0.4)	459(5.2)
奧地利 Austria	70(0.8)	524(1.9)	22(0.8)	470(2.6)	8(0.5)	445(5.5)
德國 Germany	70(0.9)	548(2.1)	21(0.7)	493(3.5)	10(0.5)	468(4.5)
丹麥 Denmark	70(1.1)	540(2.5)	23(1.0)	493(3.5)	7(0.6)	469(5.8)
挪威 Norway	69(0.8)	490(2.7)	24(0.8)	441(3.8)	7(0.4)	429(7.1)
斯洛維尼亞 Slovenia	68(0.9)	522(2.0)	25(0.8)	467(2.9)	6(0.4)	431(4.5)
喬治亞 Gerorgia	68(1.3)	464(3.9)	25(1.1)	412(5.2)	7(0.7)	413(11.7)
美國 United States	67(0.8)	551(2.4)	22(0.6)	493(2.8)	10(0.4)	478(3.1)
蘇格蘭 Scotland	67(1.1)	511(2.4)	24(1.0)	472(3.5)	9(0.6)	450(5.3)
荷蘭 Netherland	66(1.0)	551(2.5)	22(0.9)	511(3.1)	12(0.7)	489(4.2)
哈薩克 Kazakhstan	66(1.7)	563(6.5)	24(1.7)	524(7.9)	10(1.1)	516(12.4)
義大利 Itlay	66(0.9)	525(3.2)	27(0.8)	481(3.9)	7(0.4)	457(5.4)
伊朗 Iran	66(1.3)	428(3.8)	28(1.2)	377(5.6)	7(0.7)	330(10.2)
英格蘭 England	64(1.0)	566(3.0)	26(0.8)	507(3.7)	10(0.7)	483(5.0)
澳洲 Australia	64(1.3)	542(2.8)	26(0.9)	480(3.8)	10(0.8)	457(6.7)
匈牙利 Hungary	62(1.0)	543(3.0)	27(0.8)	468(4.6)	11(0.5)	447(6.0)
卡達 Qatar	61(0.7)	328(1.3)	33(0.6)	273(2.2)	6(0.3)	275(5.2)
斯洛伐克 Slovak	59(1.1)	526(3.5)	28(0.9)	464(4.6)	12(0.7)	445(8.2)
立陶宛 Lithuania	57(0.8)	562(2.2)	33(0.8)	495(2.9)	9(0.6)	466(6.6)
捷克 Czech	56(1.0)	512(2.5)	31(1.0)	460(3.3)	12(0.6)	442(4.9)
科威特 Kuwait	56(1.4)	353(3.7)	39(1.3)	296(4.5)	5(0.4)	280(9.0)
烏克蘭 Ukraine	55(1.0)	505(2.8)	34(0.9)	443(4.0)	11(0.7)	432(5.4)
俄羅斯 Russian	54(1.2)	570(5.0)	31(1.0)	522(5.5)	15(1.1)	505(6.5)
紐西蘭 New Zealand	52(0.7)	527(2.3)	37(0.7)	465(2.6)	11(0.5)	438(4.8)
亞美尼亞 Armenia	52(1.4)	517(3.8)	35(1.3)	500(9.9)	13(0.7)	489(5.9)
拉脫維亞 Latvia	50(0.9)	568(2.6)	36(0.8)	515(2.7)	15(0.8)	493(4.1)
哥倫比亞 Columbia	49(1.4)	389(5.0)	43(1.4)	338(5.7)	7(0.6)	329(6.7)
新加坡 Singapore	46(1.2)	639(3.0)	35(0.8)	580(3.8)	19(0.8)	544(4.9)
香港 Hong Kong	46(1.0)	634(3.7)	38(1.0)	588(3.6)	16(0.7)	574(4.6)
突尼西亞 Tunisia	46(1.4)	383(4.4)	46(1.4)	305(4.5)	8(0.6)	278(10.0)
摩洛哥 Morocco	45(1.5)	370(6.1)	46(1.6)	331(6.1)	9(1.0)	329(16.1)
日本 Japan	45(1.1)	602(2.4)	36(0.9)	553(2.9)	20(0.7)	522(3.1)
阿爾及利亞 Algeria	41(1.5)	404(5.3)	49(1.3)	374(5.6)	11(0.9)	342(8.7)
薩爾瓦多 El Salvador	39(1.3)	365(4.5)	53(1.2)	315(4.4)	8(0.6)	303(9.0)
中華民國 Republic of China	36(1.0)	612(2.1)	37(0.8)	566(2.7)	27(0.8)	542(2.7)
葉門 Yemen	35(1.5)	261(7.4)	52(1.5)	225(5.8)	13(1.0)	210(9.6)

資料來源：TIMSS 2007 Report Exhibit 4.10 (Reprinted by permission of the IEA)

註：括弧內的數據為該統計量的標準差

表 C13-1-3　單因子設計（自信心）資料表

國　　家	高度自信者	中度自信者	低度自信者
瑞典 Sweden	514	467	459
奧地利 Austria	524	470	445
德國 Germany	548	493	468
丹麥 Denmark	540	493	469
挪威 Norway	490	441	429
斯洛維尼亞 Slovenia	522	467	431
喬治亞 Georgia	464	412	413
美國 United States	551	493	478
蘇格蘭 Scotland	511	472	450
荷蘭 Netherlands	551	511	489
哈薩克 Kazakhstan	563	524	516
義大利 Italy	525	481	457
伊朗 Iran	428	377	330
英格蘭 England	566	507	483
澳洲 Australia	542	480	457
匈牙利 Hungary	543	468	447
卡達 Qatar	328	273	275
斯洛伐克 Slovak	526	464	445
立陶宛 Lithuania	562	495	446
捷克 Czech	512	460	442
科威特 Kuwait	353	296	280
烏克蘭 Ukraine	505	443	432
俄羅斯 Russian	570	522	505
紐西蘭 New Zealand	527	465	438
亞美尼亞 Armenia	517	500	489
拉脫維亞 Latvia	568	515	493
哥倫比亞 Colombia	389	338	329
新加坡 Singapore	639	580	544
香港 Hong Kong	634	588	574
突尼西亞 Tunisia	383	305	278
摩洛哥 Morocco	370	331	329
日本 Japan	602	553	522
阿爾及利亞 Algeria	404	374	342
薩爾瓦多 El Salvador	365	315	303
中華民國 Republic of China	612	566	542
葉門 Yemen	261	225	210
樣本數目	$n_1 = 36$	$n_2 = 36$	$n_3 = 36$
平均成績	$\overline{X_{\bullet 1}} = 500.25$	$\overline{X_{\bullet 2}} = 449$	$\overline{X_{\bullet 3}} = 429.42$

$$n = 108 \qquad \overline{X_{\bullet\bullet}} = 459.56$$

表 C13-1-4　單因子（自信心）設計的 ANOVA 表

變異來源	平方和	自由度	均方和	F　值
組間（自信心）	96329.1667	2	48164.58	6.22
組內（誤差）	828415.5	105	7742.28	
合　計	924774.7	107		

案例 13-2　TIMSS 2007 四年級數學──家庭作業與師生比的效應分析

　　家庭作業量對學童的數學成績是否有影響？師生比的高低對學童的數學成績是否有影響？在本案例中，我們從 TIMSS 2007 所提供的資料，用雙因子變異數分析檢定上述效應。

　　TIMSS 2007 四年級數學評鑑，透過問卷調查學生的家庭作業量，分為高、中、低三個水準，區分標準如下：(1)每周至少有 3 或 4 個數學家庭作業，而且每個都需時 30 分鐘以上時間才能完成，這位學童屬於高家庭作業量接受者；(2)每周不超過 2 個數學家庭作業而且每個都可以在 30 分鐘時間以內完成，這位學童屬於低家庭作業量接受者；(3)在以上兩個情況中間者，屬於中家庭作業量接受者。另外，TIMSS 2007 對師生比的計算方式為：先計算每一個參加評鑑的學校的師生比（該校學生總數除以老師總數），然後取其平均值做為該國師生比的估計值。

　　我們將 TIMSS 2007 四年級數學評鑑報告中，(1)按家庭作業量區分的評鑑結果；(2)師生比統計資料，彙整成表 C13-2-1，以香港為例說明，香港有 18% 的學生屬於高家庭作業群，他們的平均成績為 599 分，另有 78% 的學生屬於中家庭作業群，這群學生的平均成績為 613 分，僅有 4% 的學生屬於低家庭作業群，其平均成績為 562 分。香港的師生比為 18。

　　為了便於進行雙因子變異數分析，我們將師生比分為高、低兩個水準（以 16 為分界點，未超過 16 者屬於低師生比，超過 16 者屬於高師生

比）。然後將表 C13-2-1 的數據轉換成雙因子分析資料表（參考表 C13-2-2），其中，哈薩克、俄羅斯、烏克蘭、拉脫維亞、喬治亞及荷蘭的平均成績不完整，葉門、丹麥、及澳洲缺少師生比資料，不予分析之外，其餘的 27 個國家，共 81 筆資料逐筆歸類形成表 C13-2-2。以第一筆阿爾及利亞的資料為例：阿爾及利亞的師生比為 25，屬於高師生比，所以 397, 385, 373 分別歸入表 C13-2-2 中第一列的三個行中的（X_{111}, X_{121} 及 X_{131}）。

接下來，根據本章 13-3 節所介紹的程序，進行家庭作業效應、師生比效應及交互作用效應的檢定：

(1)H_0：家庭作業效應不存在　　H_1：家庭作業效應存在

(2)H_0：師生比效應不存在　　H_1：師生比效應存在

(3)H_0：交互作用效應不存在　　H_1：交互作用效應存在

當顯著水準 $\alpha = 0.05$ 時，家庭作業、師生比及交互作用效應的檢定法則分別為

(1)家庭作業效應顯著 $\Leftrightarrow \dfrac{MS_{家庭作業}}{MS_{誤差}} > F_{0.05}(2, 75) = 3.1186$

(2)師生比效應顯著 $\Leftrightarrow \dfrac{MS_{師生比}}{MS_{誤差}} > F_{0.05}(1, 75) = 3.9685$

(3)交互作用效應顯著 $\Leftrightarrow \dfrac{MS_{交互作用}}{MS_{誤差}} > F_{0.05}(2, 75) = 3.1186$

根據表 C13-2-2 編製二維 ANOVA 表（參考表 C13-2-3）。

表 C13-2-3　家庭作業—師生比雙因子設計 ANOVA 表

	平方和	自由度	均方和	F　值
師生比	1245.5043	1	1245.5043	0.1694
家庭作業	1255.284	2	627.642	0.0854
交互作用	1915.3204	2	957.6602	0.1303
誤　差	551424.7308	75	7352.3297	
總　計	55840.8395	80		

其中,

$$SS_{家庭作業} = 27\{(\overline{X_{\bullet1\bullet}} - \overline{X_{\bullet\bullet\bullet}})^2 + (\overline{X_{\bullet2\bullet}} - \overline{X_{\bullet\bullet\bullet}})^2 + (\overline{X_{\bullet3\bullet}} - \overline{X_{\bullet\bullet\bullet}})^2\} = 1255.284$$

$$SS_{師生比} = 39\,(\overline{X_{1\bullet\bullet}} - \overline{X_{\bullet\bullet\bullet}})^2 + 42\,(\overline{X_{2\bullet\bullet}} - \overline{X_{\bullet\bullet\bullet}})^2 = 1245.5043$$

$$\begin{aligned}
SS_{交互作用} &= 13\,(\overline{X_{11\bullet}} - \overline{X_{1\bullet\bullet}} - \overline{X_{\bullet1\bullet}} + \overline{X_{\bullet\bullet\bullet}})^2 + 14\,(\overline{X_{21\bullet}} - \overline{X_{2\bullet\bullet}} - \overline{X_{\bullet1\bullet}} + \overline{X_{\bullet\bullet\bullet}})^2 \\
&\quad + 13\,(\overline{X_{12\bullet}} - \overline{X_{1\bullet\bullet}} - \overline{X_{\bullet2\bullet}} + \overline{X_{\bullet\bullet\bullet}})^2 + 14\,(\overline{X_{22\bullet}} - \overline{X_{2\bullet\bullet}} - \overline{X_{\bullet2\bullet}} + \overline{X_{\bullet\bullet\bullet}})^2 \\
&\quad + 13\,(\overline{X_{13\bullet}} - \overline{X_{1\bullet\bullet}} - \overline{X_{\bullet3\bullet}} + \overline{X_{\bullet\bullet\bullet}})^2 + 14\,(\overline{X_{23\bullet}} - \overline{X_{2\bullet\bullet}} - \overline{X_{\bullet3\bullet}} + \overline{X_{\bullet\bullet\bullet}})^2 \\
&= 1915.3204
\end{aligned}$$

$$SS_{誤差} = (397 - \overline{X_{\bullet\bullet\bullet}})^2 + \cdots + (505 - \overline{X_{\bullet\bullet\bullet}})^2 = 551424.7308$$

$$MS_{家庭作業} = \frac{SS_{家庭作業}}{2} = \frac{1255.284}{2} = 627.642$$

$$MS_{師生比} = \frac{SS_{師生比}}{1} = \frac{1245.5043}{1} = 1245.5043$$

$$MS_{交互作用} = \frac{SS_{交互作用}}{2} = \frac{1915.3204}{2} = 957.6602$$

$$MS_{誤差} = \frac{SS_{誤差}}{75} = \frac{551424.7308}{75} = 7352.3297$$

檢定結果為

(1)$\dfrac{MS_{家庭作業}}{MS_{誤差}} = \dfrac{627.642}{7352.3297} = 0.0854 < 3.1186 = F_{0.05}(2, 75)$（不顯著）

(2)$\dfrac{MS_{師生比}}{MS_{誤差}} = \dfrac{1245.5043}{7352.3297} = 0.1694 < 3.9685 = F_{0.05}(1, 75)$（不顯著）

(3)$\dfrac{MS_{交互作用}}{MS_{誤差}} = \dfrac{957.6602}{7352.3297} = 0.1303 < 3.1186 = F_{0.05}(2, 75)$（不顯著）

所以,從 TIMSS 2007 四年級數學評鑑資料,顯示家庭作業量對學童數學成績的效應並不顯著,師生比對學童數學成績的效應也不顯著,兩者的交互作用效應也不顯著。這個結論似乎與一般的認知不盡相同,提供以下兩個思考途徑做更進一步探討:(1)信度（reliability）:如果是樣本數目不足,繼續追蹤,期待更多國家加入的 TIMSS 評鑑資料;(2)效度（validity）:如果這是一個因地制宜的現象,並不適合做全球性的分析,或許地區性的分析更具參考價值。

表 C13-2-1　TIMSS 2007 數學評鑑成績（按家庭作業量與師生比例統計）

國　　家	高家庭作業量		中家庭作業量		低家庭作業量		師生比
	比例	平均成績	比例	平均成績	比例	平均成績	
哈薩克 Kazakhstan	42(2.0)	549(9.3)	56(1.9)	552(7.3)	2(0.3)	NA	17
俄羅斯 Russian	37(1.4)	541(5.7)	61(1.3)	550(5.0)	1(0.3)	NA	17
烏克蘭 Ukraine	37(1.3)	475(3.3)	61(1.3)	475(3.4)	1(0.2)	NA	17
阿爾及利亞 Algeria	35(1.7)	397(6.6)	54(1.5)	385(6.0)	11(1.0)	373(9.1)	25
拉脫維亞 Latvia	34(1.3)	534(3.2)	65(1.3)	545(2.6)	1(0.2)	NA	12
伊朗 Iran	34(1.7)	424(5.8)	51(1.6)	401(4.5)	15(1.4)	386(6.9)	19
新加坡 Singapore	34(0.9)	607(4.4)	52(0.9)	603(3.7)	15(0.8)	581(5.6)	24
突尼西亞 Tunisia	33(1.7)	362(5.5)	53(1.4)	352(4.8)	14(1.2)	342(7.7)	20
亞美尼亞 Armenia	31(1.5)	510(5.3)	64(1.4)	503(3.7)	5(0.7)	509(24.8)	21
葉門 Yemen	30(2.4)	243(9.7)	64(2.5)	245(6.6)	6(1.0)	218(11.8)	NA
哥倫比亞 Colombia	29(1.5)	384(5.5)	58(1.4)	369(4.8)	13(1.4)	354(6.9)	28
立陶宛 Lithuania	29(1.3)	526(3.5)	68(1.3)	537(2.5)	3(0.5)	530(10.7)	14
喬治亞 Georgia	27(1.5)	451(5.6)	71(1.5)	449(4.4)	2(0.4)	NA	15
薩爾瓦多 El Salvador	24(1.2)	345(6.3)	62(1.2)	340(4.6)	14(1.1)	346(6.5)	40
摩洛哥 Morocco	24(1.6)	360(9.1)	61(1.9)	352(5.3)	16(1.7)	350(12.7)	27
丹麥 Denmark	23(1.2)	514(3.3)	52(1.2)	524(2.7)	25(1.4)	538(3.8)	NA
匈牙利 Hungary	21(1.0)	517(4.3)	75(1.1)	518(3.5)	4(0.7)	493(16.6)	10
卡達 Qatar	20(0.6)	301(3.1)	61(0.7)	315(2.3)	19(0.5)	311(3.3)	11
德國 Germany	19(0.8)	517(3.4)	76(0.9)	534(2.4)	5(0.6)	496(10.0)	14
斯洛維尼亞 Slovenia	19(0.9)	487(3.2)	79(1.0)	510(2.1)	3(0.3)	479(9.0)	15
香港 Hong Kong	18(1.1)	599(6.2)	78(1.1)	613(3.5)	4(0.5)	562(6.2)	18
義大利 Itlay	18(1.3)	498(4.7)	62(1.6)	508(3.8)	19(1.8)	515(3.9)	10
科威特 Kuwait	17(0.9)	313(6.4)	63(1.7)	336(3.8)	20(1.4)	350(6.9)	10
中華民國 Republic of China	17(0.9)	568(4.0)	63(1.4)	584(1.7)	20(1.3)	569(3.8)	17
奧地利 Austria	16(0.8)	493(3.9)	76(1.0)	511(2.1)	8(0.8)	501(5.0)	12
美國 United States	12(0.5)	522(3.6)	65(1.2)	535(2.8)	23(1.3)	528(3.2)	14
挪威 Norway	12(1.0)	465(7.4)	53(1.8)	478(2.9)	35(2.1)	487(3.4)	11
日本 Japan	11(0.9)	542(4.6)	64(1.9)	573(2.4)	25(1.9)	572(3.5)	19
斯洛伐克 Slovak	10(0.6)	481(4.0)	79(1.2)	508(3.2)	11(1.0)	496(9.1)	18
捷克 Czech	8(0.6)	473(4.7)	65(2.0)	489(2.9)	28(1.9)	491(4.6)	16
紐西蘭 New Zealand	8(0.5)	469(5.3)	38(1.1)	487(3.7)	54(1.4)	509(2.4)	16
澳洲 Australia	7(0.7)	508(10.6)	42(1.5)	517(3.9)	51(1.8)	525(4.4)	NA
瑞典 Sweden	5(0.6)	472(6.4)	34(1.2)	493(2.9)	60(1.4)	513(3.0)	10
英格蘭 England	3(0.4)	525(11.2)	31(1.6)	547(5.0)	66(1.6)	544(2.9)	22
蘇格蘭 Scotland	3(0.3)	453(10.7)	30(1.7)	484(3.1)	67(1.8)	505(2.9)	16
荷蘭 Netherlands	1(0.2)	NA	10(0.9)	507(4.7)	89(0.9)	541(2.3)	10
國際平均	21(0.2)	469(1.0)	58(0.2)	479(0.7)	21(0.2)	468(1.5)	

資料來源：TIMSS 2007 International Report (Exhibit 4.7; Exhibit 3) (Reprinted by permission of the IEA)
註：⑴括弧內的數字為統計量的標準差⑵資料依高作業量學生比例高低排序

表 C13-2-2　雙因子設計（家庭作業與師生比例）資料表

		家庭作業量						樣本數	平均成績
		高		中		低			
師生比例	高	397	360	385	352	373	350	39	$\overline{X_{1\bullet\bullet}} =$ 467.1282
		424	599	401	613	386	562		
		607	568	603	584	581	569		
		362	542	352	573	342	572		
		510	481	503	508	509	496		
		384	525	369	547	354	544		
		345		340		346			
		$\overline{X_{11\bullet}} = 469.5385$		$\overline{X_{12\bullet}} = 471.5385$		$\overline{X_{13\bullet}} = 460.3077$			
	低	526	493	537	511	530	501	42	$\overline{X_{2\bullet\bullet}} =$ 474.9762
		517	522	518	535	493	528		
		301	465	315	478	311	487		
		517	473	534	489	496	491		
		487	469	510	487	479	509		
		498	472	508	493	515	513		
		313	453	336	484	350	505		
		$\overline{X_{21\bullet}} = 464.7143$		$\overline{X_{22\bullet}} = 481.0714$		$\overline{X_{23\bullet}} = 479.1429$			
樣本數		27		27		27		81	
平均成績		$\overline{X_{\bullet1\bullet}} = 467.037$		$\overline{X_{\bullet2\bullet}} = 476.4815$		$\overline{X_{\bullet3\bullet}} = 470.0741$			$\overline{X_{\bullet\bullet\bullet}} = 471.1975$

習 題

案例題型

㈠為了探討「學習態度」對「學習成效」的影響，TIMSS 2007 以三個問題調查學生的學習態度（參考表 E13-1），三個勾選項目的總點數定義為「正向學習指數」（PATM, Index of Student's Positive Affect Toward Mathematics），並按照正向學習指數的高低將學生區分為高度正向學習者、中度正向學習者及低度正向學習者。按照正向學習指數高、中、低統計的評鑑成績如表 E13-2。表 E13-2 中出現一個很特別的現象，中華民國學生中「高度正向學習態度」的比例，在 36 個國家中敬陪末座，香港、新加坡及日本的比例也都偏低，值得深入探討。

表 E13-1　數學學習態度評估問卷

問　項	選　項（以 4 分計點衡量）
・學習數學有樂在其中的感覺	⑴非常同意⑵有點同意⑶不太同意⑷非常不同意
・數學很枯燥（＊）	⑴非常同意⑵有點同意⑶不太同意⑷非常不同意
・我喜歡數學	⑴非常同意⑵有點同意⑶不太同意⑷非常不同意

註：（＊）表示該問題採用反面問法，選答的點數予以反向調整（1, 2, 3, 4→4, 3, 2, 1）

13.1 用單因子變異數分析，在 5%顯著水準下，檢定「數學學習態度」對學習成果的效應是否顯著（參考案例 13-1）。

㈡從表 E3-2（參考第 3 章案例題型習題㈡），所提供的資訊，進行以下的分析：

13.2 用單因子變異數分析，在 5%顯著水準下，檢定「家中是否有電腦」對學習成果的效應是否顯著。

13.3 用單因子變異數分析，在 5%顯著水準下，檢定「家中是否連接網路」對學習成果的效應是否顯著。

(三)從表 C13-2-1（參考案例 13-2）及表 E13-2 所提供的資訊分析：

13.4 用雙因子變異數分析，檢定「數學學習態度」與「師生比」對學習成果的效應分析（參考案例 13-2）。

一般題型

13.5 單因子設計 $x_{ij} = \mu + \tau_j + \varepsilon_{ij}$，$i = 1, \cdots, 5$ $j = 1,2,3$。樣本資料如表 E13-5 所示。計算 ANOVA 表。

表 E13-5

1	2	3
13	12	11
15	14	13
17	16	15
19	18	17
21	20	19

13.6 單因子設計 $x_{ij} = \mu + \tau_j + \varepsilon_{ij}$，$i = 1, \cdots, 5$，$j = 1,2,3$。樣本資料如表 E13-6 所示。計算 ANOVA 表。

表 E13-6

1	2	3
13	17	21
15	19	23
17	21	25
19	23	27
21	25	29

13.7 欲檢定 3 個母群體的平均數是否皆相等，隨機抽取 3 組獨立樣本如表 E13-7 所示。

表 E13-7

1	2	3
23	25	45
25	56	28
34	45	57
45	38	87
36	65	56
	54	76
		43

(1)在顯著水準 $\alpha = 0.05$ 下，檢定三個母群體的平均數是否相等。

(2)(1)的檢定結果可能受到何種扭曲。

13.8 隨機安排 A、B、C 三種車款進行單因子實驗設計，加滿油箱後記錄它們耗完汽油能跑的里程數如表 E13-8 所示。在 $\alpha = 0.05$ 下，檢定三款車的平均里程是否相等。

表 E13-8

A	B	C
554	562	568
556	561	566
558	560	565
557	563	567
555	564	564

13.9 隨機抽樣三種產業內的廠商，並記錄其年獲利率如表 E13-9 所示。在 $\alpha = 0.05$ 下，檢定這三種產業的平均獲利率是否相等。

表 E13-9

1	2	3
0.13	0.18	0.33
0.09	0.2	0.32
0.11	0.17	0.34
0.16	0.14	0.37
0.12	0.16	0.38

13.10 以單因子設計比較三種材質的強力鋼板抗壓強度,實驗得到的抗壓強度(單位為公斤／平方公尺)資料如表 E13-10 所示。在 $\alpha = 0.05$ 下,檢定這三種材質平均抗壓強度是否相等。

表 E13-10

材料一	材料二	材料三
1200	1380	1270
1300	1140	1370
1260	1290	1320
1500	1450	1520
1660	1350	1550
1440		1210

13.11 雙因子設計 $x_{ijk} = \mu + \alpha_i + \beta_j + (\alpha\beta)_{ij} + \varepsilon_{ijk}$,$i = 1, 2, 3$,$j = 1, 2, 3$,$k = 1, 2,$。樣本資料如表 E13-11 所示。計算 ANOVA 表。

表 E13-11

		B 因 子		
		1	2	3
A 因 子	1	500 580	540 460	480 400
	2	460 540	560 620	420 480
	3	560 600	600 580	480 410

13.12 以雙因子設計探討電腦主機板上兩種晶片對主機板效率的影響，其中晶片一有 3 種廠牌，晶片二也有 3 種廠牌，每種組合中安排 3 個重複數，檢測的效率值愈大，表示主機板的效率愈佳，實驗資料如表 E13-12 所示。在 $\alpha = 0.05$ 下，檢定晶片一、晶片二及兩種零件混合使用的交互作用是否顯著。

表 E13-12

		晶 片 二		
		1	2	3
晶 片 一	1	23 24 25	44 45 46	28 29 30
	2	25 26 27	42 46 50	27 28 29
	3	24 26 28	41 45 49	26 28 30

表 E13-2　TIMSS 2007 四年級數學評鑑成績（按 PATM 高低區分）

國　　家	高 PATM		中 PATM		低 PATM	
	百分比	平均成績	百分比	平均成績	百分比	平均成績
喬治亞 Georgia	90(0.9)	450(3.7)	6(0.6)	415(9.0)	4(0.5)	415(10.2)
哈薩克 Kazakhstan	89(0.9)	554(6.5)	8(0.7)	518(16.0)	3(0.4)	493(11.1)
摩洛哥 Morocco	87(1.0)	356(4.8)	8(0.7)	301(10.0)	5(0.6)	301(17.1)
烏克蘭 Ukraine	86(0.7)	479(2.9)	8(0.5)	449(5.8)	5(0.5)	442(8.3)
哥倫比亞 Colombia	86(0.8)	365(4.6)	9(0.6)	338(10.0)	5(0.5)	355(15.9)
突尼西亞 Tunisia	85(0.9)	349(4.3)	10(0.6)	282(7.0)	5(0.6)	273(12.6)
阿爾及利亞 Algeria	84(1.0)	389(5.0)	10(0.6)	343(7.7)	5(0.6)	339(12.3)
伊朗 Iran	83(1.0)	418(4.1)	9(0.8)	370(6.6)	8(0.7)	355(9.9)
卡達 Qatar	81(0.5)	314(1.3)	10(0.4)	267(3.8)	9(0.3)	286(3.9)
俄羅斯 Russian Federation	80(1.3)	552(5.0)	13(1.0)	524(6.9)	8(0.5)	511(8.7)
亞美尼亞 Armenia	79(1.4)	509(4.3)	12(0.9)	492(10.0)	9(0.9)	507(12.9)
科威特 Kuwait	78(1.1)	332(3.5)	12(0.7)	295(7.4)	10(0.7)	306(7.6)
薩爾瓦多 El Salvador	77(0.9)	340(4.0)	16(0.8)	306(6.4)	7(0.5)	320(9.4)
義大利 Italy	75(0.9)	514(3.3)	13(0.6)	494(4.9)	12(0.7)	490(4.4)
立陶宛 Lithuania	74(1.2)	541(2.3)	14(0.8)	498(4.8)	12(0.8)	505(5.0)
葉門 Yemen	73(1.4)	240(6.5)	19(1.0)	215(8.1)	8(0.6)	211(9.6)
新加坡 Singapore	71(0.8)	610(3.5)	14(0.6)	575(5.9)	15(0.6)	575(5.6)
斯洛維尼亞 Slovenia	71(1.1)	508(2.0)	13(0.6)	487(3.8)	16(0.9)	490(4.0)
德國 Germany	70(0.9)	534(2.7)	16(0.6)	520(3.7)	14(0.7)	509(3.6)
斯洛伐克 Slovak Republic	68(1.2)	505(4.7)	14(0.7)	484(4.1)	18(1.0)	482(5.6)
挪威 Norway	68(1.2)	478(3.1)	15(0.6)	470(5.1)	18(1.0)	462(3.7)
瑞典 Sweden	67(1.2)	505(2.8)	16(0.7)	501(3.2)	17(1.0)	497(4.1)
香港 Hong Kong	67(1.3)	619(3.5)	15(0.7)	588(4.2)	19(1.1)	579(5.1)
澳洲 Australia	66(1.4)	525(3.6)	16(0.8)	512(4.6)	18(1.1)	494(5.1)
美國 United States	66(0.8)	535(2.7)	16(0.5)	526(3.0)	18(0.6)	517(2.5)
紐西蘭 New Zealand	66(1.0)	499(2.6)	18(0.8)	485(3.8)	17(0.8)	484(3.3)
拉脫維亞 Latvia	65(1.1)	544(3.0)	17(0.8)	528(4.8)	17(0.9)	527(3.4)
匈牙利 Hungary	64(1.3)	522(3.5)	15(0.7)	498(6.4)	21(1.1)	492(5.8)
捷克 Czech Republic	64(1.3)	495(3.1)	15(0.7)	479(4.3)	21(1.0)	471(3.4)
英格蘭 England	62(1.4)	548(3.1)	17(0.8)	544(4.7)	21(1.1)	524(4.1)
奧地利 Austria	62(1.0)	513(2.0)	16(0.7)	499(4.1)	22(0.9)	492(2.9)
日本 Japan	62(1.4)	584(2.4)	21(0.8)	547(3.3)	17(1.0)	543(4.4)
蘇格蘭 Scotland	59(1.3)	497(2.7)	18(0.8)	496(3.5)	24(1.1)	490(3.9)
荷蘭 Netherlands	56(1.4)	540(2.7)	17(0.9)	531(3.6)	27(1.3)	528(3.4)
丹麥 Denmark	55(1.8)	526(3.0)	24(1.0)	521(3.4)	21(1.4)	523(3.1)
中華民國 Republic of China	50(1.2)	595(2.4)	21(0.8)	563(3.2)	29(0.9)	555(2.9)
國際平均	72(0.2)	483(0.6)	14(0.1)	457(1.1)	14(0.1)	454(1.3)

資料來源：TIMSS 2007 International Report (Exhibit 4.8) (Reprinted by permission of the IEA)

註：括弧內的數字為該統計量的標準差

14 簡單迴歸與相關

　　研究因變項（dependent variable）與自變項（independent variable）兩者之間的關係，最常用的兩個方法，一為第十三章所介紹的變異數分析，另一為本章所探討的迴歸分析。當自變項為間斷型變項或類別變項時，常用變異數分析，例如，第十三章的例題 13-1-1 中，成績為因變項，教學方法為自變項而且為類別變項（五種教學方法），當變異數分析檢定教學法效應顯著時，就表示學習成績（因變項）是受到教學方法（自變項）的影響，或兩者存在某種程度的相關。但是，當自變項為連續變項時，通常以迴歸分析探討兩者之間的關係。例如，在例題 14-0-1 中，自變項（氣溫）為一個連續變項，且假設兩個變項間關係為線性，也就是 $Y = f(X) = \beta_0 + \beta_1 X$，我們稱這個 $Y = f(X)$ 關係式為因變項 Y 與自變項 X 的簡單迴歸線（simple regression line）。當自變項的個數有 p 個（$X_1, X_2, \cdots, X_p, p > 1$）時，因變項與自變項的線性關係可表示成 $Y = f(X_1, \cdots, X_p) = \beta_0 + \beta_1 X_1 + \cdots + \beta_p X_p$，我們稱這個關係式為因變項（$Y$）與自變項（$X$）的多元迴歸線（multiple regression line）。

例題 14-0-1 台北市某軟性飲料配銷商想要分析氣溫變化與軟性飲料銷售量間的關係，以下是某六個營業日的平均氣溫與當天的銷售量。以符號 Y 表示銷售量（因變項），X 表示氣溫（自變項），假設兩變項間為線性關係，如何根

據觀測值來估計出這個關係式？

溫度（℃）	銷售量（仟打）
20	28
28	44
22	36
26	38
24	42
30	52

14.1 基本假設

每一種分析方法都有它的前提與限制，所以當我們進行因變項(Y)與自變項(X)的簡單迴歸分析前，必須先了解它的基本假設。

一、自變項(X)不被視為隨機變數

為了簡化分析，簡單迴歸分析將自變項(X)看成為可控制變項，例如在銷售量(Y)與價格(X)的迴歸分析中，我們不把價格當作隨機變數，事實上，價格也是管理當局可操控的變項。

二、自變項(X)為某特定值時因變項(Y)的統計特性

當自變項(X)為某一特定值（$X=x$）時，相對應的因變項值(Y)呈現一個常態分配。而且，這些常態分配都有相同的變異數，這種關係，如圖14-1-1所示。

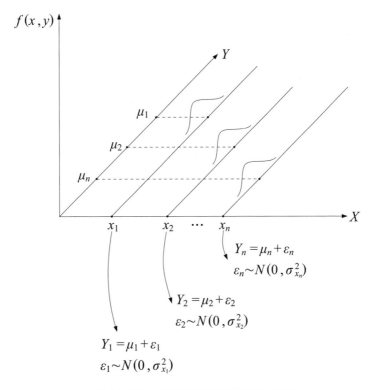

圖 14-1-1　自變項與因變項的關係

三、因變項 (Y) 的期望值與 X 間的迴歸線

迴歸線是不同自變項值（$X = x$）與因變項 (Y) 的期望值（$E(Y|X=x)$）所形成的關係式，所以，簡單迴歸乃是假設（$x, E(Y|X=x)$）呈現線性關係，這種關係如圖 14-1-2 所示。

所以，這條迴歸線可以表示成（14-1-1）式

$$E(Y|X=x_i) = \beta_0 + \beta_1 x_i \qquad (14\text{-}1\text{-}1)$$

其中，$E(Y|X=x_i)$ 為自變項 $X = x_i$ 時，因變項 (Y) 的條件期望值。了解迴歸分析的基本假設後，我們將簡單迴歸統計分析模式表示成如定義 14-1-1 所示。

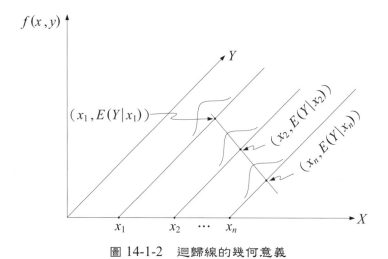

圖 14-1-2　迴歸線的幾何意義

定義 14-1-1：簡單迴歸統計分析模式

$$y_i = \beta_0 + \beta_1 x_i + \varepsilon_i, \qquad i = 1, \cdots, n$$

其中(1) y_i 表示自變項 $X = x_i$ 時的因變項值

(2) $\beta_0 + \beta_1 x_i$ 表示自變項 $X = x_i$ 時的因變項平均值

(3) ε_i 表示自變項 $X = x_i$ 時因變項 y_i 的個別差異（或隨機誤差）

(4) $\varepsilon_i \sim N(0, \sigma_i^2)$，同時假設 $\sigma_1^2 = \cdots = \sigma_n^2 = \sigma_{Y|X}^2$ 且所有 ε_i 間相互獨立

(5) β_0, β_1 分別為 $(x_i, E(Y|X = x_i))$ 所形成的簡單迴歸線的截距與斜率

對定義 14-1-1 之統計分析模式計算其期望值，得到（14-1-2）式

$$\begin{aligned}
E(y_i) &= E(\beta_0 + \beta_1 x_i + \varepsilon_i) \\
&= \beta_0 + \beta_1 x_i + E(\varepsilon_i) \\
&= \beta_0 + \beta_1 x_i
\end{aligned} \qquad (14\text{-}1\text{-}2)$$

所以，簡單迴歸統計分析模式是將因變項 y_i 分解為兩部分，一為平均項，另一為誤差項如（14-1-3）式所示。

$$y_i = 平均項 + 誤差項$$
$$\uparrow \qquad \uparrow \qquad\qquad (14\text{-}1\text{-}3)$$
$$\beta_0 + \beta_1 x_i \qquad \varepsilon_i$$

另外，對定義 14-1-1 之統計模式計算其變異數，得到（14-1-4）式

$$
\begin{aligned}
V(y_i) &= V(\beta_0 + \beta_1 x_i + \varepsilon_i)\\
&= v(\varepsilon_i)\\
&= \sigma_i^2 \qquad\qquad\qquad\qquad (14\text{-}1\text{-}4)\\
&= \sigma_{Y|X}^2
\end{aligned}
$$

所以，雖然定義 14-1-1 第(4)項假設是針對誤差項（ε_i）所作的變異同質性假設。事實上，由（14-1-4）式可知，不同的自變項值（x_i）下因變項（Y）的變異數也具有同質性，而且這個變異數正是模式中誤差項的變異數。

14.2 參數估計

一、β_0 及 β_1 的估計

當因變項（Y）與自變項（X）兩者間存在線性關係時，（X_i , Y_i）的關係可表示成

$$y_i = \beta_0 + \beta_1 x_i + \varepsilon_i$$

這時，我們稱 x_i 與其平均反應 $E(Y|X=x_i)$ 間的直線方程式為母群體迴歸線。

定義 14-2-1：母群體迴歸線（population regression line）

$$E(Y|X=x_i)=\beta_0+\beta_1 x_i$$

當取得 n 組 (X, Y) 觀測值 $(x_1, y_1), (x_2, y_2), \cdots, (x_n, y_n)$ 後，根據這些樣本資料估計 β_0, β_1 所得到的直線方程式，我們稱它為樣本迴歸線（定義 14-2-2 及圖 14-2-1）。

定義 14-2-2：樣本迴歸線（sample regression line）

$$\hat{y}_i = b_0 + b_1 x_i$$

其中(1) b_0 為 β_0 的估計值

(2) b_1 為 β_1 的估計值

(3) $\hat{y}_i$ 為 $X=x_i$ 時母群體迴歸線上 $E(Y|X=x_i)$ 的估計值，
我們稱它為擬合值（fitted value）

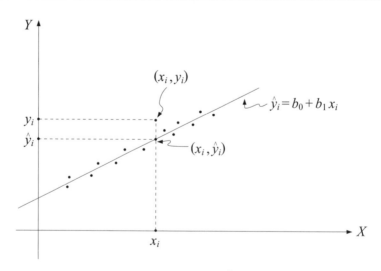

圖 14-2-1　樣本迴歸線 $\hat{y}_i = b_0 + b_1 x_i$

由圖 14-2-1 可知，觀測值（x_i, y_i）在樣本迴歸線附近，不在樣本迴歸線上（機會很小）。我們稱 y_i（觀測值）與 $\hat{y}_i$（擬合值）間差異為殘差，並以符號 e_i 表示。

定義 14-2-3：殘差（residual）

$$e_i = y_i - \hat{y}_i = y_i - (b_0 + b_1 x_i)$$

殘差的用途有二：(1)殘差分析（residual analysis）；(2)定義最佳擬合迴歸線（best-fitted regression line）的評估準則。殘差分析的目的在檢視整個迴歸分析的過程是否符合基本假設。至於，最佳擬合迴歸線的評估準則，最直覺的想法為「殘差總和最小」或「平均殘差最小」，但由於殘差正負相互抵銷的效應使得它們喪失評估的意義，所以「殘差平方和最小」便成為最佳擬合迴歸線的評估準則。

定義 14-2-4：殘差平方和（SSE, residual sum of square）

$$SSE = \sum_{i=1}^{n} e_i^2 = \sum_{i=1}^{n} (y_i - \hat{y}_i)^2 = \sum_{i=1}^{n} (y_i - b_0 - b_1 x_i)^2$$

從另一個角度來看，殘差平方和（SSE）可視為 b_0, b_1 的二維函數，殘差平方和最小化就等於是在求這個函數（$SSE(b_0, b_1)$）的最小值（如圖 14-2-2）。在這個方法下所找到迴歸線稱為最小平方迴歸線（least-square regression line）。

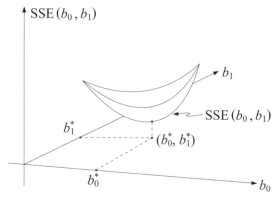

圖 14-2-2　SSE(b_0, b_1) 的極小值

定義 14-2-5：最小平方迴歸線（least-square regression line）

最小平方法下所找到的樣本迴歸線斜率(b_1)及截距(b_0)為

$$b_1 = \frac{SS_{xy}}{SS_{xx}}$$

$$b_0 = \overline{Y} - b_1 \overline{X}$$

其中 SS_{xx} 為 X 的偏差平方和（sum of square deviations），SS_{xy} 為 X, Y 的偏差乘積和（sum of cross products of deviations）。

$$SS_{xx} = \sum_{i=1}^{n} (x_i - \overline{X})^2 = \sum_{i=1}^{n} x_i^2 - n\overline{X}^2$$

$$= \sum_{i=1}^{n} x_i^2 - \frac{(\sum x_i)(\sum x_i)}{n}$$

$$SS_{xy} = \sum_{i=1}^{n} (x_i - \overline{X})(y_i - \overline{Y}) = \sum_{i=1}^{n} x_i y_i - n\overline{X}\,\overline{Y}$$

$$= \sum_{i=1}^{n} x_i y_i - \frac{(\sum x_i)(\sum y_i)}{n}$$

$$SS_{yy} = \sum_{i=1}^{n} (y_i - \overline{Y})^2 = \sum_{i=1}^{n} y_i^2 - n\overline{Y}^2$$

$$= \sum_{i=1}^{n} y_i^2 - \frac{(\sum y_i)(\sum y_i)}{n}$$

例題 14-2-1 計算例題 14-0-1 的最小平方迴歸線。

解：令 X 表示溫度，Y 表示銷售量，最小平方迴歸線的試算如表 14-2-1

表 14-2-1　例題 14-0-1 的最小平方迴歸線試算表

X	Y	X^2	XY	$\hat{y}=b_0+b_1x$	$e=y_i-\hat{y}_i$	e^2
20	28	400	560	30	-2	4
28	44	784	1232	46	-2	4
22	36	484	792	34	2	4
26	38	676	988	42	-4	16
24	42	576	1008	38	4	16
30	52	900	1560	50	2	4
$\Sigma x=150$ $\overline{X}=25$	$\Sigma y=240$ $\overline{Y}=40$	$\Sigma x^2=3820$	$\Sigma xy=6140$		$\Sigma e=0$	$\Sigma e^2=48$

$$SS_{xx} = \Sigma x^2 - n\overline{X}^2 = 3820 - 6 \times (25)^2$$
$$= \Sigma x^2 - \frac{(\Sigma x)(\Sigma x)}{n} = 3820 - \frac{150 \times 150}{6} = 70$$

$$SS_{xy} = \Sigma xy - n\overline{X}\overline{Y} = 6140 - 6 \times 25 \times 40$$
$$= \Sigma xy - \frac{(\Sigma x)(\Sigma y)}{n} = 6140 - \frac{150 \times 240}{6} = 140$$

$$b_1 = \frac{SS_{xy}}{SS_{xx}} = \frac{140}{70} = 2$$
$$b_0 = \overline{Y} - b_1\overline{X} = 40 - 2 \times 25 = -10$$

所以，本題之最小平方迴歸線為　$\hat{y} = -10 + 2x$

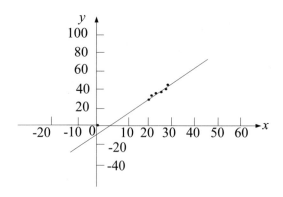

14.3 統計性質

計算出樣本迴歸線後，每一筆觀測值 y_i 可以分解成三部分：(1)平均值；(2)擬合值與平均值之差；(3)觀測值與擬合值之差。如圖 14-3-1 所示。

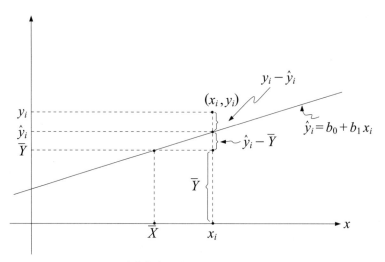

圖 14-3-1　觀測值 y_i 的分解

所以，y_i 可表示成（14-3-1）式

$$y_i = \overline{Y} + (\hat{y}_i - \overline{Y}) + (y_i - \hat{y}_i)$$ （14-3-1）

將（14-3-1）式中的 $\overline{Y}$ 移項後可改寫成為（14-3-2）式

$$(y_i - \overline{Y}) = (\hat{y}_i - \overline{Y}) + (y_i - \hat{y}_i) \qquad (14\text{-}3\text{-}2)$$

將（14-3-2）式平方並逐項加總，便得到簡單迴歸線平方和恆等式如（14-3-3）式所示

$$\sum_{i=1}^{n} (y_i - \overline{Y})^2 = \sum_{i=1}^{n} (\hat{y}_i - \overline{Y})^2 + \sum_{i=1}^{n} (y_i - \hat{y}_i)^2 \qquad (14\text{-}3\text{-}3)$$

（14-3-3）式中的各個平方和，分別稱為總平方和、迴歸平方和及誤差平方和（定義 14-3-1、定義 14-3-2 及定義 14-3-3）。

定義 14-3-1： 總平方和（SST, total sum of square）

在（14-3-3）恆等式左邊所代表的每一筆 y_i 與全體平均值（$\overline{Y}$）之差異平方總和，稱為總平方和，並以符號 SST 表示，它的自由度為（$n-1$）

$$\text{SST} = \sum_{i=1}^{n} (y_i - \overline{Y})^2 = SS_{yy}$$

定義 14-3-2： 迴歸平方和（SSR, regression sum of squares）

在（14-3-3）恆等式右邊第一項所代表的是每一筆迴歸線上擬合值（$\hat{y}_i$）與全體平均值（$\overline{Y}$）之差異平方的總和，稱為迴歸平方和，並以符號 SSR 表示，它的自由度與迴歸式中自變項的個數相同。簡單迴歸只有一個自變項（X），所以它的自由度為 1。

$$\text{SSR} = \sum_{i=1}^{n} (\hat{y}_i - \overline{Y})^2 = b_1^2 SS_{xx} = b_1 SS_{xy}$$

定義 14-3-3：誤差平方和（SSE, error sum of square）

在（14-3-3）恆等式右邊第二項為本章第二節定義 14-2-4 中的最小殘差平方和，它的自由度為（$n-2$）

$$SSE = \Sigma(y_i - \hat{y}_i)^2 = \Sigma y_i^2 - b_0 \Sigma y_i - b_1 \Sigma x_i y_i$$
$$= SS_{yy} - b_1 SS_{xy}$$
$$= SS_{yy} - \frac{SS_{xy}^2}{SS_{xx}}$$
$$= SS_{yy} - b_1^2 SS_{xx}$$

綜合（14-3-3）恆等式、定義 14-3-1、定義 14-3-2 及定義 14-3-3，我們以定理 14-3-1 來呈現簡單迴歸的平方和及自由度恆等式。

定理 14-3-1：簡單迴歸的平方和及自由度恆等式

平方和：SST = SSR + SSE

自由度：$(n-1) = 1 + (n-2)$

將計算所得的 SSR 及 SSE 分別除以它們的自由度便得到 MSR 及 MSE 如定義 14-3-4 所示。

定義 14-3-4：迴歸均方和（regression mean square）及誤差均方和（error mean square）

$$迴歸均方和 = \frac{迴歸平方和}{迴歸平方和自由度} = \frac{SSR}{1} = MSR$$
$$誤差均方和 = \frac{誤差平方和}{誤差平方和自由度} = \frac{SSE}{(n-2)} = MSE$$

所以簡單迴歸分析的變異數分析表（ANOVA table）可表示成如表 14-3-1 所示。

表 14-3-1　簡單迴歸的 ANOVA 表

來　源	平方和	自由度	均方和	F 值
迴　歸	SSR	1	MSR	$\dfrac{\text{MSR}}{\text{MSE}}$
誤　差	SSE	$n-2$	MSE	
總　計	SST	$n-1$		

例題 14-3-1 例題 14-0-1 迴歸線的 SST，SSR，SSE，MSR 及 MSE 及 ANOVA 表。

解：根據表 14-2-1 中的數據，並分別用不同的公式計算如下

(1)$\text{SST} = \Sigma(y_i - \bar{Y})^2$

$$= (28-40)^2 + (44-40)^2 + (36-40)^2 + (38-40)^2 + (42-40)^2$$
$$+ (52-40)^2 = 328$$

$$\text{SST} = \Sigma y_i^2 - n\bar{Y}^2 = (28^2 + 44^2 + 36^2 + 38^2 + 42^2 + 52^2) - 6 \times (40)^2 = 328$$

$$\text{SST} = \Sigma y_i^2 - \frac{(\Sigma y_i)(\Sigma y_i)}{n} = 9928 - \frac{240 \times 240}{6} = 328$$

(2)$\text{SSR} = \Sigma(\hat{y}_i - \bar{Y})^2$

$$= (30-40)^2 + (46-40)^2 + (34-40)^2 + (42-40)^2 + (38-40)^2$$
$$+ (50-40)^2 = 280$$

$$\text{SSR} = b_1^2 \cdot SS_{xx} = 2^2 \times 70 = 280$$

$$\text{SSR} = b_1 \cdot SS_{xy} = 2 \times 140 = 280$$

(3)$\text{SSE} = \Sigma(y_i - \hat{y}_i)^2 = (-2)^2 + (-2)^2 + (2)^2 + (-4)^2 + (4)^2 + (2)^2 = 48$

$$\text{SSE} = \Sigma y_i^2 - b_0 \Sigma y_i - b_1 \Sigma x_i y_i = 9928 - (-10) \times 240 - 2 \times (6140) = 48$$

$$\text{SSE} = SS_{yy} - b_1 SS_{xy} = 328 - 2 \times 140 = 48$$

$$\text{SSE} = SS_{yy} - \frac{SS_{xy}^2}{SS_{xx}} = 328 - \frac{140 \times 140}{70} = 48$$

$$\text{SSE} = SS_{yy} - b_1^2 SS_{xx} = 328 - 2^2 \times 70 = 48$$

(4)$\text{MSR} = \dfrac{\text{SSR}}{1} = \dfrac{280}{1} = 280$

$$\text{MSE} = \frac{\text{SSE}}{n-2} = \frac{48}{6-2} = 12$$

(5)本題的 ANOVA 表可表示成表 14-3-2

表 14-3-2　例題 14-0-1 的 ANOVA 表

來　源	平方和	自由度	均方和	F 值
迴　歸	280	1	280	23.33
誤　差	48	4	12	
總　計	328	5		

14.4　檢　定

迴歸線的兩個係數 β_1, β_0 中，β_1 顯然較 β_0 為重要，試想若 $\beta_1 = 0$，則這條迴歸線為水平，表示因變項不受自變項的影響，那麼，$\beta_1 = 0$ 使得迴歸線毫無意義。所以 β_1 的檢定是迴歸分析中極為重要的檢定工作。

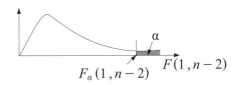

$$H_0 : \beta_1 = 0 \qquad H_1 : \beta_1 \neq 0$$

顯著水準為 α 之拒絕域為

$$R = \left\{ \frac{\text{MSR}}{\text{MSE}} \middle| \frac{\text{MSR}}{\text{MSE}} > F_\alpha(1, n-2) \right\}$$

其中 $\dfrac{\text{MSR}}{\text{MSE}}$ 為簡單迴歸 ANOVA 表中的 F 值

例題 14-4-1 在顯著水準 $\alpha = 0.05$ 下檢定例題 14-0-1 的母群體迴歸線斜率 β_1 是否為 0？

解：

$$H_0 : \beta_1 = 0 \qquad H_1 : \beta_1 \neq 0$$

顯著水準為 $\alpha = 0.05$ 時之拒絕域 R 為

$$R = \left\{ \frac{\text{MSR}}{\text{MSE}} \middle| \frac{\text{MSR}}{\text{MSE}} > F_{0.05}(1,4) = 7.71 \right\}$$

從表 14-3-2 之 ANOVA 表中 $F = \dfrac{\text{MSR}}{\text{MSE}} = 23.33 > 7.71$，檢定結果為拒絕 H_0

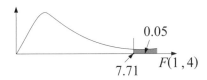

14.5　相關分析

本章前幾節的迴歸分析中，我們假設自變項 X 為可操控變項，換句話說，X 不是隨機變數。然而，當 X 也是隨機變數時，我們可以用相關係數來衡量兩個隨機變數 X 與 Y 間線性關係的強度。兩隨機變項 X, Y 間相關係數(ρ)的檢定程序如圖 14-5-1 所示：

定義 14-5-1：樣本相關係數（sample correlation coeffieient）

$(x_1, y_1), \cdots, (x_n, y_n)$ 為抽樣自兩個母群體的配對隨機樣本，則這兩個母群體（或隨機變數）的樣本相關係數 r 為

$$r = \frac{S_{xy}}{S_x \, S_y}$$

其中

$$S_{xy} = \frac{\sum (x_i - \overline{X})(y_i - \overline{Y})}{n-1}$$

$$S_x^2 = \frac{\sum (x_i - \overline{X})^2}{n-1}$$

$$S_y^2 = \frac{\sum (y_i - \overline{Y})^2}{n-1}$$

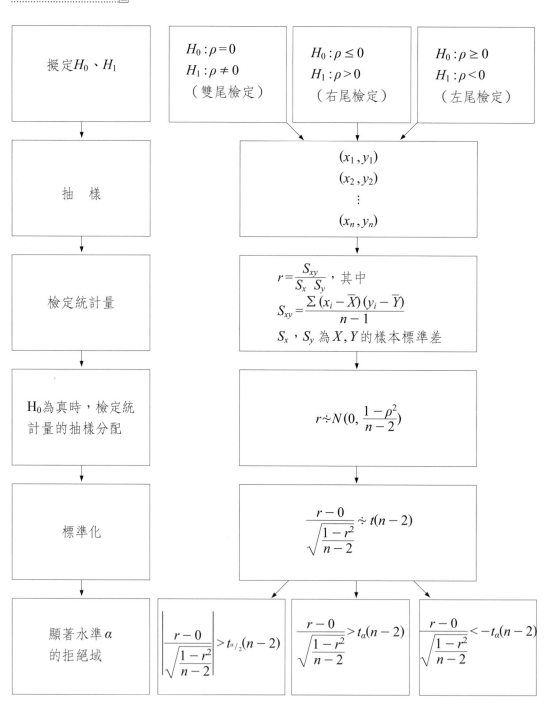

圖 14-5-1　相關係數 ρ 的檢定程序

(1)雙尾檢定

在標準化檢定統計量分配的兩端截取機率（面積）各為 $\frac{\alpha}{2}$ 的區域，將其設定為拒絕 H_0 的區域，則這個檢定的型一失誤機率便被控制在 α 以下了。所以雙尾檢定的拒絕域為

$$R = \left\{ r \mid \left| \frac{r-0}{\sqrt{\frac{1-r^2}{n-2}}} \right| > t_{\alpha/2}(n-2) \right\}$$

(2)右尾檢定

在標準化檢定統計量分配的右端截取機率（面積）為 α 的區域，將其設定為拒絕 H_0 的區域，則這個檢定的型一失誤機率便被控制在 α 以下了。所以右尾檢定的拒絕域為

$$R = \left\{ r \mid \frac{r-0}{\sqrt{\frac{1-r^2}{n-2}}} > t_{\alpha}(n-2) \right\}$$

(3)左尾檢定

在標準化檢定統計量分配的左端截取機率（面積）為 α 的區域，將其設定為拒絕 H_0 的區域，則這個檢定的型一失誤便控制在 α 以下了，所以左尾檢定的拒絕域為

$$R = \left\{ r \mid \frac{r-0}{\sqrt{\frac{1-r^2}{n-2}}} < -t_{\alpha}(n-2) \right\}$$

例題 14-5-1 隨機抽樣 10 位同學的數學成績 (X) 與物理成績 (Y) 如表 14-5-1。

表 14-5-1

X	45	74	85	94	32	65	82	25	72	86
Y	53	78	89	96	29	63	81	28	69	84

在顯著水準 $\alpha = 0.05$ 下檢定數學成績與物理成績是否正相關。

解： 以 ρ 表示 X，Y 的相關係數，則這個檢定的 H_0 及 H_1 為

$$H_0 : \rho = 0 \qquad H_1 : \rho > 0$$

$\alpha = 0.05$，$t_\alpha(8) = 1.86$。所以檢定的拒絕域 R 為

$$R = \left\{ r \,\middle|\, \frac{r - 0}{\sqrt{\dfrac{1 - r^2}{n - 2}}} > 1.86 \right\}$$

根據樣本數據計算檢定值，$r = 0.9878$

$$\frac{r - 0}{\sqrt{\dfrac{1 - r^2}{n - 2}}} = \frac{0.9878}{\sqrt{\dfrac{1 - 0.9757}{8}}} = 17.941 > 1.86$$

檢定結果為拒絕 H_0，表示數學與物理成績有非常顯著的正相關。

案例 14　TIMSS 2007 四年級數學——數學能力與地區發展狀況之相關性

地區之發展狀況與學童數學能力有關嗎？TIMSS 2007 所調查的國家發展相關數據，例如，人口密度、都市人口、平均壽命、國民所得、教育經費、就學率、師生比及該地區的人類發展指數（HDI, Human Development Index）……等。其中，人類發展指數是聯合國計畫開發署（UNDP）綜合(1)健康生活(2)知識水準(3)生活水準三個項目，用來評估全球各地區的發展狀況的綜合指數，其中健康生活是以平均壽命（life expectance）來衡量，知識水準是以成人識字率（adult literacy）來衡量，生活水準則是以按購買力換算的國民所得來衡量。

人類發展指數介於 0 與 1 之間，指數在 0.8 以上稱為高度人類發展地區，指數在 0.5 與 0.799 之間稱為中度人類發展地區，指數在 0.5 以下稱為低度人類發展地區。在本案例中，我們以平均成績當作數學能力指標，以

人類發展指數代表該地區的發展狀況，用本章所介紹的程序，來檢定學童數學能力與地區發展狀況之相關性：

$$H_0 : \rho = 0 \quad H_1 : \rho > 0$$

其中，ρ 表示數學能力與人類發展指數的相關係數。顯著水準為 α 的檢定法則為

$$\text{拒絕 } H_0 \quad \Leftrightarrow \quad \frac{r-0}{\sqrt{\dfrac{1-r^2}{n-2}}} > t_\alpha (34) \text{（註 1）}$$

其中，r 為 ρ 的估計值，$r = \dfrac{S_{成績,HDI}}{S_{成績}S_{HDI}}$，$S_{成績,HDI}$ 為數學平均成績與人類發展指數的樣本共變異數，$S_{成績}$ 為數學平均成績的樣本標準差，S_{HDI} 為人類發展指數的樣本標準差，n 為樣本數目（TIMSS 2007 四年級數學共有 36 個國家，所以 $n=36$）。TIMSS 2007 各國四年級學生的數學平均成績與人類發展指數如表 C14-1（其散布圖如圖 C14-1）。

根據表 C14-1 的數據計算，$S_{成績} = 93.2281$，$S_{HDI} = 0.1045$，$S_{成績,HDI} = 6.8231$，$r = 0.7003$。顯著水準 $\alpha = 0.05$ 時，$t_{0.05}(34) = 1.6909$，所以

$$\frac{r-0}{\sqrt{\dfrac{1-r^2}{34}}} = \frac{0.7003}{\sqrt{\dfrac{1-(0.7003)^2}{34}}}$$

$$= 5.7198 > 1.6909 = t_{0.05}(34) \text{（顯著且 } p = 0.0000）$$

所以，四年級學童數學能力與人類發展指數有顯著的正相關性。換句話說，人類發展指數較高的地區，當地四年級學生的數學能力也較高（但是，不可將相關擴大解釋成因果關係）。

註 1：參考本章第 14.5 節圖 14-5-1。

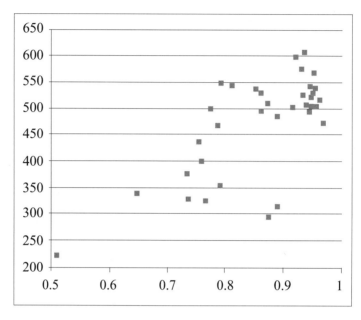

圖 C14-1　數學能力與人類發展指數散布圖

表 C14-1　TIMSS 2007 四年級數學評鑑成績與人類發展指數

國　　家	平均成績	人類發展指數
阿爾及利亞 Algeria	378	0.733
亞美尼亞 Armenia	500	0.775
澳洲 Australia	516	0.962
奧地利 Austria	505	0.948
中華民國 Republic of China	576	0.932
哥倫比亞 Columbia	355	0.791
捷克 Czech Republic	486	0.891
丹麥 Denmark	523	0.949
薩爾瓦多 El Salvador	330	0.735
英格蘭 England	541	0.946
喬治亞 Georgia	438	0.754
德國 Germany	525	0.935
香港 Hong Kong	607	0.937
匈牙利 Hungary	510	0.874
伊朗 Iran	402	0.759

義大利 Italy	507	0.941
日本 Japan	568	0.953
哈薩克 Kazakhstan	549	0.794
科威特 Kuwait	316	0.891
拉脫維亞 Latvia	537	0.855
立陶宛 Lithuania	530	0.862
摩洛哥 Morocco	341	0.646
荷蘭 Netherlands	535	0.953
紐西蘭 New Zealand	492	0.943
挪威 Norway	473	0.968
卡達 Qatar	296	0.875
俄羅斯 Russian Federation	544	0.813
蘇格蘭 Scotland	494	0.946
新加坡 Singapore	599	0.922
斯洛伐克 Slovak Republic	496	0.863
斯洛維尼亞 Slovenia	502	0.917
瑞典 Sweden	503	0.956
突尼西亞 Tunisia	327	0.766
烏克蘭 Ukraine	469	0.788
美國 United States	529	0.951
葉門 Yemen	224	0.508

資料來源：TIMSS 2007 International Report (Exhibit 1.1) (Reprinted by permission of the IEA)

習 題

案例題型

將表 E3-2（參考第 3 章習題）中有電腦的百分比（第 1 欄）定義為家中配備電腦的普及率，將網路連線的百分比（第 3 欄）定義為家中上網的普及率，我們可以從 TIMSS 2007 數學評鑑所提供的全球型資料庫，進行以下的分析。

14.1 先對「家中配備電腦的普及率」與「數學成績」做相關性檢定，再做迴歸分析，並就分析結果，說明其意義為何？（註：將表 E3-2 中每一個平均成績視為普及率對數學成績的觀測值）

14.2 先對「家中上網的普及率」與「數學成績」做相關性檢定，再做迴歸分析，並就分析結果，說明其意義為何？（註：將表 E3-2 中每一個平均成績視為普及率對數學成績的觀測值）

一般題型

14.3 (X, Y) 抽樣資料如下表，

X	10	8	11	7	9
Y	41	35	45	32	37

(1)計算迴歸線係數 b_0, b_1　(2)計算最小平方迴歸式的殘差平方和　(3)編製 ANOVA 表。

14.4 (X, Y) 的抽樣資料如下

X	5	3	6	2	4
Y	21	15	23	12	18

(1)計算最小平方迴歸線係數 b_0, b_1　(2)計算最小平方迴歸線的殘差平方和
(3)編製 ANOVA 表。

14.5 影印機出租廠商記錄 12 家辦公室影印機台數 (X) 及該公司每年派技術員進行維修的時數 (Y)，資料如表 E14-5。

表 E14-5

X：影印機台數	Y：維修服務時數
4	197
6	272
2	100
5	228
7	327
6	279
3	148
8	377
5	238
3	142
1	66
5	239

(1)計算最小平方迴歸線 $\hat{y}_i = b_0 + b_1 x_i$　(2)計算最小平方迴歸線的殘差平方和。

14.6 某公司想找出員工人數 (X) 與管銷費用 (Y) 間的線性關係，隨機抽取 10 家分公司的 (X, Y) 資料如表 E14-6。

表 E14-6

X：員工人數	Y：管銷費用（單位：萬）
20	30
40	60
20	40
30	60
10	30
10	40
20	40
20	50
20	30
30	70

(1)計算最小平方迴歸線 $\hat{y}_i = b_0 + b_1 x_i$　(2)計算最小平方迴歸線的殘差平方和 (3)編製 ANOVA 表　(4)顯著水準 $\alpha = 0.05$ 下檢定 $H_0 : \beta_1 = 0$，$H_1 : \beta_1 > 0$。

14.7 某咖啡速食連鎖店在市區辦公大樓普設據點，表 E14-7 為隨機抽樣市區內 10 個據點所記錄的 X（辦公大樓內上班族人數），Y（平均每日營業金額）。

表 E14-7

X：人數（單位：百）	Y：營業額（單位：仟元）
2	58
6	105
8	88
8	118
12	117
16	137
20	157
20	169
22	149
26	202

(1)計算最小平方迴歸線 $\hat{y}_i = b_0 + b_1 x_i$　(2)計算最小平方迴歸線的殘差平方和

(3)編製 ANOVA 表　(4)顯著水準 $\alpha = 0.05$ 下檢定 $H_0 : \beta_1 = 0$，$H_1 : \beta_1 > 0$

15 卡方檢定

問題的解決方法往往有它結構上的假設前提，例如本書第十一、十二章中的某些檢定方法是在母群體為常態分配的前提下進行。當前提不存在時，這些方法的適用性就不存在了。本章中，我們討論二種檢定(1)多項分配參數結構檢定(2)獨立性檢定。由於這些檢定的檢定統計量皆為卡方分配，所以，又稱為卡方檢定。

15.1 多項分配參數結構檢定

當母群體元素有二種類別時，我們將這二種類別以成功及失敗來代表，有關成功比例(p)的估計及檢定在本書第九及十一章已有詳細的描述，本節則是針對母群體元素有 k 種($k>2$)類別時，各類元素所占比例結構的檢定。其檢定程序如圖 15-1-1 所示。

當 H_0 為真時，每一個類別的觀測值(O_i)與期望值(E_i)間的差異不致太大，檢定統計量 $\left(\sum \dfrac{(O_i - E_i)^2}{E_i}\right)$ 也不致太大，所以這是個右尾檢定。換句話說，我們在檢定統計量分配右端截取機率（面積）α 之區域，將其設定為拒絕域，則這個檢定的型一失誤便被控制在 α 以下了。所以，顯著水準為 α 之拒絕域 R 為

$$R = \left\{ \sum_{i=1}^{k} \frac{(O_i - E_i)^2}{E_i} \,\middle|\, \sum_{i=1}^{k} \frac{(O_i - E_i)^2}{E_i} > \chi_\alpha^2(k-1) \right\}$$

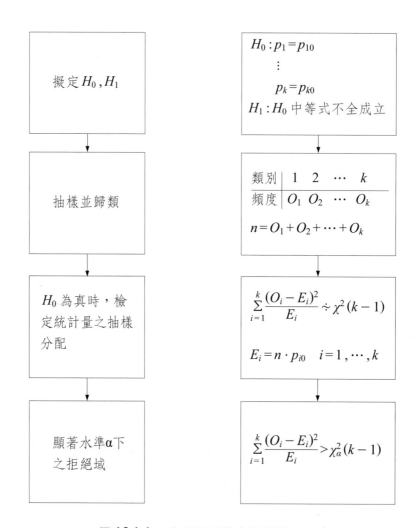

圖 15-1-1　多項母群體參數結構之檢定程序

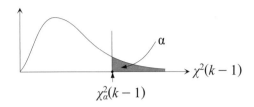

$$\chi^2(k-1)$$
$$\chi_\alpha^2(k-1)$$

注意事項：本章各節的卡方檢定中，各類別（或分類格子）中的期望值不可
小於 5，當某一類別出現此現象時解決之道有二：(1)將該類別歸
併至鄰近類別；(2)增加抽樣樣本數。

例題 15-1-1　欲檢定國內四大筆記型電腦廠商 A, B, C, D 市場占有率結構是否為
$p_A = 0.35$，$p_B = 0.30$，$p_C = 0.20$，$p_D = 0.15$，隨機抽樣 500 名消費者中各廠
商筆記型電腦使用者人數如下列頻度表，則

廠商	A	B	C	D
頻度	170	155	105	70

(1)擬定這個檢定的虛無假設及對應假設。

(2)顯著水準 $\alpha = 0.025$ 下，檢定結果為何？

解：(1)這個多項分配參數結構檢定的 H_0 及 H_1 擬定為

　　$H_0 : p_A = 0.35$；$p_B = 0.30$；$p_C = 0.20$；$p_D = 0.15$；

　　$H_1 : H_0$ 中的等式不全成立

(2)計算各廠商的期望頻度 E_i

廠商	A	B	C	D
O_i	170	155	105	70
E_i	175	150	100	75

$\alpha = 0.025$，$\chi^2_{0.025}(3) = 9.35$。所以，顯著水準 $\alpha = 0.025$ 下的拒絕域為

$$R = \left\{ \sum_{i=1}^{4} \frac{(O_i - E_i)^2}{E_i} \,\middle|\, \sum_{i=1}^{4} \frac{(O_i - E_i)^2}{E_i} > 9.35 \right\}$$

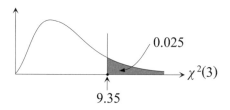

根據抽樣資料計算得到的檢定統計值為

$$\frac{(170 - 175)^2}{175} + \frac{(155 - 150)^2}{150} + \frac{(105 - 100)^2}{100} + \frac{(70 - 75)^2}{75} = 0.89 < 9.35$$

所以，檢定結果為不拒絕 H_0，這表示國內四大筆記型電腦廠商目前的市場占有率結構並未偏離 H_0 所描述的結構。

15.2 獨立性檢定

當資料以兩種準則（criteria）或屬性（attribute）加以歸類，則所有資料可以歸屬於列聯表（contingency table）的格子（cell）中（參考本書第三章第三節）。本節中，我們針對母群體元素在兩種分類屬性（或隨機變數）上的獨立性加以檢定，檢定程序如圖 15-2-1 所示。

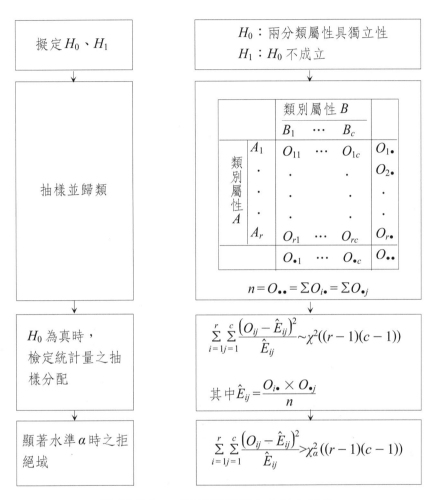

圖 15-2-1　兩隨機變數獨立之檢定程序

當 H_0 為真時，列聯表每一格子中的觀測值(O_{ij})與期望值($\hat{E}_{ij}$)間的差異不會太大，則檢定統計量值也不會太大，所以這是個右尾檢定。我們在檢定統計量分配右端截取機率（面積）為 α 之區域，將其設定為拒絕域，則這個檢定的型一失誤便被控制在 α 以下了。所以，顯著水準為 α 之拒絕域為

$$R = \left\{ \sum_{i=1}^{r} \sum_{j=1}^{c} \frac{\left(O_{ij} - \hat{E}_{ij}\right)^2}{\hat{E}_{ij}} \,\middle|\, \sum_{i=1}^{r} \sum_{j=1}^{c} \frac{\left(O_{ij} - \hat{E}_{ij}\right)^2}{\hat{E}_{ij}} > \chi_\alpha^2((r-1)(c-1)) \right\}$$

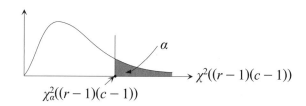

$$\chi_\alpha^2((r-1)(c-1))$$

例題 15-2-1 某大連鎖商店欲檢定商品陳列方式與銷售狀況是否相關，隨機選出 300 家門市，然後將某商品以 A, B, C 三種陳列方式鋪貨，並將各門市的月銷售狀況以高低歸類成列聯表。

⑴擬定這個檢定的虛無假設及對應假設。

⑵顯著水準 $\alpha = 0.05$ 下的檢定法則為何？

⑶在⑵的檢定法則下，檢定結果為何？

		陳列方式		
		A	B	C
銷售	高（H）	22	80	58
狀況	低（L）	48	60	32

解：⑴這個獨立性檢定的 H_0 及 H_1 擬定如下

H_0：商品陳列方式與銷貨狀況相互獨立

H_1：H_0 所述之獨立性不存在

⑵$\alpha = 0.05$，$\chi_{0.05}^2((2-1) \times (3-1)) = \chi_{0.05}^2(2) = 5.99$ 。所以，顯著水準 $\alpha = 0.05$ 下的拒絕域為

$$R = \left\{ \sum_{i=1}^{2} \sum_{j=1}^{3} \frac{(O_{ij} - \hat{E}_{ij})^2}{\hat{E}_{ij}} \middle| \sum_{i=1}^{2} \sum_{j=1}^{3} \frac{(O_{ij} - \hat{E}_{ij})^2}{\hat{E}_{ij}} > 5.99 \right\}$$

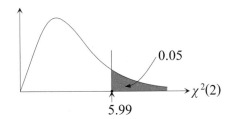

(3)根據抽樣資料所計算的 $\hat{E}_{ij}$ 如下

	A	B	C
H	37.3	74.7	48
L	32.7	65.3	42

其中，$\hat{E}_{11} = \dfrac{160 \times 70}{300} = 37.3$；$\hat{E}_{12} = \dfrac{160 \times 140}{300} = 74.7$

$\hat{E}_{13} = \dfrac{160 \times 90}{300} = 48$；$\hat{E}_{21} = \dfrac{140 \times 70}{300} = 32.7$

$\hat{E}_{22} = \dfrac{140 \times 140}{300} = 65.3$；$\hat{E}_{23} = \dfrac{140 \times 90}{300} = 42$

檢定統計量為

$$\frac{(22-37.3)^2}{37.3} + \frac{(80-74.7)^2}{74.7} + \frac{(58-48)^2}{48} + \frac{(48-32.7)^2}{32.7}$$

$$+ \frac{(60-65.3)^2}{65.3} + \frac{(32-42)^2}{42}$$

$$= \frac{234.09}{37.3} + \frac{28.09}{74.7} + \frac{100}{48} + \frac{234.09}{32.7} + \frac{28.09}{65.3} + \frac{100}{42}$$

$$= 18.7049 > 5.99$$

所以，檢定結果為拒絕 H_0，這表示貨品陳列方式與銷貨狀況是不具獨立性的，換句話說，貨品陳列方式對銷貨有顯著的影響。

案例 15　TIMSS 2007 四年級數學——數學能力與家中藏書數量之相關性

　　學童數學能力與家中藏書數量有關嗎？TIMSS 2007 調查學生家中藏書數量，區分為 5 類(1) 200 本以上；(2) 100-200 本；(3) 26-100 本；(4) 11-25 本；(5) 10 本以下，按藏書數量多寡區分的評鑑成績如表 C15-1。以中華民國為例，學生家中藏書量 200 本以上者，平均成績為 606 分；數量介於 101 與 200 之間者，平均成績為 605 分；數量介於 26 與 100 之間者，平均成績為 588 分；數量介於 11 與 25 之間者，平均成績為 557 分；數量在 10 以下者，平均成績為 537 分。

　　若以平均成績當做數學能力指標，區分為高（550 分以上）、中（475～550 分）、低（475 分以下）三個等級，將表 C15-1 中的數據逐一歸類成列聯表（如表 C15-2）。以英格蘭為例，家中藏書數量在 200 以上者，平均成績為 575，這筆資料被歸入表 C15-2 第一列第一行予以計數；家中藏書數量在 101 至 200 之間者，平均成績為 567，這筆資料被歸入表 C15-2 第一列第二行予以計數；家中藏書數量在 26 至 100 之間者，平均成績為 542，這筆資料被歸入表 C15-2 第二列第三行予以計數；家中藏書數量在 11 至 25 之間者，平均成績為 513，這筆資料被歸入表 C15-2 第二列第四行予以計數；家中藏書數量不超過 10 者，平均成績為 473，這筆資料被歸入表 C15-2 第三列第五行予以計數。其中，阿爾及利亞因資料不全而刪除，總共 175 筆資料在表 C15-2 予以計數。

表 C15-2　家中藏書數量多寡與成績高低之列聯表

	200 本以上	101～200 本	26～100 本	11～25 本	0～10 本	合　計
（高）550分以上	11	12	5	4	2	34
（中）475～550分	15	13	21	19	11	79
（低）475分以下	9	9	9	13	22	62
合　計	35	34	35	36	35	175

接下來，我們用本章第 2 節的程序，檢定數學能力與家中藏書數量多寡是否具獨立性：

H_0：學童數學能力與家中藏書數量具獨立性

H_1：H_0 的陳述不成立

顯著水準 $\alpha = 0.05$ 時，其檢定法則為

$$\text{拒絕} H_0 \Leftrightarrow \sum_{i=1}^{3} \sum_{j=1}^{5} \frac{(O_{ij} - \hat{E}_{ij})^2}{\hat{E}_{ij}} > \chi^2_{0.05}(8) = 15.51$$

其中，O_{ij} 為表 C15-2 中第 i 列第 j 行的計數值，$O_{i\cdot}$ 為表 C15-2 中第 i 列總和，$O_{\cdot j}$ 為表 C15-2 中第 j 行總和，$\hat{E}_{ij} = \dfrac{O_{i\cdot} O_{\cdot j}}{175}$ ，

$$\sum_{i=1}^{3} \sum_{j=1}^{5} \frac{(O_{ij} - \hat{E}_{ij})^2}{\hat{E}_{ij}} = \frac{(11 - 6.8)^2}{6.8} + \cdots + \frac{(22 - 12.4)^2}{12.4} = 26.2517 > 15.51 （顯著且 p = 0.00095）$$

所以，四年級學童數學能力與家中藏書數量多寡不具獨立性，換句話說，學童數學成績與家中藏書數量多寡具相關性。檢視表C15-2 的數據，我們看到一個有趣的現象，高數學能力群體（第一列），數學成績與家中藏書數量成正相關（家中藏書數量愈多，頻率愈高）；其次，低數學能力群體（第三列），數學成績與家中藏書數量是負相關（家中藏書數量愈少，頻率愈高）；至於，中數學能力群體（第二列），其相關性則呈現出另一種風貌（頻率偏重在藏書數量介於 11 至 100）。

表 C15-1　TIMSS 2007 四年級數學評鑑（按藏書數量區分群平均成績）

國　　　家	200 本以上	100～200 本	26～100 本	11～25 本	0～10 本
阿爾及利亞 Algeria	----	384	399	395	374
亞美尼亞 Armenia	499	514	501	502	507
澳洲 Australia	531	540	517	486	458
奧地利 Austria	535	533	515	490	458
中華民國 Republic of China	606	605	588	557	537
哥倫比亞 Columbia	339	364	379	371	345
捷克 Czech Republic	505	515	495	466	424
丹麥 Denmark	544	547	526	509	483
薩爾瓦多 El Salvador	336	330	355	349	318
英格蘭 England	575	567	542	513	473
喬治亞 Georgia	448	456	452	439	414
德國 Germany	561	554	535	506	465
香港 Hong Kong	628	621	611	597	588
匈牙利 Hungary	557	545	523	484	429
伊朗 Iran	449	438	445	419	380
義大利 Italy	517	521	517	500	483
日本 Japan	599	603	579	556	522
哈薩克 Kazakhstan	560	558	548	541	558
科威特 Kuwait	300	325	344	328	317
拉脫維亞 Latvia	556	559	542	518	501
立陶宛 Lithuania	540	555	548	522	493
摩洛哥 Morocco	377	368	364	357	336
荷蘭 Netherlands	547	554	543	519	502
紐西蘭 New Zealand	524	519	498	460	432
挪威 Norway	489	493	480	460	420
卡達 Qatar	297	313	319	300	287
俄羅斯 Russian	556	564	553	535	494
蘇格蘭 Scotland	518	519	503	475	439
新加坡 Singapore	627	629	608	578	540
斯洛伐克 Slovak Republic	517	527	514	489	434
斯洛維尼亞 Slovenia	519	523	515	487	459
瑞典 Sweden	530	517	504	483	454
突尼西亞 Tunisia	359	386	375	354	304
烏克蘭 Ukraine	488	501	481	459	425
美國 United States	552	554	538	512	480
葉門 Yemen	201	213	235	244	229

資料來源：TIMSS 2007 International Report (Exhibit 4.4) (Reprinted by permission of the IEA)

習　題

案例題型

㈠在案例 7-2 中，我們用 Q-Q 圖分析了實際資料擬合理論分配的適合度問題，本章第一節所探討的「多項分配參數結構檢定」，為適合度檢定提供了分析的基礎：

15.1 如何根據課文中圖 15-1-1 的檢定程序，擬定實際資料擬合理論分配的適合度檢定程序。

15.2 根據上一題（15.1）所擬定的檢定程序，就案例 7-2 中，資料 (X) 擬合 Normal$(20, 3^2)$ 的適合度進行檢定。

㈡如同㈠所陳述的現象，問題的分析途徑並非唯一，在案例 15 中，我們以本章第 2 節的獨立性檢定分析學童數學能力與家中藏書數量的相關性，另有其他分析方法嗎？

15.3 根據表 C15-1 的資料，用單因子變異數分析，檢定家中藏書數量對學童數學能力的效應是否顯著？將分析結果與案例 15 的結果互相比較，並指出單因子變異數分析在結論陳述上的限制為何？

一般題型

15.4 抽樣調查 600 位同學體育選修科目人數分布如表 E15-4。

表 E15-4

籃球	排球	高爾夫球	游泳	其他
155	56	148	152	89

在顯著水準 $\alpha = 0.05$ 下，檢定大專同學選修體育的比例結構是否如 H_0 所描述。其中 p_1 表示選修籃球的比例，p_2 表示選修排球的比例，p_3 表示選修高爾夫球的比例，p_4 表示選修游泳的比例，p_5 表示選其他科目的比例。

H_0：$p_1 = 0.25$；$p_2 = 0.1$；$p_3 = 0.25$；$p_4 = 0.25$；$p_5 = 0.15$

H_1：H_0 不成立

15.5 抽樣調查 98 位大專生統計學成績分布如表 E15-5 所示。

表 E15-5

80 分以上	70-80	60-70	50-60	50 以下
18	40	30	6	4

在顯著水準 $\alpha = 0.025$ 下，檢定大專生統計成績比例分布是否如 H_0 所描述。其中 p_1 表示 80 分以上的比例，p_2 表示 70 分到 80 分之間的比例，p_3 表示 60 分到 70 分間的比例，p_4 表示 50 分到 60 分間的比例，p_5 表示 50 分以下的比例。

H_0：$p_1 = 0.2$；$p_2 = 0.4$；$p_3 = 0.3$；$p_4 = 0.06$；$p_5 = 0.04$

H_1：H_0 不成立

15.6 抽樣調查 95 位高科技產業員工教育程度的分布比例如表 E15-6 所示。

表 E15-6

國中	高中	大專	碩士	博士
4	12	59	12	8

在顯著水準 $\alpha = 0.05$ 下，檢定高科技產業員工教育程度分布比例是否如 H_0 所描述。其中 p_1 表示國中所占的比例，p_2 表示高中所占比例，p_3 表示大專

所占的比例，p_4 表示碩士所占的比例，p_5 表示博士所占的比例。

H_0：$p_1=0.06$；$p_2=0.13$；$p_3=0.6$；$p_4=0.15$；$p_5=0.06$

H_1：H_0 不成立

15.7 抽樣調查 1,062 位都會區民眾的年齡結構比例如表 E15-7 所示。

表 E15-7

18 歲以下	18-30 歲	30-45 歲	45-60 歲	60 歲以上
140	280	400	152	90

在顯著水準 $\alpha=0.025$ 下，檢定都會區居民年齡分布是否如 H_0 所描述。其中 p_1 表示 18 歲以下所占的比例，p_2 表示 18-30 歲所占的比例，p_3 表示 30-45 歲所占的比例，p_4 表示 45-60 歲所占的比例，p_5 表示 60 歲以上所占的比例。

H_0：$p_1=0.16$；$p_2=0.25$；$p_3=0.35$；$p_4=0.15$；$p_5=0.09$

H_1：H_0 不成立

15.8 抽樣調查 800 位某地區居民的宗教信仰分布如表 E15-8 所示。

表 E15-8

基督教	佛　教	其　他
100	427	273

在顯著水準 $\alpha=0.05$ 下，檢定該地區居民宗教信仰比例結構是否如 H_0 所描述。其中 p_1 表示基督教徒所占的比例，p_2 表示佛教徒所占比例，p_3 表示其他宗教所占的比例。

H_0：$p_1=0.12$；$p_2=0.54$；$p_3=0.34$

H_1：H_0 不成立

15.9 欲檢定貸款信用狀況與所得是否相關,抽樣調查 102 位貸款人,以還款信用狀況與所得水準將他們歸類成表 E15-9。

表 E15-9

信用狀況	所得水準			
	高	中	低	
良 好	18	22	12	52
不 良	16	20	14	50
	34	42	26	102

在顯著水準 $\alpha = 0.025$ 下,檢定信用狀況與所得水準是否相關。

15.10 欲檢定民眾對電視節目的偏好與教育程度是否相關,抽樣調查 120 位民眾,依他們喜好的電視節目與教育程度歸類成表 E15-10。

表 E15-10

教育程度	節目型態			
	休閒	政治	經濟	
高	30	10	25	65
低	10	37	8	55
	40	47	33	120

在顯著水準 $\alpha = 0.025$ 下,檢定節目型態偏好與教育程度是否相關。

15.11 欲檢定民眾對於某法案贊成與否的態度傾向與性別是否相關,抽樣調查 160 位民眾,並依其態度與性別歸類成表 E15-11。

表 E15-11

性別	態　度			
	贊成	反對	無意見	
男	38	12	26	76
女	24	10	50	84
	62	22	76	160

在顯著水準 $\alpha = 0.025$ 下，檢定對法案贊成與否的態度與性別是否相關。

15.12 某次民意調查中，共發出 1800 份問卷，受訪者年齡以及是否願意接受訪查歸類成表 E15-12。

表 E15-12

是否願意接受訪查	年　齡			
	18 歲以下	18-40 歲	40 歲以上	
是	120	150	180	450
否	400	600	350	1350
	520	750	530	1800

在顯著水準 $\alpha = 0.05$ 下，檢定年齡與接受訪查意願是否相關。

15.13 牙科醫生記錄 300 位病人的蛀牙數及是否有飯後刷牙習慣，如表 E15-13 所示。

表 E15-13

刷牙習慣	蛀牙數目				
	1	2	3	4 以上	
有	45	33	24	12	114
無	18	36	57	75	186
	63	69	81	87	300

在顯著水準 $\alpha=0.05$ 下，檢定蛀牙數與刷牙習慣是否相關。

15.14 抽樣調查 1,000 個家庭的年收入，將它們歸類如表 E15-14。

表 E15-14

150 萬以上	100-150 萬	80-100 萬	60-80 萬	60 萬以下
105	170	355	224	146

在顯著水準 $\alpha=0.05$ 下，欲檢定在經濟不景氣的衝擊下，家庭收入的結構比例是否仍如 H_0 所描述。其中 p_1 表示家庭年收入為 150 萬以上的比例，p_2 表示家庭年收入為 100 萬到 150 萬間的比例，p_3 表示家庭年收入介於 80 萬到 100 萬間比例，p_4 表示家庭年收入介於 60 萬到 80 萬間的比例，p_5 表示家庭年收入不到 60 萬的比例。

H_0：$p_1=0.1$；$p_2=0.2$；$p_3=0.4$；$p_4=0.18$；$p_5=0.12$

H_1：H_0 不成立

15.15 欲檢定車禍受傷的嚴重性與繫安全帶是否相關，抽樣調查 160 起車禍並將其歸類成如表 E15-15 所示。

表 E15-15

	死亡	重傷	輕傷	
繫安全帶	12	20	32	64
未繫安全帶	44	32	20	96
	56	52	52	160

在顯著水準 $\alpha=0.05$ 下，檢定車禍嚴重性與繫安全帶是否相關。

16 無母數檢定方法

前面各章所介紹的檢定方法中，母群體必須符合某些特定條件，例如，母群體隨機變數必須是常態分配……等。但是，當母群體隨機變數並不具備這些條件時，我們要用不受母群體分配影響的檢定方法來完成檢定的工作，這種不受母群體分配影響（distribution-free）的檢定方法，我們稱為無母數檢定方法（nonparametric method）。無母數檢定方法的特色是以排序值（ranking data）計算檢定統計量。本章中，我們介紹四種無母數檢定方法（如圖 16-0-1）：(1)單一母群體中心值的檢定方法；(2)兩個母群體是否相同或兩個變項是否相關的兩種無母數檢定方法；(3)多個母群體是否相同的無母數檢定方法。

無母數檢定 ┬ 單一母群體—Wilcoxon 符號排序檢定
　　　　　　├ 兩個母群體 ┬ 獨立樣本—Mann-Whitney 檢定
　　　　　　│　　　　　　└ 相依樣本—Spearman 排序相關檢定
　　　　　　└ 多個母群體—Kruskal-Wallis 檢定

圖 16-0-1　幾個常用的無母數檢定方法

16.1　單一母群體中心值的無母數檢定

常用來代表一個分配中心值的參數有平均數（mean）、中位數（median）及眾數（mode）。本節中，我們介紹單一母群體 Wilcoxon 符號排序無母數檢定法，針對母群體中位數進行檢定，檢定程序如圖 16-1-1，其中各步驟分別說明如下。

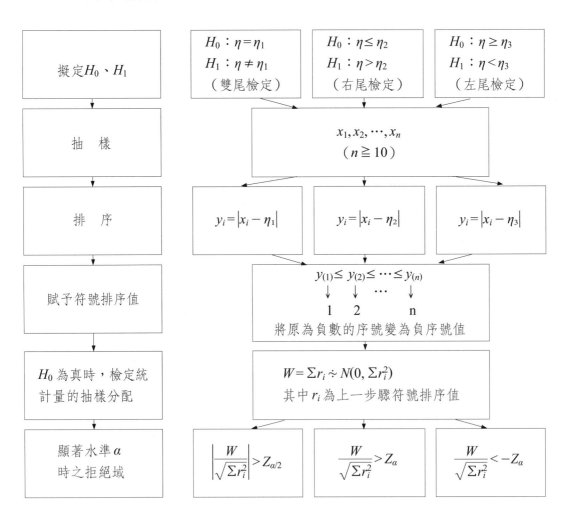

圖 16-1-1　單一母群體 Wilcoxon 符號排序檢定程序

步驟一：擬定虛無假設及對應假設

Wilcoxon 符號排序中位數檢定（Wilcoxon signed rank test of a median）的假設前提是母群體分配對稱（symmetric）於中位數（如圖 16-1-2 所示），在這個前提下，我們對中位數（η）擬定虛無及對應假設如下：

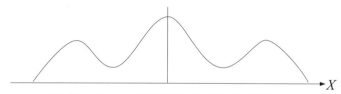

圖 16-1-2　一個對稱於中位數母群體分配

(1)雙尾假設檢定

$$H_0：\eta = \eta_1 \qquad H_1：\eta \neq \eta_1$$

(2)右尾假設檢定

$$H_0：\eta \leq \eta_2 \qquad H_1：\eta > \eta_2$$

(3)左尾假設檢定

$$H_0：\eta \geq \eta_3 \qquad H_1：\eta < \eta_3$$

步驟二：抽樣

自母群體中隨機抽取 n 個樣本（$n \geq 10$），並以 $x_1, x_2, \cdots, x_n$ 表示樣本觀測值。

步驟三：排序

將樣本值 $x_1, x_2, \cdots, x_n$ 分別減去 H_0 為真之等號數值（雙尾：η_1，右尾：η_2 或左尾：η_3）。也就是

$$y_1 = x_1 - \eta_1 \qquad y_1 = x_1 - \eta_2 \qquad y_1 = x_1 - \eta_3$$

$$y_2 = x_2 - \eta_1 \qquad y_2 = x_2 - \eta_2 \qquad y_2 = x_2 - \eta_3$$
$$\vdots \quad 或 \quad \vdots \quad 或 \quad \vdots$$
$$y_n = x_n - \eta_1 \qquad y_n = x_n - \eta_2 \qquad y_n = x_n - \eta_3$$

然後將 $y_1, y_2, \cdots, y_n$ 取絕對值後由小至大排序，得到

$$y_{(1)} \leq y_{(2)} \leq \cdots \leq y_{(n)}$$

其中 $y_{(i)}$ 表示其絕對值由小至大排序站在第 i 位置的數值。然後，再對上述已排序的 $y_{(i)}$ 賦予序號 i，也就是

$$y_{(1)} \leq y_{(2)} \leq \cdots \leq y_{(n)}$$
$$\downarrow \qquad \downarrow \qquad \downarrow$$
$$1 \qquad 2 \qquad n$$

注意事項：當 $x_i - \eta_1$, $x_i - \eta_2$ 或 $x_i - \eta_3$ 為零時，捨去這筆觀測值，同時總樣本數減 1。

步驟四：賦予排序值符號

所謂賦予排序值符號是對步驟三所產生的序號 $1, 2, \cdots, n$ 依照 $y_{(i)}$ 值未取絕對值前的正負賦予「＋」或「－」符號，也就是將 $1, 2, \cdots, n$ 轉換成具正負符號的 r_i 值。

$$1, \quad 2, \quad \cdots, \quad i, \quad \cdots, \quad n$$
$$\downarrow \downarrow \qquad \downarrow \qquad \downarrow$$
$$r_1 \quad r_2 \quad \cdots \quad r_i \quad \cdots \quad r_n$$

步驟五：H_0 為真時，檢定統計量的抽樣分配

統計學家 Frank Wilcoxon（1892-1965）提出 Wilcoxon W 統計量

$$W = \Sigma r_i$$

當 H_0 為真時，W 的分配近似常態，它的平均數為 0，變異數

為 Σr_i^2，所以，W 的近似分配為

$$W \doteq N(0, \Sigma r_i^2)$$

所以，

$$\frac{W}{\sqrt{\Sigma r_i^2}} \doteq N(0, 1)$$

步驟六：顯著水準 α 的檢定法則（拒絕域）

(1)雙尾檢定

$$\text{拒絕域} R = \left\{ W \left\| \frac{W}{\sqrt{\Sigma r_i^2}} \right| > Z_{\alpha/2} \right\}$$

(2)右尾檢定

$$\text{拒絕域} R = \left\{ W \left| \frac{W}{\sqrt{\Sigma r_i^2}} > Z_{\alpha} \right. \right\}$$

(3)左尾檢定

$$\text{拒絕域} R = \left\{ W \left| \frac{W}{\sqrt{\Sigma r_i^2}} < -Z_{\alpha} \right. \right\}$$

注意事項：本章所有無母數方法中，當排序出現相等值（tied observation）時，取序號平均值。例如 13, 19, 21, 21, 48 這五個數字的排序中第 3 筆及第 4 筆排序值相等（皆為 21），則我們取序號平均值 $\frac{3+4}{2} = 3.5$，也就是

排序值　$13 < 19 < 21 = 21 < 48$

↓　　↓　　↓　　↓　　↓

序　號　　1　　2　　3.5　3.5　5

例題 16-1-1 欲檢定全班期中考試統計學成績中位數低於 75 分（$H_1 : \eta < 75$），隨機抽取 11 位同學的成績為 80, 45, 50, 34, 78, 92, 98, 23, 34, 54, 55。假設統計成績的分布為非常態但具對稱性，顯著水準 $\alpha = 0.05$ 下如何進行這個檢定？

解： Wilcoxon 符號排序檢定的 H_0 及 H_1 擬定為：

$$H_0 : \eta \geq 75 \qquad H_1 : \eta < 75$$

將抽樣值 x_i 減 75 成為 $y_i = x_i - 75$

$$5 \quad -30 \quad -25 \quad -41 \quad 3 \quad 17 \quad 23 \quad -52 \quad -41 \quad -21 \quad -20$$

依絕對值將 y_i 由小至大排序，並賦予符號排序值 r_i

$$3 \quad 5 \quad 17 \quad -20 \quad -21 \quad 23 \quad -25 \quad -30 \quad -41 \quad -41 \quad -52$$
$$\downarrow \quad \downarrow \quad \downarrow \quad \downarrow \quad \downarrow \quad \downarrow \quad \downarrow \quad \downarrow \quad \downarrow \quad \downarrow \quad \downarrow$$
$$1 \quad 2 \quad 3 \quad -4 \quad -5 \quad 6 \quad -7 \quad -8 \quad -9.5 \quad -9.5 \quad -11$$

計算檢定統計量 W

$$\begin{aligned}
W &= \Sigma r_i \\
&= 1 + 2 + 3 + (-4) + (-5) + 6 + (-7) + (-8) + (-9.5) + (-9.5) + (-11) \\
&= -42
\end{aligned}$$

$$\Sigma r_i^2 = (1)^2 + \cdots + (-11)^2 = 505.5$$

$\alpha = 0.05$，$Z_\alpha = 1.645$。所以檢定的拒絕域為

$$R = \left\{ W \middle| \frac{W}{\sqrt{\Sigma r_i^2}} < -1.645 \right\}$$

根據抽樣資料所計算之檢定統計值為

$$\frac{W}{\sqrt{\Sigma r_i^2}} = \frac{-42}{\sqrt{505.5}} = -1.868 < -1.645$$

所以，檢定結果為拒絕 H_0，這表示統計學成績中位數顯著低於 75。

16.2 兩個母群體是否相同的無母數檢定方法

Mann-Whitney 無母數檢定可用來檢定兩組獨立隨機樣本是否來自相同的母群體，其檢定程序如圖 16-2-1 所示，其中各步驟分別說明如下：

步驟一：擬定虛無假設及對應假設

Mann 及 Whitney 於 1942 提出 Mann-Whitney 無母數檢定，這個檢定的虛無假設可以是：(1)兩組樣本所屬的兩個母群體有相同的平均數；(2)兩組樣本所屬的兩個母群體有相同的中位數，所以這個檢定的虛無及對應假設可寫成

(1)雙尾檢定

$$H_0 : \mu_1 = \mu_2 \quad 或 \quad H_0 : \eta_1 = \eta_2$$
$$H_1 : \mu_1 \neq \mu_2 \qquad\quad H_1 : \eta_1 \neq \eta_2$$

(2)右尾檢定

$$H_0 : \mu_1 \leq \mu_2 \quad 或 \quad H_0 : \eta_1 \leq \eta_2$$
$$H_1 : \mu_1 > \mu_2 \qquad\quad H_1 : \eta_1 > \eta_2$$

(3)左尾檢定

$$H_0 : \mu_1 \geq \mu_2 \quad 或 \quad H_0 : \eta_1 \geq \eta_2$$
$$H_1 : \mu_1 < \mu_2 \qquad\quad H_1 : \eta_1 < \eta_2$$

其中，μ_1, μ_2 分別表示第一及第二母群體的平均數。η_1, η_2 分別表示第一及第二母群體的中位數。

步驟二：抽樣

分別自第一及第二母群體中抽取 n_1 及 n_2 個樣本值（$n_1 + n_2 \geq 12$），並以 $x_{11}, x_{12}, \cdots, x_{1n_1}$ 及 $x_{21}, x_{22}, \cdots, x_{2n_2}$ 分別表示兩組樣本值。

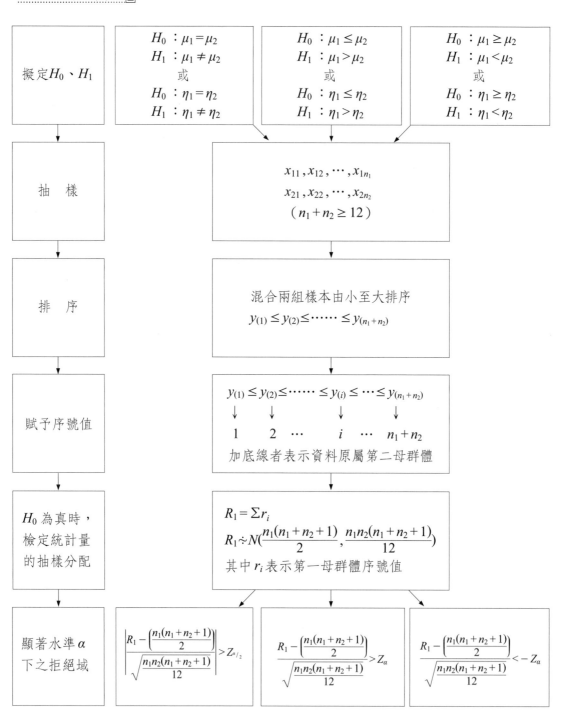

圖 16-2-1　Mann-Whitney 檢定程序

步驟三：排序

將兩組樣本混合後由小至大排序，為了區別各自所屬的母群體，在第二組樣本值下方加一底線（underline）以示區別，也就是，如果 $y_{(i)}$ 為來自第二組樣本，則在 $y_{(i)}$ 下方加一條底線成 $\underline{y_{(i)}}$ 作為標記。

$$y_{(1)} \leq y_{(2)} \leq \cdots \leq y_{(i)} \leq \cdots \leq y_{(n_1 + n_2)}$$

步驟四：賦予排序序號

依序（$1, 2, \cdots, n_1 + n_2$）賦予序號值，同時也將排序值原屬於第二組樣本的序號下方加一底線作為標記，例如 $\underline{i}$ 表示由小至大排序第 i 個序號所屬的原始資料來自第二組樣本。

步驟五：H_0 為真時，檢定統計量的抽樣分配

將步驟四中原屬第一組樣本的序號加總，若以 r_i 表示第一組樣本資料的序號值，R_1 表示第一組樣本資料所得到的序號總和，則

$$R_1 = \Sigma r_i$$

且 R_1 為平均數等於 $\dfrac{n_1(n_1 + n_2 + 1)}{2}$、變異數等於 $\dfrac{n_1 n_2 (n_1 + n_2 + 1)}{12}$ 之近似常態分配，也就是

$$R_1 \approx N\left(\frac{n_1(n_1 + n_2 + 1)}{2}, \frac{n_1 n_2 (n_1 + n_2 + 1)}{12}\right)$$

所以

$$\frac{R_1 - \dfrac{n_1(n_1 + n_2 + 1)}{2}}{\sqrt{\dfrac{n_1 n_2 (n_1 + n_2 + 1)}{12}}} \approx N(0, 1)$$

步驟六：顯著水準 α 下之檢定法則

(1)雙尾檢定

$$拒絕域\ R = \left\{ R_1 \left| \ \left| \dfrac{R_1 - \dfrac{n_1(n_1 + n_2 + 1)}{2}}{\sqrt{\dfrac{n_1 n_2(n_1 + n_2 + 1)}{12}}} \right| > Z_{\alpha/2} \right. \right\}$$

(2)右尾檢定

$$拒絕域\ R = \left\{ R_1 \left| \ \dfrac{R_1 - \dfrac{n_1(n_1 + n_2 + 1)}{2}}{\sqrt{\dfrac{n_1 n_2(n_1 + n_2 + 1)}{12}}} > Z_{\alpha} \right. \right\}$$

(3)左尾檢定

$$拒絕域\ R = \left\{ R_1 \left| \ \dfrac{R_1 - \dfrac{n_1(n_1 + n_2 + 1)}{2}}{\sqrt{\dfrac{n_1 n_2(n_1 + n_2 + 1)}{12}}} < -Z_{\alpha} \right. \right\}$$

例題 16-2-1 欲比較兩住宅區的噪音平均值是否相等，在兩住宅區內隨機挑選定點量測噪音值分別如下。在 5%顯著水準下的檢定結果為何？

地區一	40.2	37.5	46.3	44.2	34.1	48.2	41.7	36.3	50.3	43.9
地區二	49.4	41.3	45.8	39.7	44.4	43.1	48.8	47.5		

解：令 μ_1, μ_2 分別表示地區一及地區二噪音平均值，這個檢定的 H_0 及 H_1 為

$$H_0 : \mu_1 = \mu_2 \qquad H_1 : \mu_1 \neq \mu_2$$

將抽樣自兩個地區的抽樣值混合後由小至大排序，加底線的資料為原屬地區二之資料

34.1   36.3   37.5   <u>39.7</u>   40.2   <u>41.3</u>   41.7   <u>43.1</u>   43.9

44.2 <u>44.4</u> <u>45.8</u> 46.3 <u>47.5</u> 48.2 <u>48.8</u> <u>49.4</u> 50.3

將上述排序值賦予序號，加底線者為原屬地區二之資料

1 2 3 <u>4</u> 5 <u>6</u> 7 <u>8</u> 9

10 <u>11</u> <u>12</u> 13 <u>14</u> 15 <u>16</u> <u>17</u> 18

計算檢定統計值 R_1

$$R_1 = \sum r_i = 1+2+3+5+7+9+10+13+15+18 = 83$$

$n_1 = 10$，$n_2 = 8$ 所以檢定統計量 R_1 的期望期 $E(R_1)$ 及變異數 $V(R_1)$ 為

$$E(R_1) = \frac{n_1(n_1+n_2+1)}{2} = \frac{10 \times 19}{2} = 95$$

$$V(R_1) = \frac{n_1 n_2(n_1+n_2+1)}{12} = \frac{10 \times 8 \times 19}{12} = 126.66$$

所以，檢定統計量 R_1 的抽樣分配近似常態分配

$$R_1 \approx N(95, 126.66)$$

$\frac{\alpha}{2} = 0.025$，$Z_{\alpha/2} = 1.96$，所以這個檢定的拒絕域為

$$R = \left\{ R_1 \left| \left| \frac{R_1 - 95}{\sqrt{126.66}} \right| > 1.96 \right. \right\}$$

根據抽樣資料所計算之檢定統計值為

$$\left| \frac{R_1 - 95}{\sqrt{126.66}} \right| = \left| \frac{83 - 95}{\sqrt{126.66}} \right| = \left| -1.07 \right| = 1.07 < 1.96$$

所以，檢定結果為不拒絕 H_0，也就是這兩個住宅區的噪音平均值並無差異。

16.3 多個母群體是否相同的無母數檢定方法

在第十三章中，我們以單因子變異數分析（one-way ANOVA）檢定 k 個（$k>2$）母群體是否相同，其假設前提是 k 個母群體皆為常態母群體。當 k 個母群體不具備常態性時，Kruskal 及 Wallis 於 1952 提出 Kruskal-Wallis 無母數檢定方法（Kruskal-Wallis test）檢定 k 個母群體是否相同。檢定程序如圖 16-3-1 所示，其中各步驟說明如下：

步驟一：擬定虛無假設及對應假設

$$H_0：\mu_1 = \mu_2 = \cdots = \mu_k$$
$$H_1：H_0 \text{中至少有一個等式不成立}$$

或

$$H_0：\eta_1 = \eta_2 = \eta_3 = \cdots = \eta_k$$
$$H_1：H_0 \text{中至少有一個等式不成立}$$

其中 μ_j 及 η_j 分別為第 j 個母群體的平均數與中位數。

步驟二：抽樣

分別自第 j 個母群體（$j=1,\cdots,k$）抽取 n_j 個樣本，以 X_{ij} 表示第 j 個母群體的第 i 個樣本值，則 k 組樣本如表 16-3-1。

表 16-3-1

1	2	$\cdots$	k
x_{11}	x_{12}	$\cdots$	x_{1k}
x_{21}	x_{22}	$\cdots$	x_{2k}
·	·	$\cdots$	·
·	·	$\cdots$	·
·	·	$\cdots$	·
$x_{n_1 1}$	$x_{n_2 2}$	$\cdots$	$x_{n_k k}$

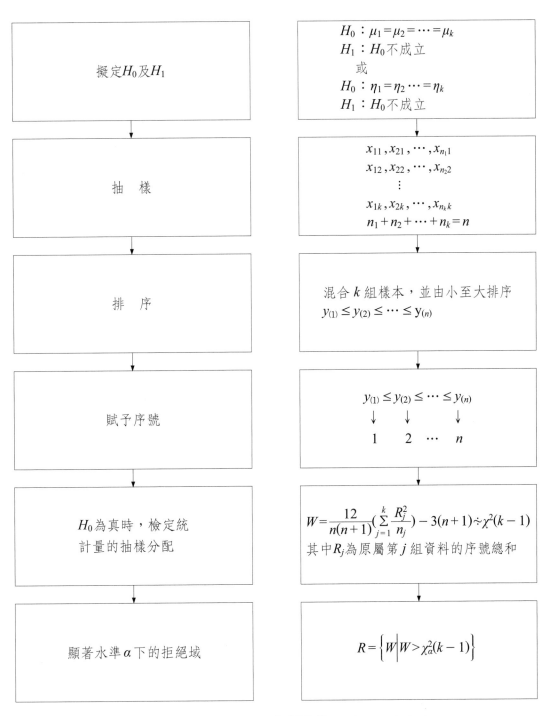

圖 16-3-1　Kruskal-Wallis 檢定的檢定程序

步驟三：排序

將 k 組樣本混合由小至大排序，並賦予序號如表 16-3-2 所示

表 16-3-2

1	r_1	2	r_2	$\cdots$	k	r_k
x_{11}	序號	x_{12}	序號	$\cdot$	x_{1k}	序號
x_{21}		x_{22}		$\cdot$	x_{2k}	
$\cdot$		$\cdot$		$\cdot$	$\cdot$	
$\cdot$		$\cdot$			$\cdot$	
$x_{n_1 1}$		$x_{n_2 2}$			$x_{n_k k}$	

步驟四：H_0 為真時，檢定統計量的抽樣分配

若以 R_j 表示第 j 個母群體樣本所產生的序號總合，當 H_0 為真時，檢定統計量 W 是自由度為 $(k-1)$ 的卡方分配，也就是

$$W = \frac{12}{n(n+1)} \left(\sum_{j=1}^{k} \frac{R_j^2}{n_j} \right) - 3(n+1) \doteq \chi^2(k-1)$$

其中，$n = n_1 + n_2 + \cdots + n_k$

步驟五：顯著水準 α 下之檢定法則

在 $\chi^2(k-1)$ 分配右尾截取機率（面積）α 之區域，將其設定為拒絕域，所以這個檢定的拒絕域為 $R = \{W \mid W > \chi^2_\alpha(k-1)\}$

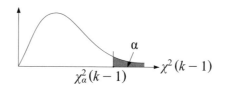

例題 16-3-1 欲檢定 A, B, C 三款汽車的燃料使用效率，隨機挑選 A, B, C 三款車各 5, 6, 7 輛，分別測得每公升的里程數（單位：公里）如表 16-3-3，在顯著水準 $\alpha = 0.05$ 下檢定這三款車的燃料使用效率（平均里程）是否相等？

表 16-3-3

A	B	C
24.3	25.8	22.9
25.2	26.9	24.3
23.7	24.4	25.8
24.5	25.1	26.5
23.6	24.9	25.7
	24.8	25.9
		26.4

解： Kruskal-Wallis 檢定的 H_0 及 H_1 擬定如下

$$H_0：\mu_1 = \mu_2 = \mu_3 \qquad H_1：H_0 不成立$$

計算這三款車每公升里程排序值試算表 16-3-4 所示。

表 16-3-4

A	r_1	B	r_2	C	r_3
24.3	4.5	25.8	13.5	22.9	1
25.2	11	26.9	18	24.3	4.5
23.7	3	24.4	6	25.8	13.5
24.5	7	25.1	10	26.5	17
23.6	2	24.9	9	25.7	12
		24.8	8	25.9	15
				26.4	16

A, B, C 三款車的排序總和 R_1, R_2, R_3 分別為

$$R_1 = 4.5 + 11 + 3 + 7 + 2 = 27.5$$

$$R_2 = 13.5 + 18 + 6 + 10 + 9 + 8 = 64.5$$

$$R_3 = 1 + 4.5 + 13.5 + 17 + 12 + 15 + 16 = 79$$

$\alpha = 0.05$，$\chi_{0.05}^2(2) = 5.99$，所以這個檢定的拒絕域 R 為

$$R = \{W \mid W > 5.99\}$$

根據抽樣資料計算的統計值 W 為

$$n = n_1 + n_2 + n_3 = 5 + 6 + 7 = 18$$

$$W = \frac{12}{18(19)}\left(\frac{27.5^2}{5} + \frac{64.5^2}{6} + \frac{79^2}{7}\right) - 3(19) = 3.919 < 5.99$$

所以，檢定結果為不拒絕 H_0，也就是這三款車的燃料使用效率並無顯著差異。

16.4 兩變項是否相關的無母數檢定方法

在第十四章第五節相關分析中，以 Pearson 相關係數來顯示兩隨機變數 X, Y 的相關性，其前提是必須知道 n 個(x_i, y_i)的數據值。但是，當我們只知道n 個(X, Y)的排序值時，英國心理學家 Spearman（1863-1945）提出 Spearman 排序相關係數（Spearman's rank correlation coefficient）。因此可以用 Spearman 排序相關係數檢定法來檢定兩隨機變數的排序相關性（rank correlation）。Spearman 排序相關檢定程序如圖 16-4-1 所示，其中各步驟分別說明如下。

步驟一：擬定虛無假設及對應假設

若以ρ_s表示兩隨機變數 X, Y 的排序相關係數，則 Spearman 排序相關檢定的虛無及對應假設可寫成

(1)雙尾檢定

$$H_0 : \rho_s = 0 \qquad H_1 : \rho_s \neq 0$$

(2)右尾檢定

$$H_0 : \rho_s \leq 0 \qquad H_1 : \rho_s > 0$$

(3)左尾檢定

$$H_0 : \rho_s \geq 0 \qquad H_1 : \rho_s < 0$$

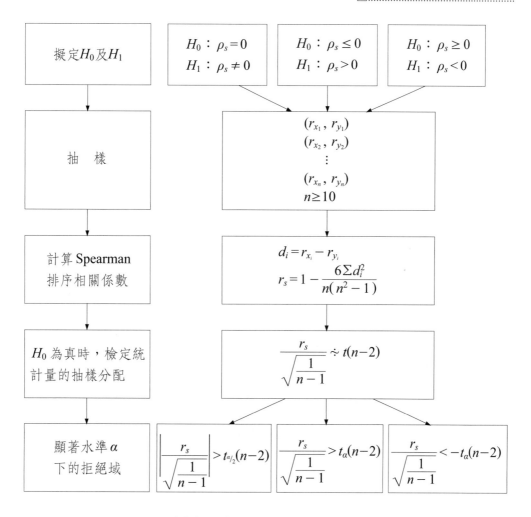

圖 16-4-1　Spearman 排序相關檢定程序圖

步驟二：抽樣

令（r_{x_i}, r_{y_i}）表示第 i 對觀測值中 x 及 y 的排序值，則 n 個排序樣本可表示成

$$（r_{x_1}, r_{y_1}）$$
$$（r_{x_2}, r_{y_2}）$$
$$\vdots$$
$$（r_{x_n}, r_{y_n}）$$

步驟三：計算 Spearman 排序相關係數

Spearman 排序相關係數 r_s 的定義如下

$$r_s = \frac{\sum\limits_{i=1}^{n}(r_{x_i} - \overline{R}_x)(r_{y_i} - \overline{R}_y)}{\sqrt{\sum\limits_{i=1}^{n}(r_{x_i} - \overline{R}_x)^2 \sum\limits_{i=1}^{n}(r_{y_i} - \overline{R}_y)^2}} \qquad （16\text{-}4\text{-}1）$$

其中 $\overline{R}_x$，$\overline{R}_y$ 分別表示 x, y 排序的平均數，也就是

$$\overline{R}_x = \frac{\sum\limits_{i=1}^{n} r_{x_i}}{n}$$

$$\overline{R}_y = \frac{\sum\limits_{i=1}^{n} r_{y_i}}{n}$$

上述（16-4-1）式的替代計算公式如（16-4-2）式所示

$$r_s = 1 - \frac{6 \sum\limits_{i=1}^{n} d_i^2}{n(n^2 - 1)} \qquad （16\text{-}4\text{-}2）$$

其中，d_i 表示第 i 個 x, y 排序的差異，也就是 $d_i = r_{x_i} - r_{y_i}$

步驟四：H_0 為真時，檢定統計量的抽樣分配

當 H_0 為真時，Spearman 排序相關係數檢定統計量 $\dfrac{r_s}{\sqrt{\dfrac{1}{n-1}}}$ 為近似

自由度 $(n-2)$ 的 t 分配，也就是

$$\frac{r_s}{\sqrt{\dfrac{1}{n-1}}} \doteqdot t(n-2)$$

步驟五：顯著水準 α 之檢定法則

(1)雙尾檢定

$$拒絕域\ R = \left\{ r_s \left| \left| \frac{r_s}{\sqrt{\dfrac{1}{n-1}}} \right| > t_{\alpha/2}(n-2) \right. \right\}$$

(2)右尾檢定

$$拒絕域 R = \left\{ r_s \left| \frac{r_s}{\sqrt{\dfrac{1}{n-1}}} > t_\alpha(n-2) \right. \right\}$$

(3)左尾檢定

$$拒絕域 R = \left\{ r_s \left| \frac{r_s}{\sqrt{\dfrac{1}{n-1}}} < -t_\alpha(n-2) \right. \right\}$$

例題 16-4-1 抽樣調查 15 位投資專家評比國內股市及國際股市未來半年的展望，以 1-10 評點愈高表示展望愈佳，如表 16-4-1 所示。在顯著水準 $\alpha = 0.05$ 下檢定投資專家們對未來半年國內股市與國際股市的互動是否相關。

表 16-4-1

投資專家	國內股市	國際股市
1	4	6
2	5	5
3	2	6
4	7	9
5	6	8
6	4	3
7	3	6
8	4	7
9	5	8
10	6	7
11	8	9
12	2	6
13	4	7
14	5	9
15	4	7

解：以 ρ_s 表示 Spearman 排序相關係數，則 Spearman 排序相關檢定的 H_0 及 H_1 為

$$H_0 : \rho_s = 0 \qquad H_1 : \rho_s \neq 0$$

Spearman 排序相關係數的試算表如表 16-4-2 所示。

顯著水準 $\alpha = 0.05$，$t_{0.025}(13) = 2.16$。所以檢定的拒絕域 R 為

$$R = \left\{ r_s \left\| \frac{r_s}{\sqrt{\dfrac{1}{n-1}}} \right| > 2.16 \right\}$$

其中

$$r_s = 1 - \frac{6\Sigma d_i^2}{n(n^2-1)}$$

表 16-4- 2

專家	國內：x_i	國際：y_i	$d_i = x_i - y_i$	d_i^2
1	4	6	-2	4
2	5	5	0	0
3	2	6	-4	16
4	7	9	-2	4
5	6	8	-2	4
6	4	3	1	1
7	3	6	-3	9
8	4	7	-3	9
9	5	8	-3	9
10	6	7	-1	1
11	8	9	-1	1
12	2	6	-4	16
13	4	7	-3	9
14	5	9	-4	16
15	4	7	-3	9
				108

由試算表 16-4-2，計算檢定值為

$$r_s = 1 - \frac{6(108)}{15(225-1)} = 0.8071$$

$$\frac{r_s}{\sqrt{\dfrac{1}{n-1}}} = \frac{0.8071}{\sqrt{\dfrac{1}{14}}} = 3.019 > 2.16$$

所以檢定結果為拒絕 H_0，這表示投資專家認為國內股市與國際股市顯著相關。

案例 16　學童成績與學校授課時數的相關性

　　TIMSS 2007 各國四年級數學的全年平均授課時數（小時）與平均成績統計如表 C16-1。以阿爾及利亞為例，所有參加評鑑的阿爾及利亞四年級各班學生，數學全年平均上課時數為 177 小時，其平均成績為 378 分。

　　我們可以應用 Spearman 排序相關檢定，來檢定學童成績與學校授課時數的相關性。首先，分別將授課時數與平均成績賦予排序值如表 C16-2，其中，我們以 r_{x_i}，r_{y_i} 分別代表授課時數與平均成績的排序值，科威特與卡達因資料不全而刪除，所以，只有 34 個國家與地區的資料進行排序。

　　Spearman 排序相關檢定進行如下：

$$H_0 : \rho_s = 0 \quad H_1 : \rho_s \neq 0$$

其中，ρ_s 為學童成績與學校授課時數的排序相關係數，顯著水準 $\alpha = 0.05$ 的檢定法則為

$$拒絕 H_0 \quad \Leftrightarrow \quad \left| \frac{r_s}{\sqrt{\dfrac{1}{33}}} \right| > t_{0.025}(32) = 2.04$$

表 C16-1　TIMSS 2007 四年級數學評鑑（授課時數與平均成績）

國　　　家	全年平均授課時數（小時）	平均成績
阿爾及利亞 Algeria	177	378
亞美尼亞 Armenia	133	500
澳洲 Australia	174	516
奧地利 Austria	126	505
中華民國 Republic of China	112	576
哥倫比亞 Columbia	175	355
捷克 Czech Republic	144	486
丹麥 Denmark	125	523
薩爾瓦多 El Salvador	147	330
英格蘭 England	183	541
喬治亞 Georgia	130	438
德國 Germany	145	525
香港 Hong Kong	150	607
匈牙利 Hungary	110	510
伊朗 Iran	105	402
義大利 Italy	201	507
日本 Japan	136	568
哈薩克 Kazakhstan	133	549
科威特 Kuwait	NA	316
拉脫維亞 Latvia	121	537
立陶宛 Lithuania	118	530
摩洛哥 Morocco	162	341
荷蘭 Netherlands	179	535
紐西蘭 New Zealand	148	492
挪威 Norway	115	473
卡達 Qatar	NA	296
俄羅斯 Russian Federation	110	544
蘇格蘭 Scotland	181	494
新加坡 Singapore	201	599
斯洛伐克 Slovak Republic	143	496
斯洛維尼亞 Slovenia	141	502
瑞典 Sweden	104	503
突尼西亞 Tunisia	166	327
烏克蘭 Ukraine	104	469
美國 United States	171	529
葉門 Yemen	134	224
國際平均	144	500

資料來源：TIMSS 2007 International Report (Exhibit 5.2; Exhibit D.2; Exhibit 1.1) (Reprinted by permission of the IEA)

表 C16-2 TIMSS 2007 四年級數學評鑑（授課時數與成績的 Spearman 排序值）

國　　家	全年平均授課時數排序值	平均成績排序值
阿爾及利亞 Algeria	6	29
亞美尼亞 Armenia	21.5	20
澳洲 Australia	8	14
奧地利 Austria	24	17
中華民國 Republic of China	29	3
哥倫比亞 Columbia	7	30
捷克 Czech Republic	16	24
丹麥 Denmark	25	13
薩爾瓦多 El Salvador	14	32
英格蘭 England	3	7
喬治亞 Georgia	23	27
德國 Germany	15	12
香港 Hong Kong	12	1
匈牙利 Hungary	30.5	15
伊朗 Iran	32	28
義大利 Italy	1.5	16
日本 Japan	19	4
哈薩克 Kazakhstan	21.5	5
拉脫維亞 Latvia	26	8
立陶宛 Lithuania	27	10.5
摩洛哥 Morocco	11	31
荷蘭 Netherlands	5	9
紐西蘭 New Zealand	13	23
挪威 Norway	28	25
俄羅斯 Russian Federation	30.5	6
蘇格蘭 Scotland	4	22
新加坡 Singapore	1.5	2
斯洛伐克 Slovak Republic	17	21
斯洛維尼亞 Slovenia	18	19
瑞典 Sweden	33.5	18
突尼西亞 Tunisia	10	33
烏克蘭 Ukraine	33.5	26
美國 United States	9	10.5
葉門 Yemen	20	34

其中，$r_s = 1 - \dfrac{6\Sigma(r_{x_i} - r_{y_i})^2}{n(n^2-1)}$，$n = 34$。計算得到 $r_s = -0.00313$，

$$\left| \frac{r_s}{\sqrt{\dfrac{1}{33}}} \right| = \left| -0.01799 \right| < 2.04 \text{（不顯著）}$$

所以，四年級學童成績表現與學校授課時數的相關性並不顯著。

註：這個結論似乎與一般的認知並不一致，提供以下兩個思考方向做進一步的探討：(1)如果是樣本國家數目不足，則期待有更多國家參與評鑑之後繼續分析；(2)如果這不是一個適合做全球整體探討的題目，或許可考慮將資料按各國的文化背景、教學資料、教材教法…等因素的相近性加以分類後做區塊性現象的分析。

習　題

16.1 在顯著水準 $\alpha = 0.05$ 下，以 Mann-Whiteney Test 檢定以下兩組獨立樣本之母群體平均數是否相等。

第一組樣本	2.11　2.78　2.62　2.73　2.69　2.51　2.66 2.80　2.16　2.22　2.55
第二組樣本	2.75　2.48　2.77　2.72

16.2 抽樣調查 A、B、C 三校同學在學校附近租屋的月租金支出如表 E16-2 所示，在顯著水準 $\alpha = 0.05$ 下，以 Kruskal-Wallis 檢定三校同學租屋月租金支出的平均值是否相等。

表 E16-2

A	B	C
3500	3550	4200
3600	4400	3900
4200	4800	4900
5100	5200	5300
6000	5900	5700

16.3 在顯著水準 $\alpha = 0.05$ 下，檢定表 E16-3 的 (X_i, Y_i) 排序資料是否相關。

表 E16-3

X_i	Y_i
9	9
10	7
6	4
7	10
3	2
4	5
2	7
8	6
5	3
1	1

附 錄 一

表 A1-1　標準常態表

表中數字為累積至 Z 的面積（機率）如下圖套色部分，例如：$P(Z \leq 1.96)=0.975$

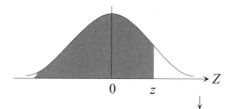

z	0	1	2	3	4	5	6	7	8	9
0	0.5	0.504	0.508	0.512	0.516	0.5199	0.5239	0.5279	0.5319	0.5359
0.1	0.5398	0.5438	0.5478	0.5517	0.5557	0.5596	0.5636	0.5675	0.5714	0.5753
0.2	0.5793	0.5832	0.5871	0.591	0.5948	0.5987	0.6026	0.6064	0.6103	0.6141
0.3	0.6179	0.6217	0.6255	0.6293	0.6331	0.6368	0.6406	0.6443	0.648	0.6517
0.4	0.6554	0.6591	0.6628	0.6664	0.67	0.6736	0.6772	0.6808	0.6844	0.6879
0.5	0.6915	0.695	0.6985	0.7019	0.7054	0.7088	0.7123	0.7157	0.719	0.7224
0.6	0.7257	0.7291	0.7324	0.7357	0.7389	0.7422	0.7454	0.7486	0.7517	0.7549
0.7	0.758	0.7611	0.7642	0.7673	0.7704	0.7734	0.7764	0.7794	0.7823	0.7852
0.8	0.7881	0.791	0.7939	0.7967	0.7995	0.8023	0.8051	0.8078	0.8106	0.8133
0.9	0.8159	0.8186	0.8212	0.8238	0.8264	0.8289	0.8315	0.834	0.8365	0.8389
1	0.8413	0.8438	0.8461	0.8485	0.8508	0.8531	0.8554	0.8577	0.8599	0.8621
1.1	0.8643	0.8665	0.8686	0.8708	0.8729	0.8749	0.877	0.879	0.881	0.883
1.2	0.8849	0.8869	0.8888	0.8907	0.8925	0.8944	0.8962	0.898	0.8997	0.9015
1.3	0.9032	0.9049	0.9066	0.9082	0.9099	0.9115	0.9131	0.9147	0.9162	0.9177
1.4	0.9192	0.9207	0.9222	0.9236	0.9251	0.9265	0.9279	0.9292	0.9306	0.9319
1.5	0.9332	0.9345	0.9357	0.937	0.9382	0.9394	0.9406	0.9418	0.9429	0.9441
1.6	0.9452	0.9463	0.9474	0.9484	0.9495	0.9505	0.9515	0.9525	0.9535	0.9545
1.7	0.9554	0.9564	0.9573	0.9582	0.9591	0.9599	0.9608	0.9616	0.9625	0.9633
1.8	0.9641	0.9649	0.9656	0.9664	0.9671	0.9678	0.9686	0.9693	0.9699	0.9706
→1.9	0.9713	0.9719	0.9726	0.9732	0.9738	0.9744	0.975	0.9756	0.9761	0.9767
2	0.9772	0.9778	0.9783	0.9788	0.9793	0.9798	0.9803	0.9808	0.9812	0.9817
2.1	0.9821	0.9826	0.983	0.9834	0.9838	0.9842	0.9846	0.985	0.9854	0.9857
2.2	0.9861	0.9864	0.9868	0.9871	0.9875	0.9878	0.9881	0.9884	0.9887	0.989
2.3	0.9893	0.9896	0.9898	0.9901	0.9904	0.9906	0.9909	0.9911	0.9913	0.9916
2.4	0.9918	0.992	0.9922	0.9925	0.9927	0.9929	0.9931	0.9932	0.9934	0.9936
2.5	0.9938	0.994	0.9941	0.9943	0.9945	0.9946	0.9948	0.9949	0.9951	0.9952
2.6	0.9953	0.9955	0.9956	0.9957	0.9959	0.996	0.9961	0.9962	0.9963	0.9964
2.7	0.9965	0.9966	0.9967	0.9968	0.9969	0.997	0.9971	0.9972	0.9973	0.9974
2.8	0.9974	0.9975	0.9976	0.9977	0.9977	0.9978	0.9979	0.9979	0.998	0.9981
2.9	0.9981	0.9982	0.9982	0.9983	0.9984	0.9984	0.9985	0.9985	0.9986	0.9986
3	0.9987	0.9987	0.9987	0.9988	0.9988	0.9989	0.9989	0.9989	0.999	0.999
3.1	0.999	0.9991	0.9991	0.9991	0.9992	0.9992	0.9992	0.9992	0.9993	0.9993
3.2	0.9993	0.9993	0.9994	0.9994	0.9994	0.9994	0.9994	0.9995	0.9995	0.9995
3.3	0.9995	0.9995	0.9995	0.9996	0.9996	0.9996	0.9996	0.9996	0.9996	0.9997
3.4	0.9997	0.9997	0.9997	0.9997	0.9997	0.9997	0.9997	0.9997	0.9997	0.9998
3.5	0.9998	0.9998	0.9998	0.9998	0.9998	0.9998	0.9998	0.9998	0.9998	0.9998
3.6	0.9998	0.9998	0.9999	0.9999	0.9999	0.9999	0.9999	0.9999	0.9999	0.9999
3.7	0.9999	0.9999	0.9999	0.9999	0.9999	0.9999	0.9999	0.9999	0.9999	0.9999
3.8	0.9999	0.9999	0.9999	0.9999	0.9999	0.9999	0.9999	0.9999	0.9999	0.9999
3.9	1	1	1	1	1	1	1	1	1	1
4	1	1	1	1	1	1	1	1	1	1

表 A1-2　t 分配機率表

表中所呈現的數字為 $t(v)$ 右尾端機率（面積）α 之 $t_\alpha(v)$ 值如下圖。

例如：$v=15,\ \alpha=0.05$ 則 $P(t(15) \geq t_{0.05}(15)) = P(t(15) \geq 1.753) = 0.05$

自由度	$t_{.10}$	$t_{.05}$	$t_{.025}$	$t_{.01}$	$t_{.005}$
1	3.078	6.314	12.706	31.821	63.657
2	1.886	2.920	4.303	6.965	9.925
3	1.638	2.353	3.128	4.541	5.841
4	1.533	2.132	2.776	3.747	4.604
5	1.476	2.015	2.571	3.365	4.032
6	1.440	1.943	2.447	3.143	3.707
7	1.415	1.895	2.365	2.998	3.499
8	1.397	1.860	2.306	2.896	3.355
9	1.383	1.833	2.262	2.821	3.250
10	1.372	1.812	2.228	2.764	3.169
11	1.363	1.796	2.201	2.718	3.106
12	1.356	1.782	2.179	2.681	3.055
13	1.350	1.771	2.160	2.650	3.012
14	1.345	1.761	2.145	2.624	2.977
→15	1.341	1.753	2.131	2.602	2.947
16	1.337	1.746	2.120	2.583	2.921
17	1.333	1.740	2.110	2.567	2.898
18	1.330	1.734	2.101	2.552	2.878
19	1.328	1.729	2.093	2.539	2.861
20	1.325	1.725	2.086	2.528	2.845
21	1.323	1.721	2.080	2.518	2.831
22	1.321	1.717	2.074	2.508	2.819
23	1.319	1.714	2.069	2.500	2.807
24	1.318	1.711	2.064	2.492	2.797
25	1.316	1.708	2.060	2.485	2.787
26	1.315	1.706	2.056	2.479	2.779
27	1.314	1.703	2.052	2.473	2.771
28	1.313	1.701	2.048	2.467	2.763
29	1.311	1.699	2.045	2.462	2.756
30	1.310	1.697	2.042	2.457	2.750
40	1.303	1.684	2.021	2.423	2.704
60	1.296	1.671	2.000	2.390	2.660
120	1.289	1.658	1.980	2.358	2.617
∞	1.282	1.645	1.960	2.326	2.576

表 A1-3　χ² 分配機率表

表中所呈現的數字為 $\chi^2(v)$ 右尾端機率（面積）α 之 $\chi_\alpha^2(v)$ 值，如下圖

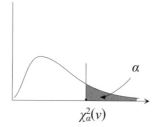

$$\chi_\alpha^2(v)$$

例如：$v = 15$，$\alpha = 0.05$ 則 $P(\chi^2(15) \geq \chi_{0.05}^2(15)) = P(\chi^2(15) \geq 25) = 0.05$

自由度	$\chi_{.100}^2$	$\chi_{.050}^2$	$\chi_{.025}^2$	$\chi_{.010}^2$	$\chi_{.005}^2$
1	2.71	3.84	5.02	6.63	7.88
2	4.61	5.99	7.38	9.21	10.60
3	6.25	7.81	9.35	11.34	12.84
4	7.78	9.49	11.14	13.28	14.86
5	9.24	11.07	12.83	15.09	16.75
6	10.64	12.59	14.45	16.81	18.55
7	12.02	14.07	16.01	18.48	20.28
8	13.36	15.51	17.53	20.09	21.96
9	14.68	16.92	19.02	21.67	23.59
10	15.99	18.31	20.48	23.21	25.19
11	17.28	19.68	21.92	24.72	26.76
12	18.55	21.03	23.34	26.22	28.30
13	19.81	22.36	24.74	27.69	29.82
14	21.06	23.68	26.12	29.14	31.32
→15	22.31	25.00	27.49	30.58	32.80
16	23.54	26.30	28.85	32.00	34.27
17	24.77	27.59	30.19	33.41	35.72
18	25.99	28.87	31.53	34.81	37.16
19	27.20	30.14	32.85	36.19	38.58
20	28.41	31.41	34.17	37.57	40.00
21	29.62	32.67	35.48	38.93	41.40
22	30.81	33.92	36.78	40.29	42.80
23	32.01	35.17	38.08	41.64	44.18
24	33.20	36.42	39.36	42.98	45.56
25	34.38	37.65	40.65	44.31	46.93
26	35.56	38.89	41.92	45.64	48.29
27	36.74	40.11	43.19	46.96	49.64
28	37.92	41.34	44.46	48.28	50.99
29	39.09	42.56	45.72	49.59	52.34
30	40.26	43.77	46.98	50.89	53.67
40	51.81	55.76	59.34	63.69	66.77
50	63.17	67.50	71.42	76.15	79.49
60	74.40	79.08	83.30	88.38	91.95
70	85.53	90.53	95.02	100.43	104.22
80	96.58	101.88	106.63	112.33	116.32
90	107.60	113.14	118.14	124.12	128.30
100	118.50	124.34	129.56	135.81	140.17

表 A1-3 （續）

自由度	$\chi^2_{0.995}$	$\chi^2_{0.99}$	$\chi^2_{0.975}$	$\chi^2_{0.95}$	$\chi^2_{0.90}$
1	3.92713E-05	0.000157	0.000982	0.003932	0.015791
2	0.010025	0.020100	0.050636	0.102586	0.210721
3	0.0717	0.1148	0.2158	0.3518	0.5844
4	0.2070	0.2971	0.4844	0.7107	1.0636
5	0.4118	0.5543	0.8312	1.1455	1.6103
6	0.6757	0.8721	1.2373	1.6354	2.2041
7	0.9893	1.2390	1.6899	2.1673	2.8331
8	1.3444	1.6465	2.1797	2.7326	3.4895
9	1.7349	2.0879	2.7004	3.3251	4.1682
10	2.1558	2.5582	3.2470	3.9403	4.8652
11	2.6032	3.0535	3.8157	4.5748	5.5778
12	3.0738	3.5706	4.4038	5.2260	6.3038
13	3.5650	4.1069	5.0087	5.8919	7.0415
14	4.0747	4.6604	5.6287	6.5706	7.7895
15	4.6009	5.2294	6.2621	7.2609	8.5468
16	5.1422	5.8122	6.9077	7.9616	9.3122
17	5.6973	6.4077	7.5642	8.6718	10.0852
18	6.2648	7.0149	8.2307	9.3904	10.8649
19	6.8439	7.6327	8.9065	10.1170	11.6509
20	7.4338	8.2604	9.5908	10.8508	12.4426
21	8.0336	8.8972	10.2829	11.5913	13.2396
22	8.6427	9.5425	10.9823	12.3380	14.0415
23	9.2604	10.1957	11.6885	13.0905	14.8480
24	9.8862	10.8563	12.4011	13.8484	15.6587
25	10.5196	11.5240	13.1197	14.6114	16.4734
26	11.1602	12.1982	13.8439	15.3792	17.2919
27	11.8077	12.8785	14.5734	16.1514	18.1139
28	12.4613	13.5647	15.3079	16.9279	18.9392
29	13.1211	14.2564	16.0471	17.7084	19.7677
30	13.7867	14.9535	16.7908	18.4927	20.5992
40	20.7066	22.1642	24.4331	26.5093	29.0505
50	27.9908	29.7067	32.3574	34.7642	37.6886
60	35.5344	37.4848	40.4817	43.1880	46.4589
70	43.2753	45.4417	48.7575	51.7393	55.3289
80	51.1719	53.5400	57.1532	60.3915	64.2778
90	59.1963	61.7540	65.6466	69.1260	73.2911
100	67.3275	70.0650	74.2219	77.9294	82.3581

表 A1-4　F 分配機率表

表中所呈現的數字為 $F(v_1,v_2)$ 右尾端機率（面積）α 之 $F_\alpha(v_1,v_2)$ 值，如下圖

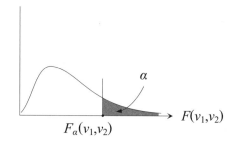

例如：$v_1=5$，$v_2=10$，$\alpha=0.05$ 則 $P(F(5,10)\geq F_{0.05}(5,10))=P(F(5,10)\geq 3.3258)=0.05$

$$F_{0.05}(v_1,v_2)$$

$\downarrow$

v_2 \ v_1	1	2	3	4	5	6	7	8	9
1	161.45	199.50	215.71	224.58	230.16	233.99	236.77	238.88	240.54
2	18.513	19.000	19.164	19.247	19.296	19.330	19.353	19.371	19.385
3	10.128	9.5521	9.2766	9.1172	9.0135	8.9406	8.8868	8.8452	8.8123
4	7.7086	6.9443	6.5914	6.3883	6.2560	6.1631	6.0942	6.0410	5.9988
5	6.6079	5.7861	5.4095	5.1922	5.0503	4.9503	4.8759	4.8183	4.7725
6	5.9874	5.1433	4.7571	4.5337	4.3874	4.2839	4.2066	4.1468	4.0990
7	5.5914	4.7374	4.3468	4.1203	3.9715	3.8660	3.7870	3.7257	3.6767
8	5.3177	4.4590	4.0662	3.8378	3.6875	3.5806	3.5005	3.4381	3.3881
9	5.1174	4.2565	3.8626	3.6331	3.4817	3.3738	3.2927	3.2296	3.1789
→10	4.9646	4.1028	3.7083	3.4780	3.3258	3.2172	3.1355	3.0717	3.0204
11	4.8443	3.9823	3.5874	3.3567	3.2039	3.0946	3.0123	2.9480	2.8962
12	4.7472	3.8853	3.4903	3.2592	3.1059	2.9961	2.9134	2.8486	2.7964
13	4.6672	3.8056	3.4105	3.1791	3.0254	2.9153	2.8321	2.7669	2.7144
14	4.6001	3.7389	3.3439	3.1122	2.9582	2.8477	2.7642	2.6987	2.6458
15	4.5431	3.6823	3.2874	3.0556	2.9013	2.7905	2.7066	2.6408	2.5876
16	4.4940	3.6337	3.2389	3.0069	2.8524	2.7413	2.6572	2.5911	2.5377
17	4.4513	3.5915	3.1968	2.9647	2.8100	2.6987	2.6143	2.5480	2.4943
18	4.4139	3.5546	3.1599	2.9277	2.7729	2.6613	2.5767	2.5102	2.4563
19	4.3808	3.5219	3.1274	2.8951	2.7401	2.6283	2.5435	2.4768	2.4227
20	4.3513	3.4928	3.0984	2.8661	2.7109	2.5990	2.5140	2.4471	2.3928
21	4.3248	3.4668	3.0725	2.8401	2.6848	2.5757	2.4876	2.4205	2.3661
22	4.3009	3.4434	3.0491	2.8167	2.6613	2.5491	2.4638	2.3965	2.3419
23	4.2793	3.4221	3.0280	2.7955	2.6400	2.5277	2.4422	2.3748	2.3201
24	4.2597	3.4028	3.0088	2.7763	2.6207	2.5082	2.4226	2.3551	2.3002
25	4.2417	3.3852	2.9912	2.7587	2.6030	2.4904	2.4047	2.3371	2.2821
26	4.2252	3.3690	2.9751	2.7426	2.5868	2.4741	2.3883	2.3205	2.2655
27	4.2100	3.3541	2.9604	2.7278	2.5719	2.4591	2.3732	2.3053	2.2501
28	4.1960	3.3404	2.9467	2.7141	2.5581	2.4453	2.3593	2.2913	2.2360
29	4.1830	3.3277	2.9340	2.7014	2.5454	2.4324	2.3463	2.2782	2.2229
30	4.1709	3.3158	2.9223	2.6896	2.5336	2.4205	2.3343	2.2662	2.2107
40	4.0848	3.2317	2.8387	2.6060	2.4495	2.3359	2.2490	2.1802	2.1240
60	4.0012	3.1504	2.7581	2.5252	2.3683	2.2540	2.1665	2.0970	2.0401
120	3.9201	3.0718	2.6802	2.4472	2.2900	2.1750	2.0867	2.0164	1.9588
∞	3.8415	2.9957	2.6049	2.3719	2.2141	2.0986	2.0096	1.9384	1.8799

表 A1-4（續）

$$F_{0.05}(v_1, v_2)$$

v_2 \ v_1	10	12	15	20	24	30	40	60	120	∞
1	241.88	243.91	245.95	248.01	249.05	250.09	251.14	252.20	253.25	254.32
2	19.396	19.413	19.429	19.446	19.454	19.462	19.471	19.479	19.487	19.496
3	8.7855	8.7446	8.7029	8.6602	8.6385	8.6166	8.5944	8.5720	8.5494	8.5265
4	5.9644	5.9117	5.8578	5.8025	5.7744	5.7459	5.7170	5.6878	5.6581	5.6281
5	4.7351	4.6777	4.6188	4.5581	4.5272	4.4957	4.4638	4.4314	4.3984	4.3650
6	4.0600	3.9999	3.9381	3.8742	3.8415	3.8082	3.7743	3.7398	3.7047	3.6688
7	3.6365	3.5747	3.5108	3.4445	3.4105	3.3758	3.3404	3.3043	3.2674	3.2298
8	3.3472	3.2840	3.2184	3.1503	3.1125	3.0794	3.0428	3.0053	2.9669	2.9276
9	3.1373	3.0729	3.0061	2.9365	2.9005	2.8637	2.8259	2.7872	2.7475	2.7067
10	2.9782	2.9130	2.8450	2.7740	2.7372	2.6996	2.6609	2.6211	2.5801	2.5379
11	2.8536	2.7876	2.7186	2.6464	2.6090	2.5705	2.5309	2.4901	2.4480	2.4045
12	2.7534	2.6866	2.6169	2.5436	2.5055	2.4663	2.4259	2.3842	2.3410	2.2962
13	2.6710	2.6037	2.5331	2.4589	2.4202	2.3803	2.3392	2.2966	2.2524	2.2064
14	2.6021	2.5342	2.4630	2.3879	2.3487	2.3082	2.2664	2.2230	2.1778	2.1307
15	2.5437	2.4753	2.4035	2.3275	2.2878	2.2468	2.2043	2.1601	2.1141	2.0658
16	2.4935	2.4247	2.3522	2.2756	2.2354	2.1938	2.1507	2.1058	2.0589	2.0096
17	2.4499	2.3807	2.3077	2.2304	2.1898	2.1477	2.1040	2.0584	2.0107	1.9604
18	2.4117	2.3421	2.2686	2.1906	2.1497	2.1071	2.0629	2.0166	1.9681	1.9168
19	2.3779	2.3080	2.2341	2.1555	2.1141	2.0712	2.0264	1.9796	1.9302	1.8780
20	2.3479	2.2776	2.2033	2.1242	2.0825	2.0391	1.9938	1.9464	1.8963	1.8432
21	2.3210	2.2504	2.1757	2.0960	2.0540	2.0102	1.9645	1.9165	1.8657	1.8117
22	2.2967	2.2258	2.1508	2.0707	2.0283	1.9842	1.9380	1.8895	1.8380	1.7831
23	2.2747	2.2036	2.1282	2.0476	2.0050	1.9605	1.9139	1.8649	1.8128	1.7570
24	2.2547	2.1834	2.1077	2.0267	1.9838	1.9390	1.8920	1.8424	1.7897	1.7331
25	2.2365	2.1649	2.0889	2.0075	1.9643	1.9192	1.8718	1.8217	1.7684	1.7110
26	2.2197	2.1479	2.0716	2.9898	1.9464	1.9010	1.8533	1.8027	1.7488	1.6906
27	2.2043	2.1323	2.0558	1.9736	1.9299	1.8842	1.8361	1.7851	1.7307	1.6717
28	2.1900	2.1179	2.0411	1.9586	1.9147	1.8687	1.8203	1.7689	1.7138	1.6541
29	2.1768	2.1045	2.0275	1.9446	1.9005	1.8543	1.8055	1.7537	1.6981	1.6377
30	2.1646	2.0921	2.0148	1.9317	1.8874	1.8409	1.7918	1.7396	1.6835	1.6223
40	2.0772	2.0035	1.9245	1.8389	1.7929	1.7444	1.6928	1.6373	1.5766	1.5089
60	1.9926	1.9174	1.8364	1.7480	1.7001	1.6491	1.5943	1.5343	1.4673	1.3893
120	1.9105	1.8337	1.7505	1.6587	1.6084	1.5543	1.4952	1.4290	1.3519	1.2539
∞	1.8307	1.7522	1.6664	1.5705	1.5173	1.4591	1.3940	1.3180	1.2214	1.0000

表 A1-5　亂數表

12651	61646	11769	75109	86996	97669	25757	32535	07122	76763
81769	74436	02630	72310	45049	18029	07469	42341	98173	79260
36737	98863	77240	76251	00654	64688	09343	70278	67331	98729
82861	54371	76610	94934	72748	44124	05610	53750	95938	01485
21325	15732	24127	37433	09723	63529	73977	95218	96074	42138
74146	47887	62463	23045	41490	07954	22597	60012	98866	90959
90759	64410	54179	66075	61051	75385	51378	08360	95946	95547
55683	98078	02238	91540	21219	17720	87817	41705	95785	12563
79686	17969	76061	83748	55920	83612	41540	86492	06447	60568
70333	00201	86201	69716	78185	62154	77930	67663	29529	75116
14042	53536	07779	04157	41172	36473	42123	43929	50533	33437
59911	08256	06596	48416	69770	68797	56080	14223	59199	30162
62368	62623	62742	14891	39247	52242	98832	69533	91174	57979
57529	97751	54976	48957	74599	08759	78494	52785	68526	64618
15469	90574	78033	66885	13936	42117	71831	22961	94225	31816
18625	23674	53850	32827	81647	80820	00420	63555	74489	80141
74626	68394	88562	70745	23701	45630	65891	58220	35442	60141
11119	16519	27384	90199	79210	76965	99546	30323	31664	22845
41101	17336	48951	53674	17880	45260	08575	49321	36191	17095
32123	91576	84221	78902	82010	30847	62329	63898	23268	74283
26091	68409	69704	82267	14751	13151	93115	01437	56945	89661
67680	79790	48462	59278	44185	29616	76531	19589	83139	28454
15184	19260	14073	07026	25264	08388	27182	22557	61501	67481
58010	45039	57181	10238	36874	28546	37444	80824	63981	39942
56425	53996	86245	32623	78858	08143	60377	42925	42815	11159
82630	84066	13592	60642	17904	99718	63432	88642	37858	25431
14927	40909	23900	48761	44860	92467	31742	87142	03607	32059
23740	22505	07489	85986	74420	21744	97711	36648	35620	97949
32990	97446	03711	63824	07953	85965	87089	11687	92414	67257
05310	24058	91946	78437	34365	82469	12430	84754	19354	72745
21839	39937	27534	88913	49055	19218	47712	67677	51889	70926
08833	42549	93981	94051	28382	83725	72643	64233	97252	17133

表 A1-5（續）

58336	11139	47479	00931	91560	95372	97642	33856	54825	55680
62032	91144	75478	47431	52726	30289	42411	91886	51818	78292
45171	30557	53116	04118	58301	24375	65609	85810	18620	49198
91611	62656	60128	35609	63698	78356	50682	22505	01692	36291
55472	63819	86314	49174	93582	73604	78614	78849	23069	72825
18573	09729	74091	53994	10970	86557	65661	41854	26037	53296
60866	02955	90288	82136	83644	94455	06560	78029	98768	71296
45043	55608	82767	60890	74646	79485	13619	98868	40857	16415
17831	09737	79473	75945	28394	79334	70577	38048	03607	06932
40137	03981	07585	18128	11178	32601	27994	05641	22600	86064
77776	31343	14576	97706	16039	47517	43300	59080	80392	63189
69605	44104	40103	95635	05635	81673	68657	09559	23510	95875
19916	52934	26499	09821	97331	80993	61299	36979	73599	35055
02606	58552	07678	56619	65325	30705	99582	53390	46357	13244
65183	73160	87131	35530	47946	09854	18080	02321	05809	04893
10740	98914	44916	11322	89717	88089	30143	52687	19420	60061
98642	89822	71691	51573	83666	61642	46683	33761	47542	23551
60139	25601	93663	25547	02654	94829	48672	28736	84994	13071

附 錄 二

Excel 計算機率與臨界值

　　用 EXCEL 軟體計算機率與臨界值，不但操作簡單，而且精確度達到小數 9 位數字，本附錄中，我們首先說明如何進入統計函數模式，然後在 A2-1 節到 A2-6 各節中，逐一舉例說明如何計算。

　　進入到「選取函數」模式的步驟有五（參考以下的操作圖示）(1)打開一個 EX-CEL1 工作檔；(2)點選「插入」功能；(3)在下拉選項中點選「函數」；(4)在選取類別中挑選「統計」；(5)在「選取函數」中挑選你要計算的函數後開始計算（計算方式請參考 A2-1 節到 A2-6 各節）。不同版本 EXCEL，操作可能有些不同，但都很容易找到統計函數。

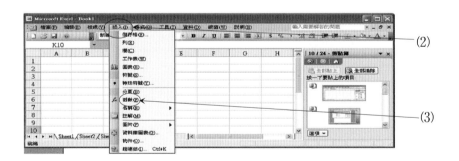

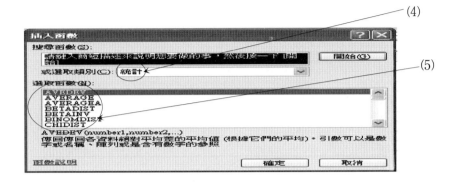

統計分析中常用到的計算有六：

(1)標準常態機率函數的 NORMSDIST 與 NORMSINV

(2) t 機率函數的 TDIST 與 TINV

(3)卡方分配的 CHIDIST 與 CHIINV

(4) F 分配的 FDIST 與 FINV

(5)二項分配的 BINOMDIST

(6)卜瓦松分配的 POISSON

A2-1 標準常態機率函數

NORMSDIST 標準常態機率函數累積機率值：在 Z 欄內輸入數字，計算標準常態機率函數累積至 Z 的機率值

例題 1 計算標準常態機率函數機率 1.52 右尾的機率值＝?

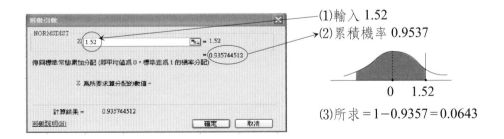

(1)輸入 1.52

(2)累積機率 0.9537

(3)所求＝$1-0.9357=0.0643$

例題 2　計算標準常態機率函數在 1.46 雙尾的機率值＝？

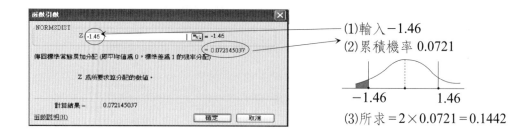

(1)輸入 −1.46

(2)累積機率 0.0721

(3)所求 ＝2×0.0721＝0.1442

NORMSINV 標準常態機率函數的臨界值：在機率欄內輸入機率值，計算累積機率的臨界值

例題 1　計算標準常態機率函數右尾機率 0.05 的臨界值＝？

(1)輸入 0.95

(2)臨界值 1.645

例題 2　計算標準常態機率函數雙尾機率 0.05 的兩個臨界值＝？

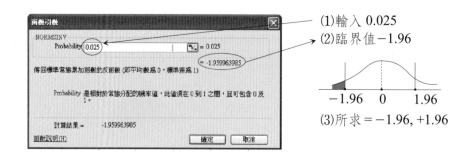

(1)輸入 0.025

(2)臨界值 −1.96

(3)所求 ＝−1.96, +1.96

A2-2 t機率函數

TDIST *t*機率函數累積機率值：在 X 欄輸入 t 值，並輸入自由度及尾向指示碼（右尾 1；雙尾 2），計算累積至 t 的機率值

例題 1 自由度為 20 之 t 機率函數，計算 1.52 右尾的機率值＝？

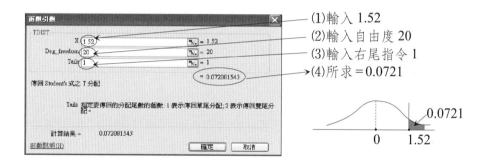

(1)輸入 1.52
(2)輸入自由度 20
(3)輸入右尾指令 1
(4)所求＝0.0721

例題 2 自由度為 20 之 t 機率函數，計算 1.52 雙尾的機率值＝？

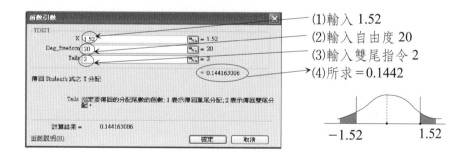

(1)輸入 1.52
(2)輸入自由度 20
(3)輸入雙尾指令 2
(4)所求＝0.1442

例題 3 自由度為 20 之 t 機率函數，計算累積至 1.52 的機率值＝？

參考例題 1，所求＝1－0.0721

＝0.9279

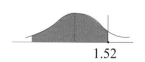

TINV *t*機率函數的臨界值：在機率欄輸入雙尾機率值，並輸入自由度，計算雙尾臨界值

例題 1 自由度為 9 之 t 機率函數，計算右尾機率 0.05 的臨界值＝？（對照課本第 9 章例題 9-2-1）

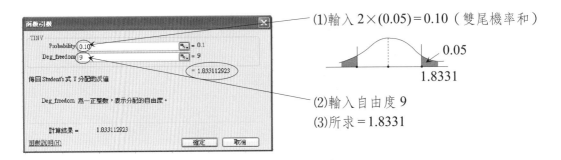

(1)輸入 $2 \times (0.05) = 0.10$（雙尾機率和）

0.05
1.8331

(2)輸入自由度 9
(3)所求＝1.8331

例題 2 自由度為 9 之 t 機率函數，計算左尾機率 0.05 的臨界值＝？（對照課本第 9 章例題 9-2-2）

由 t 機率函數的對稱性及例題 1，所求值＝-1.8331

例題 3 自由度為 18 之 t 機率函數，計算雙尾機率 0.05 的兩個臨界值＝？（對照課本第 9 章例題 9-2-3）

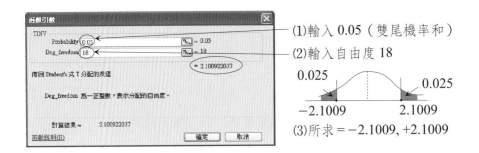

(1)輸入 0.05（雙尾機率和）
(2)輸入自由度 18

0.025   0.025
-2.1009 2.1009

(3)所求＝$-2.1009, +2.1009$

A2-3　χ^2 機率函數

CHIDIST 卡方機率函數累積機率值：在 X 欄輸入 χ^2 值，並輸入自由度，計算 χ^2 值的右尾機率值

*例*題 1　自由度為 12 之卡方機率函數，計算 21.03 右尾的機率值＝？

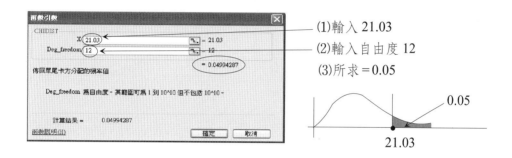

(1)輸入 21.03
(2)輸入自由度 12
(3)所求＝0.05

0.05

21.03

*例*題 2　自由度為 12 之卡方機率函數，計算累積至 21.03 的機率值＝？
　　　參考例題 1，所求＝1−0.05
　　　　　　　　　　＝0.95

21.03

*例*題 3　自由度為 12 之卡方機率函數，計算 5.08 與 21.03 之間的機率值＝？

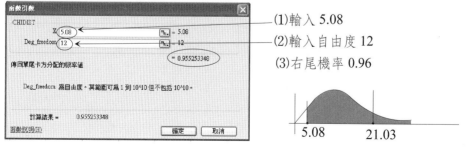

(1)輸入 5.08
(2)輸入自由度 12
(3)右尾機率 0.96

5.08　21.03

(4)參考例題 1，所求＝0.96−0.05＝0.91

CHIINV卡方機率函數的臨界值：在機率欄輸入機率值，並輸入自由度計算右尾機率臨界值

例題 1　自由度為 12 之卡方機率函數，計算右尾機率值為 0.05 的臨界值＝？（對照課本第 9 章例題 9-6-1）

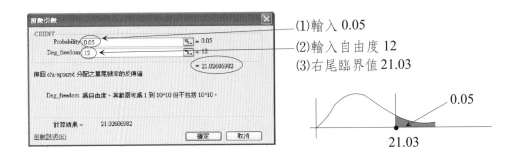

(1)輸入 0.05
(2)輸入自由度 12
(3)右尾臨界值 21.03

例題 2　自由度為 8 之卡方機率函數，計算雙尾機率值為 0.05 的兩個臨界值＝？

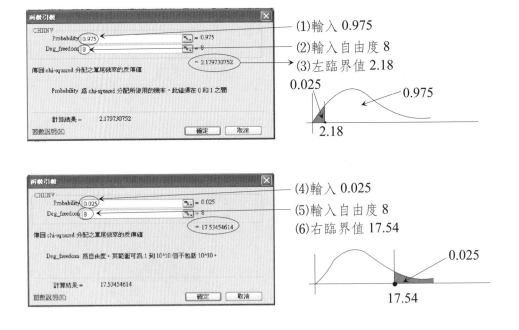

(1)輸入 0.975
(2)輸入自由度 8
(3)左臨界值 2.18

(4)輸入 0.025
(5)輸入自由度 8
(6)右臨界值 17.54

A2-4 機率函數

FDIST F機率函數累積機率值：在X欄輸入F值，並依序輸入分子自由度與分母自由度，計算累積至F值的機率值

例題 1 分子自由度 $v_1 = 5$，分母自由度 $v_2 = 10$ 之F機率函數，計算 3.3258 右尾的機率值 = ?

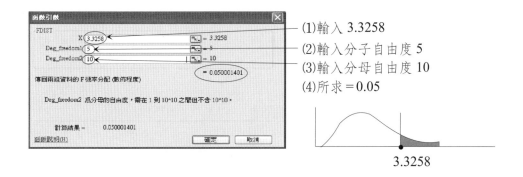

(1)輸入 3.3258
(2)輸入分子自由度 5
(3)輸入分母自由度 10
(4)所求 = 0.05

例題 2 分子自由度 $v_1 = 5$，分母自由度 $v_2 = 10$ 之F機率函數，計算 0.212 與 3.3258 之間的機率值 = ?

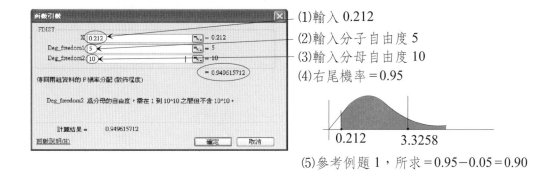

(1)輸入 0.212
(2)輸入分子自由度 5
(3)輸入分母自由度 10
(4)右尾機率 = 0.95

(5)參考例題 1，所求 = 0.95 − 0.05 = 0.90

FINV F機率函數的臨界值：在機率欄輸入機率值，並依序輸入分子自由度與分母自由度，計算右尾機率的臨界值

例題 1 分子自由度 $v_1 = 5$，分母自由度 $v_2 = 10$ 之 F 機率函數，計算右尾機率值 0.05 的臨界值 = ?（參考課本第 10 章例題 10-5-1）

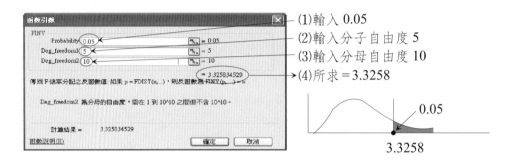

例題 2 分子自由度 $v_1 = 5$，分母自由度 $v_2 = 10$ 之 F 機率函數，計算雙尾機率值 0.05 的兩個臨界值 = ?

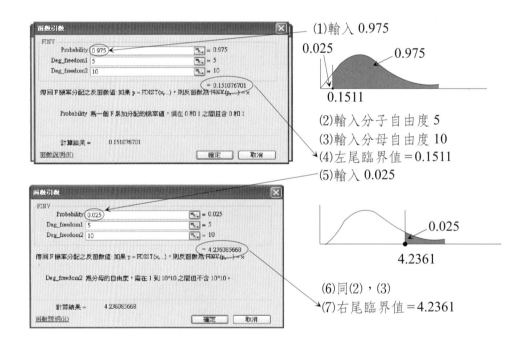

A2-5 二項機率函數（二項分配）

BINOMDIST 二項機率函數累積機率值：在Number_s欄輸入成功次數，Trials欄輸入隨機試驗的次數，Probability_s 欄輸入每次試驗成功的機率，若要計算單點機率，cumulative欄輸入false，若是要計算累積機率，則在cumulative欄輸入true。

例題 1 二項分配 n＝6，p＝0.4，計算 6 次試驗中 1 次成功的機率＝?

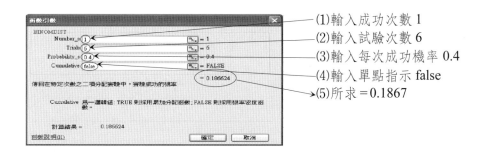

(1)輸入成功次數 1
(2)輸入試驗次數 6
(3)輸入每次成功機率 0.4
(4)輸入單點指示 false
(5)所求＝0.1867

例題 2 二項分配 n＝6，p＝0.4，計算 6 次試驗中成功次數不超過 2 次的機率＝?

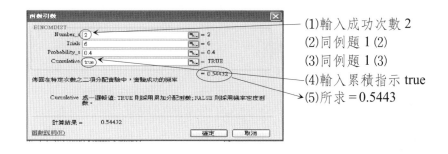

(1)輸入成功次數 2
(2)同例題 1 (2)
(3)同例題 1 (3)
(4)輸入累積指示 true
(5)所求＝0.5443

A2-6 卜瓦松機率函數（卜瓦松分配）

POISSON 卜瓦松機率函數累積機率值：在 X 欄輸入發生次數，mean 欄輸入平均值，若要計算單點機率，cumulative 欄輸入 false，若是要計算累積機率，則在 cumulative 欄輸入 true。

*例*題 1　平均數為 10 的卜瓦松分配，發生次數為 2 的機率＝？

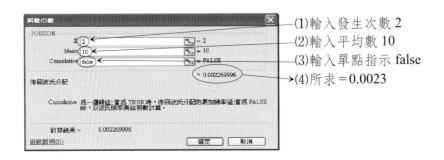

(1)輸入發生次數 2
(2)輸入平均數 10
(3)輸入單點指示 false
(4)所求＝0.0023

*例*題 2　平均數為 10 的卜瓦松分配，發生次數不超過 3 次的機率＝？（參考課本第 7 章例題 7-3-3 (2)）

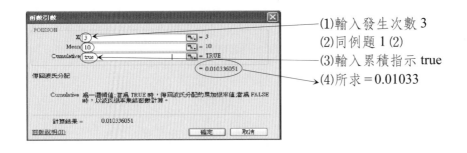

(1)輸入發生次數 3
(2)同例題 1 (2)
(3)輸入累積指示 true
(4)所求＝0.01033

參考書目

吳冬友，楊玉坤（2005）。《統計學》，第 4 版。台北市：五南文化。

吳冬友，楊玉坤（2008）。《應用機率導論》。台北市：五南文化。

Berenson, M. L. and Levine, D. M. (1999), *Basic Business Statistics*, 7th ed., Prentice Hall.

Freund, J. E. (1992), *Mathematical Statistics*, 5th ed., Prentice Hall.

Groeneveld, R. A. (1988), *Introductory Statistical Methods*, Pws-Kent Publishing Company.

Hildebrand, D. K. and Ott, L. (1991), *Statistical Thinking for Managers*, 3rd ed., Pws-Kent Publishing Company.

Hogg, R. V., and Tanis, E. A. (1993), *Probability and Statistical Inference*, 4th ed., Macmillian Publishing Company.

IEA(2007), TIMSS 2007, http://www.iea.nl/timss2007.html

Johnson, R. A. and Wichern D. W. (1992), *Applied Multivariate Statistical Analysis*, 3rd ed., Prentice Hall.

Johnson, R. and Bhattacharyya G. (1987), *Statistics*, 3rd ed., John Wiley & Sons.

Kenkel, J. L. (1996), *Introductory Statistics for Management and Economics*, 4th ed., Wadsworth Publishing Company.

Kirk, R. E. (1982), *Experimental Design*, 2nd ed., Brooks/Cole Publishing Company.

Montgomery, D. C. (1991), *Design and Analysis of Experiments*, 3rd ed., John Wiley & Sons.

Meyer, P. L. (1970), *Introductory Probability and Statistical Applications*, 2nd ed., Addison-Wesley Publishing Company.

Miller, I., Freund, J. E., and Johnson, R. A. (1990), *Probability and Statistics for*

Engineers, 3th ed., Prentice Hall.

Mason, R. D. and Lind, D. A. (1996), *Statistical Techniques in Business and Economics*, 10th ed., Richard D. Irwin. Inc.

Mendenhall, W., Beaver, R. J. and Beaver, B. H. (1999), *Introduction to Probability and Statistics*, 10th ed., Duxbury Press.

Neter, J., Kutner, M. H., Nachtsheim, C. J., and Wasserman, W. (1996), *Applied Liner Statistical Models*, 4th ed., Richard D. Irwin, Inc.

Ross, S. M. (1985), *Introduction to Probability Model*, 3rd ed., Academic Press, Inc.

Ross, S. M. (1994), *A First Course in Probability*, 4th ed., Prentice Hall.

Scheaffer, R. L. (1990), *Introduction to Probability and Its Application*, Pws-Kent Publishing Company.

Scheaffer, R. L. Mendenhall, W. and Ott, L. (1990), *Elementary Survey Sampling*, 4th ed., Pws-Kent Publishing Company.

Vardeman, S. B. (1994), *Statistics for Engineering Problem Solving*, Pws-Kent Publishing Company.

索 引

國家圖書館出版品預行編目資料

基礎統計學／吳冬友, 楊玉坤著. -- 四版. -- 臺北
市：五南圖書出版股份有限公司, 2022.09
面；　公分
ISBN: 978-626-343-225-3（平裝）

1.CST: 統計學

510　　　　　　　　　　　　　111012815

1H28

基礎統計學

作　　　者 － 吳冬友、楊玉坤

發 行 人 － 楊榮川

總 經 理 － 楊士清

總 編 輯 － 楊秀麗

主　　　編 － 侯家嵐

責 任 編 輯 － 侯家嵐

文 字 編 輯 － 鍾秀雲

封 面 設 計 － 侯家嵐　盧盈良

出 版 者 － 五南圖書出版股份有限公司

地　　　址：106 臺北市大安區和平東路二段 339 號 4 樓

電　　　話：(02)2705-5066　傳　　　真：(02)2706-6100

網　　　址：https://www.wunan.com.tw

電子郵件：wunan@wunan.com.tw

劃撥帳號：01068953

戶　　　名：五南圖書出版股份有限公司

法律顧問　林勝安律師事務所　林勝安律師

出版日期　2005 年 10 月初版一刷
　　　　　2008 年 10 月二版一刷
　　　　　2012 年 2 月三版一刷
　　　　　2018 年 9 月三版三刷
　　　　　2022 年 9 月四版一刷

定　　　價　新臺幣 580 元

經典永恆・名著常在

五十週年的獻禮——經典名著文庫

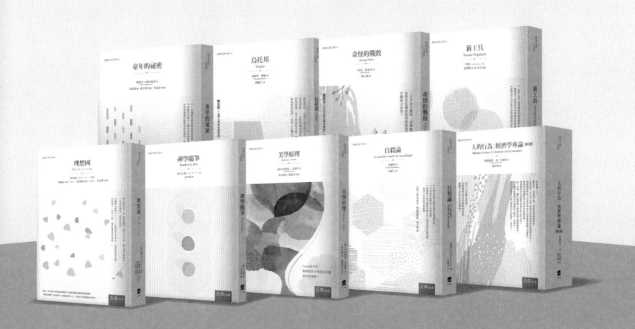

五南，五十年了，半個世紀，人生旅程的一大半，走過來了。

思索著，邁向百年的未來歷程，能為知識界、文化學術界作些什麼？

在速食文化的生態下，有什麼值得讓人雋永品味的？

歷代經典・當今名著，經過時間的洗禮，千錘百鍊，流傳至今，光芒耀人；

不僅使我們能領悟前人的智慧，同時也增深加廣我們思考的深度與視野。

我們決心投入巨資，有計畫的系統梳選，成立「經典名著文庫」，

希望收入古今中外思想性的、充滿睿智與獨見的經典、名著。

這是一項理想性的、永續性的巨大出版工程。

不在意讀者的眾寡，只考慮它的學術價值，力求完整展現先哲思想的軌跡；

為知識界開啟一片智慧之窗，營造一座百花綻放的世界文明公園，

任君遨遊、取菁吸蜜、嘉惠學子！